군무원
정보직
7급

공무원
보호직
7급

 하이클래스군무원

심리학
집중문제풀이

단원별 문제풀이 ➕ 모의고사 문제풀이

H 하이클래스군무원

심리학
집중문제풀이

단원별 문제풀이 ✚ 모의고사 문제풀이

4판 1쇄 2025년 2월 10일

편저자_ 서은영
발행인_ 원석주
발행처_ 하이앤북
주소_ 서울시 영등포구 영등포로 347 베스트타워 11층
고객센터_ 02-6332-6700
팩스_ 02-841-6897
출판등록_ 2018년 4월 30일 제2018-000066호
홈페이지_ army.daebanggosi.com

ISBN_ 979-11-6533-543-4

정가_ 22,000원

■ 단원별 문제풀이

■ 모의고사 문제풀이

단원별
문제풀이

01. 심리학에 대한 설명으로 옳지 않은 것은?

① 심리학은 인간의 정신과정과 행동을 철학적으로 연구하는 학문이다.

② 심리학은 psyche(마음)와 logos(학문)의 합성어로, 마음의 학문이라는 의미를 갖는다.

③ 인간이 영위하는 모든 것들이 심리학의 연구대상이 될 수 있다.

④ 심리학은 관찰이나 실험 등을 통해 일반법칙을 탐구하는 기초심리학과 현실문제의 해결과 개선을 추구하는 응용심리학으로 구분된다.

| 정답 | ①

| 해설 |

심리학은 인간의 정신과정과 행동을 과학적 연구하는 학문이다.

02. 심리학자의 역할에 관한 설명으로 옳지 않은 것은? [24 보호직]

① 산업 및 조직심리학자는 직업현장에서 사원의 효율적 선발과 훈련, 생산성 고양 등 적응력을 올리기 위해 노력한다.

② 학교심리학자는 학생, 부모, 교사 등에게 심리학적 도움을 제공해 학생들이 교육장면에서 잘 적응할 수 있도록 도와준다.

③ 임상심리학자는 심리검사와 치료서비스를 제공하고, 때로는 약물 처방을 통해 심리장애를 치료한다.

④ 법심리학자는 법이나 범죄와 관련된 문제에 초점을 맞추는 심리학자로 경찰, 변호사 및 법원에 조언과 자문을 제공하는 역할 등을 한다.

| 정답 | ③

| 해설 |

임상심리학자는 심리검사와 치료를 제공하며, 약물 처방은 일반적으로 정신과 의사의 역할이다.

03. 심리학의 역사에 관한 설명으로 옳은 것만을 모두 고르면?

[23 보호직]

> ㄱ. 기능주의(functionalism)의 대표적 학자는 제임스(James)이며, 티치너(Titchener)가 그의 이론을 계승 발전시켰다.
> ㄴ. 형태주의 심리학(Gestalt psychology)에서는 지각되는 대상의 부분적 요소보다는 전체적 패턴이 더 강조된다.
> ㄷ. 인본주의 심리학(humanistic psychology)에서는 인간이 자유의지와 자율적인 선택 능력을 가진다고 보기 때문에 개인의 주관적 경험보다는 객관적 경험을 중시한다.
> ㄹ. 구성주의(structuralism)에서는 자기반성적인 내성법(introspection)을 사용하여 의식의 구성요소를 알아내고자 하였다.

① ㄱ, ㄴ
② ㄱ, ㄹ
③ ㄴ, ㄷ
④ ㄴ, ㄹ

| 정답 | ④
| 해설 |
ㄱ. 기능주의(Functionalism)의 대표적 학자는 제임스(James)이지만, 티치너(Titchener)는 구성주의(structuralism)의 대표적 학자인 분트의 제자로 미국으로 건너가 구조주의를 더 발전시켰다.
ㄷ. 인본주의 심리학(Humanistic psychology)에서는 인간이 자유의지와 자율적인 선택 능력을 가진다고 보기 때문에 주관적인 경험을 중요시하며, 개인의 내적 성장과 개발에 중점을 둔다.

04. 다음 〈보기〉에서 설명하는 이론적 입장을 올바르게 연결한 것은?

[23 정보직]

보기

> ㄱ. 마음 구조의 요소를 분류하고 이해하려는 목표를 지니고, 의식 경험의 기본 요소를 발견하고자 하였다.
> ㄴ. 마음은 나눠서 분석할 수 없으며, 마음의 적응기능이 무엇이며, 의식과 외적 행동의 목표가 무엇인지에 관심을 두었다.

① 구조주의(structuralism) − 행동주의(behaviorism)
② 구조주의(structuralism) − 기능주의(functionalism)
③ 행동주의(behaviorism) − 기능주의(functionalism)
④ 기능주의(functionalism) − 구조주의(structuralism)

| 정답 | ②
| 해설 |
• 구성주의(structuralism)는 분트(Wundt)를 비롯한 초기심리학자들의 사조로, 우리의 지각내용이 감각질이라는 단순 요소로 분해되어 이해될 수 있다는 이론적 입장을 지녔다.
반면, 기능주의(functionalism)는 의식의 기본 요소보다는 마음의 사용, 즉 정신과정과 외적 행동의 목표가 무엇이며, 마음의 기능이 무엇인지에 관심을 가졌다.
• 행동주의(behaviorism)는 심리학의 대상을 의식(意識)에 두지 않고, 사람 및 동물의 객관적 행동에 두는 입장으로 내관(內觀)을 배척하고 오직 자극과 반응의 관계, 그리고 그 관계로 구성되는 체계만을 다룬다는 입장을 취했다.

05. 전체는 부분의 합보다 크다는 관점에서 정신 사건을 이해하려고 했던 심리학 사조는?

① 형태주의   ② 정신분석

③ 기능주의   ④ 구조주의

06. 다윈의 진화론의 영향을 받아 의식의 목적을 환경에 적응하는 기능의 관점에 설명하는 초기 심리학 접근의 대표자는?

① 윌리엄 제임스(W. James)

② 빌헬름 분트(W. Wundt)

③ 에드워드 티치너(E. Titchener)

④ 막스 베르트하이머(M. Wertheimer)

07. 심리학의 발전과정에 대한 설명으로 잘못된 것은? [20 정보직]

① 분트(Wundt)는 마음을 구성하는 기본 요소를 분석하는 내성법이라는 객관적 연구방법을 발전시킴으로써 행동주의 학파의 기초를 마련하는 데 영향을 주었다.

② 베르트하이머(Wertheimer)는 '전체는 부분의 합이 아니다'라는 말을 대표적으로 하면서 형태주의 심리학을 발달시켰다.

③ 왓슨(Watson)의 영향을 받은 스키너(Skinner)는 강화와 행동 빈도의 증가원리를 발전시켰다.

④ 프로이트(Freud)는 인간의 행동은 무의식에 의해 영향을 받는다고 보았다.

| 정답 | ③
| 해설 |

왓슨은 고전적 조건형성의 개념을 제시한 사람이다. 스키너는 조작적 조건형성 원리의 강화개념을 정리한 학자로서 이 강화개념은 손다이크의 효과의 법칙에서 유래되었다.

08. 심리학의 역사에서 시간적 순서가 맞는 것은? [23 정보직]

① Neisser의 인지심리론 − W. Wundt의 심리학 실험실 개설 − Hubel의 노벨상 수상

② Sperry의 인지뇌연구 − W. James의 심리학원리 저서 출판 − Watson의 공포 조건화 연구

③ W. Wundt의 심리학 실험실 개설 − Skinner의 유기체 행동연구 − Neisser의 인지심리론

④ Neisser의 인지심리론 − Sperry의 노벨상 수상 − W. Wunt의 심리학 실험실 개설

| 정답 | ③
| 해설 |

- 1879년 Wundt의 심리학 실험실 개설
- 1890년 James의 '심리학원리' 저서 출판
- 1920년대 Watson의 공포실험
- 1950,60년대 Skinner의 유기체 행동연구
- 1960년대 Sperry의 인지뇌 연구 (분리뇌)
- 1966년 Neisser의 인지심리학 연구
- 1981년 Hubel의 노벨상 수상(생리의학분야)
- 1981년 Sperry의 노벨상 수상(생리의학분야)

09. 인간을 능동적인 정보처리자로 간주하고 감각기관으로 들어오는 정보에 대해서 선택, 변형, 단순화, 정교화, 저장, 인출, 활용, 사용 되는지를 연구하는 접근 방법은? [12 보호직]

① 정신분석적 접근　　② 행동주의적 접근

③ 인지적 접근　　④ 인본주의적 접근

| 정답 | ③
| 해설 |
인지 심리학은 인간 정보 처리론(human information processing)이라고도 불리며, 인간은 감각기관으로 들어오는 정보에 대해 습득, 저장, 인출 및 활용이 여러 단계를 거쳐 이루어진다는 정보 처리 접근법을 가정한다. 따라서 정답은 ③이다.

10. 반복검증(replication)의 의미로 옳은 것은?

① 감정과 편견, 권위에 맹종하지 않고 합리적·논리적으로 분석, 평가, 분류하는 것

② 어떤 결과가 이론을 지지하고 어떤 결과가 그 이론을 부정하는지를 구체적으로 제시하는 것

③ 주의깊은 관찰과 실험적 방법을 사용하여 연구하는 것

④ 연구 결과를 여러 번 반복하여 일관성 있는 결과를 얻는 것

| 정답 | ④
| 해설 |
④ 반복검증은 같은 실험을 다른 사람이 반복해도 동일한 연구 결과가 발생하는지를 확인하거나 반증하기 위해서 연구를 다시 수행하는 것이다. 만일 다른 연구자들도 이전 연구결과와 유사한 결과는 얻는다면, 연구결과의 신뢰도가 증가한다.
① 비판적 사고에 대한 설명이다.
② 가설에 대한 설명이다.
③ 과학적 방법에 대한 설명이다.

11. 기술연구에 대한 설명으로 옳지 않은 것은?

① 관찰자가 관찰대상 집단의 구성원이 되어 관찰하는 것은 자연관찰법이다.

② 사례연구는 개인, 조직, 사건의 일반적이지 않은 특성을 상세하고 심층적으로 이해하고자 할 때 행해진다.

③ 설문연구에서는 표본을 선정하는 과정에서 편파가 일어나지 않도록 무선표집법(random sampling)을 사용해야 한다.

④ 사례연구에서는 여러 가지 자료수집 방법을 사용할 수 있다.

| 정답 | ①
| 해설 |
관찰자가 관찰대상 집단의 구성원이 되어 관찰하는 것은 참여관찰법이다. 자연관찰법은 의도적 조작을 하지 않고 있는 그대로의 모습을 관찰한다.

12. 심리학의 연구 방법에 관한 설명으로 옳지 않은 것은?

[24 보호직]

① 설문조사법(survey method): 특정한 개인이나 소집단의 사람들에 대해 심층적이며 집중적인 조사를 한다.

② 상관법(correlational method): 하나의 변수가 변할 때 다른 변수가 변화하는 정도를 알 수 있을 뿐 인과관계를 설명해 주지는 못한다.

③ 자연관찰법(naturalistic observation): 관찰자는 연구 대상자에 대한 직접적인 개입 없이 단지 무엇이 발생하는지 관찰하여야 한다.

④ 실험법(experimental method): 연구자는 통제된 상태에서 독립변인을 조작하고 그 결과 종속변인에 일어나는 변화를 살펴본다.

| 정답 | ①
| 해설 |
①의 내용은 인터뷰나 사례 연구에 해당된다. 설문조사법은 모집단(population)을 대표할 수 있는 표본(sample)을 선정하고, 그들의 행동, 믿음, 태도, 경험 등에 관한 정보를 표준화된 도구나 질문지, 면접조사표 등을 사용하여 자료를 수집하는 방법이다.

13. 설문지를 통한 조사연구의 장단점으로 옳은 것은?

[21 정보직]

① 장점: 변인을 통제하기 쉽다.
   단점: 실험연구에 비해 시간과 노력이 많이 요구된다.

② 장점: 인과관계를 알 수 있다.
   단점: 여러 변인들의 관계를 알아보기가 어렵다.

③ 장점: 내적 타당도가 높다.
   단점: 외적 타당도가 낮다.

④ 장점: 여러 변인들의 관계를 알아볼 수 있다.
   단점: 인과관계를 알 수 없다.

| 정답 | ④
| 해설 |
설문조사의 장점은 표준화된 설문지를 사용하여 모든 응답자에게 동일한 내용을 동일한 방식으로 질문하게 되므로 수집된 자료들 간의 비교와 분석을 용이하게 해주며, 빠른 시간에 많은 사람을 대상으로 많은 정보를 얻을 수 있게 해준다. 반면 단점으로는 변인들 간의 인과관계를 알기 어려우며, 표본선정이 쉽지 않고, 사회적 바람직성이나 모호성 반응이 있을 수 있다.

14. 상관연구법(correlational method)에 대한 설명으로 옳지 않은 것은? [22 보호직]

① 상관연구법은 두 변인 사이의 관계의 정도를 알아보는 데 사용된다.

② 심리학자 A는 상관을 연구할 때 상관계수를 산출하여 사용할 수 있다.

③ 상관계수는 완벽한 상관을 의미하는 r=1에서 관계없음을 의미하는 r=-1까지의 범위를 가진다.

④ 두 변인 사이에 높은 상관이 있다는 것이 한 변인이 다른 변인의 원인이 된다는 것은 아니다.

| 정답 | ③
| 해설 |
상관(correlation)이란 두 변수가 서로 관련된 정도를 의미한다. 두 개 이상의 변인에 있어서 한 변인이 변화함에 따라 다른 변인이 어떻게 변화하는지와 같은 변화의 강도와 방향을 상관(관계)이라고 한다.
상관계수(correlation coefficient)의 범위는 -1.00에서 +1.00까지이며, 상관계수의 크기는 관계의 정도를 나타내며, 부호는 정적(+) 또는 부적(-)인 관계의 방향을 뜻한다. 따라서 관계없음을 의미하는 것은 부호와 관계없이 숫자가 0에 가까워지는 것을 의미한다.

15. 심리학 연구방법에 대한 설명으로 잘못된 것은? [21 정보직]

① 상관연구에서 계수는 1에서 -1까지의 범위를 갖는다.

② 상관계수 1은 상관이 높음을, 0은 중간 정도의 상관을, -1은 낮은 상관을 의미한다.

③ 실험연구보다 덜 인위적이나 인과관계를 알기는 어렵다.

④ 연구 윤리적 차원에서 실험연구가 어려울 때 상관연구로 대신하기도 한다.

| 정답 | ②
| 해설 |
상관계수는 1에 가까울수록 정적 상관이 높음을, -1에 가까울수록 부적 상관이 높음을, 그리고 0에 가까울수록 상관이 없음을 의미한다.

16. 어떤 심리학자가 폭력적인 TV 프로그램 시청이 공격성을 일으키는지 알아보는 연구를 하고자 한다. 이 연구에 가장 적절한 것은? [21 정보직]

① 100명을 대상으로 폭력적 TV를 시청한 시간과 공격성을 측정한다.

② 실험연구를 적용해보면, 종속변인은 공격성이 된다.

③ 실험연구에서 두 변인의 연관성은 입증이 되나 인과관계를 알기 위해서는 추가 연구가 필요하다.

④ 통제변인과 무선할당은 상관연구에 해당하는 것이므로, 실험연구에서는 독립변인과 종속변인만 살펴보면 된다.

| 정답 | ②
| 해설 |
① 조사방법을 이용한 상관연구이다.
② 인과관계를 알아보고자 하는 실험연구를 적용한다면, 독립변인은 폭력적 TV 시청이고 종속변인은 그 결과로 나타나는 공격성이 된다.
③ 실험연구 자체가 인과관계를 알아보는 것이며, 두 변인의 연관성만 입증하는 것은 상관연구이다.
④ 통제변인과 무선할당은 실험연구에 해당한다.

17. 사람을 대상으로 실험연구를 수행할 경우, 실험집단과 통제집단의 참가자들의 특성이 다를 가능성을 최소화하기 위한 절차는 무엇인가?

[23 정보직]

① 무선할당(random assignment)

② 이중맹검(double blind)

③ 조작적 정의(operational definition)

④ 무선표집(random sampling)

| 정답 | ①

| 해설 |

② 이중맹검은 관찰자와 관찰되고 있는 사람 모두에게 진짜 목적이 숨겨진 관찰법을 말한다.

③ 조작적 정의란 변인들을 측정가능하고 통제 가능한 형태로 기술한 것이다.

④ 무선표집은 모든 모집단 구성원이 표본에 포함될 기회가 동일하게 참가자를 선발하는 기법이다.

18. 다음 중 심리학 연구방법에 대한 설명 중 가장 거리가 먼 것은?

[24 정보직]

① 조작적 정의는 연구할 추상적인 개념을 경험적으로 측정할 수 있는 개념으로 정의하는 것이다.

② 자기선택은 실험집단과 통제집단의 참가자들이 자신들이 선택할 때 발생될 수 문제가 있다.

③ 사례연구법은 통계적으로 유의미한 충분한 수의 개인을 대상으로 연구하여 과학적 지식을 얻어내는 방법이다.

④ 상관(correlation)은 한 변인값에서의 변산이 다른 변인값의 변산과 동시에 발생한다는 것을 의미한다.

| 정답 | ③

| 해설 |

사례연구법은 특정 개인이나 집단에 대한 심층적인 분석을 통해 데이터를 수집하는 방법으로 질적연구에 속한다. 통계적으로 유의미한 결과를 도출하기 위해 충분한 수의 개인을 대상으로 하는 연구는 양적연구에 해당된다.

19. 다음 설명에서 밑줄 친 Ⓐ~Ⓒ에 해당하는 변인이 바르게 연결된 것은?
[16 보호직]

> 특정 심리치료의 효과를 검증하기 위해, Ⓐ 연령이 동일한 실험 참가자를 선발하여, Ⓑ 두가지 심리치료 조건에 각 배정하고 치료 전과 후의 Ⓒ 불안과 우울 점수를 측정하였다.

	Ⓐ	Ⓑ	Ⓒ
①	통제변인	종속변인	독립변인
②	잠재변인	종속변인	독립변인
③	통제변인	독립변인	종속변인
④	잠재변인	독립변인	종속변인

|정답| ③
|해설|
- 지문에서는 서로 다른 심리치료 조건에 따라 불안과 우울이 어떻게 달라지는지에 대해서 측정한다고 하였다. 따라서 Ⓑ는 의도된 결과를 얻기 위해 실험자가 조작 통제하는 값인 독립변인이며, Ⓒ는 설정된 독립변인의 결과로서 달라지는 의존 변인인 종속변인에 해당된다. Ⓐ의 연령이 동일한 실험 참가자를 선발한 것은 정확한 실험 결과를 얻기 위해서 몇 가지 조건을 같게 하는 것으로 통제변인에 해당된다.
- **통제변인(control variable)**은 실험을 하기 전에 독립변인의 결과인 종속변인에 영향을 주는 것을 차단하는 변인이다.
- **독립변인(independent variable)**은 다른 변인들과는 독립적으로 변화하기 때문에 자유로운 값을 지니는 자극 조건이다. 실험자가 통제하고 변화시키는 변인이며, 실험자가 가정하는 가설의 원인에 해당한다.
- **종속변인(dependent variable)**은 독립변인이 변함에 따라 함께 변하는 변인으로, 측정 또는 관찰하고자 하는 결과를 가리킨다.
- **잠재변인(latent variable)**은 구성개념(Construct)이 직접적으로 관찰되거나 측정이 되지 않는 변인으로 잠재변인 자체로 전체 통계량을 측정하는 것은 불가능하기 때문에, 관측변수(observed variable)에 의해 간접적으로 통계 측정(수학적 모델링)을 수행해 추론한다.

20. 실험에서 특정한 결과를 얻기 위해 연구자가 통제된 조건에서 조작하는 변인은 무엇인가?

① 독립변인(independent variable)

② 종속변인(dependent variables)

③ 혼입변인(confounding variable)

④ 가외변인(extraneous variable)

|정답| ①

|해설|

① 독립변인(independent variable)은 실험 연구를 할 경우에 연구자가 임의로 조작하거나 통제할 수 있는 변인으로 종속변인에 영향을 미치는 원인으로 작용한다. 그래서 독립변인을 '실험변인(experimental variable)' 또는 '처치변인(treatment variable)'이라고도 한다.

② 종속변인(dependent variables)은 실험에서 측정하는 결과로 독립변인의 처치로 인해서 변하게 되는 변인이다.

③, ④ 가외변인(extraneous variable)은 실험자가 조작하는 독립변인 이외의 변인으로 종속변인에 영향을 줄 수 있는 변인을 말한다. 실험에 체계적으로 혼입되어 내적 타당도를 위협하는 경우에는 혼입변인이 될 수 있으며, 실험자가 실험에 체계적으로 혼입되지 않도록 하면 통제변인이 된다.

21. 실험연구에서 독립변인을 제외하고 나머지 가외변인들을 모두 통제할 경우에 나타나는 내적 타당도와 외적 타당도에 대한 설명으로 적절한 것은?　　　　　　　　　　[21 정보직]

① 내적 타당도는 높아지지만 외적 타당도는 낮아진다.

② 내적 타당도와 외적 타당도가 모두 높아진다.

③ 내적 타당도는 낮아지지만 외적 타당도는 높아진다.

④ 내적 타당도와 외적 타당도가 모두 낮아진다.

|정답| ①

|해설|

실험연구에서는 독립변인과 종속변인 간의 인과관계를 알아보는 것에 초점을 둔다. 독립변인을 제외한 가외변인을 모두 통제할 경우에는 독립변인과 종속변인 간의 순수한 인과성이 검증되지만, 이런 경우 외적 상황에서도 실험에서 나온 결과가 동일하게 나오는지에 대한 일반화는 낮아진다.

22. 실험연구에서 관찰자와 참가자 모두 사전에 어느 참가자가 어떤 처치를 받았는지 모르는 것을 의미하는 개념은? [22 보호직]

① 위약효과(placebo effect)

② 이중맹목 연구(double-blind study)

③ 실험자 편향(experimenter bias)

④ 단순맹목 연구(single-blind study)

> | 정답 | ②
> | 해설 |
> ② 이중맹목 연구(double-blind study)란 관찰자와 관찰되고 있는 사람 모두에게 실험에 관한 정보를 제공하지 않는 연구를 말한다.
> ① 위약효과(placebo effect)란 실제 효과가 없음에도 불구하고 효과가 있을 것이라는 기대와 믿음 때문에 원하는 변화가 일어나는 현상을 말한다.
> ③ 실험자 편향(experimenter bias)이란 결과가 실험자가 바라는 방향대로 되기를 바라는 마음에서 발생되는 편향을 말한다.
> ④ 단순맹목 연구(single-blind study)는 실험 처치와 관련된 정보를 실험 참여자는 알지 못하지만 실험 진행자는 알고 있는 연구이다.

23. 연구를 하는 사람이 연구의 목적을 알고 있을 때 연구자의 기대가 연구 대상자로 하여금 그렇게 행동하도록 영향을 주는 현상을 무엇이라고 하는가?

① 이중맹검(double blind)

② 요구특성(demand characteristics)

③ 관찰자 기대효과(observer expectancy effect)

④ 후광효과(Halo effect)

> | 정답 | ③
> | 해설 |
> ① 이중맹검은 요구특성과 관찰자 편파 모두 자기충족적 예언의 특성을 갖고 있으므로 연구대상자와 연구자 모두 연구의 목적이나 절차에 대해 알 수 없도록 하여 연구의 객관성을 높이는 방법이다.
> ② 요구특성은 연구대상자가 연구자의 의도를 추측하고 임의로 해석하여 그에 부합하는 반응을 하고자 하는 현상이다.
> ④ 후광효과는 관찰대상의 긍정적 또는 부정적 특성에 주목해 그 대상의 한 가지 혹은 일부에 대한 평가가 또 다른 일부 또는 나머지 전부에 대한 평가에 영향을 미치는 현상이다.

24. 심리학 연구 윤리에 관한 설명으로 옳지 않은 것은?

① 연구 참여로 인해 발생할 수 있는 모든 위험 요소에 대해 고지 받았다는 것을 나타내 주는, 성인에 의해 작성된, 동의 표시(informed consent)가 필요하다.

② 강요 배제(freedom from coercion)는 심리학자들이 참여자들에게 연구 참여에 대해 물리적, 심리적, 금전적 강압을 해서는 안되는 것을 뜻한다.

③ 속임(deception)은 어떤 식으로든, 연구 전이나 후에 연구의 본질이나 진짜 목적을 참여자들에게 언어적으로 설명해주는 것을 말한다.

④ 비밀 보장(confidentiality)은 연구 기간 중에 얻은 개인적인 정보를 비밀로 유지해야 하는 것을 말한다.

| 정답 | ③
| 해설 |
사후설명(debriefing) 원칙에 대한 설명이다. 속임(deception)은 연구가 가진 과학적, 교육적 또는 용용적 가치가 정당화 될 때, 대안적인 절차를 사용할 수 없을 때에 한 해 심리학자가 활용할 수 있다.

25. 측정척도에 대한 설명으로 옳지 않은 것은?

① 명명척도에서는 질적 차이가 아닌 양적 크기를 기준으로 숫자를 배정한다.

② 서열척도는 분류와 순서에 대한 정보를 제공해 준다.

③ 섭씨온도는 등간척도의 한 예이다.

④ 비율척도에서는 척도점수의 가감승제가 가능하다.

| 정답 | ①
| 해설 |
명목척도(범주척도)는 가장 낮은 수준의 척도로서, 단지 측정대상의 특성만 구분하기 위하여 숫자나 기호를 할당한 것으로 특성 간에 양적인 분석을 할 수 없고, 대소의 비교도 할 수 없다. 명목척도의 예에는 성별, 직업, 종교, 주민등록번호 등이 있다.

26. 최빈값에 관한 설명으로 옳지 않은 것은? [22 정보직]

① 주어진 자료 중에서 가장 많이 나타나는 측정값이다.

② 최빈값은 대표성을 갖고 있다.

③ 자료 중 가장 극단적인 값의 영향을 받는다.

④ 중심경향성 기술값 중의 하나이다.

| 정답 | ③
| 해설 |
소수의 극단치에 의해 왜곡될 수도 있는 값은 평균이다.

27. 두 변인 간의 높은 정적 상관을 보이는 산포도의 형태는?

① 좌상단에서 우하단으로 가면서 흩어진 정도가 매우 큰 산포도

② 좌상단에서 우하단으로 가면서 흩어진 정도가 매우 작은 산포도

③ 좌하단에서 우상단으로 가면서 흩어진 정도가 매우 큰 산포도

④ 좌하단에서 우상단으로 가면서 흩어진 정도가 매우 작은 산포도

| 정답 | ④
| 해설 |

산포도(scatter diagram 혹은 scatter plot)란 직각 좌표계에서 두 변수에 대응하는 관측값을 점들로 표시한 그림을 말한다. 산포도는 두 개 이상의 연속형 변수 사이의 관계를 보기 위하여 사용되며 산점도라고도 불린다. 두 변수의 대응관계에서의 관련성을 표현하는 데 상관성을 많이 언급한다. 일반적으로 사용되는 선형 상관성의 경우, 한 변수가 변화할 때 다른 변수가 변화하는 성향이 선형적으로 나타날 때 선형 상관성이 높다고 한다. 즉, 한 변수가 증가할 때 다른 변수가 같이 증가하면 양의 관계를 정적상관이라 하며, 반대로 다른 변수가 감소하면 음의 관계를 갖는다면 부적 상관이라고 한다. 따라서 정적상관이 되기 위해서는 그래프의 좌하단에서 우상단으로 가는 형태를 그려야 한다. 또한 변인들이 흩어진 정도가 크다면 그만큼의 관련성이 낮아지기 때문이기에 변인들이 흩어진 정도가 작을수록 상관성이 높다고 볼 수 있다.

생리심리

01. 신경계의 신경세포에 관한 설명으로 옳지 않은 것은?

① 뉴런(neuron)은 신경계 내의 전기 신호를 통해 정보를 전달한다.

② 축색돌기(axon)는 다른 뉴런으로 정보를 전달하는 역할을 한다.

③ 수상돌기(dendrites)는 다른 뉴런으로부터 정보를 받아들이는 역할을 한다.

④ 시냅스(synapse)는 과다분비된 신경전달물질을 없애 주는 청소부 역할을 한다.

| 정답 | ④
| 해설 |
교세포(glial cell)에 대한 설명이다. 뇌 세포에는 신경세포(neuron)와 신경세포를 지지해주고 영양분 공급, 노폐물 제거 등의 역할을 해주는 아교라는 뜻의 교세포 두 종류가 있다.

02. 뉴런(neuron)에 대한 설명으로 옳지 않은 것은? [08 보호직]

① 뉴런의 종말단추는 다른 뉴런들로부터 오는 정보를 수용한다.

② 신경전달물질은 뉴런과 뉴런을 기능적으로 연결시켜주는 역할을 한다.

③ 뉴런의 반응은 실무율(all-or-none)의 법칙에 따라 이루어진다.

④ 시냅스는 한 뉴런의 종말단추와 다른 뉴런의 수상돌기와의 연결을 일컫는다.

| 정답 | ①
| 해설 |
뉴런의 종말단추(terminal botton)는 다른 뉴런들로부터 오는 정보를 전달한다. 전기적 신호가 종말단추에 도달하면 신경전달물질이 시냅스 틈으로 방출된다.

03. 신경계의 자가면역질환 중 하나인 다발성 경화증(multiple sclerosis)은 면역계의 공격으로 뉴런(neuron)의 수초가 파괴되는 질환이다. 다음 뉴런의 구조 그림에서 수초화(myelination)되어 있는 부분은?

[13 보호직]

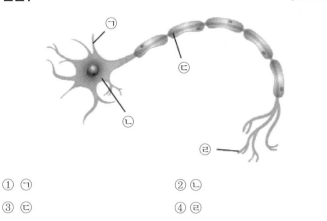

① ㉠

② ㉡

③ ㉢

④ ㉣

| 정답 | ③

| 해설 |

일부의 신경축삭 주위에 수초(myelin sheath)가 생기는 과정을 수초화 또는 수초형성이라 한다. 수초는 신경섬유 주위를 둘러싸고 있는 피막으로 절연체 구실을 한다. 척추동물의 신경섬유에만 존재하며, 지방성의 절연물질로 되어 있다. 수초는 일정한 간격으로 중단되어 있는데 그 부분을 랑비에 결절(Ranvier node)이라고 한다. 정보들은 수초와 수초 사이의 랑비에 결절로 점프하면서 전달되기 때문에 이러한 전달을 '도약전도'라고 한다. 때문에 다발성 경화증으로 수초가 퇴화하면 신경계의 정보전달에 심각한 영향을 주어 운동장애, 감각장애, 인지기능장애 등 다양한 행동적 결함이 발생할 수 있다.

04. 시냅스의 정보전달과정으로 가장 옳은 것은?

① 시냅스에서 이루어지는 정보전달 방식은 전기적 방식이다.

② 전기신호는 시냅스에 이르러 화학 신호로 바뀐다.

③ 시냅스를 건너 다른 신경세포와 결합한 신경전달물질은 그대로 정보를 전달한다.

④ 신경세포들은 정보전달을 위해 서로 밀착되어 있다.

| 정답 | ②

| 해설 |

① 시냅스에서 이루어지는 정보전달 방식은 뉴런 간 정보전달로 신경전달물질을 통한 화학적 방식이다.

③ 시냅스를 건너 다른 신경세포와 결합한 신경전달물질은 전기신호로 전환되어 전달된다.

④ 신경세포들은 시냅스 간극이라는 미세한 틈을 두고 정보를 전달한다.

05. 뉴런이 휴식기에 있을 때의 상태로 옳은 것은?

① 칼륨 이온이 뉴런 밖으로 나간다.

② 나트륨 이온이 뉴런 안으로 밀려온다.

③ 뉴런이 발화한다.

④ 뉴런 내부는 외부와 비교하여 음성(−)을 띠고 있다

| 정답 | ④

| 해설 |

④ 안정전위(resting membrane potential) 상태에서는 보통 세포 안쪽이 바깥에 비해 −70mv 정도의 음전하를 띠고 있다. 세포외액의 주요 이온은 나트륨(Na^+) 이온이고, 세포내액의 주요 이온은 칼륨(K^+)이다.

① 칼륨(K^+) 이온이 뉴런 밖으로 나가는 시기는 재분극시기이다. 소듐채널(Na^+)이 닫히고 포타슘채널(K^+)이 활성화되면서 K^+의 유출이 시작되어 막전위가 재분극되는 하강기를 유도한다.

② 나트륨(Na^+) 이온이 뉴런 안으로 밀려오는 시기는 탈분극시기이다.

③ 뉴런의 발화는 안정전위상태에 자극이 역치(threshold) 이상에 이르면 포타슘채널(K^+)은 닫히고 소듐채널(Na^+)이 열리면서 나트륨(Na^+)이온이 세포내로 유입되면서 시작된다.

06. 밝은 빛과 약한 빛을 볼 때, 빛의 세기가 약해지면 신경세포의 반응이 어떻게 변화되는지에 대한 설명으로 옳은 것은? [23 정보직]

① 신경반응이 금방 소멸한다.

② 신경반응의 크기가 역으로 커진다.

③ 신경반응의 크기는 동일하지만 빈도가 높다.

④ 신경반응의 크기는 동일하지만 빈도가 낮다.

| 정답 | ④

| 해설 |

빛의 세기가 약해지는 것은 자극의 세기가 감소하였다는 의미한다. 그러나 뉴런은 활동전위를 발사하거나(all) 발사하지 않는(none), 실무율의 법칙을 따르기 때문에 이미 밝은 빛에 대한 자극으로 발생된 신경반응 크기는 동일하다. 대신, 자극의 강도는 빈도로 탐지할 수 있다. 자극의 세기가 세어질수록 활동 전위의 발생 빈도는 증가하고, 자극의 세기가 낮아질수록 빈도는 감소한다.

07. 뇌의 신경전달물질에 대한 설명으로 옳지 않은 것은? [23 보호직]

① 아세틸콜린은 학습 및 기억, 근육의 운동과 관련되어 있다.

② 도파민 과잉 공급은 정신분열증(schizophrenia)의 음성증상과 관련되어 있다.

③ 세로토닌은 정서, 섭식, 수면과 관련되어 있다.

④ 엔도르핀은 통증을 완화시키고 기분을 돋우는 효과와 관련되어 있다.

| 정답 | ②
| 해설 |
도파민 과잉 공급은 정신분열증의 양성증상과 관련되어 있다

08. 자율신경계의 투쟁도피반응에 관여하며, 중추신경계에서는 위험에 대한 기민성을 활성화 시키고 공포 및 우울반응에 연관된 것으로 주장되는 신경전달물질은?

① 감마아미노산(GABA)

② 글루타메이트(glutamate)

③ 세로토닌(serotonin)

④ 노르에피네프린(norepinephrine)

| 정답 | ④
| 해설 |
④ 노르에피네프린(노르아드레날린)은 뇌간에 있는 뉴런에 의해 생산되며, 경계상태 혹은 환경 내 위험에 대한 인식을 높이는 흥분성 전달물질로 의욕(기분저하), 집중, 기억, 적극성 등에 관한다.
① 감마아미노산은 뇌의 각성수준을 일정한 수준으로 유지, 뉴런의 발화를 멈추게 하는 억제성 신경전달물질이다. 수면 촉진과 경련 완화에 관여하며, 부족 시 경련, 떨림, 불안, 불면증, 간질 야기한다.
② 글루타메이트는 뉴런 간 정보전달을 증대시키는 흥분성 신경전달물질로, 학습과 기억에 관여하며, 과잉 시에는 두뇌를 과잉흥분시켜 편두통이나 경련을 초래하고, 부족 시에는 혼수상태가 야기된다.
③ 세로토닌은 침착성과 안정감을 주는 전달물질로서 아드레날린이나 엔도르핀의 활동, 수면, 쾌감이나 각성, 섭식행동과 공격행동 등을 조절한다. 부족 시에는 우울증이나 불안증이 야기될 수 있다.

09. 정윤이는 달리기를 매우 좋아한다. 그 이유는 달리는 과정에서 고통을 받는 구간을 지나게 되면 '하늘을 나는 것 같은 느낌'과 같은 행복감을 느끼기 때문이다. 이 행복감과 관련된 신경전달물질은?

[24 정보직]

① 세로토닌
② 노르에피네프린
③ 도파민
④ 엔도르핀(엔돌핀)

| 정답 | ④
| 해설 |
문제의 예시는 러너스 하이(Runner's High)에 대한 설명으로, 이는 달리기 애호가들이 느낄 수 있는 도취감을 말한다. 특히 마라톤 선수들이 훈련을 할 때 극한의 고통을 넘어 35km 지점쯤 되면 러너스 하이를 경험할 수 있는 것으로 일반적으로 알려져 있다. 러너스 하이를 경험한 사람들은 그 행복감을 "하늘을 나는 느낌과 같다"라거나 "꽃 밭을 걷고 있는 기분"이라고 표현하기도 한다. 러너스 하이는 달리기뿐만 아니라 수영, 사이클, 야구, 럭비, 축구, 스키 등 장시간 지속되는 운동이라면 어떤 운동이든 느낄 수 있다고 한다. 이러한 러너스 하이에 영향을 준다고 알려진 물질 가운데 가장 유력하게 언급되는 물질이 엔도르핀(엔돌핀, endorphin)이다. 엔돌핀은 뇌하수체 전엽에서 분비되는 호르몬으로 통증을 억제하고 행복감을 느끼게 하는 작용을 한다. 달리기를 할 때 엔도르핀의 분비가 증가하여 "러너스 하이"라고 불리는 상태, 즉 기분이 좋고 행복한 감정을 느끼게 된다. 또한, 운동 외에도 흥분 시, 고통을 느끼는 경우, 매운 음식을 먹었을 경우, 사랑을 느낄 때, 오르가즘을 느끼는 경우에도 엔도르핀이 분비된다.

10. 다음 (가)에 들어갈 뇌의 영역은?

[22 보호직]

1848년 9월 13일, 미국의 버몬트에서는 철길을 놓는 작업을 하고 있었다. 바위를 부수기 위해 화약 작업을 하는 중, 뜻하지 않은 폭발로 약 1 m 길이의 쇠막대가 피니어스 게이지(Phineas Gage) 머리의 ___(가)___ 을 관통하였다. 그는 의식을 잃고 병원으로 옮겨져서 쇠막대 제거 수술을 받았다. 쇠막대는 잘 제거되었고, 몇 주 후 게이지는 기억 및 신체적 문제없이 회복한 듯 보였다. 하지만 게이지는 성격의 변화가 나타났다. 그는 사고 전에는 침착하고 친절하며 순한 사람이었는데, 사고 후에는 책임감도 없어지고 충동적이며 무계획적으로 바뀌었다. 이후 연구자들의 발견에 따르면, ___(가)___ 은 의사결정, 감정조절, 자기통제 등과 관련되어 있다고 알려졌다.

① 전두엽
② 두정엽
③ 측두엽
④ 후두엽

| 정답 | ①
| 해설 |
① 전두엽(frontal lobe)은 대뇌반구의 앞부분에서 전체 약 40%를 차지하고 있는 부위이다. 기억력이나 감정 조절, 운동 제어, 그리고 기억과 지적 사고력 등 고수준 기능을 담당하는 역할을 한다.
② 두정엽(parietal lobe)은 후두엽의 전측에 위치하며, 체감각에 관한 정보를 처리하는 기능을 한다.
③ 측두엽(temporal lobe)은 대뇌반구의 하측에 위치하며, 청각과 언어에 관여한다.
④ 후두엽(occipital lobe)은 대뇌피질의 후측에 위치하며, 시각정보를 처리한다.

11. 일차 체감각 기능과 감각 통합, 공간인식 등에 관여하는 뇌 영역은? [17 정보직]

① 두정엽
② 측두엽
③ 전두엽
④ 후두엽

12. 대뇌피질 각 영역에 대한 설명으로 옳지 않은 것은? [21 보호직]

① 전두엽: 가장 앞쪽 부분인 전전두피질(prefrontal cortex)은 의사결정, 계획, 상황 판단, 정서 조절 등 고차적인 인지 기능을 담당한다.

② 두정엽: 베르니케(Wernicke) 영역을 포함하고 있어 이 영역에 손상이 생기면 언어이해의 장애가 발생한다.

③ 측두엽: 일차청각피질(primary auditory cortex)이 있으며 청각 정보를 분석한다.

④ 후두엽: 이 영역이 손상되면 눈에 이상이 없어도 앞을 보지 못하는 증상이 나타난다.

13. 전두엽 맨 뒤쪽의 긴 경계영역(㉠)과 두정엽 맨 앞쪽의 긴 경계영역(㉡)이 담당하는 기능을 바르게 연결한 것은? [18 보호직]

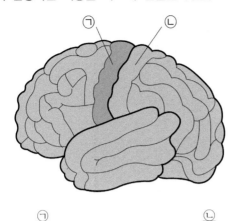

	㉠	㉡
①	신체의 수의적 운동 통제	신체감각 경험
②	시각 경험	청각 경험
③	정서 경험	단기기억 내용을 장기기억으로 전이
④	판단과 논리적 사고	얼굴 표정인식

| 정답 | ①
| 해설 |

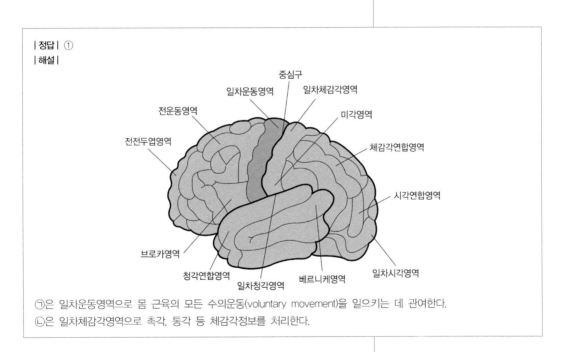

㉠은 일차운동영역으로 몸 근육의 모든 수의운동(voluntary movement)을 일으키는 데 관여한다.
㉡은 일차체감각영역으로 촉각, 통각 등 체감각정보를 처리한다.

14. 다음 중 변연계에 속하지 않는 것은?　　　　　[24 정보직]

① 편도체　　　　　　　② 해마

③ 시상하부　　　　　　④ 뇌간

| 정답 | ④
| 해설 |
　④ 뇌간(brainstem, brain stem)은 뇌줄기라고도 부르는 부위로 뇌의 뒷부분에 위치하고 있으며 척수로 이어진다. 인간의 뇌에서 뇌간은 중뇌(중간뇌, midbrain), 교뇌(다리뇌, pons), 연수(숨뇌, medulla oblongata)를 포함한다. 뇌간에는 머리와 목의 운동과 감각을 담당하는 뇌신경핵이 위치하고 있으며, 심혈관 기능과 호흡 기능을 조절하는 중추 역시 뇌간에 위치하고 있다. 뇌간은 신체의 상태에 관한 말초의 정보가 모여 중추로 전달되는 중요한 길목이기도 하다.
　①, ②, ③ 변연계에는 편도체, 해마, 시상하부, 시상이 포함된다.

15. 변연계에 대한 설명으로 옳지 않은 것은?　　　　　[22 정보직]

① 변연계의 기능에는 동기부여, 감정, 학습, 기억 등이 있다.

② 변연계에 시상하부는 포함되지 않는다.

③ 편도체가 손상된 동물들은 공포와 공격성이 눈에 띄게 낮아진다.

④ 티아민 결핍으로 시상에 장애가 생기면 기억장애가 온다.

| 정답 | ②
| 해설 |
　변연계(limbic system)는 대뇌(cerebrum)와 간뇌(diencephalon)의 경계를 따라 위치한 뇌의 구조물들로 구성되어 있으며, 해부학적인 실체라기보다는 기능적인 그룹으로 정의할 수 있다. 변연계에 속하는 뇌의 구조물은 대뇌반구(cerebral hemisphere) 입구의 주변을 둘러 싸고 있는 피질 조직(해마 등)과 이것과 연관된 피질하 구조 즉, 편도체(amygdala), 중격핵(septal nucleus) 등 뇌의 심부 조직이 있다. 시상(thalamus)의 일부와 시상하부(hypothalamus)도 변연계의 일부로 볼 수 있다. 해부학적으로는 변연계의 한 가운데에 시상하부가 위치하고 있다.

16. 뇌의 부위와 기능 간의 연결이 옳지 않은 것은?

① 기저핵 – 시각·청각 및 체감각 정보의 처리

② 변연계 – 동기와 정서, 기억 등과 관련

③ 망상체 – 각성, 수면, 주의집중

④ 소뇌 – 신체의 균형과 운동통제

|정답| ①

|해설|

- 시각·청각 및 체감각 정보의 처리는 두정엽의 기능이다. 전두정엽(anterior parietal lobe)부위는 시·청각계, 해마로부터도 정보를 받아들이며, 두정연합영역(parietal association areas)은 체감각정보와 다른 감각정보들을 통합하여 외부 공간이나 멀리 있는 물체들에 대한 공간적 지각을 형성하는 역할을 한다.

- 기저핵은 의도적 행동을 통제하는 피질하 구조이며, 운동조절에 관여한다. 도파민 저하 시 기저핵의 기능장애가 발생할 수 있으며, 팔다리의 떨림, 자세잡기 곤란, 운동 개시의 어려움 등을 보이는 파킨슨 병이 야기된다.

17. 시상 아래에 위치하며 항상성 유지를 위해 체온, 배고픔, 혈압, 심장박동 등을 조절하는 뇌조직은?

① 편도체(Amygdala)

② 시상하부(hypothalamus)

③ 해마(hippocampus)

④ 뇌하수체(pituitary gland)

|정답| ②

|해설|

①, ③ 변연계는 편도체와 해마로 이루어져 있으며, 편도체는 정서반응과 감정적 기억에 관여한다. 해마는 새로운 기억과 학습에 관여하며 기억을 형성하고, 이를 기존의 기억이나 지식체계에 통합시켜 저장한다.

④ 뇌하수체는 시상하부 아래에 위치하며, 시상하부의 지배를 받아 사람을 포함한 척추동물의 생명 유지에 중요한 호르몬을 분비한다.

18. 교통사고 후 수술을 받고 난 뒤 다음의 증상을 보였다면 A는 어떤 뇌 부위의 손상을 입었는가? [20 정보직]

> 지적 기능에 문제가 없고 성격에도 문제가 없지만 사고 이후에 새로운 것을 학습할 수 없었다. 새로 만난 의사와 새로 읽은 책들을 다음에는 전혀 기억할 수 없었다.

① 변연계(limbic system)　　② 편도체(Amygdala)
③ 해마(hippocampus)　　④ 소뇌(cerebellum)

| 정답 | ③

| 해설 |

③ **해마**는 새로운 기억과 학습에 관여하며 기억을 형성하고, 이를 기존의 기억이나 지식체계에 통합시켜 저장한다. 예제에서는 지적 기능과 성격은 문제가 없었지만 새로운 학습의 어려움을 언급하고 있다.

① **변연계**는 후각, 감정, 동기부여, 행동 등 다양한 감정의 중추 역할을 하는 대뇌의 부위로, 학습, 기억 및 각성에 관여하는 것으로 알려져 있다. 손상을 받으면 적응력에 이상이 생기고 부적절한 행동을 한다.

② **편도체**는 감정의 경험과 표현을 담당하는 변연계에 속하며 측두엽의 심부에 위치한다. 공포기억의 형성이나 공격성, 불안등과 관련되어 있다.

④ **소뇌**는 대뇌의 기능을 보조하여 자발적운동의 조절과 평형을 유지하는 기관평형이다. 자세유지 및 신체균형, 정교한 운동기술 통제(운동출력과 균형을 조정), 비언어적 학습과 기억에 관여한다.

19. 우리의 의지대로 몸을 움직일 수 있게 하는 신경체계는?

① 교감신경계(sympathetic nervous system)
② 체성신경계(somatic nervous system)
③ 자율신경계(autonomic nervous system)
④ 부교감신경계(parasympathetic nervous system)

| 정답 | ②

| 해설 |

①, ③, ④ 자율신경계는 혈관, 신체기관과 내분비선을 통제하는 불수의적이고 자동적인 명령을 전달하는 일련의 신경체계이다. 자율신경계에는 신체가 어떤 중대한 일에 직면했을 때 활성화되는 교감신경계와 평화로운 상황에서 에너지를 저장하는 방향으로 작용하는 부교감신경계가 있다.

중추신경계		뇌
		척수
말초신경계	체성신경계	감각신경
		운동신경
	자율신경계	교감신경계: 스트레스와 긴장과 관련
		부교감신경계: 이완과 진정과 관련

20. 다음 중 신경계(nervous system)에 대한 설명으로 가장 적절한 것은? [24 정보직]

① 말초신경계는 교감신경계와 부교감신경계로 이루어져 있다.

② 신경계에서 정보흐름은 감각뉴런, 간뉴런, 운동뉴런을 통해서 이루어진다.

③ 신경계는 자율신경계와 체성신경계로 이루어져 있다.

④ 스트레스를 받는 상황에서는 먼저 부교감신경계가 활성화된다.

|정답| ②

|해설|

※ "신경계에서 정보흐름은 감각뉴런, 운동뉴런, 간뉴런을 통해서 이루어진다"고 복원된 문제였으나 출제오류로 보이며 다른 ①, ③, ④의 내용이 적절하지 않아 ②를 정답으로 하였을 가능성이 높다.

① 말초신경계는 체성신경계와 자율신경계로 이루어져 있으며, 자율신경계는 교감신경계와 부교감신경계가 포함된다.

③ 신경계는 크게 중추신경계와 말초신경계로 분류된다.

④ 스트레스 상황에서는 교감신경계가 활성화되며, 부교감신경계는 긴장완화 상태에서 활성화 된다.

21. 교감신경과 부교감신경의 기능을 옳게 짝 지은 것만을 모두 고르면?

ㄱ. 교감신경 - 심장 박동 억제
ㄴ. 부교감신경 - 동공 축소
ㄷ. 교감신경 - 소화관 촉진
ㄹ. 부교감신경 - 방광수축 촉진

① ㄱ, ㄴ
② ㄱ, ㄹ
③ ㄴ, ㄷ
④ ㄴ, ㄹ

|정답| ④

|해설|

구분	부교감신경(긴장완화)	교감신경(스트레스)	구분	부교감신경(긴장완화)	교감신경(스트레스)
심장박동	억제	촉진	소화관	촉진	억제
혈관	확장	수축	동공	축소	확대
혈압	강하	상승	혈당량	감소	증가
기관지	수축	확장	생식선	촉진	억제
침분비	다량(연함)	소량(진함)	방광	수축	확장

22. 부교감신경계가 작용하는 상황으로 옳은 것은?

① 수면　　　　　　　② 업무

③ 추위 – 더위　　　　④ 스트레스

23. 내분비계(endocrine system)에 대한 설명으로 옳지 않은 것은?

① 내분비계와 신경계를 연결하는 고리역할을 하는 해부학 구조는 시상하부이다.

② 내분비계에서 가장 영향력 있는 내분비선은 시상하부이다.

③ 내분비계에서 정보전달에 이용되는 물질은 호르몬이다.

④ 내분비계에서 정보전달에 이용되는 물질은 특정한 표적세포에서 효과를 나타낸다.

24. (가)에 들어갈 말로 알맞은 것은?　　　　[24 보호직]

> 스트레스는 건강에 직접적으로 부정적인 영향을 미칠 수 있는데, 스트레스는 ___(가)___ 호르몬의 분비를 증가시킨다. 이 호르몬은 혈당을 높이고 투쟁 혹은 도피 반응을 할 수 있게 해 준다. 하지만 스트레스가 장기간 지속됨에 따른 ___(가)___ 호르몬의 과다 분비 상태는 부정적 정서 반응을 유발하고 면역기능을 약화시켜 건강에 부정적인 영향을 줄 수 있다.

① 세로토닌(serotonin)　　　② 도파민(dopamine)

③ 아세틸콜린(acetylcholine)　④ 코르티솔(cortisol)

25. 스트레스 호르몬이라고 불리는 코르티솔(cortisol)이 분비되는 곳은?

① 부신(adrenal gland)

② 대뇌피질(cerebral cortex)

③ 변연계(limbic system)

④ 해마(hippocampus)

|정답| ①

|해설|

코르티솔은 급성 스트레스에 반응해 분비되는 물질로, 스트레스에 대항하는 신체에 필요한 에너지를 공급해 주는 역할을 한다. 이러한 코르티솔은 콩팥의 부신 피질에서 분비되는 스트레스 호르몬이다.

26. 우반구의 특징이 아닌 것은?   [19 정보직]

① 공간지각   ② 감성적 능력

③ 언어능력   ④ 예술적 능력

|정답| ③

|해설|

좌반구의 특징에 해당된다.

[좌우 반구의 특징]

• **좌반구**: 언어능력, 개념, 읽고 쓰기, 계산, 음성과 소리의 인식, 논리적 사고

• **우반구**: 이미지, 도형, 음악, 시각정보의 종합적 파악, 공간지각, 직관적 사고

27. 베르니케영역(Wernicke's area)에 손상을 입을 경우 발생되는 현상으로 옳은 것은?

① 운동성 실어증

② 감각성 실어증

③ 운동불능 실행증

④ 청각 실인증

|정답| ②

|해설|

① 운동성 실어증(motor aphasia)은 브로카영역 손상 시 발생되며, 브로카 실어증(Broca's aphasia)이라고도 불린다.

③ 운동불능실행증(akinetic apraxia)은 각각의 운동은 가능하지만 연속적으로 어떤 동작을 수행하기 어려운 경우를 말한다.

④ 청각 실인증(auditory agnosia)은 측두엽 손상 시 소리를 들을 수는 있으나 소리를 인식하지는 못하는 증상을 보인다.

28. 좌우 시야에 짧게 언어적 정보를 제시한 뒤 본 것을 언어로 말할 때와 왼손으로 그것을 잡게 했을 때 다른 결과가 나오는 것을 보여주는 것은?

[21 정보직]

① 전두엽의 손상된 결과
② 브로카 영역이 손상된 결과
③ 뇌량이 단절된 결과
④ 변연계가 손상된 결과

29. 이미 존재하지 않는 신체 부분에 대한 환각으로 사지를 절단한 후에 흔히 나타나는 것은?

① 코르사코프 증후군(korsakoff syndrome)
② 실행증(apraxia)
③ 환상지통(phantom limb syndrome)
④ 이인증(depersonalization)

감각과 지각

01. 빈칸에 들어갈 용어를 바르게 연결한 것은?

[20 보호직]

(㉠)은 특정한 자극을 (㉡)%의 확률로 탐지하는데 필요한 최소 자극 강도를 말하며, (㉢)은 두 자극의 강도가 다르다는 것을 (㉣)%의 확률로 탐지하는 데 필요한 최소한의 차이를 말한다.

	㉠	㉡	㉢	㉣
①	절대역	50	차이역	50
②	절대역	50	상대역	50
③	절대역	100	상대역	50
④	상대역	100	차이역	100

| 정답 | ①

| 해설 |

• 절대역은 감각을 일으키는 데 필요한 최소한의 자극의 양 또는 물리적 에너지로 외부로부터의 자극 시행 중 50%에서 어떤 자극(빛, 소리, 압력, 맛, 냄새 등)을 겨우 탐지하는 데 필요한 최소한의 자극강도를 말한다.

• 차이역은 강도가 서로 다른 두 자극의 차이를 느낄 수 있는 최소한의 차이로 최소식별차이(just noticeable difference, JND)라고도 한다. 두 자극 차이를 탐지할 수 있는 확률이 50%인 지점을 말한다.

02. 다음 〈보기〉의 설명과 관계 있는 용어는?

[17 정보직]

보기

한 극장에서 순간 노출기를 이용해 관객들에게 인간이 알아차릴 수 없는 1/3,000초 동안 'Drink cola, Eat popcorn!'이라는 문장을 5초 간격으로 제시했더니 콜라와 팝콘의 매출이 증가했다고 주장했다.

① 감각순응(sensory adaptation)
② 절대역(absolute threshold)
③ 역하자극(subliminal stimulus)
④ 차이역(difference threshold)

| 정답 | ③

| 해설 |

③ 역하자극은 외부변화의 자극에 대해 반응을 일으키는데 필요한 최소한의 자극강도인 역치 미만의 자극을 말하며, 감지할 수 없는 자극(역하자극)이 암시적인 힘을 발휘하여 행동에 영향을 미치기도 한다.

① 감각순응은 변하지 않고 반복적으로 제시되는 자극에 대한 민감도가 서서히 낮아지는 현상을 말한다.

② 절대역은 감각을 일으키는 데 필요한 최소한의 자극의 양 또는 물리적 에너지를 말한다.

④ 차이역은 강도가 서로 다른 두 자극의 차이를 느낄 수 있는 최소한의 차이를 말한다.

03. 다음과 관계있는 개념은?

[18 보호직]

> 탐지(detection)에 필요한 변화의 최소량은 원래 자극의 크기 (magnitude)에 비례한다. 따라서 원래 자극이 클수록 변화량도 커야 변화를 탐지할 수 있다.

① 감각순응(sensory adaptation)
② 역하자극(subliminal stimulus)
③ 크기 항등성(size constancy)
④ 베버의 법칙(Weber's law)

|정답| ④

|해설|

④ 베버의 법칙에서는 추의 무게의 대한 차이역을 측정하기 위해, 무게가 10kg인 추를 표준자극으로 이용한다고 할 때, 비교자극으로 10kg 이상 또는 이하인 추를 사용할 수 있다. 이 경우 비교자극의 추가 11kg이 되었을 때 그 차이를 감지했다면 100kg의 표준자극2를 사용할 경우 비교자극의 추는 101kg이 아니라 110kg이 되어야 차이를 감지할 수 있다고 설명한다. 그래서 베버의 법칙은 "차이역은 그 식역을 측정하기 위해 이용된 표준자극의 강도에 정비례한다."로 진술된다.

① **감각순응**은 변하지 않고 반복적을 제시되는 자극에 대한 민감도가 서서히 낮아지는 현상을 말한다

② **역하자극**은 외부변화의 자극에 대해 반응을 일으키는데 필요한 최소한의 자극강도인 역치 미만의 자극을 말하며, 감지할 수 없는 자극(역하자극)이 암시적인 힘을 발휘하여 행동에 영향을 미치기도 한다.

③ **크기 항등성**은 대상까지의 거리가 변화되어도 그 대상이 일정한 크기를 가지고 있는 것으로 지각하는 경향성이다. (물체가 가까이 있든 멀리 있든 같은 크기의 물체로 인식하는 것)

04. 헬스장에서 3kg의 아령을 들다가 6kg을 들게 되면 무게 차이가 감지되지만, 60kg의 무게를 들다가 63kg을 들 때는 그 변화 차이를 알아차리지 못하는 경우가 많다. 이러한 현상을 설명해주는 심리학적 개념은? [24 정보직]

① 플레밍 효과　　　　　② 감각 적응

③ 지각 항등성　　　　　④ 베버의 법칙

|정답| ④

|해설|

④ 베버의 법칙(Weber's Law)은 자극의 변화가 감지되기 위해서는 원래 자극의 크기에 비례하는 최소한의 차이가 필요하다는 원리를 설명한다. 문제에서 3kg에서 6kg으로의 변화는 100%의 차이이므로 쉽게 감지되지만, 60kg에서 63kg으로의 변화는 약 5%의 차이로, 상대적으로 작은 변화로 인식되어 감지하기 어려운 경우를 제시하였다.

① 프레이밍 효과(framing effect)는 의사 전달을 어떤 틀(긍정, 부정) 안에서 하느냐에 따라 전달받은 사람의 태도나 행동이 달라지는 효과를 이르는 말로, 행동경제학자 다니엘 카너먼(Daniel Kahneman)과 아모스 트버스키(Amos Tversky)가 제시한 개념이다.

※ 시험에서 제시된 플레밍은 프레이밍 효과를 제시한 것으로 유추된다.

② 감각 적응(sensory adaptation)은 특정 자극에 지속적으로 노출될 때 그 자극에 대한 반응이 감소하는 현상을 말한다. 예를 들면, 특정한 강한 냄새나 소음이 있는 환경에서 사는 사람은 그곳에 처음 온 사람보다 냄새나 소음을 덜 자각하며 그것에 의해 덜 방해를 받는다.

③ 지각 항등성(perceptual constancy)은 대상 자극이 거리, 방향, 조명의 강도 등에서 변화하여도 대상의 크기, 모양, 밝기, 색 등이 불변하는 대상으로 지각하는 것을 의미한다.

05. 정신물리학에 대한 설명으로 옳지 않은 것은? [21 보호직]

① 정신물리학은 물리적 에너지와 그 에너지가 심리적 경험에 미치는 효과 간의 관계를 연구한다.

② 차이역은 자극에서 겨우 탐지될 수 있는 최소한의 물리적 에너지 변화를 의미한다.

③ 절대역은 관찰 또는 경험할 수 있는 최대 에너지 수준을 의미한다.

④ 정신물리학 접근 중 신호탐지이론은 자극에 대한 반응이 한 개인의 자극 민감도와 반응기준 모두에 달려 있다고 주장한다.

|정답| ③

|해설|

절대역은 감각을 일으키는 데 필요한 최소한의 자극의 양 또는 물리적 에너지를 뜻한다.

06. 눈의 구조와 기능에 대한 설명으로 옳지 않은 것은?

① 빛은 동공을 통과하며, 빛의 양은 동공을 둘러싸고 있는 수정체에 의해 조절된다.

② 빛은 각막을 통해서 눈에 들어오며, 각막은 눈을 보호하고, 빛을 굴절시켜 초점을 맞추는 역할을 한다.

③ 망막에 도달한 시각정보는 시세포에서 전기자극으로 바뀌고 망막의 신경절세포로 전달된다.

④ 망막에서 시세포가 없어 물체의 상이 맺히지 않는 부분을 맹점이라 한다.

| 정답 | ①
| 해설 |
빛의 이동경로는 '빛 → 각막 → 동공 → 수정체 → 유리체 → 망막(시각세포) → 시신경 → 대뇌' 순이며, 빛의 양을 조절하는 것은 동공을 둘러싸고 있는 붉은색의 근육인 홍채에 의해 조절된다. 수정체는 동공을 통과한 빛을 굴절시켜 상을 맺히게 하는 일종의 렌즈 역할을 한다.

07. 눈의 망막에는 추상체(cone)와 간상체(rod)의 수용기가 있다. 이에 대한 설명으로 옳지 않은 것은? [23 정보직]

① 추상체가 간상체의 비해 더 많은 수가 분포하고 있다.

② 빛에 대한 민감도는 간상체가 더 높아 야간 시에는 간상체가 잘 작동하고 주간시에는 추상체가 잘 작동한다.

③ 추상체는 중심와 주변에 배치되어 있고, 간상체는 중심와 주변부에 많이 배치되어 있다

④ 색채반응은 추상체에서 처리된다.

| 정답 | ①
| 해설 |
추상체는 약 600만 개이며, 색을 탐지하고 정상적인 주간 조건에서 작동하며, 정밀한 세부에 초점을 맞출 수 있도록 기능한다. 반면, 간상체는 약 1억 2천만 개이며, 낮은 빛 조건에서 야간시를 위해 작동한다. 따라서 추상체보다 간상체가 약 20배 정도 많다.

08. 고대 천문학자들은 밤에 별을 관찰할 때 정면으로 보지 말고 옆으로 비껴보라고 하였다. 군대에서 야간 사격훈련을 할 때도 옆으로 비껴보는 원리와 유사한데, 이 원리가 반영된 설명은? [21 정보직]

① 야간에는 동공이 커진다.

② 간상체는 중심와 주변에 밀도가 가장 높다.

③ 선명하게 보기 위해서는 조절작용이 필요하다.

④ 맹점에는 간상체만 있다.

| 정답 | ②

| 해설 |

② 중심와는 망막의 중심으로 시력이 가장 좋은 영역이며, 간상체가 전혀 없고 추상체만 있다. 야간에는 간상체가 작동하는데 정면으로 보게 되면 간상체가 없는 중심와에 초점이 맞춰지므로 잘 보기 위해서는 중심와 주변에 있는 간상체를 사용하기 위해 눈을 비껴보는 것이 필요하다.

① 야간에 동공이 커지는 이유는 눈으로 들어오는 빛의 양을 늘리기 위해서이다.

③ 물체에 의해 반사된 빛의 초점이 망막 위에 맺히도록 수정체의 두께가 바뀌는 과정을 조절(accomodation)이라 하며, 이와 관련된 설명이다.

④ 맹점(blind spot)은 시신경이 안구를 빠져나와 뇌로 가는 지점으로, 광수용기 세포(간상체, 추상체)가 존재하지 않기 때문에 눈앞에 있는 물체의 상이 맹점에 맺히면, 그 상은 신경반응을 유발할 수 없다.

---

09. 눈의 망막에서 뇌로 연결되는 시각 통로에 대한 설명으로 옳지 않은 것은? [23 보호직]

① 시각피질은 후두엽에 위치한다.

② 오른쪽 눈의 우시야는 시신경교차를 통해 좌반구로 전달된다.

③ 대상의 위치와 움직임에 대한 정보는 후두엽에서 두정엽 쪽으로 전달된다.

④ 왼쪽 눈의 귀쪽 망막에서 출발한 시신경은 시교차(optic chiasm)에서 우반구의 시각피질로 연결된다.

| 정답 | ④

| 해설 |

시신경(optic nerve)은 시교차(optic chiasma)를 거치면서 시상에 있는 외측 슬상핵(LGN, lateral geniculate nucleus)으로 전달되며, 시상은 이 정보를 후두엽의 일차시각피질(V1영역, primary visual cortex)로 보내고, V1으로 들어온 시각정보는 두정엽과 측두엽 두 갈래의 경로로 전달된다. 이 과정에서 시각 신호는 시신경을 교차하여 전달되며, 좌측시각 정보는 우반구로 가고, 우측 시각 정보는 좌반구로 이동한다.

10. 시각에 관한 설명으로 옳지 않은 것은? [23 보호직]

① 암순응(dark adaptation)은 어두운 곳으로 들어갔을 때 빛에 대한 눈의 민감도가 차츰 향상되는 과정을 의미한다.

② 망막의 수용기 세포 중 하나인 추상체(cones)는 빛이 약한 조건의 시각과 주변지각을 관장한다.

③ 수정체는 물체에서 반사되어 눈으로 들어오는 빛의 초점이 망막 위에 형성되도록 한다.

④ 대립과정이론은 색채 지각이 적－녹, 청－황, 흑－백의 대립 쌍을 통해 이루어진다고 제안한다.

| 정답 | ②
| 해설 |

간상체에 대한 설명이다. 추상체는 색을 탐지하고, 정상적인 주간 조건에서 작동하며, 정밀한 세부에 초점을 맞추게 하는 광수용기이다.

11. 색채지각과 관련하여 삼원색론(trichromatic theory)에 대한 설명으로 틀린 것은? [21 정보직]

① Young과 Helmholtz에 의해 발전되었다.

② 세 가지 추상체를 제시한다.

③ 색채잔상은 대표적 개념이다.

④ 칼라 TV는 세 가지 색의 조합으로 색을 만든다.

| 정답 | ③
| 해설 |

• 색채잔상은 허링(Hering)의 대립과정설(반대색설, opponent-process theory)에서 설명하는 개념이다. 잔상현상이라도 불리며, 한 곳을 오래 보다 다른 곳을 보면 그 색의 보색을 볼 수 있는 현상을 말한다.

• 삼원색설은 망막에 세 가지 유형(빨강, 초록, 파랑)의 색채수용기(추상체)가 있어 이 수용기가 어떤 조합으로 반응하는가에 따라 다른 색을 경험한다고 제시하였다.

12. 청각과 관련된 설명으로 옳지 않은 것은?

[20 보호직]

① 음의 고저를 구별하는 능력을 설명하기 위해서는 장소 이론과 주파수 이론이 모두 필요하다.

② 인간의 청각기관이 반응하는 가청 주파수 범위는 약 20~20,000Hz이다.

③ 청각 자극인 소리에 반응하는 청각 수용기 세포는 전정기관에 분포한다.

④ 음파의 진폭에 의해 소리의 강약이 결정되는데, 보통의 대화 소리는 약 60dB 정도이다.

|정답| ③

|해설|

- 청각 자극인 소리에 반응하는 청각 수용기 세포는 유모세포(hair cell)로 코르티기관에 붙어있다. 유모세포는 융모세포라고도 불리며, 실제 감각수용체는 내유모세포(inner hair cell)로 소리의 진동자극을 활동전위로 바꾸는 청각수용기 역할을 하며, 외유모세포(outer hair cell)는 기저막의 움직임이 원활하게 일어나게 한다.

- 귀의 구조는 외이, 중이, 내이로 구분할 수 있다. 전정기관은 이 중 내이에 위치하며, 달팽이관과 반고리관 사이에 있으며, 운동감각이나 균형감각을 담당하는 평형기관이다.

13. 통증의 물리적 측면과 심리적 측면과의 관계를 설명하는 이론은?

① 장소이론(place theroy)

② 주파수이론(frequency theory)

③ 연사 원리(volley principle)

④ 통로제어이론(gate control theory)

|정답| ④

|해설|

④ 통로제어이론(수문통제이론, gate control theory)은 척수의 구조가 통증으로 해석되는 감각이 입력되는 문으로 작용한다고 가정한다. 생리학에 기초를 두지만, 통증 지각의 감각적 측면과 심리적 측면을 모두 설명한다. 척수에 있는 신경기제는 신경충동의 흐름을 증가 또는 감소시킬 수 있는 문처럼 작용한다. 예를 들어, 문이 열리면, 통증은 척수를 통해 뇌로 신경 메시지를 보내 통증을 느끼게 되고, 문이 닫히면, 신경충동이 척수를 통해 올라가는 것이 억제되어 메시지는 뇌로 도달하지 못하고 통증을 느끼지 못하게 된다. 또한 불안, 걱정, 우울과 같은 측면들이 중추 통제 촉발자에 영향을 줌으로써 통증을 증가시켜 문을 열게 만들고, 이완이나 긍정적인 정서는 문을 닫게 도움으로써 통증을 감소시키기도 한다.

① 장소이론(place theroy)은 고주파수를 처리하며, 소리의 주파수에 따라 기저막에서 가장 활발하게 반응하는 부위가 다르다고 주장한다.

② 주파수이론(frequency theory)은 저주파수를 처리하며, 달팽이관이 청신경에 들어가는 활동전위들의 발화율을 통해 저주파수들을 기록한다.

③ 주파수이론에서는 신경세포의 발화율이 1,000회를 넘지 않는다는 한계에 대해서는 한 집단의 세포들이 번갈아 발화한다는 연사 원리(volley principle)로 보완하였다.

14. 선택적 주의(selective attention)에 대한 설명으로 옳은 것을 모두 고른 것은?   [10 보호직]

> ㄱ. 어떤 대상의 처리에 주의가 주어지면 일반적으로 처리의 속도와 정확성이 향상된다.
> ㄴ. 선택적 주의는 추가적인 처리를 위해서 어떤 자극은 선택하고 나머지 자극은 제거하는 과정이다.
> ㄷ. 눈을 움직이지 않고서도 어떤 시각 자극에 주의를 선택적으로 향하게 할 수 있다.
> ㄹ. 선택적 주의는 청각에도 존재한다.

① ㄱ, ㄴ, ㄷ
② ㄱ, ㄷ, ㄹ
③ ㄴ, ㄷ, ㄹ
④ ㄱ, ㄴ, ㄷ, ㄹ

| 정답 | ④
| 해설 |
[선택적 주의(selective attention)]
• 외부 환경이나 심적 활동의 여러 정보 중에서 특정 정보에 선택적으로 반응하거나 집중하도록 하는 의식작용이다.
• 인간은 수많은 자극들에 노출되지만 모든 자극들을 지각하고 정보처리 할 수 없기 때문에 일부의 자극에만 주의를 기울여 정보를 처리하게 된다.
• 경험할 수 있는 모든 것 중에서 한순간에 의식할 수 있는 것은 매우 제한되어 있다.
• 선택적 주의는 특정 자극에 집중하여 정확하고 효율적으로 정보를 처리하도록 도와주는 효과가 있지만, 다른 한편으로는 그 순간 선택되지 못한 다른 자극들이 갖고 있는 잠재적으로 중요한 정보를 놓치게 한다.

---

15. 파티장의 시끄러운 주변 소음과 대화 속에서도 대화를 하는 상대방의 이야기를 선택적으로 지각하여 집중하는 현상은?

① 점화효과(priming effect)
② 초두효과(primacy effect)
③ 플라시보 효과(placebo effect)
④ 칵테일파티 효과(cocktail party effect)

| 정답 | ④
| 해설 |
① **점화효과**란 시간적으로 먼저 제시된 자극이 나중에 제시된 자극의 처리에 부정적 혹은 긍정적 영향을 주는 현상을 말한다.
② **초두효과**란 다양한 정보가 제시되었을 때 처음 제시된 정보를 가장 잘 기억하는 현상을 일컫는다.
③ **플라시보 효과**란 실제 효과가 없음에도 불구하고 효과가 있을 것이라는 기대와 믿음 때문에 원하는 변화가 일어나는 현상으로, 환자에게 가짜 약을 투여하면서 진짜 약이라고 한 경우 환자는 병이 나을 것이라는 믿음으로 실제로 증상이 호전되는 경우를 말한다.

16. 자동적으로 처리되는 과정(automatic processing)과 의식적으로 처리되는 과정(conscious processing) 사이에 갈등이 발생하여 이를 처리하는 데 시간이 걸리는 현상은?

① 가현운동(apparent motion)

② 스트룹 효과(stroop effect)

③ 칵테일파티 효과(cocktail party effect)

④ 변화맹(change blindness)

|정답| ②

|해설|

② **스트룹 효과**란 색깔의 명칭을 표기한 글씨와 그것이 쓰인 카드나 종이의 색깔이 다른 경우에 색깔의 명칭이 표기된 물감이나 잉크의 색깔을 말하는 속도가 급속하게 감소되는 현상으로 이러한 원인이 바로 자동적 처리와 의식적 처리 과정 사이의 갈등으로 시간이 걸리기 때문이다.

① **가현운동**은 실제 움직임이 없는데도 움직인다고 착각하는 현상이다.

③ **칵테일파티 효과**는 사람들이 가까이에서 들리는 소리를 여과하면서 한 메시지에 주의를 주는 현상이다.

④ **변화맹**은 시지각 영역에서 나타나는 현상으로 어떤 장면(물체의 모습이나 현상)을 바라보고 있던 사람이 그 장면에서 일어나는 변화를 일정 기간 동안 탐지하지 못하는 현상을 말한다.

17. 지각의 인지적 속성에 대한 설명으로 옳은 것은?   [12 보호직]

① 인간은 외부로부터 오는 모든 자극을 입력하여 받아들인다.

② '칵테일파티' 현상은 여러 가지 복합적인 자극 중에서 자기가 특히 관심 있는 자극에만 선택적으로 주의하는 것이다.

③ 지각자의 동기와 욕구, 과거경험 등의 내적 요인은 선택적 주의과정에 영향을 주지 않는다.

④ 지각대상에서 얻은 정보가 충분한 경우에는 주로 개념주도적 정보처리를 한다.

|정답| ②

|해설|

① 인간은 수많은 자극들에 노출되지만 모든 자극들을 지각하고 정보처리할 수 없기 때문에 일부의 자극에만 주의를 기울여 정보를 처리하게 된다.

③ 지각자는 내부요인(동기, 의식적준비, 흥미)과 외부 요인(움직임, 반복, 대조, 신기함, 강도, 크기)에 영향을 받는다.

④ 지각대상에서 얻은 정보는 자료주도적 처리인 상향처리(bottom-up processing)로 진행된다. 즉, 입력 자극의 감각적 분석에서 시작하여 보다 높은 수준의 처리로 진행되는 것을 말한다. 반면, 개념주도적 처리란 감각질을 해석하기 위해 경험과 기대를 사용하는 것으로 하향처리(top-down processing)에 해당된다.

18. 사람들은 전경에 있는 형태를 지각할 때 집단화(grouping)하는 규칙을 사용하여 의미 있는 형태로 조직화한다. 집단화 규칙에 해당하지 않는 것은? [13 보호직]

① 근접성(proximity)
② 유사성(similarity)
③ 독특성(uniqueness)
④ 연결성(connectedness)

19. 다음 〈보기〉와 같이 선형이 연결되지 않은 불완전한 도형을 완성된 형태로 지각하는 원리는 무엇인가?

보기

① 유사성(similarity)
② 폐쇄성(closure)
③ 대칭성(symmetry)
④ 최선의 법칙(Law of Prägnanz)

20. 단안단서에 해당하는 것이 아닌 것은?　　　[20 정보직]

① 선형조망　　　　　　② 상대적 크기
③ 중첩　　　　　　　　④ 수렴

|정답| ④
|해설|

수렴은 두 눈을 통해 깊이를 판단하는 양안단서에 해당한다. 가까운 대상을 볼 때 눈동자가 코 쪽으로 돌아가는 신경근육 단서를 통해 거리를 파악하는 것이다. 단안단서는 선형조망, 상대적 크기, 중첩 외에도 상대적 명확성, 결의 밀도변화, 상대적 높이, 상대적 운동, 선형 조망 등이 있다.

21. 깊이지각을 위한 단안단서(monocular cue)로 옳은 것만을 모두 고르면?　　　[24 보호직]

ㄱ. 수렴(convergence)
ㄴ. 선형조망(linear perspective)
ㄷ. 상대적 높이(relative height)
ㄹ. 망막부등(retinal disparity)

① ㄱ, ㄴ　　　　　　② ㄱ, ㄹ
③ ㄴ, ㄷ　　　　　　④ ㄷ, ㄹ

|정답| ③
|해설|

단안 단서(monocular cue)란 한 눈만으로 지각할 수 있는 깊이 지각 단서를 뜻한다. 그림을 보는 경우, 이차원의 정보를 삼차원의 정보로 변형하기 위해 뇌에서 사용하는 정보들이 단안단서이다. ㄴ. 선형조망과 ㄷ. 상대적 높이가 이에 해당한다.
ㄱ. 수렴과 ㄹ. 망막부등은 두 눈을 사용하는 양안단서(binocular cue)에 해당한다.

22. 안대를 착용한 상태에서 공을 던지거나 받는 것이 잘 되지 않는 현상과 관련된 것은?　　　[21 정보직]

① 양안부등　　　　　　② 상대적 운동시차
③ 중첩　　　　　　　　④ 대기조망

|정답| ①
|해설|

① 안대를 착용하면 두 눈을 다 사용할 때처럼 자연스러운 활동이 되지 않는다는 점에서 양안단서를 의미한다.
②, ③, ④ 상대적 운동시차, 중첩, 대기조망은 모두 단안단서에 대한 것이다.

23. 다음 지각현상을 설명하는 개념은?　　　　[23 보호직]

> 내가 고속버스를 타고 출발을 기다리는 동안 옆 고속버스가 갑자기 출발하는 모습을 보면, 내가 탄 고속버스가 움직이는 것처럼 느껴진다.

① 스트로보스코프 움직임(stroboscopic motion)

② 파이현상(phi phenomenon)

③ 유도된 움직임(induced motion)

④ 폰조착시(ponzo illusion)

|정답| ③

|해설|

③ 유도된 움직임(induced motion)은 유인운동이라고도 불리며, 두 대상 사이의 거리가 변화함에 따라 느껴지는 운동현상으로, 주위의 움직임으로 인해 실제 움직이지 않는 대상이 움직이는 것처럼 느껴지는 것을 말한다.

① 스트로보스코프 움직임(stroboscopic motion)이란 약간 다른 영상들을 연속적으로 보여주면 움직임을 지각하는 현상(영화)이다.

② 파이현상(phi phenomenon)은 둘 이상의 인접한 불빛이 빠른 속도로 교대할 때 발생하는 움직임 착시를 말한다.

④ 폰조착시(ponzo illusion)란 사다리꼴 모양에서 기울어진 두 변 사이에 같은 길이의 수평 선분 두 개를 위아래로 배치하면 위의 선분이 더 길어 보이는 착시를 말한다.

---

24. 감각 신호들이 변할 때조차도 지각은 일관적으로 유지될 수 있는 것은 다음 중 어느 것과 관련 있는가?

① 지각항등성(perceptual constancy)

② 가현운동(apparent motion)

③ 선택적 주의(selective attention)

④ 착시(visual illusion)

|정답| ①

|해설|

① 지각항등성은 대상 자극에 대한 감각 정보가 달라져도 불변의 대상으로 지각하는 것이다. 모양, 크기, 색, 밝기, 위치항등성이 있다.

② 가현운동은 움직임이 없음에도 움직인다고 착각하는 현상이다.

③ 선택적 주의는 외부의 수많은 자극정보들을 모두 지각할 수 없기 때문에 일부 자극에만 선택적으로 주의를 기울여 정보를 처리하게 된다는 개념이다.

④ 착시는 대상의 속성이 실제와는 다르게 지각되는 현상을 말한다.

25. 다음 현상을 설명하는 용어는?　　　　[24 보호직]

> 멀리 떨어져 있는 45인승 버스는 장난감처럼 작아 보인다. 그러나 그 버스가 일단 45인승 버스로 지각된 이후에는 실제 사람이 타는 버스로 인식된다.

① 집단화(grouping)

② 조절초점(regulatory focus)

③ 항상성(homeostasis)

④ 지각항등성(perceptual constancy)

| 정답 | ④

| 해설 |

멀리 있는 버스가 장난감처럼 작아 보이지만, 그 크기와 형태가 인식된 후에는 실제 버스로 인식되므로 이는 지각항등성에 해당한다.

26. 주어진 자극과 장기기억 속에 저장되어 있는 과거의 경험 및 지식을 근거로 하여 주어진 자극이 무엇인지를 파악하는 과정을 무엇이라 하는가?

① 선택적 주의(selective attention)

② 형태재인(pattern recognition)

③ 지각적 갖춤새(perceptual set)

④ 추론(reasoning)

| 정답 | ②

| 해설 |

② 형태재인이란 지각자가 특정 대상의 형태를 기억 속에 들어있는 형태에 대응시키는 과정을 말한다.

① 선택적 주의(selective attention)는 특정 자극에 의식적 자각의 초점을 맞추는 것이다.

③ 지각적 갖춤새(perceptual set)란 사물이나 사건에 대한 지각이 이루어지는 과정에서 그 대상을 어떤 특정한 방식이나 틀에 맞추어 지각하려는 경향성을 말한다.

④ 추론(reasoning)이란 일반적으로 주어진 전제의 가정에 근거하여 어떤 결론을 얻고자 할 때 발생하는 사고과정을 의미한다.

27. 다음 그림이 시사하는 가장 적절한 개념은?

$$
\begin{array}{c}
\mathsf{I2} \\
\mathsf{A\ B\ C} \\
\mathsf{I4}
\end{array}
$$

① 지각적 갖춤새(perceptual set)
② 지각적 조직화(perceptual organization)
③ 지각적 착각(perceptual illusion)
④ 선택적 주의(selective attention)

|정답| ①
|해설|
① **지각적 갖춤새**는 사물이나 사건에 대한 지각이 이루어지는 과정에서 그 대상을 어떤 특정한 방식이나 틀에 맞추어 지각하려는 경향성을 말한다.
② **지각적 조직화**는 제시된 자료를 속성에 따라 의미 있는 단위로 묶어서 보고자 하는 경향성을 말한다. 유사성 근접성, 폐쇄성, 연속성, 연결성의 원리가 있다.
③ 지각심리학에서 연구되고 있는 **지각적 착각**은 대부분 착시에 대한 것이다.
④ **선택적 주의**는 수많은 정보들을 모두 지각할 수 없기 때문에 그 중에서 주관적 필요 등에 의해서 특정 정보만을 선택하고 필요하지 않은 정보는 배제하는 것을 말한다.

28. 지각 과정에 대한 설명으로 옳지 않은 것은?

① 선택적 주의를 설명하는 사례로 칵테일파티 효과(cocktail party effect)가 있다.
② 감각정보를 의미있는 형태로 지각 처리하는 과정에는 개인의 경험과 기대가 반영된다.
③ 주변의 맥락과 단서의 영향을 받아 지각정확성이 저하될 수 있다.
④ 깊이지각에 있어서 상대적 높이는 양안단서에 해당한다.

|정답| ④
|해설|
깊이지각에 있어서 상대적 높이는 단안단서에 해당하며, 상대적 크기, 중첩, 상대적 명확성, 결의 밀도 변화, 상대적 높이, 상대적 운동, 선형조망 등도 단안단서에 해당된다.

학습심리

01. 학습에 관한 설명으로 옳지 않은 것은?

① 유기체가 속한 종(種) 특유의 행동(species-specific behavior)도 포함된다.

② 유기체의 경험에 의해 비교적 영속적으로 변화된 행동을 말한다.

③ 태도의 변화는 학습의 영역에 포함된다.

④ 성숙에 의한 변화는 학습이 아니다.

| 정답 | ①
| 해설 |

학습이란 행동의 변화이며, 이러한 변화는 연습·훈련, 또는 경험에 의한 변화이다. 성숙에 의한 변화는 학습으로 간주되지 않는다. 또한, 학습은 과거경험의 결과로서 비교적 영속적인 행동의 변화가 일어난 상태이므로, 동기·피로·감각적 순응 또는 유기체의 감수성의 변화 등은 제외된다.

02. 다음 〈보기〉의 빈칸에 들어갈 알맞은 개념은 무엇인가?

> 보기
>
> 파블로프(Pavlov)의 고전적 조건형성 연구에서, 종소리는 (㉠)으로 사용되었고, 개에게 제공된 음식물은 (㉡)으로 사용되었다.

	㉠	㉡
①	무조건 자극	조건 자극
②	조건 자극	무조건 자극
③	무조건 반응	조건 반응
④	조건 반응	무조건 반응

| 정답 | ②
| 해설 |

[고전적 조건형성의 요소]

• 무조건 자극(US, Unconditional Stimulus): 경험이나 훈련, 즉 학습과 무관하게 자동적, 생득적 반응을 유발시키는 자극(먹이)

• 무조건 반응(UR, Unconditional Response): 무조건 자극(US)에 대한 반응. 즉 학습과 무관한 자동적, 생득적 반응(먹이에 대한 침 분비)

• 조건 자극(CS, Conditional Stimulus): 무조건 자극(US)과 짝지어져 새로운 반응(즉, 무조건 반응)을 유발하는 자극(종소리)

• 조건 반응(CR, Conditional Response): 조건 자극(CS)에 의해 새로이 형성된 반응(종소리에 대한 침 분비)

• 중립 자극(NS, Neutral Stimulus): 무조건 반응을 일으키지 않는 자극(학습 전 종소리)

03. 다음 사례에 관한 설명으로 옳지 않은 것은?

[24 보호직]

> A는 강아지가 종소리를 듣고 침을 흘리게 하기 위해 고전적 조건형성을 적용해 보기로 하였다. A는 강아지에게 음식을 줄 때마다 종소리를 들려주어 음식과 종소리를 연합시키는 훈련을 하였다. 이러한 과정을 거친 후, 강아지는 종소리만 듣고도 침을 흘리는 현상이 나타났다.

① 고전적 조건형성을 훈련하기 전에 종소리는 '중성 자극'이어야 한다.

② 음식과 종소리를 연합하기 전에 음식에 대해 흘린 침은 '무조건 반응'에 해당된다.

③ 훈련 후 강아지가 종소리를 듣고 침을 흘리게 되었다면, 종소리는 '무조건 자극'이 된 것이다.

④ 고전적 조건형성이 성공한 후, 계속해서 음식을 제공하지 않은 채 종소리만 들려주면, 종소리에 더 이상 침을 흘리지 않는다.

| 정답 | ③
| 해설 |
훈련 전 종소리는 '중립 자극'이나 훈련 후에는 '조건 자극'이 되며, 무조건 자극은 음식이다.

04. 행동주의 이론에서 획득(acquisition)의 의미는 무엇인가?

[20 정보직]

① 무조건 자극과 무조건 반응의 연합이다.

② 무조건 자극과 조건 자극이 제시되는 고전적 조건형성 기간이다.

③ 조건 자극과 조건 반응의 연합이다.

④ 조건 자극과 조건 반응이 제시되는 고전적 조건형성 기간이다.

| 정답 | ②
| 해설 |
획득은 조건 자극과 무조건 자극이 연합하기 위해 요구되는 일정한 기간을 말한다. 즉, 조건 자극만으로 조건 반응을 일으킬 수 있기까지의 과정이 획득과정이다. 조건 자극과 무조건 자극이 연합을 하게 되면 이후 무조건 자극 없이 조건 자극만으로도 조건 반응을 일으킬 수 있는데 이때부터는 소거과정이 되어 조건 반응이 점차 줄어든다.

05. 고전적 조건형성에서 근접성(contiguity)의 원리에 따라 강한 조건형성이 일어나는 것은?

① 무조건 자극과 조건 자극을 동시에 제시하였다.

② 무조건 자극을 먼저 제시하면서 0.5초 이내로 조건 자극도 제시하였다.

③ 조건 자극을 먼저 제시하면서 0.5초 이내로 무조건 자극을 제시한 후 두 자극을 동시에 철회하였다.

④ 조건 자극을 먼저 제시하였다가 철회하고 나서 5초 후에 무조건 자극을 제시하였다.

|정답| ③

|해설|

파블로프(I. Pavlov)의 고전적 조건형성 과정 중 '근접성(contiguity)'은 조건 자극과 무조건 자극 간의 간격을 뜻한다. 근접성의 원리는 조건 자극과 무조건 자극의 시간간격이 짧을수록(약 0.5초) 조건자극과 무조건 자극의 관련성이 학습되어 조건반응이 증가된다고 보았다. 즉, 시간적 유관성(temporal contiguity)에 의해 조건 반응이 획득된다고 보았다.

[습득과정]

- **지연 조건화(delayed conditioning)**: 조건자극을 제시한 후에 약 0.5초 뒤 무조건자극을 제시하는 방법. 조건반응의 획득 효과가 가장 높은 방법
- **흔적 조건화(trace conditioning)**: 조건자극을 제시하고 종료한 후 일정 시간이 지나서 무조건자극을 제시하는 방법
- **동시 조건화(simultaneous conditioning)**: 조건자극과 무조건자극을 동시에 제시하고 동시에 종료하는 방식
- **역행 조건화(backward conditioning)**: 무조건자극을 먼저 제시한 다음에 조건자극을 제시하는 방법. 조건자극이 무조건자극을 전혀 예측해주지 못하기 때문에 조건반응의 획득 효과가 가장 낮음

06. 다음 중 파블로프의 고전적 조건형성에서 조건형성 된 반응이 사라지는 소거에 대한 설명으로 가장 적절한 것은? [24 정보직]

① 무조건 자극 없이 조건 자극만 반복적으로 제시하는 경우

② 무조건 자극과 조건 자극을 동시에 제시되는 경우

③ 조건 자극 없이 무조건 자극만 제시하는 경우

④ 조건 자극과 중성 자극이 동시에 제시되는 경우

| 정답 | ①
| 해설 |
① 소거는 조건 자극(CS)은 반복적으로 제시되지만 무조건 자극(US)이 제공되지 않을 때 발생한다. 이 경우, 조건 자극에 대한 반응은 점차 사라지게 된다. 예를 들어, 강아지가 종소리(CS)에 반응하여 침을 흘리다가, 종소리만 계속 울리고 음식(US)이 제공되지 않으면 침분비가 감소되는 현상이 나타난다.
② 무조건 자극과 조건 자극이 동시에 제시되는 경우는 습득의 과정이다.
③ 조건 자극 없이 무조건 자극만 제시하는 경우는 고전적 조건형성과는 관련이 없는 예이다.
④ 조건 자극과 중성 자극이 동시에 제시되는 경우는 이차적 조건형성을 위한 과정이다.

---

07. 다음 사례의 제2단계를 설명하는 용어는? [24 보호직]

제1단계: 개는 B소리에 조건화된 반응으로 타액을 분비한다.

제2단계: 개의 타액 분비 반응이 B와 유사한 소리인 A와 C에서도 나타난다.

제3단계: 원래의 B소리가 음식과 함께 반복해서 짝지어진다. B소리와 유사한 소리들도 들려주지만 음식은 제공되지 않는다. B와 유사한 소리 A와 C에 대한 타액 분비가 줄어드는 한편, 원래 소리인 B에 대한 타액 분비 반응이 강화된다.

① 효과의 법칙(law of effect)

② 자발적 회복(spontaneous recovery)

③ 일반화(generalization)

④ 변별(discrimination)

| 정답 | ③
| 해설 |
③ 일반화는 특정한 자극(B)과 조건화된 반응이 다른 유사한 자극(A와 C)에도 나타나는 현상을 의미한다. 제2단계에서 개가 A와 C 소리에도 타액 분비 반응을 보이는 것이 이에 해당한다.
① 효과의 법칙은 특정한 반응 또는 행동이 발생할 확률은 그 결과에 의해 영향을 받게 된다는 원리이다.
② 자발적 회복은 소거되었던 학습된 행동(조건반응)이 휴지 기간 후에 소거로부터 회복되는 현상이다.
④ 변별은 유사하지만 별개인 자극들을 구별할 수 있는 능력이다. 예시에서 3단계가 이에 해당된다.

08. 다음 〈보기〉의 현상과 관련하여 가장 적절한 것은? [20 정보직]

> **보기**
>
> 550nm의 빛에 비둘기가 반응을 하도록 고전적 조건형성을 하였다. 이후 490nm에서 600nm까지 자극을 제시하고 반응을 측정한 결과, 490~550nm까지는 반응이 점차 증가하였고, 560~600nm까지의 자극에 대한 반응은 점차 감소하였다.

① 조건 자극과 무조건 자극의 근접성

② 자극일반화와 일반화의 기울기

③ 역조건 형성

④ 학습과 소거

| 정답 | ②
| 해설 |

② 조건형성된 550nm의 빛과 유사한 빛에도 반응한다는 것은 일반화를 의미하며, 한편 자극이 조건형성된 550nm에 가까울수록 반응을 많이 하고 멀어질수록 반응을 적게 하는 것은 일반화가 빛의 정도에 따라 달라져 일반화 반응의 기울기(Generalization gradient)를 보여준다.

① 근접성(contiguity)은 조건 자극과 무조건 자극의 근접성은 두 자극 간의 시간적 관계에 대한 것으로, 지연조건형성, 흔적조건형성, 동시조건형성, 역행조건형성의 순서로 효과를 갖는다.

③ 역조건형성(counter conditioning)은 이미 조건 형성되어 있는 행동을 반대로 조건 형성하는 것으로, 주로 공포를 없애거나 완화시키는 데 많이 사용된다. 대표적인 방법으로는 체계적 둔감법이 있다.

④ 소거(extinction)는 획득된 조건 반응(CR)도 무조건 자극(US)이 더 이상 제시되지 않고 조건 자극(CS)만이 계속 제시될 때 학습되었던 조건 반응(CR)이 점진적으로 사라지는 현상이다.

09. 고전적 조건형성에 대한 설명으로 옳지 않은 것은? [23 정보직]

① 조건 형성된 조건 자극은 다른 조건 형성 과정에서 무조건 자극의 역할을 하며, 이러한 과정을 역조건 형성이라고 한다.

② 소거된 조건 자극일지라도 일정 시간이 경과된 후에 유사한 상황에서 다시 조건 반응이 발생되는 자발적 회복도 있다.

③ 조건 자극이 무조건 자극보다 먼저 제시된다.

④ 조건형성된 자극은 아니지만 조건 자극과 유사한 경우에는 조건 반응이 발생되는 자극 일반화가 나타날 수 있다.

| 정답 | ①
| 해설 |

• Pavlov의 고전적 조건화가 일어난 다음 두 번째 조건 자극을 첫 번째 조건 자극과 짝 짓는다. 이와 같이 몇 차례 반복하면 두 번째 조건 자극도 역시 조건 반응을 유발한다. 예컨대, 소리가 먹이를 예측한다는 사실을 학습한 동물이 소리를 예측하는 불빛을 학습하고는 불빛에도 조건반응을 보이기 시작한다. 이를 이차적 조건형성(second-order conditioning)이라고 한다. 일단 두 번째 조건 자극이 조건 반응을 유발하는 힘을 가지게 되면 그것을 세 번째 조건 자극에 짝 지을 수 있는데, 이것이 3차적 조건화(third-order conditioning) 과정이다. 이와 같이 2·3차 조건화 과정을 고차 조건형성(higher-order conditioning)이라고 한다.

• 역조건형성(counter conditioning)은 이미 조건형성된 바람직하지 않거나 원치 않는 조건반응을 소거시키기 위해, 원치 않는 조건 반응을 유발하는 조건 자극과 이 원치 않는 조건반응과 양립 불가능한 조건반응을 유발하는 조건 자극(부교감)을 연합시키는 것을 말한다.

10. 다음 〈보기〉에서 설명하는 개념으로 옳은 것은?   [22 정보직]

> **보기**
>
> 고전적 조건화 과정에서 무조건 자극과 연합되어 있던 기존의 조건 자극에 새로운 조건 자극이 연합될 때, 기존의 조건 자극이 새로운 조건 자극에 대한 조건화를 방해하는 현상을 의미한다.

① 각인(imprinting)

② 향본능 표류(instinctive drift)

③ 차폐(blocking)

④ 결정적 시기(critical period)

| 정답 | ③

| 해설 |

③ **차폐(blocking)현상**이 발생되는 이유는 어떤 무조건 자극(US)에 의해 이루어질 수 있는 조건 형성의 전체 양에는 한계가 있기 때문이며, 이러한 한계는 조건 자극(CS)과 무조건 자극(US)의 특성에 좌우된다. 짝 짓기를 계속할수록 한 번의 짝 짓기에서 발생되는 학습량은 감소하여 그래프는 부적체감 기울기 현상을 보인다.

① **각인(imprinting)**은 특정 동물이 생애 초기 결정적 시기에 애착을 형성하는 과정을 말한다.

② **향본능 표류(instinctive drift)**는 학습한 행동이 점진적으로 생물학적 소인의 패턴으로 되돌아가는 경향성을 뜻한다.

④ **결정적 시기(critical period)**는 출생 직후 유기체가 특정 자극이나 경험에 노출되는 것이 적절한 발달을 초래하는 최적 시기를 말한다.

---

11. 고전적 조건형성의 예가 아닌 것은?   [21 정보직]

① 개에게 물린 뒤 개를 무서워한다.

② 폭력영화를 많이 보았더니 폭력성이 증가하였다.

③ 좋아하는 연예인이 광고하는 상품이 좋아보였다.

④ 교통사고가 난 뒤 차를 무서워한다.

| 정답 | ②

| 해설 |

반두라의 관찰학습에 해당한다.

12. 조건 자극과 무조건 자극 사이의 시간 간격이 몇 초나 몇 분이 아니라 몇 시간 혹은 하루가 지날 정도로 길어도 학습이 가능한 것은?

[14 보호직]

① 향본능 표류(instinctual drift)
② 통찰 학습(insight learning)
③ 자극 변별(stimulus discrimination)
④ 맛 혐오 학습(taste-aversion learning)

| 정답 | ④
| 해설 |

동물은 새로운 맛의 먹이를 먹고 배탈이 나면 그 먹이를 절대로 다시 먹지 않는데 이를 맛 혐오 학습이라고 한다. 맛 혐오 학습은 조건 자극(맛)과 무조건 자극(배탈)이 시간적으로 멀리 떨어져 있어도 학습이 일어나고 소거도 잘 되지 않는다. 그래서 어떤 음식을 먹은 후 구토나 복통 같은 불쾌함을 경험할 경우 다음부터 그 음식을 먹지 않게 되는 현상이 나타날 수 있으며, 이를 가르시아 효과(Garcia effect)라 한다. 생존과 적응이라는 진화론적 측면에서 맛과 메스꺼움 간의 관계와 같이 생존가치를 가지고 있는 연합을 학습하려는 생물학적 소인을 준비성(Preparedness)으로 설명한다.

13. 손다이크가 제시한 개념으로 '만족스러운 상태'가 뒤따르는 행동들을 반복되는 경향이 있으며, '불쾌한 상태'를 초래한 반응은 점차 하지 않게 되는 현상으로 가장 적절한 것은?

[24 정보직]

① 잠재학습
② 효과의 법칙
③ 프리맥의 법칙
④ 정적강화

| 정답 | ②
| 해설 |

② 효과의 법칙(Law of Effect)은 손다이크가 제시하였으며, 만족스러운 결과를 가져오는 행동은 반복될 가능성이 높고, 불쾌한 결과를 초래하는 행동은 반복될 가능성이 낮다는 원리를 설명한다.
① 잠재학습(latent learning)이란 무엇인가기 학습되었으나 미래의 어느 시점까지 행동적 변화로 표출되지 않는 학습을 의미한다.
③ 프리맥의 법칙(Premack's principle)은 높은 빈도의 행동(선호활동)은 낮은 빈도의 행동(덜 선호하는 행동)에 대해 효과적인 강화인이 될 수 있다는 것을 말한다.
④ 정적강화(positive reinforcement)는 반응 후에 유쾌하거나 바람직한 긍정적인 자극을 주어 그 행동을 강화하는 것을 말한다.

14. 반응 후에 수반되는 결과가 바람직한 것이면 그 반응이 나타날 확률이 증가하고 그 결과가 바람직하지 않으면 그 확률이 감소한다는 것을 의미하는 것은? [20 정보직]

① 프리맥의 원리(Premack's principle)

② 강화(reinforcement)

③ 효과의 법칙(law of effect)

④ 가르시아 효과(Garcia effect)

15. 다음 사례에서 사용된 학습방법은? [23 보호직]

A는 친척의 부탁으로 10개월 된 강아지를 맡아 기르게 되었다. A는 이 강아지가 마당에 있는 작은 관목을 뛰어넘도록 교육을 하고 싶었다. 이를 위해 강아지가 자연 상태에서 어떻게 행동하는지 관찰한 다음, 관목에 조금씩 더 가까이 갈 때마다 간식을 제공하였다. 일정 수준 이상 관목에 가까이 가게 되면 더 이상 간식을 주지 않았고, 관목을 뛰어넘으려는 시도를 할 때마다 간식을 제공하였다. 그 이후에는 관목을 제대로 뛰어넘을 때만 간식을 제공하였다.

① 조성(shaping)

② 파블로프식 조건형성(pavlovian conditioning)

③ 2차 조건형성(second-order conditioning)

④ 3차 조건형성(third-order conditioning)

16. 조작적 조건형성의 강화에 대한 설명으로 옳지 않은 것은?

[23 정보직]

① 강화자극에 대해 박탈의 정도가 낮을수록 강화효과가 크다.
② 강화물의 크기는 적절해야 한다.
③ 강화효과는 행동에 강화물이 뒤따르는 정도에 따라서도 달라진다.
④ 반응과 강화물의 제공 사이의 간격이 가까울수록 학습이 더 잘 일어난다.

| 정답 | ①
| 해설 |
강화자극에 대해 박탈의 정도는 클수록 강화효과가 크다. 이는 박탈의 원리에 해당하는 내용이다.

[효과적인 강화의 원리]
• 수반성의 원리(principle of contingency): 강화자극이 목표행동에 뒤따라 제공되어야 하며 목표행동과 상반되는 어떠한 행동에 대해서도 제공되는 일이 없어야 한다는 것
• 즉시성의 원리(principle of immediacy): 목표행동이 일어난 후 강화자극이 지체 없이 즉각적으로 제공되어야 한다는 것
• 크기의 원리(principle of size): 목표행동을 하기 위해 소요되는 시간이나 노력의 양에 비례하여 그에 상응하는 강화자극이 제공되어야 한다는 것
• 박탈의 원리(principle of deprivation): 강화자극이 학습자가 진정 그것을 필요로 하는 시점(그 자극이 제공되지 못해 고통이나 어려움을 경험하고 있는 상태, 즉 자극의 박탈상태)에서 제공되어야 한다는 것

---

17. 짖는 개에게 물을 뿌리거나 과속하는 차주에게 벌금을 부과하는 방식은 정적처벌이다. 여기서 물과 벌금은 어떤 자극에 해당하는가?

[24 정보직]

① 무조건 자극
② 조건 자극
③ 혐오 자극
④ 보상 자극

| 정답 | ③
| 해설 |
정적처벌(positive punishment)은 반응(행동) 후에 고통스럽거나 혐오자극이 제시되면서 반응 확률이 감소하는 것이다. 문제에서 짖는 개나 과속하는 차주는 반응(행동)에 해당되고, 물을 뿌리거나 벌금을 부과하는 것은 혐오자극을 제시(+)하는 방식에 해당된다. 따라서, 물과 벌금은 혐오 자극에 해당된다.

18. 다음 사례에서 설명하는 개념은?   [22 보호직]

> 체육시간에 하는 '그룹 게임'은 모든 학생들이 가장 선호하는 활동
> 이다. '그룹 게임' 활동을 하던 중에, A 학생이 B 학생과 다투었고,
> 결국 이 두 학생은 '그룹 게임'에서 제외되었다. 다음 체육시간부
> 터는 A, B 학생을 포함하여 '그룹 게임'을 하는 중에는 학생들 간
> 의 싸움이 줄어들었다.

① 정적 강화   ② 부적 강화

③ 정적 처벌   ④ 부적 처벌

|정답| ④

|해설|

예시에서 제시된 그룹게임에서 제외되는 것은 A와 B학생의 다툼이라는 바람직하지 않은 반응 후에 자극이 종료된 것이며,
이로 인해 A, B뿐만 아니라 학생들 간의 싸움이라는 바람직하지 않은 행동도 줄었기 때문에 이는 부적처벌에 해당된다.

[강화와 처벌의 유형]

• **정적강화(positive reinforcement)**: 반응 후에 (유쾌하거나 바람직한 긍정적인) 자극이 제시되면서 반응 확률을 증가시킨다.

• **부적강화(negative reinforcement)**: 반응 후에 (고통스러운) 자극이 종료되어 반응 확률을 증가시킨다.

• **정적처벌(positive punishment)**: 반응 후에 (고통스러운) 자극이 제시되면서 반응 확률을 감소시킨다.

• **부적처벌(negative punishment)**: 반응 후에 (유쾌하거나 바람직한 긍정적인) 자극이 종료되어 반응 확률을 감소시킨다.

19. (가)~(라)의 사례에 해당하는 개념을 바르게 연결한 것은?

[24 보호직]

> (가) A는 자동차 안전벨트를 착용하지 않았을 때 짜증스럽게 들리는 경고음을 피하기 위해 안전벨트를 착용한다.
>
> (나) B의 늦은 귀가가 잦아지자 B의 부모는 B가 좋아하는 야식을 2주간 금지시켰더니 그 후로는 B가 늦게 귀가하는 것이 사라진다.
>
> (다) C는 고풍스러운 옷을 입고 출근한다. 그 옷이 멋있다고 동료들이 부러워한 이후 C는 그 옷을 입고 출근하는 날이 많아진다.
>
> (라) D는 수업 시간에 떠들고 장난이 심하다. 이에 선생님이 D에게 일주일간 방과 후 화장실 청소를 시킨다. 일주일 후 D는 수업 시간에 더 이상 떠들고 장난치지 않게 된다.

	(가)	(나)	(다)	(라)
①	부적강화	정적강화	부적처벌	정적처벌
②	정적강화	부적처벌	정적처벌	부적강화
③	부적처벌	정적처벌	정적강화	부적강화
④	부적강화	부적처벌	정적강화	정적처벌

| 정답 | ④

| 해설 |

(가) **부적강화**: A는 자동차 안전벨트를 착용(행동)을 하여 경고음(부정적 자극)을 종료시켜, 이후 안전벨트 착용행동이 증가한다.

(나) **부적처벌**: 늦은 귀가시(행동), 좋아하는 야식(긍정적 자극)을 제거함으로써 B의 늦은 귀가 행동을 감소시킨다.

(다) **정적강화**: C가 고풍스러운 옷(행동)을 입었을 때 동료들의 부러움(긍정적 자극)은 이후 그 복장을 선호하게 만든다.

(라) **정적처벌**: D는 수업시간 떠들어(행동) 화장실 청소(부정적 자극)를 하게되면서 떠드는 행동이 줄어들었다.

20. 기업들이 흔히 사용하고 있는 마일리지 제도(일정 점수를 획득하면 그에 해당하는 상품이나 서비스, 할인 혜택 등을 제공하는 제도)와 가장 밀접한 관계가 있는 학습 원리는? [14 보호직]

① 조작적 조건형성　　　　② 고전적 조건형성
③ 민감화　　　　　　　　④ 습관화

| 정답 | ①
| 해설 |

① 문제에서 언급된 마일리지 제도는 **조작적 조건형성**에서 사용되는 강화물의 유형 중 이차 강화물에 해당된다.
- 일차강화물(primary reinforcer): 음식물이나 갈증, 공기, 성욕과 같은 선천적 혹은 생물학적 욕구를 만족시키는 자극이나 사건. 통증이나 극단적 소음·온도 등의 해소도 부적 일차강화물이다.
- 이차강화물(secondary reinforcer): 과거(경험을 통해)에 일차 강화물과 연합되어 강화 효과를 가지는 것. 돈, 트로피, 스티커, 칭찬, 인정, 미소, 토큰경제 등(스키너 상자 속 불빛). 조건 강화물(conditioned reinforcer)이라고도 한다.
③ 민감화(sensitization)는 어떤 자극의 제시가 나중에 제시되는 자극에 대해 증가된 반응을 낳는 것. 즉 위협적인 자극에 노출되면서 반응이 증가하는 것을 말한다.
④ 습관화(habituation)는 자극에 대한 반복된 혹은 지속된 노출이 반응의 점차적인 감소를 낳는 일반적 과정이다. 즉 위협적이지 않은 자극에 대한 반복 노출에 따른 반응의 감소를 의미한다.

---

21. 강화계획에 대한 설명으로 맞는 것은? [21 정보직]

① 연속강화는 학습된 후 소거가 쉽지 않다.
② 고정간격계획은 일정 기간이 지난 후 곧바로 강화를 제공하는 것이다.
③ 고정비율계획은 시간간격이 무작위로 지난 후 강화를 제공하는 것이다.
④ 복권은 당첨 확률은 고정되어 있으나 제공 시기가 정해져 있지 않아 변동비율계획이라고 할 수 있다.

| 정답 | ②
| 해설 |
① 연속강화는 학습은 쉽지만 소거도 빨리 일어난다.
③ 고정비율계획은 특정 행동이 일정한 수만큼 일어났을 때 강화를 제공하는 것이다.
④ 변동비율계획은 강화가 일어나는 시기가 초점이 아니라 수행의 빈도가 초점이다.

22. 다음 사례에 해당하는 강화계획은?

[22 보호직]

> 커피전문점에서 커피 한 잔을 살 때마다 도장을 찍어주고 도장 10
> 개가 되면, 커피 한 잔을 무료로 제공한다.

① 변동간격 　　　　② 고정간격

③ 변동비율 　　　　④ 고정비율

|정답| ④

|해설|

④ 예시에서는 10번이라는 특정 행동 후에 커피 한잔 무료제공이라는 강화를 제공하고 있다. 따라서 이는 특정 행동이 일정한 수만큼 일어났을 때 강화되는 **고정비율계획(FR, Fixed Ratio schedule)**에 해당된다.

① **변동간격계획(VI, Variable Interval schedule)**은 강화 시행의 간격이 다르지만 평균적으로 확인할 수 있는 시간 간격의 전후로 강화를 제공. 즉 행동은 그 직전의 강화 이후 경과한 평균 시간에 기초해서 강화된다.

② **고정간격계획(FI, Fixed Interval schedule)**은 일정한 시간 간격이 경과한 후에 발생하는 첫 번째 반응에 대해 강화인을 제공하는 강화계획이다.

③ **변동비율계획(VR, Variable Ratio schedule)**은 어떤 행동의 평균 n번의 반응이 일어난 후 강화를 제공. 예측할 수 없는 수의 반응 후 강화한다.

---

23. 고정간격계획과 고정비율계획에 대한 설명으로 옳지 않은 것은?

[23 정보직]

① 고정간격계획과 고정비율계획 모두 강화 후 휴지기를 가진다.

② 고정간격계획과 고정비율계획 모두 반응이 일정하게 지속된다.

③ 고정간격계획은 일정 시간 후 발생하는 행동에 강화물이 제공된다.

④ 고정비율계획은 특정 행동이 일정한 수만큼 발생될 때 강화물이 제공된다.

|정답| ②

|해설|

고정간격계획(FI, Fixed Interval schedule)은 지속성이 거의 없으며, 강화 시간이 다가오면 반응율이 급격하게 증가하지만 강화 후 반응율이 떨어지며, 이 현상을 고정간격(scallop, 부채꼴) 현상이라 한다. 반면, 고정비율계획(FR, Fixed Ratio schedule)은 반응학습이 빠르지만 지속성이 약한데, 강화 전에 수행해야 하는 반응 수가 많을수록 휴식시간은 길어지는 현상이 나타난다.

24. 효과적인 처벌에 대한 설명으로 옳지 않은 것은? [18 정보직]

① 처벌에 즉각적일수록 효과적이다.

② 일관성 있게 처벌해야 효과적이다.

③ 대안을 제시하고 처벌해야 효과적이다.

④ 처벌의 강도가 강할수록 효과적이다.

| 정답 | ④

| 해설 |

처벌의 강도는 효과가 있을 만큼만 제시될 때 효과적이다. 오히려 지나친 처벌은 처벌을 받는 자의 공격행동을 증가시킨다.

25. 프리맥(Premack)의 원리가 적용된 사례로 가장 적절한 것은? [12 보호직]

① 숙제를 하지 않는 아이에게 숙제를 다 한 다음에 좋아하는 TV 프로를 일정시간 시청할 수 있게 하는 것

② 아무리 노력하여도 문제를 풀지 못했던 아이가 쉽게 해결할 수 있는 문제조차 풀려고 시도하지 않는 것

③ 영업사원이 실적에 따라 인센티브를 받는 것

④ 미인 모델이 새로운 스타일의 자동차를 광고하는 것

| 정답 | ①

| 해설 |

② 학습된 무기력의 내용이다.

③ 고정비율 강화계획에 관한 내용이다.

④ 고전적 조건형성의 원리를 활용한 기법에 해당된다.

26. 강화와 아무 관계가 없는 행동이 우연히 연관이 되어 그 행동이 계속 유지되기도 하는데 이를 미신행동이라고 한다. 미신행동과 연관된 강화계획은? [21 정보직]

① 고정간격계획

② 변동간격계획

③ 고정비율계획

④ 변동비율계획

| 정답 | ①

| 해설 |

고정간격강화에서는 반응과 상관없이 정해진 시간마다 강화물이 주어지는데, 이런 강화계획에서는 미신행동이 습득되기 쉽다. 실제로 스키너가 비둘기를 대상으로 고정간격강화물을 제시하고 관찰한 결과, 8마리 중 6마리가 특정행동을 학습하였다. 미신행동은 우연적 강화의 산물로 쉽게 학습될 수 있다.

27. 반두라(A. Bandura)가 제시한 모방학습의 과정을 순서대로 옳게 나열한 것은?

① 주의과정 – 파지과정 – 운동 재생산 과정 – 동기과정
② 주의과정 – 파지과정 – 동기과정 – 운동 재생산 과정
③ 파지과정 – 동기과정 – 주의과정 – 운동 재생산 과정
④ 파지과정 – 주의과정 – 동기과정 – 운동 재생산 과정

| 정답 | ①
| 해설 |

[반두라(A. Bandura)의 관찰학습 과정]
- 주의집중(attention): 중요하다고 생각하는 행동이나 모델의 행동특성에 주의를 기울이는 과정으로 이 단계에서는 대리강화가 일어날 수 있다.
- 기억(파지)(retention): 관찰대상의 행동을 부호화하여 내면화하는 과정이다.
- 운동재생(motor reproduction): 보유한 기억을 시행착오를 거쳐 연습, 행동을 통해 획득하는 과정으로, 실제 행위로 재생하기도 하고 머릿속에서 시뮬레이션하는 것도 포함된다.
- 동기(motivation): 실제 행동으로 옮기고자 하는 동기나 욕구의 과정으로, 모델에게 주어진 행동의 결과가 어떤 것이었느냐에 대한 강화기대에 따라 동기가 달라질 수 있다.

28. 자기효능감에 대한 설명으로 옳지 않은 것은?   [17 정보직]

① 자신의 능력에 대한 믿음을 의미하는 것으로, 지속적이고 개인적인 특성으로 볼 수 있다.
② 자아존중감이라고 하기도 한다.
③ 과거 성공 경험의 성취감이 영향을 준다.
④ 타인의 격려와 인정이 자기효능감을 올려준다.

| 정답 | ②
| 해설 |
자기효능감(self-efficacy)이 특정한 과제 극복에 대한 자기 자신의 기대 수준에 따라 달라질 수 있다면, 자아존중감(self-esteem)은 자아 개념의 평가적인 측면으로 자신의 가치에 대한 판단과 그러한 판단과 관련된 감정을 의미한다.

29. 다음 〈보기〉의 사례를 설명하는 용어로 가장 적절한 것은?

[19 정보직]

> **보기**
>
> 육상선수인 A는 대회에서의 기록 단축을 위해 힘들고 어려운 훈련기간을 끝까지 버텨냈지만 대회에서 기록이 단축되지 않았다. 그 이후 A는 매일 하던 개인 특별훈련을 하지 않았고, 일상적인 식단관리와 근력훈련조차 게을리하게 되었다.

① 퇴행(regression)

② 학습된 무기력(learned helplessness)

③ 프리맥 원리(Premack's principle)

④ 스티그마 효과(stigma effect)

| 정답 | ②

| 해설 |

② 학습된 무기력(learned helplessness)은 피할 수 없는 혐오 자극에 노출된 이후로 혐오 자극으로부터 도피하지 못하게 되는 것으로 Seligman과 Maier(1967)는 사전에 피할 수 없는 전기 충격을 받은 동물은 다음에 혐오 자극에 대한 회피 학습이 매우 어려움을 발견하였다. 후속 연구들은 무기력을 초래하는 것은 사전에 전기 충격에 노출되는 것 자체가 아니라 전기 충격을 피할 수 없다는 사실이라는 것을 보여 주었으며, 이 현상은 인간이나 다른 종들에서도 거듭 나타났다.

① 퇴행(regression)은 정신분석이론에서 제시한 방어기제 중 하나로 내적 갈등과 지각된 위협을 처리하기 위해 모든 면에서 안전이 보장되던 시기인 발달의 초기 단계의 미성숙한 행동을 하거나 그때의 의식 상태로 되돌아가는 것을 말한다.

③ 프리맥 원리(Premack's principle)에서는 높은 빈도의 행동(선호활동)은 낮은 빈도의 행동(덜 선호하는 행동)에 대해 효과적인 강화인이 될 수 있다는 것을 설명한다.

④ 스티그마 효과(stigma effect)는 부정적으로 낙인찍히면 실제로 그 대상이 점점 더 나쁜 행태를 보이고, 또한 대상에 대한 부정적 인식이 지속되는 현상을 말한다.

30. 다음 〈보기〉의 (가), (나)에 들어갈 개념을 바르게 연결한 것은?

[21 보호직]

> **보기**
>
> 톨만(Tolman)은 미로 연구를 통해 동물이 공간에 대해 정신적인 지도, 즉 (가)를 획득한다고 주장했다. 그는 쥐를 먹이가 없는 미로를 돌아다니게 하는 실험을 하였고, 쥐는 미로를 탐색하는 동안 (나)을 하게 된다고 주장하였다.

	(가)	(나)
①	인지도	강화학습
②	인지도	잠재학습
③	조직도	강화학습
④	조직도	잠재학습

| **정답** | ②
| **해설** |
인지도(cognitive map)는 머릿속에서 느끼는 인지를 이해하고 해석하기 위해 도식화한 것으로, 환경의 물리적 특성에 대한 정신적 표상으로 강화를 받지 않아도 자연스럽게 만들어진다. 잠재학습(latent learning)이란 무엇인가가 학습되었으나 미래의 어느 시점까지 행동적 변화로 표출되지 않는 학습을 의미한다.

31. 통찰학습(insight learning)에 관한 설명으로 옳지 않은 것은?

① 문제해결에서 정신적 숙고의 과정을 거친다.
② 미해결에서 해결 상태로의 이행이 갑작스럽다.
③ '전체는 부분의 합 이상'이라는 게슈탈트 심리학에 근거한다.
④ 보상을 기대하기 보다는 경험 그 자체를 추구한다.

| **정답** | ④
| **해설** |
통찰학습은 경험 자체의 추구가 아닌, 문제를 완전히 파악한 결과 문제 상황에 대한 요소 사이의 관계를 이해함으로써 일어나는 인지적 재구성이다.

의식, 수면, 기억

01. 식역하와 무의식적 과정이 사고와 행동에 영향을 미칠 수 있음을 설명하는 의식의 상태는 무엇인가?

① 역동적 무의식(dynamic unconscious)

② 인지적 무의식(cognitive unconscious)

③ 비의식적 과정(non-conscious processes)

④ 전의식적 기억(preconscious memories)

| 정답 | ②
| 해설 |

② **인지적 무의식**은 무의식이 동물적 충동과 억압적 사고로 채워져 있다고 보기보다는 의식적 사고와 행동을 만들어내는 역할을 하는 것으로 여기며, 개인이 의식하며 경험하지 않음에도 불구하고 개인의 사고, 선택, 정서와 행동에 영향을 미치는 모든 정신과정을 의미한다. 순간적으로 기억하지 못하는 내용들이 무의식에 저장되어 있다가 이후 행동과 사고에 영향을 줄 수 있는 영역이다.

① **역동적 무의식**은 프로이트의 정신분석이론에서 나온 개념으로, 개인이 일생동안 경험한 기억이 숨겨진 것, 개인의 마음 속 깊은 곳에 존재하는 본능과 열망, 그리고 이를 통제하려는 개인의 내적 투쟁 등을 포함하는 역동적 체계를 뜻한다.

③ **비의식적 과정**은 신체 자율신경계 기능으로, 심장박동, 호르몬조절, 혈압 등과 관련된다.

④ **전의식적 기억**은 세상에서 활동하는 데 필요한 기억으로, 과거에 경험했던 특정한 일화 또는 구체적 사실을 담고 있는 지식처럼 세상사에 관한 일반화된 표상들이 포함되어 있다.

---

02. 최면에 관한 설명으로 옳지 않은?

① 최면은 암시에 의해 특징되는 의식의 변형된 상태이다.

② 역할 연습 모델에서는 사람들이 주어진 상황에 대한 기대에 따라 역할을 맡는다고 제안한다.

③ 최면에 대한 현대의 견해로는 피암시성을 들을 수 있다.

④ 최면상태는 치료자에 의해 형식을 갖춘 최면유도로만 일어날 수 있다.

| 정답 | ④
| 해설 |

• 오늘날은 최면을 피암시성의 개인차로 설명한다. 즉 모든 사람이 최면에 걸리는 것은 아니다. 핵심은 사람으로 하여금 자신의 의식적 의지 밖의 특정한 일이 자신에게 일어날 것이라고 기대하게 하는 것으로, 최면가의 최면 유도에 대한 최면 대상자의 신념의 차이가 최면감수성(hypnotic sensitivity)에 영향을 준다.

• 최면이론은 역할 연습 모델 외에도 분리된 의식의 상태를 나타낸다고 주장하는 신 해리 이론도 존재한다.

03. 약물과 관련된 문제들에 대한 설명 중 옳지 않은 것은?

① 약물 오용 및 남용: 사회적 규범으로부터 벗어나 쾌락추구를 위해 약을 사용하거나 과잉으로 사용하는 행위이다.

② 약물내성: 시간이 경과함에 따라 약물의 양을 증가시켜 약물 효과를 얻으려는 경향이다.

③ 약물의존: 약물을 공급받지 못하거나 중단됨에 따라 나타나는 고통스러운 신체적, 심리적 반응이다.

④ 약물중독: 약물로 인해 신체건강에 여러 부작용이 나타나는 상태이다.

| 정답 | ③
| 해설 |
③의 내용은 금단에 관한 것이다. 약물의존은 약물을 사용하지 않을 시 나타나는 금단 증상 등을 피하기 위해 약물 사용을 지속적으로 하는 상태를 말한다.

04. 향정신성 약물에 관한 설명으로 옳은 것은? [24 보호직]

① LSD와 대마초(marijuana)는 환각제로 분류된다.

② 암페타민과 코카인은 진정 작용을 한다.

③ 알코올, 니코틴, 카페인은 흥분제로 분류된다.

④ 아편과 헤로인은 중추신경계를 흥분시키는 역할을 한다.

| 정답 | ①
| 해설 |
① LSD와 대마초(marijuana)는 환각제(hallucinogens)로 분류되며, 지각을 왜곡시키고 감각입력이 없는 상태에서 감각 이미지를 촉발시키는 마약이다.
② 암페타민과 코카인은 흥분제(자극제, stimulants)에 해당한다. 신경 활동을 증폭시키고 신체기능을 촉진시키는 약물이다.
③ 알코올은 진정제(depressants)로, 니코틴과 카페인은 흥분제로 분류된다.
④ 아편과 헤로인은 진정제로 중추신경계의 활성화를 감소시키는 역할을 한다.

05. 다음 중 향정신성 환각제에 해당하는 물질은? [20 정보직]

① LSD   ② 코카인

③ 모르핀   ④ 암페타민

| 정답 | ①
| 해설 |
LSD는 대표적 환각제이며, 코카인과 암페타민은 자극제, 모르핀은 아편계 약물이다.

06. 렘(REM) 수면에 대한 설명으로 옳지 않은 것은? [17 정보직]

① 역설적 수면이라고도 한다.

② 낮고 빠른 불규칙한 뇌파들이 나타난다.

③ 몸의 근육들이 다른 수면 단계보다 조금 긴장된 상태이다.

④ 뇌 활동이 상당히 많이 일어나는 상태이다.

| 정답 | ③

| 해설 |

• REM 수면(Rapid Eye Movement): 급속 안구운동 수면으로, 일반적으로 선명한 꿈이 나타나는 수면단계. 근육은 이완되지만 다른 신체 시스템은 활동적이기 때문에 역설적 수면(paradoxical sleep)이라고도 한다.

• 역설적 수면: 신체 수의근은 기본적으로 마비 상태에 있고 잠을 자고 있으나 혈압, 심장 박동 및 대뇌 활동 등은 깨어 있는 의식상태에서의 생리적 반응과 유사한 경향을 나타낸다.

07. 8시간 정도 잠을 잔다고 할 때, 정상인들은 급속한 안구운동(REM) 수면을 평균 몇 번 정도 경험하는가? [07 보호직]

① 1~2번   ② 4~5번

③ 9~10번   ④ 14~15번

| 정답 | ②

| 해설 |

• 수면주기의 시간은 90~100분 정도이며, 보편적으로 수면시간이 7, 8시간인 경우 대략 4~5회 정도의 REM수면주기가 일어난다.

• 수면은 렘수면과 비렘수면으로 나누어지고, 수면 중에 이 두 가지가 서로 반복된다. 비렘수면은 뇌파의 종류에 따라 4단계로 구분되는데, 제1, 2단계는 얕은 비렘수면으로서 얕은 수면 또는 방추파수면이고, 제3, 4단계는 숙면기로서 깊은 수면 또는 서파수면에 해당한다.

08. 수면 단계에 관한 설명으로 옳은 것은? [24 보호직]

① REM 수면 단계에서는 뇌파가 깨어 있는 상태와 유사하지만 근육은 이완되어 있어 역설적 수면(paradoxical sleep)이라고 도 한다.

② non-REM 수면의 3~4단계에서는 1단계와 2단계보다 뇌파의 크기가 작고 파동이 빠르다.

③ 생생한 꿈은 REM 수면보다는 non-REM 수면 단계에서 주로 나타난다.

④ 수면주기가 반복됨에 따라 REM 수면 시간은 점차 짧아진다.

| 정답 | ①
| 해설 |
② non-REM 수면의 3~4단계에서 는 1단계와 2단계보다 뇌파의 진 폭이 크고 파동이 느려진다.
③ 생생한 꿈은 주로 REM 수면에서 발생한다. non-REM 수면에서는 꿈을 꾸더라도 그 내용이 덜 생생 하거나 기억에 남지 않는 경우가 많다.
④ 수면 주기가 반복됨에 따라 REM 수면 시간은 점차 길어지는 경향 을 보인다.

---

09. 수면 동안 일어나는 뇌의 무작위적 활성화를 의미있게 만들기 위해 꿈이 생산된다고 주장한 이론은?

① 정신분석 이론

② 활성화-통합 모델

③ 정보처리이론

④ 명백한 내용 구성

| 정답 | ②
| 해설 |
① 정신분석 이론은 수용되기 어렵거 나 금기시되는 욕망이 가장된 형 태로 꿈으로 나타난다고 설명한다.
③ 정보처리이론은 꿈은 기억 속에 있는 하루의 경험들을 여과시키 고, 분류하며, 공고화를 하는 데 도움을 준다고 본다.
④ 프로이트는 꿈의 명백한 내용에는 꿈의 잠재적 내용인 즉, 꿈의 숨 겨진 진정한 의미가 담겨있다고 하였다.

---

10. 기억의 정보처리 순서를 옳게 나열한 것은? [17 정보직]

① 부호화-인출-저장

② 저장-인출-부호화

③ 부호화-저장-인출

④ 인출-저장-부호화

| 정답 | ③
| 해설 |
[기억의 과정]
• 부호화: 정보를 기억 시스템에 집어 넣는 과정
• 저장: 부호화된 정보를 오랫동안 파 지하는 것
• 인출: 기억 저장소에서 정보를 끌 어내는 과정

11. 기억에 관한 설명으로 옳지 않은 것은? [24 보호직]

① 도식(schema)이란 사람, 대상, 사상, 상황에 대해 조직화된 신념과 지식을 말한다.

② 단기기억은 외부 세계에서 입력되는 정보가 감각기관에 등록되어 짧은 기간 유지되는 기억이며, 여기에는 영상기억(iconic memory)과 음향기억(echoic memory)이 있다.

③ 단기기억은 정보를 20~30초 동안 유지할 수 있으나, 시연(rehearsal)을 하면 그 이상 유지할 수 있다.

④ 장기기억의 정보를 인출할 때 작용하는 원리 중 하나로 부호화 특수성 원리(encoding specificity principle)가 있다.

| 정답 | ②
| 해설 |
감각기억에 대한 설명이다.

12. 청각적 정보 등을 처리하는 기억과 시각적 심상과 이미지를 처리하는 기억, 그리고 의사결정을 하고 정보를 통제, 처리하는 기억으로 만들어진 것은? [21 정보직]

① 단기기억 　② 장기기억

③ 암묵기억 　④ 작업기억

| 정답 | ④
| 해설 |
작업기억(working memory)은 시공간 잡기장(시각적 심상과 공간정보를 유지하고 조정), 음운고리(발화, 어휘, 숫자 정보 등을 청각적으로 부호화하고 유지), 그리고 중앙집행기(정보를 한 번에 처리할 수 있도록 정보량을 제한하고 추리와 의사결정에 관여하며 하위영역에 명령을 내리고 통제)라는 세 가지 하위체계로 구성되어 있다.

13. 찬수는 오랜만에 대학 총동문회 모임에 나갔다. 동기들과 반갑게 인사를 나누고 즐겁게 시간을 보내다가 집으로 돌아왔다. 그런데, 모임에서 처음에 인사를 나누거나 헤어질 때 인사를 하였던 친구들은 생각이 나는데, 중간에 인사를 했던 친구들에 대해서는 잘 기억이 나지 않는다. 이 현상을 설명하는 심리학적 개념은? [24 정보직]

① 기분 부합 효과 　② 순행 간섭

③ 점화 효과 　④ 계열위치 효과

| 정답 | ④
| 해설 |
계열위치 효과는 기억에서 항목의 위치에 따라 기억의 차이가 나타나는 현상을 설명한다. 일반적으로 첫 번째와 마지막에 제시된 항목이 더 잘 기억되는 경향으로, 찬수가 인사를 나눈 친구들 중 처음과 마지막에 만난 친구들은 기억나지만, 중간에 만난 친구들은 잘 기억나지 않는 것은 계열위치 효과에 해당한다.

14. A는 친구들 사이에서 기억력이 좋은 편이다. 특히 A는 과거에 놀러 갔던 장소나 함께 경험했던 사건들에 대해 아주 자세하게 기억한다. 이러한 기억을 무엇이라고 하는가?　　　[20 정보직]

① 의미기억　　　　　　② 암묵기억

③ 절차기억　　　　　　④ 일화기억

15. 기억연구를 통해 외현기억과 암묵기억은 서로 구분되는 것으로 밝혀졌다. 기억에 대한 설명으로 옳지 않은 것은?　　　[23 정보직]

① 엄마와 즐거웠던 기억은 일화기억이다.

② 운동하는 것은 절차기억이다.

③ 자전거를 타는 것은 외현기억이다.

④ 점화는 암묵기억의 한 형태이다.

16. 기억의 유형에 관한 설명으로 옳지 않은 것은? [24 보호직]

① 엘리베이터를 탔을 때, 친구가 항상 쓰는 향수 냄새가 나는 순간 자동적으로 친구가 떠오르는 것은 외현기억(explicit memory)에 해당된다.

② 역대 올림픽 개최지를 알고 있는 것은 의미기억(semantic memory)에 해당된다.

③ 3년 전 제주도로 가족여행을 갔던 것에 대한 기억은 일화기억(episodic memory)에 해당된다.

④ 컴퓨터 자판을 능숙하게 치는 것은 연습을 통해 습득된 절차기억(procedural memory)에 해당된다.

|정답| ①
|해설|
향수 냄새가 친구를 떠올리게 하는 것은 무의식적인 회상으로, 외현기억이 아니라 암묵기억(implicit memory)의 한 유형인 점화에 해당된다.

17. 다음 중 장기기억과 관련된 설명으로 가장 거리가 먼 것은? [24 정보직]

① 외현기억과 암묵기억은 장기기억에 내에 존재한다.

② 외현기억에는 의미기억과 일화기억이 포함된다.

③ 기억상실증 환자의 문제는 암묵기억이 유지가 안된다는 것이다.

④ 암묵기억은 의식적인 노력 없이도 자동적인 정보처리를 통해 형성된다.

|정답| ③
|해설|
기억상실증 환자는 주로 외현기억(명시적 기억)과 관련된 문제를 겪는다. 이들은 새로운 의미기억이나 일화기억을 형성하는 데 어려움을 겪지만, 암묵기억(절차 기억)은 일반적으로 유지된다.

18. 암묵기억(implicit memory)과 외현기억(explicit memory)에 대한 설명으로 옳은 것은?　　　　　　　　　[14 보호직]

① 암묵기억은 자료주도적 처리를 한다.

② 암묵기억과 관계가 깊은 것은 일화기억이나 의미기억과 같은 서술기억이다.

③ 외현기억보다 암묵기억이 간섭의 영향을 강하게 받는다.

④ 외현기억에서의 정보 인출은 무의식적으로 일어난다.

| 정답 | ①
| 해설 |
① 암묵기억은 주로 경험을 통해 형성되며, 자동적이고 무의식적인 처리를 통해 정보를 저장하기에 '자료주도적' 또는 '자동' 처리방식을 한다. 반면, 외현기억은 개념주도적, 통제 처리를 사용한다.
② 암묵기억은 서술적인 기억이 아니라 무의식적이고 경험에 기반한 기억을 말한다. 서술기억은 외현기억에 해당한다.
③ 일반적으로 외현기억이 간섭의 영향을 더 많이 받는데, 이러한 이유는 정보의 내용이 외현기억은 의미적인 사실지식으로 구성된 반면, 암묵기억은 지각적인 방법지식이기 때문이다.
④ 정보 인출은 무의식적으로 일어나는 것은 암묵기억에 해당되는 내용이다. 외현기억은 주로 의도적이고 의식적으로 기억되는 정보를 포함하며, 정보 인출은 의도적으로 일어난다.

---

19. 암묵기억을 측정하기 위한 검사법은?　　　　　　　　　[20 정보직]

① 점화　　　　　　　② 재인검사

③ 자유회상검사　　　④ 단서회상검사

| 정답 | ①
| 해설 |
• 간접기억 검사: 단어완성 검사, 단어식별검사, 재학습법
②, ③, ④는 외현기억(선언기억)을 측정하는 직접기억 검사들이다.

20. 기억과 관련된 설명으로 가장 거리가 먼 것은? [20 정보직]

① 단기기억에서 가장 효율적인 저장 범위는 7±2이다.

② 감각기억은 주로 청각이 대부분이다.

③ 단순한 시연보다는 정교화를 할 때 더 잘 기억된다.

④ 계열위치곡선에서 신근성 효과는 단기기억과 관련된다.

|정답| ②

|해설|

② 감각기억은 오감에 모두 존재하며, 시각 및 청각 감각기억이 주로 연구되었다. 시각자극을 순간적으로 기억하는 영상기억(Iconic Memory)은 약 1초 정도 지속되고 청각자극을 순간적으로 기억하는 잔향기억(Echoic Memory)은 3, 4초 정도 지속되는 것으로 알려져 있다.

① 정보처리체계에서 단기기억의 저장용량이 제한되어 있어 기억할 수 있는 양이 한정되어 있다고 하는데 기억할 수 있는 마법의 수는 7±2이다.

③ 단기기억에서 장기기억으로의 전이 가능성은 시연의 양보다는 시연의 방식이 중요하다. 특히 정보를 단순하게 반복하는 유지 시연(maintenance rehearsal) 또는 유지 암송보다는 기억해야 할 정보의 항목에 조직과 의미를 부여하는 능동적 과정으로서의 정교화 시연(elaborated rehearsal) 또는 정교화 암송이 더 효과적이다.

④ 계열위치곡선에서 처음 항목이 더 잘 회상되는 초두성 효과(primacy effect)이며, 이는 장기기억을 반영하고, 마지막 부분의 항목이 더 잘 회상되는 신근성 효과(recency effect)로 단기 기억을 반영한다.

21. 기억에 관한 설명으로 옳은 것만을 모두 고른 것은? [21 보호직]

ㄱ. 감각기억은 용량이 제한적이지만 저장된 정보는 별다른 처리 과정 없이도 오랫동안 남는다.

ㄴ. 단기기억에 들어온 정보는 되뇌기(rehearsal) 없이 15~20초 정도 시간이 지나면 빠르게 망각된다.

ㄷ. 새로운 정보를 장기기억에 넣는 데 뇌의 해마 영역이 중요한 역할을 한다는 사실이 H. M. 환자연구로 밝혀졌다

① ㄱ, ㄴ ② ㄱ, ㄷ

③ ㄴ, ㄷ ④ ㄱ, ㄴ, ㄷ

|정답| ③

|해설|

ㄱ. 감각기억은 용량 제한은 없지만 대부분 다음 단계인 단기기억으로 넘어가기 전에 사라진다.

22. 설단현상을 설명해주는 개념은? [20 정보직]

① 부호화 실패 ② 저장실패

③ 흔적소멸 ④ 단서의존

23. 부호화 특수성 원리(encoding specificity principle)의 의미를 옳게 설명한 것은? [21 정보직]

① 생의 특수한 사건을 더 잘 부호화할 수 있다.

② 깊은 처리를 할 때 더 잘 기억한다.

③ 시험보는 장소에서 공부를 할 때 도서관에서 공부를 할 때보다 더 잘 기억할 수 있다.

④ 암송을 할 때 단순암송을 하는 것보다 의미화하여 암송할 때 더 잘 기억한다.

24. 체화인지(embodied cognition)에 해당하는 사례는? [23 보호직]

① 우울감을 느끼는 사람은 그렇지 않은 사람에 비해 움직임이 상대적으로 감소한다.

② 단거리 육상선수는 수행을 증진시킨다고 믿는 약물을 투여받았을 때 평소보다 더 빨리 뛴다.

③ 언어폭력을 당한 사람은 그렇지 않은 사람에 비해 손이 떨리는 증상을 보일 가능성이 크다.

④ 찬 커피 컵보다는 따뜻한 커피 컵을 손에 들고 있는 면접관이 면접 대상자를 더 따뜻한 사람으로 평가할 가능성이 크다.

| 정답 | ④

| 해설 |

체화된 인지(Embodied Cognition)는 인지를 할 때에 오직 뇌뿐만이 아니라 온 몸이 사용되어, 몸을 통해 느끼고 경험한 감각이 인지의 일부분이 되는 것을 말한다. 사건의 지각 같은 비교적 단순한 정신 활동에만 관여한다고 여겨졌던 마음의 부위가 복잡한 사고와 기억에도 기여하고 있다고 제안한다.

25. 기억 및 정보인출에 관한 설명으로 옳지 않은 것은? [23 보호직]

① 개인의 특정한 경험을 장기간 기억하는 것은 일화적 기억에 해당한다.

② 집중적인 공부나 연습보다 분산된 공부나 연습이 더 우수한 장기 파지(retention)를 가능하게 한다.

③ 최근에 새롭게 기억 속에 저장한 전화번호를 이전에 저장했던 전화번호 때문에 잘 회상하지 못하는 것은 순행 간섭이다.

④ 기억해야 할 단어목록 중 첫 부분에 대한 회상이 우수한 것은 최신효과이다.

| 정답 | ④

| 해설 |

기억해야 할 단어목록 중 첫 부분에 대한 회상이 우수한 것은 최신효과(recency effect)가 아니라 초두효과(primacy effect)이다. 계열위치곡선에서 처음 항목이 더 잘 회상되는 초두효과이며, 마지막 부분의 항목이 더 잘 회상되는 신근성 효과 또는 최신효과이다.

26. 기억에 대한 설명으로 옳은 것만을 모두 고른 것은? [22 보호직]

> ㄱ. 망각은 학습 직후 가장 빠르게 발생하고, 시간이 흐름에 따라 망각속도가 느려진다.
> ㄴ. 순행간섭은 새로운 학습이 기존정보의 회상을 방해할 때 일어난다.
> ㄷ. 최신효과(recency effect)는 단어목록 회상실험에서, 목록의 앞쪽 항목에 대해 회상률이 높은 것을 말한다.
> ㄹ. 계열위치효과는 단기기억과 장기기억이 서로 구분되어 존재한다는 것을 보여준다.

① ㄱ, ㄴ   ② ㄱ, ㄹ
③ ㄴ, ㄷ   ④ ㄷ, ㄹ

| 정답 | ②
| 해설 |
ㄴ. 새로운 학습이 기존정보의 회상을 방해할 때 일어나는 것은 역행간섭(retroactive interference)에 해당된다. 순행간섭(proactive interference)은 초기에 학습했던 것들이 나중에 습득된 정보들에 대한 기억을 손상시키는 것을 뜻한다.
ㄷ. 단어목록 회상실험에서, 목록의 앞쪽 항목에 대해 회상률이 높은 것은 초두효과(primacy effect)이다.

27. 계열위치 효과가 나타나는 단어목록에 대한 자유회상(free recall) 실험에 대한 '참'과 '거짓' 판단을 바르게 연결한 것은? [20 보호직]

> (가) 단어목록의 단어들이 제시된 순서에 맞게 차례로 회상하도록 요구한다.
> (나) 단어목록이 제시된 직후 단어들에 대한 회상을 요구할 경우, 일반적으로 중간 부분에 제시된 단어들보다는 마지막 부분에 제시된 단어들에 대한 회상률이 높다.
> (다) 단어목록의 제시가 종료된 이후 자유회상이 20~30초 정도 지연되면 초두효과가 나타나지 않는다.

	(가)	(나)	(다)
①	참	거짓	거짓
②	거짓	참	참
③	거짓	참	거짓
④	참	거짓	참

| 정답 | ③
| 해설 |
자유회상(free recall)검사는 아무런 도움이나 단서없이 회상하도록 한다. (가)에 기술된 단어들이 제시된 순서에 맞게 차례로 회상하는 방식은 연속회상(serial recall)에 해당되는 내용이므로 거짓이다. 단어회상실험 결과 U자형의 계열위치곡선이 나타나 단어의 회상율이 목록의 위치에 따라 다르다는 것이 나타났다. (나)의 내용은 참이다. 시간이 지난 후에도 처음 항목이 잘 회상되는 현상을 일컬어 초두효과라 한다.

28. (가)~(다)에 해당하는 개념을 바르게 연결한 것은? [21 보호직]

> (가) P는 시험을 위해 고려 시대 왕을 즉위 순서대로 열심히 암기했다. 한 시간 뒤, 조선 시대 왕을 암기하다 보니 고려 시대 왕의 이름과 비슷하여 혼동되었다.
>
> (나) 다음날, 고려 시대 왕을 순서대로 쓰는 서술형 시험에서 초기 왕은 잘 생각났지만, 중후기 왕의 이름은 잘 생각나지 않았다.
>
> (다) 며칠 뒤, 시험문제를 다시 보면서 고려 시대 왕을 암기하는데, 처음과 비교해 시간이 절반으로 줄었다.

	(가)	(나)	(다)
①	순행간섭	초두효과	절약률
②	순행간섭	최신효과	암묵기억
③	역행간섭	초두효과	암묵기억
④	역행간섭	최신효과	절약률

| 정답 | ①
| 해설 |

(가)에서는 초기에 학습한 정보(고려 시대 왕)가 나중에 학습한 정보(조선 시대 왕)를 방해하여 기억이 혼동되는 상황을 나타내고 있다. 이는 순행간섭(proactive interference)에 해당한다.

(나)에서는 초기에 학습한 정보(고려 시대 왕)가 더 오래도록 기억이 남는 현상으로 초두효과(primacy effect)에 해당한다.

(다)에서는 학습 시간감소에 대해서 설명하고 있으며, 이는 최초 학습에 소요된 시간이나 시행횟수에서 재학습에 걸린 시간이나 시행횟수를 빼서 절약점수가 산출하는 절약률(savings)과 관련된 내용이다.

$$절약률 = \frac{최초\ 학습에\ 소요된\ 시간 - 재학습에\ 소요된\ 시간}{최초\ 학습에\ 소요된\ 시간} \times 100$$

29. A씨는 3년 때 사회학과에서 심리학과로 편입하였다. 그런데 두 전공 간에 유사성이 많아 이전에 배운 사회학 공부가 새로 배우는 심리학 공부를 하는 것을 어렵게 한다. 이처럼 처음 배운 내용이 이후의 학습을 방해하는 것을 무엇이라고 하는가? [20 정보직]

① 순행간섭

② 최신효과

③ 재구성 오류

④ 망각

| 정답 | ①
| 해설 |

① 순행간섭은 초기에 학습했던 것이 나중에 하는 학습을 방해하는 것이다.

② 단어회상실험에서 마지막 항목이 더 잘 회상되는 현상으로 이는 단기기억을 반영한다. 신근성효과라고도 한다.

③ 재구성 오류는 망각의 오류 중 한 가지로, 망각은 편향, 기억 오귀인, 암시성 등과 같은 원인 때문에 일어나는 현상이다.

30. 다음 〈보기〉에서 설명하는 것은?

보기

새롭게 학습된 정보가 대뇌피질에 입력된 후 나중에 회상될 수 있도록 신경연결이 안정되고 강화되는 과정으로 해마가 중심적인 역할을 한다.

① 공고화(consolidation)

② 가소성(plasticity)

③ 시냅스(synapse)

④ 뉴런생성(neurogenesis)

| 정답 | ①
| 해설 |
기억고정(응고화, memory consolidation)은 대뇌에서 기억이 안정화되는 과정이다. 부호화 직후 기억은 취약해서 주변의 방해가 있으면 단기기억에서 장기기억으로 고정화되지 못한다. 기억의 고정은 그것을 회상하고 생각하고 다른 사람들과 그것에 대해 이야기하는 행위를 통해 짧게는 몇 초나 분, 길게는 몇 개월에서 몇 년의 시간에 걸쳐 이루어진다. 이는 해마에서 정보가 피질의 더 지속적인 저장으로 넘겨지는 과정에 시간이 필요함을 의미한다.

31. 인지주의 학습전략으로 적절하지 않은 것은? [20 정보직]

① 학습을 하고 난 뒤 잠을 자는 것이 효과적이다.

② 단순히 책이나 자료를 읽기보다는 스스로 질문을 하고 답을 말하는 방법을 사용한다.

③ 시험 볼 장소와 유사한 환경에서 학습한다.

④ 시험까지의 시간 동안 조금씩 나누어서 공부하기보다는 한꺼번에 몰아서 공부한다.

| 정답 | ④
| 해설 |
④ 집중학습보다는 분산학습이 기억 저장에 더 효과적이다.
① 가면효과에 대한 설명이다.
② 시험효과에 대한 설명이다.
③ 맥락의존효과에 대한 설명이다.

언어, 사고, 지능

01. 브로카 영역에 손상이 발생한 경우 나타날 수 있는 현상으로 옳은 것은?

① 언어 이해 실패

② 문법적 발화에서의 어려움

③ 들은 말을 반복하기의 어려움

④ 불규칙적 문법사용

| 정답 | ②
| 해설 |

② 브로카 실어증(Broca's aphasia)은 브로카 영역(좌반구 하측 전두엽 일부 영역)의 손상으로 일어나는 언어 장애로, 이 부분의 손상은 언어이해 능력은 정상이지만 언어 구사 능력이 현저히 떨어진다. 이로 인해 발음 곤란, 말 더듬기 (유창성 장애), 단어선택 및 쓰기의 어려움, 중증 난독증 등과 같은 표현 능력 장애(expressive disorder)나 심각한 통사적 결함이나 문법 기능어 상실 현상과 같은 탈문법 현상(agrammatism)이 발생될 수 있다.

①, ④ 베르니케 실어증(Wernicke's aphasia)에서 발생될 수 있다.

③ 들은 말을 반복하기의 어려움은 전도 실어증(Conduction Aphasia)에서 발생될 수 있다.

02. 자연언어에서 의미를 수반하는 최소 언어단위는? [13 보호직]

① 음소(phoneme)

② 통사(syntax)

③ 구(phrase)

④ 형태소(morpheme)

| 정답 | ④
| 해설 |

① 음소(phoneme)는 말소리의 가장 작은 단위로 말의 의미를 구별하는 음성의 최소단위이다.

② 통사(syntax)란 문법을 나타내는 언어 단위의 하나이다. 문장의 단어들이 계열적으로 입력되면 각 단어의 품사, 즉 문법 범주를 파악하고, 파악된 범주의 단어를 분석하는 언어규칙을 의미한다.

③ 구(phrase)는 둘 또는 그 이상의 어절로 이루어져 절(節)이나 문장의 한 성분이 되는 말을 뜻한다.

03. '단어의 의미는 단독으로 제시될 때보다는 문장이나 글 속에 제시될 때 다른 단어나 문장 및 글말의 맥락에 따라 어휘 처리에 영향을 받는다'는 개념을 나타내는 것은?

① 의미점화효과　　　　　　② 단어우월성 효과

③ 글말 이해　　　　　　　④ 화용론적 협동원리

| 정답 | ①
| 해설 |
① **의미점화효과**란 시간적으로 먼저 제시된 자극이 나중에 제시된 자극의 처리에 부정적 혹은 긍정적 영향을 주는 현상이다. 예를 들면, 사과를 본 다음의 과일에 대한 반응시간은 인형을 본 다음의 과일에 대한 반응시간과 다르다. 의미점화효과는 전자의 경우가 반응시간이 더 빠른 경우를 들 수 있다.
② **단어우월성 효과**란 단어를 구성하는 문자에 대한 정확한 지각보다 단어전체의 이미지 지각을 통해 인지하게 되는 심리효과이다. 예를 들면, 아리메카노라는 글자를 봐도 아메리카노로 인식하는 경우를 말한다.
③ **글말 이해**에서는 담화(하나 이상의 문장으로 구성된 글말) 혹은 텍스트에서 문장과 문장의 연결 의미를 파악하는 과정이 중요하다.
④ **화용론**에서는 원활한 의사소통을 위해서는 청자와 화자 간의 양, 질, 관계, 예절의 규칙을 포괄하는 협동원리(cooperative principle)가 필요하다고 한다.

04. 변형생성문법에 대한 설명으로 맞지 않은 것은?

① 생물학적 기제의 작동결과로 공통의 상징조직체계가 존재함을 의미한다.

② 인간 언어의 생득성과 보편성을 가정한다.

③ 노암 촘스키(N. Chomsky)에 의해 제시된 개념이다.

④ 모든 문장은 겉으로 드러난 표층구조와 함께 단어들의 규칙적인 배열을 나타내는 심층구조를 갖는다.

| 정답 | ④
| 해설 |
④는 모두 표층구조에 대한 설명이다. 촘스키(N. Chomsky)는 언어의 문법 이론을 제안하면서 모든 문장은 겉으로 드러난 표층구조 외에 추상적인 또 하나의 구조층이 있음을 가정하고 있다. 표층구조(surface structure)는 실생활에서 사용하는 단어들이 규칙적으로 배열되어 있는 문장이며, 심층구조(deep structure)는 화자가 문장에 대해 갖는 추상적(의미적) 정보를 담은 구조를 말한다. 그리고 이 두 구조를 연결시켜 주는 것이 변형(transformation)이다.

05. 아동의 인지발달과정에 대한 피아제(Piaget)와 비고츠키(Vygotsky) 이론의 차이점으로 옳지 않은 것은?

① 피아제는 학습이 발달을 주도한다고 보는 반면 비고츠키는 발달에 기초하여 학습이 이루어진다고 본다.

② 피아제는 아동은 스스로 세계를 구조화하고 이해하는 존재라고 생각한 반면 비고츠키는 아동이 타인과의 관계에서 영향받아 성장하는 사회적 존재임을 강조한다.

③ 피아제는 혼잣말을 미성숙하고 자기중심적 언어로 보지만 비고츠키는 혼잣말이 자신의 사고를 위한 수단, 문제해결을 위한 사고의 도구라고 생각한다.

④ 피아제는 개인 내적 지식이 사회적 지식으로 확대 또는 외면화된다고 보는 반면 비고츠키는 사회적 지식이 개인 내적 지식으로 내면화된다고 본다.

| 정답 | ①
| 해설 |
피아제는 발달이 학습을 주도한다고 보며, 비고츠키는 사회적 상호작용을 통해 발달이 이루어진다고 주장한다.

06. 영유아의 언어발달과정에서 첫 단어(첫 말)가 나타나는 시기는?

① 생후 1개월~3개월   ② 생후 4개월~7개월

③ 생후 9개월~13개월   ④ 생후 18개월~24개월

| 정답 | ③
| 해설 |
영아가 처음 말을 하는 한 단어 단계의 시작은 생후 1년을 전후로 이루어진다. 한 단어는 과잉확대와 과잉축소의 특징을 보인다. 두 단어 단계가 시작되는 18개월경은 어휘폭발 시기이다.

07. 아이들은 말을 배울 때 문법 규칙에 너무 얽매어 오히려 잘못된 언어를 표현하기도 한다. 예를 들어 'go'의 과거형으로 'goed'를 사용하기도 하는데, 이 현상을 무엇이라 하는가?

① 전보식 언어(telegraphic speech)

② 신속표상대응(fast mapping)

③ 과잉 확대(over-extension)

④ 과잉 규칙화(overregularization)

| 정답 | ④
| 해설 |

④ 과잉 규칙화는 타당성 있는 어떤 언어 규칙이 예외가 되는 단어에도 적용되어 생기는 오류로 유아기 때 나타난다.

① 전보식 언어는 주요 단어만 나열하고 전치사나 접속사 등은 생략된 상태를 말하며, 두 단어 시기인 18개월 무렵에 나타난다.

② 신속표상대응은 짧은 노출에도 불구하고 단어의 의미를 습득하는 것으로 두 단어 시기인 18개월 무렵에 나타난다.

③ 과잉 확대는 일반적으로 사용하는 단어의 참조 범위를 지각적 유사성에 기초하여 확대해서 적용하는 것을 말한다. 예를 들면, 개 이외의 모든 동물을 보고 '멍멍이'라고 하면서 원래 쓰임보다 확장하여 사용하는 경향성으로 한 단어 시기인 생후 1년 전후에 나타난다.

---

08. 다음 중 언어 상대성 이론(linguistic relativity theory)에 대한 설명으로 옳은 것은?　　　　　　　　　　　　　[10 보호직]

① 사고와 언어는 구별되어 있지만, 언어가 인간의 사고에 영향을 준다.

② 사고와 언어는 독립적인 구조이며 서로 상호작용하지 않는다.

③ 우리는 세상을 있는 그대로 보며, 언어를 통해 표현한다.

④ 어떤 문화권에 붉은 계열의 색표현이 한 언어만 존재하더라도 명도 및 채도의 차이를 분명히 인식할 수 있다.

| 정답 | ①
| 해설 |

② 워프와 사피어는 사용되는 언어에 따라서 인간의 사고도 달라진다는 언어 상대성 가설 제안하였다. 언어결정론으로 시작하였으나 이후 점차 언어와 사고가 서로 상호작용한다고 보았다.

③ 우리는 세상을 있는 그대로 보는 것이 아니라 언어를 통해 인식한다.

④ 언어 상대성 이론에서는 두 개의 관련 대상물에 대해서 단어가 두 개 있는 문화에서는 두 대상물을 각각 다르게 생각하는 경향이 있으며, 두 대상물에 대해서 한 개의 단어만 있는 문화에서는 그 둘이 더욱 유사하게 취급할 것이라고 설명한다.

09. 개념과 범주에 대한 설명으로 옳은 것은?

① 한 범주에서 가장 독특한 대상이나 행위를 원형(prototype)이라고 한다.

② 개념의 전형성은 개인지식이나 상황적 맥락에 따라 변하는 것이 아니다.

③ 개념의 범주화는 유사대상이나 행위를 경제적으로 유목화하는 역할을 하며, 이는 사회적 범주화를 할 때에도 동일하게 작용한다.

④ 개념과 범주는 상보적이며 인지적 효율성을 높여준다.

| 정답 | ④
| 해설 |
① 원형(prototype)은 가장 독특한 대상이나 행위가 아니라 한 범주에서 가장 전형적인 대상이나 행위를 일컫는다.
② 개념의 전형성은 개인 지식이나 상황적 맥락, 문화특성에 따라 변할 수 있다.
③ 개념의 범주화는 유사한 대상이나 행위를 경제적으로 유목화하는 역할을 하지만, 사회적 범주화는 평가와 함께 차별의 위험을 가질 수 있으며(편견), 의식적으로 판단하기도 하지만 주로 암묵적으로 처리된다.

10. 범주의 모든 구성원이 공통된 속성을 공유하고 있지는 않지만 범주 구성원을 특징짓는 속성 판단에 기초하여 개념을 형성한다는 이론은?

① 원형이론　　　　　　② 가족유사성이론

③ 본보기 이론　　　　　④ 고전적 범주화 이론

| 정답 | ②
| 해설 |
① 원형이론은 범주를 전형적인 예와 그것과의 유사성에 의해 특징짓는다. 즉, 새로운 예시와 원형을 비교하여 범주를 판단한다.
③ 본보기 이론은 새로운 사례와 범주의 다른 모든 사례에 대한 기억을 비교함으로써 범주 판단을 한다.
④ 고전적 범주화 이론은 범주에는 명확한 경계가 존재한다고 본다.

11. 한 연구에서 사람들에게 압정이 들어있는 상자를 제공하였다. 이 경우 사람들은 상자를 담는 것 이외의 용도로는 잘 사용하지 못했다. 이처럼 문제를 해결하려 할 때 하향처리가 과도하게 활성화 되는 현상을 무엇이라 하는가?

① 기능적 고착(functional fixedness)

② 가용성 오류(availability bias)

③ 틀 효과(frame effect)

④ 부화효과(incubation effect)

|정답| ①
|해설|
① 기능적 고착은 문제해결에서 도식화된 지식을 적절하게 적용하지 못하거나 고집스럽게 한 방향으로만 적용하려는 경향성을 말한다. 이러한 현상은 이전의 개념, 기대, 기억에 너무 많이 의존하기 때문에 나타난다.
② 가용성 오류는 자신이 경험한 제한된 표집에 근거하여 전체 모집단의 성향을 판단하는 오류를 의미한다.
③ 틀 효과는 한 문제가 어떤 식으로 표현되는지(어떤 틀 속에 들어가는지)에 따라 동일한 문제에 대해 서로 다른 대답들이 나타날 수 있는 것을 의미한다.
④ 부화효과는 의식적으로 하던 생각이 무의식 상태에서 재조합되어 갑자기 해결책을 발견하거나 여러 번 시도 후에도 문제의 실마리를 찾지 못했던 것들을 일정 시간 제쳐두었다가 다시 그 문제를 바라보면 해결책을 발견하는 것이다.

12. 그리스의 과학자 아르키메데스는 왕관의 부피를 알아내고자 고심하던 중, 목욕통 속에서 섬광과 같이 그 해결책을 찾아내고는 벌거벗은 채로 '유레카'를 외치며 달렸다고 한다. 이와 같이 문제에서 벗어나서 휴식을 취하거나 다른 활동을 하는 동안에 갑자기 해결책이 나타나는 현상과 가장 관련이 있는 것은? [07 보호직]

① 연역추리(deductive reasoning)

② 부화(incubation)

③ 인공지능(artificial intelligence)

④ 연산법(algorithm)

|정답| ②
|해설|
① 연역추리(deductive reasoning)는 일반적 혹은 보편적 전제 사실에 근거하여 결론을 도출하는 사고를 말한다.
③ 인공지능(artificial intelligence)은 인간의 인지 · 추론 · 판단 등의 능력을 컴퓨터로 구현하기 위한 기술 혹은 그 연구 분야를 일컫는다.
④ 연산법(algorithm)은 문제에 대한 해결을 보장하는 잘 정의된 절차 혹은 규칙을 말한다. 즉, 답을 계산해 내거나 모든 가설을 검증하기 위한 명시적인 절차이다.

13. 다음 인지오류를 설명하는 개념은? [22 보호직]

> 2001년 9·11 테러 공격 이후 많은 사람들은 비행기 사고에 대한 두려움으로, 실제로는 자동차 사고 발생률이 더 높음에도 불구하고, 비행기 여행보다 자동차 여행을 선택하였다.

① 가용성 어림법(availability heuristic)

② 확증편향(confirmation bias)

③ 착각성 상관(illusionary correlation)

④ 사후가정 사고(counterfactual thinking)

|정답| ①

|해설|

① 가용성 휴리스틱을 이용하게 되면, 매스컴에 자주 보도된 사건이나 일(예를 들면, 비행기사고, 화재 등)들을 사망원인으로 간주할 확률은 과대 추정되고 그렇지 않은 사건이나 일들을 사망원인으로 간주할 확률은 과소추정된다. 자주 공론화 된 사건을 그렇지 않은 사건보다 기억해 내기가 쉽기 때문이다.

② 확증편향(confirmation bias)은 자기의 믿음이나 가설이 옳지 않다는 증거가 충분한데도 그 믿음을 버리려 하지 않는 경향성으로 자신의 믿음이나 기준에 확증하는 정보는 찾고, 믿음에 반증하는 정보는 찾지 않는 것을 의미한다.

③ 확증편향과 같은 경향성으로 인해 서로 무관한 사건들 사이에도 상관이 있다는 잘못된 믿음인 착각성 상관(illusionary correlation)을 갖게 되기도 한다.

④ 사후가정 사고(counterfactual thinking)란 어떤 사건을 경험한 후에, 일어날 수도 있었지만 결국 일어나지 않았던 가상의 대안적 사건을 생각하는 것을 말한다.

14. 동전을 다섯 번 던질 때 순서대로 '앞-앞-앞-앞-앞'이 나올 확률과 '앞-뒤-뒤-앞-뒤'가 나올 확률은 이론적으로 동일하지만, 일반적으로 사람들은 전자가 나오는 경우 매우 이례적이라 생각하고 후자의 경우는 얼마든지 일어날 수 있는 일이라 생각한다. 이러한 판단을 가장 잘 설명하는 개념은? [10 보호직]

① 가용성 어림법(availability heuristic)

② 대표성 어림법(representativeness heuristic)

③ 틀 효과(framing effect)

④ 착각적 상관관계(illusory correlation)

| 정답 | ②
| 해설 |

① **가용성 어림법**은 '적은 관찰 오류' 또는 '가용성 오류'라고도 하는데, 자신이 경험한 제한된 표집에 근거하여 전체 모집단의 성향을 판단하는 오류를 의미한다.

② **대표성 어림법**은 한 사건이나 대상을 기저율에 대한 정보를 무시한 채 전형성(원형)에 따라 비교하여 판단을 내리는 것을 의미한다.

③ **틀 효과**는 한 문제가 어떤 식으로 표현되는지(어떤 틀 속에 들어가는지)에 따라 동일한 문제에 대해 서로 다른 대답들이 나타날 수 있는 것을 의미한다.

④ **착각성 상관**은 변인들(대개 사람들, 사건들, 행동들) 간에 실제로 관계가 존재하지 않음에도 관계가 있는 것처럼 지각하는 현상이다.

15. (가), (나)와 관련된 휴리스틱 처리방식을 바르게 연결한 것은? [23 보호직]

> (가) A는 지적이고 세련되며 정장을 자주 입는다. A가 변호사인지 엔지니어인지 묻는다면 여러분은 변호사라고 대답할 것이다.
>
> (나) 상점에서 가격을 흥정할 때 상점 주인과 손님 중 어느 한쪽이 먼저 기준가격을 제시하면 그 기준가격을 중심으로 조정하여 최종 가격을 결정하는 현상이 나타난다.

> ㄱ. 가용성 휴리스틱(availability heuristic)
> ㄴ. 대표성 휴리스틱(representativeness heuristic)
> ㄷ. 닻내림 휴리스틱(anchoring and adjustment heuristic)

	(가)	(나)
①	ㄱ	ㄴ
②	ㄱ	ㄷ
③	ㄴ	ㄷ
④	ㄷ	ㄴ

| 정답 | ③
| 해설 |

• (가)의 경우, 해당 정보를 직업적인 이미지가 지니는 전형성에 따라서 선택을 내리게 되는 것은 대표성 휴리스틱에 해당된다.

• (나)의 경우, 처음 제시된 기준가격에 고정되어 조정하는 현상은 닻내림 휴리스틱에 해당된다.

16. 다음을 가장 잘 설명하는 이론은?

[20 보호직]

> "40만 원을 받을 가능성이 80%인 기회와 30만 원을 확실히 받을 기회 중에 하나를 선택할 수 있습니다. 여러분은 어느 것을 선택하시겠습니까?" 라는 질문에 대부분 사람은 후자를 선택한다고 한다.

① 기대 가치 이론
② 전망 이론
③ 합리적 선택 이론
④ 본보기 이론

| 정답 | ②
| 해설 |
② 전망 이론(prospect theory)은 잠재적인 손실을 평가할 때 위험을 감수하는 선택을 하고 잠재적인 이익을 평가할 때는 위험을 피하는 선택을 하는 경향을 의미한다.
① 기대 가치 이론(expectancy-value theory)은 개인이 당면한 상황에 대한 믿음과 가치에 대한 평가를 기반으로 자신의 태도를 개발 및 수정한다는 이론이다.
③ 합리적 선택 이론(rational choice theory)은 사회생활을 주로 개인행위자의 '합리적 선택'의 결과로서 설명할 수 있다는 것을 사회학적, 사회과학적으로 이론화하는 형식적인 접근방법을 말한다.
④ 본보기 이론(exemplar theory)에서는 새로운 사례와 범주의 다른 모든 사례에 대한 기억을 비교함으로써 범주 판단을 한다.

17. 사람들은 종종 같은 문제를 어떻게 표현하느냐에 따라서 서로 다른 대답을 내놓기도 한다. 이와 관련된 개념은 무엇인가?

① 마음갖춤새(mental set)
② 사후 과잉 확신 편파(hindsight bias)
③ 빈도 형태 가설(frequency format hypothesis)
④ 틀 효과(frame effect)

| 정답 | ④
| 해설 |
① 마음갖춤새는 융통성 없는 방식으로 사고하게 만드는 문제에 대한 편협한 접근 방식을 뜻한다.
② 사후 과잉 확신 편파는 이미 일어난 사건을 그 일이 일어나기 전에 비해 더 예측 가능한 것으로 생각하는 경향으로 '그럴 줄 알았어' 효과(knew-it-all-along effect)라고도 한다.
③ 빈도 형태 가설이란 사람들은 어떤 일이 일어날 가능성보다는 그러한 일들이 얼마나 자주 일어나는지를 주목한다는 가설이다.

18. 〈보기〉의 사례와 관련된 편향은 무엇인가? [22 정보직]

> **보기**
>
> • 영국 심리학자 피터 웨이슨이 1960년 처음 언급한 용어로, 보고 싶은 것만 보고, 듣고 싶은 것만 듣는 현상을 말한다.
> • 워런 버핏은 "사람들이 잘 하는 것은 자신의 신념과 견해들이 온전하게 유지되도록 새로운 정보를 걸러내는 일"이라고 말했다.
> • 평소에 책을 많이 읽으면 눈이 나빠질 수 있으므로 안경 쓴 사람은 똑똑할 것이라고 생각한다.

① 확증편향
② 이기적 편향
③ 기본적 귀인 오류
④ 행위자－관찰자 편향

| 정답 | ①

| 해설 |

② **이기적 편향(self－serving bias):** '자기기여편파' 또는 '자기고양편파'라고도 하며, 자신의 행동을 설명할 때 자신을 호의적으로 지각하고 좋게 보이려는 일련의 경향을 일컫는다.

③ **기본적(근본적) 귀인 오류(fundamental attribution error):** 타인의 행동을 설명할 때 상황의 영향을 과소평가하고 개인 특성의 영향은 과대평가해서 내부귀인하는 경향을 말한다.

④ **행위자－관찰자 편파(actor－observer bias):** 동일한 행동에 대해 타인의 행동은 내적 원인이 있다고 보고, 자신의 행동은 외적 원인 때문이라고 보는 경향을 말한다.

19. 지능이론학자와 그에 따른 개념설명이 잘못 짝 지어진 것은?

① 써스톤(Thurstone) – 요인분석을 토대로 하나의 핵심적인 잠재요인을 추출하고 이를 일반지능요인이라고 명명하였다.

② 길포드(Guilford) – 한 개인의 인지능력은 어떤 특수한 내용에 대한 정신적 조작을 통해 하나의 결과를 얻어내는 능력이라고 규정하였다.

③ 카텔과 혼(Cattell & Horn) – 경험에 근거한 개인의 축적된 지식을 결정성 지능이라고 하였다.

④ 가드너(Gardner) – 지능은 단일 능력이 아닌 다수의 능력으로 구성되어 있다고 보고, 각각의 능력들은 사람마다 개인차가 있다고 하였다.

| 정답 | ①

| 해설 |

써스톤은 7가지 기본정신능력을 제시하였다. 하나의 핵심적인 일반지능요인을 언급한 사람은 스피어만이다.

20. 지능에 대한 학자의 설명으로 옳은 것은?

① 카텔(Cattell)은 지능을 유동적 지능과 결정적 지능으로 구분하고, 결정적 지능은 교육이나 훈련의 결과로 형성되는 것으로 보았다.

② 스턴버그(Sternberg)는 지능이 맥락적 요소, 정신적 요소, 시간적 요소로 구성된다는 삼위일체이론을 주장하였다.

③ 가드너(Gardner)는 지능은 하나의 요인으로 사회문화적 맥락의 영향을 받지 않는다고 보았다.

④ 길포드(Guilford)는 지능이 내용, 형식, 조작, 산출이라는 4개의 차원으로 구성된다고 가정하였다.

| 정답 | ①
| 해설 |

② 스턴버그(Sternberg)는 지능이 성분적 요소, 경험적 요소, 상황적 요소로 구성된다는 삼원지능 이론을 주장하였다.

③ 가드너(Gardner)는 다중지능이론을 주장하면서 지능을 언어, 논리, 음악, 대인관계 지능 등 서로 독립적인 다양한 지능들로 구성된다고 보았다.

④ 길포드(Guilford)는 지능이 내용, 조작, 결과의 3차원으로 구성된다고 가정하였다.

21. 지능에 관한 설명으로 옳지 않은 것은? [22 보호직]

① 카텔(Cattell)의 결정성 지능(crystallized intelligence)은 유전에 기인하는 지능으로, 성인기 이후에는 감퇴한다.

② 플린(Flynn) 효과는 세대가 지나면서 지능검사의 평균이 높아지는 현상을 의미한다.

③ 편차지능지수는 개인의 상대적 위치를 파악할 수 있다는 장점을 갖고 있다.

④ 스피어만(Spearman)에 의하면, 모든 지적 수행의 기저에는 일반적인 정신능력인 g요인이 있다.

| 정답 | ①
| 해설 |

유동성 지능(fluid intelligence)에 대한 설명이다. 결정성 지능은 경험에 근거한 개인의 축적된 지식(환경적 경험)으로 나이가 들어감에 따라 계속해서 어느 정도 발달하거나 유지될 수 있는 능력이다.

22. 성격심리학자 카텔(Cattell)이 개인들의 광범위한 자료에서 성격의 기본특질을 추출할 때 적용한 통계기법으로 적절한 것은?

[16 보호직]

① 요인 분석법(factor analysis)
② 빈도 분석법(frequency analysis)
③ 회귀 분석법(regression analysis)
④ 변량 분석법(analysis of variance)

| 정답 | ①
| 해설 |
① 요인 분석법은 일련의 변인들 간의 상호 관련성을 분석하는 통계기법의 하나로서, 척도나 검사와 같은 측정 도구들을 구성하는 문항들 또는 변인들 간의 상호 관련성을 계산하여 이들 중에서 상호 관련성이 있는 것들끼리 묶음으로써 전체 문항들 또는 변인들을 보다 적은 수의 집합인 '요인'으로 줄이는 통계분석방법이다.
② 빈도 분석법은 개체의 빈도를 측정하는 분석법으로 기술적통계량을 제공하며 히스토그램(Histogram) 등 도표도 필요시 함께 제공한다.
③ 회귀 분석법은 주로 독립변수(independent variable)가 종속변수(dependent variable)에 미치는 영향을 확인하고자 사용하는 분석방법이다. 하나의 종속변인에 영향을 주는 변인이 무엇이고 그 변인 중 가장 큰 영향을 미치는 변인이 무엇인지, 또 종속변인을 설명해 줄 수 있는 가장 적합한 모형이 무엇인지를 밝히는 통계적 방법이다.
④ 변량 분석법은 세집단 이상의 평균치의 차이를 분석하고자 할 때 사용하는 분석방법이다.

23. 스턴버그(Sternberg)가 주장한 지능의 삼원이론에 해당하는 것으로만 바르게 묶인 것은?

[13 보호직]

ㄱ. 분석적(analytical) 지능   ㄴ. 언어적(verbal) 지능
ㄷ. 논리적(logical) 지능   ㄹ. 공간적(spatial) 지능
ㅁ. 창의적(creative) 지능   ㅂ. 실용적(practical) 지능

① ㄱ, ㄴ, ㄷ   ② ㄱ, ㅁ, ㅂ
③ ㄴ, ㄹ, ㅂ   ④ ㄷ, ㄹ, ㅁ

| 정답 | ②
| 해설 |
스턴버그의 지능의 삼원이론은 다음과 같이 세 가지 유형의 지능을 제안했다.
ㄱ. 분석적(analytical) 지능: 문제 해결, 비판적 사고, 논리적 추론 등과 같은 지식과 책략의 습득 및 적용, 상위인지의 획득 및 활용능력
ㅁ. 창의적(creative) 지능: 새로운 아이디어 생성, 문제에 대한 통찰력 등과 같은 정보처리기술의 자동화 능력
ㅂ. 실용적(practical) 지능: 현실적인 상황에서의 문제 해결 능력, 실용성 등과 같은 실제적이고 목표지향적인 능력

24. 지능과 창의력에 대한 설명으로 잘못된 것은?

① 지능검사에서는 수렴적 사고, 창의력 검사에서는 발산적 사고를 강조한다.

② 지능은 창의력의 필요조건이다.

③ 지능과 창의력은 상관관계가 없다.

④ 고지능 집단은 보존적 인지, 고창의력 집단은 건설적 인지와 관련된다.

25. 지능의 유전과 환경에 대한 설명으로 옳지 않은 것은? [19 정보직]

① 입양한 아이들의 지능지수가 비슷한 것은 환경의 영향이다.

② 입양아는 입양부모보다 친부모의 지능에 영향을 받는 것은 유전의 영향이다.

③ 일란성 쌍생아가 이란성 쌍생아보다 유사한 것은 환경의 영향이다.

④ 가난한 아이들이 부자 아이들보다 지능이 떨어지는 것은 환경의 영향이다.

동기와 정서

01. 다음 중 동기의 유형과 종류에 대한 내용으로 옳지 않은 것은?

① 긍정적 결과를 경험하고자 하는 동기는 접근동기이고, 부정적 결과를 경험하지 않고자 하는 동기는 회피동기이다.

② 2차적 동기는 갈증, 수면, 기아처럼 학습되지 않은 생득적 성향에서 출발하는 동기를 말한다.

③ 외재적 동기란 돈, 명예, 음식 등과 같은 외적인 요인으로 유발되는 동기를 말한다.

④ 내재적 동기는 욕구, 흥미, 호기심, 즐거움 등 개인 내부적인 요인들에 의해서 유발되는 동기를 말한다.

| 정답 | ②
| 해설 |
②는 1차적 동기에 관한 내용이다. 2차적 동기는 사회적 동기로서 권력이나 성취, 경쟁, 독립, 소속감, 사회적 인정 등으로 유발되는 동기를 말한다. 이러한 동기들은 후천적 학습이나 경험으로서의 동기이다.

02. 비만증의 원인을 출생 후 초기 유전적 특질에 의해 결정되는 체중과 같은 개인차로 설명하는 이론은?

① 대립과정이론(opponent process theory)

② 조절점이론(set-point theory)

③ 각성이론(arousal theory)

④ 최적각성수준(optimal level of arousal)

| 정답 | ②
| 해설 |
조절점이론은 비만의 원인을 유전적 요인으로 설명하는데, 사람마다 지방 조절장치를 가지고 있다고 설명한다. 신체는 이 체중 이하로 떨어지면, 배고픔의 증가와 낮아진 신진대사율이 상실한 체중을 회복하도록 작동한다.

03. 경험과 사회화를 통해 획득되는 암묵적 동기가 아닌 것은?

① 권력동기   ② 성취동기

③ 존중동기   ④ 친애동기

| 정답 | ③
| 해설 |
성취, 권력, 친애의 세 가지 암묵적 동기는 경험과 사회화를 통해 획득된다. 존중 동기는 선천적으로 갖고 태어나는 기본욕구로 결핍 시 적응에 문제가 발생한다.

04. 목이 마른 사람이 물을 마시려는 욕구가 생기는 것처럼, 동기는 안정적인 내적 상태를 유지하기 위해서 발생하는 것이라고 강조하는 이론은? [22 보호직]

① 추동감소이론(drive-reduction theory)

② 자기결정이론(self-determination theory)

③ 욕구위계이론(need hierarchy theory)

④ 성취동기이론(achievement motivation theory)

|정답| ①
|해설|
① 추동감소이론은 헐(Hull)이 프로이트의 추동 개념을 일반적 맥락으로 확대하여 인간의 행동은 유기체 내부에서 특정한 결핍으로 발생하는 욕구를 해소하고자 하는 추동을 감소시키려는 목적에서 유발한다고 하였다.
② 자기결정이론은 데시와 라이언(Deci & Ryan, 1985)이 제안한 이론으로 동기를 내재적 대 외재적 동기라는 이분법으로 분류하는 것은 적절하지 않고, 자기 결정성(자율성)의 정도에 따라 다양한 내외재적 이유가 가능하다고 주장하였다. 이 이론은 인본주의적 관점으로 인간의 성장 욕구와 통합된 자기의 발달을 위한 능동적 경향성을 전제하고 있다.
③ 욕구위계이론은 매슬로우(Maslow)가 제시하였으며, 인간이 지닌 욕구를 위계적으로 제시하였다. 인간을 비롯한 모든 생명체 안에 이미 있는 고유한 속성을 표출하고 발현하려는 성향이 있으며, 이 욕구를 가장 상위에 존재하는 자기실현욕구라고 하였으며, 이는 결핍을 채우기 위한 욕구가 아니라 성장을 추구하는 욕구이므로 생리적 욕구를 비롯한 하위욕구가 충족되기 전에는 떠오르지 않는다고 보았다.
④ 맥클레랜드(McClelland)는 탁월하려는 욕구 그리고 우수함과 성공을 향한 욕망을 성취동기로 보았으며, 앳킨슨(Atkinson)은 이러한 성취동기 이론을 기대 × 가치이론체계를 적용하여 발전시키면서 성취 경향성에 대해서 제안하였다. 성취동기이론(achievement motivation theory)에서는 인간이 지닌 성취동기가 성장으로 이끄는 원동력으로 설명하고 있다.

05. 피겨 스케이팅 선수인 K가 최상의 연기를 위해서는 충분히 각성할 필요가 있지만, 과도한 각성은 오히려 연기수행에 방해가 될 수 있다. K의 각성과 수행 사이의 관계를 가장 잘 설명해주는 개념은? [18 보호직]

① 여키스-도슨 법칙(Yerkes-Dodson law)

② 추동-감소 이론(drive-reduction theory)

③ 대립과정 이론(opponent process theory)

④ 캐논-바드 이론(Cannon-Bard theory)

|정답| ①
|해설|
여키스-도슨 법칙(Yerkes-Dodson law)은 각성과 수행수준(성취도) 간의 관계를 보여주는 곡선을 역U자형으로 제시하였다. 이 법칙에서는 스트레스 수준이 너무 높거나 낮으면 건강이나 작업능률에 부정적인 영향을 주지만 적정한 수준의 스트레스는 성과 수준을 높여준다고 설명한다. 또한, 과제 수준이 높을 때는 각성 수준이 낮아야 효율적이고, 과제 수준이 낮을 때는 각성 수준이 높아야 효율이 증대된다고 설명한다.

06. 매슬로우의 욕구이론의 단계별 순서는? [20 정보직]

① 생리적 욕구 – 안전의 욕구 – 소속감의 욕구 – 존중의 욕구
　　– 지식의 욕구 – 심미의 욕구 – 자아실현의 욕구
② 생리적 욕구 – 안전의 욕구 – 소속감의 욕구 – 존중의 욕구
　　– 심미의 욕구 – 지식의 욕구 – 자아실현의 욕구
③ 생리적 욕구 – 안전의 욕구 – 존중의 욕구 – 소속감의 욕구
　　– 지식의 욕구 – 심미의 욕구 – 자아실현의 욕구
④ 생리적 욕구 – 안전의 욕구 – 존중의 욕구 – 소속감의 욕구
　　– 심미의 욕구 – 지식의 욕구 – 자아실현의 욕구

|정답| ①
|해설|
[매슬로우의 욕구위계이론]

	7. 자아실현의 욕구	자신의 능력과 재능을 최대한 활용하여 성숙하고 건강하고자 하는 욕구
성장 욕구	6. 심미의 욕구	문화예술, 자연과 환경을 통해 정서적이고 감성적인 내적 아름다움을 추구하고자 하는 욕구
	5. 지식(앎)의욕구	문화나 교육을 통한 지적 욕구로 어떤 특정 대상이나 경험에 대한 재음미와 발견을 통한 이해와 배움을 추구하는 욕구
결핍 욕구	4. 자아존중감의 욕구	기술을 습득하고, 맡은 일을 잘 해내며, 작은 성취나 칭찬 및 성공을 통해, 그리고 타인들로부터 긍정적인 평가를 통해 스스로를 가치롭게 받아들이고자 하는 욕구
	3. 사랑과 소속의 욕구	특정한 사람들과 친밀한 관계를 맺고 집단에 소속되고자 하는 욕구
	2. 안전의 욕구	안전, 안정, 보호, 질서 및 불안과 공포로부터의 해방
	1. 생리적 욕구	음식, 물, 공기, 수면 욕구, 성욕 등

07. 동기에 관한 인본주의적 관점에 대한 설명으로 옳은 것은?
[12 보호직]

① 동기는 긴장이나 각성을 추구하는 방향으로 행동하게 된다.
② 동기는 특정한 상황에서 긍정적 보상을 받은 경험에 의해 결정된다.
③ 인간은 자아실현을 하려는 잠재적 동기를 가지고 있다.
④ 자신의 행동이나 결과를 어떻게 인지하고 추론하는가에 따라 동기가 결정된다.

|정답| ③
|해설|
① 각성 이론에 대한 설명이다.
② 조건화 이론에 대한 설명이다.
④ 인지적 관점에 대한 설명이다.

08. 민우는 '시험을 잘 보지 못한 건 운이 없어서'라고 생각한다. 와이너(Weiner) 귀인이론에 근거하여 원인, 안정성, 통제 소재를 바르게 나열한 것은?

① 내적 – 안정적 – 불가능

② 외적 – 안정적 – 불가능

③ 내적 – 불안정 – 가능

④ 외적 – 불안정 – 불가능

[와이너(1992) 귀인 차원에 따른 시험 실패에 대한 가능한 원인들 예]

	내적		외적	
	안정	불안정	안정	불안정
통제 가능	절대 공부를 안 함	그 시험을 위해 공부하지 않음 [노력]	교사가 편파, 편애적임	친구들이 도와 주지 못했음
통제 불가능	낮은 적성(능력) [능력]	시험 당일 아팠음 기분이 안 좋음	학교의 요구사항이 너무 높음 [과제난이도]	운이 나빴음 [운]

09. 무기력 이론에 근거해서 볼 때 우울한 사람이 수학 시험에 낙제했을 때 보이는 반응과 거리가 먼 것은? [21 정보직]

① 다음번 시험도 나쁜 결과일 거야.

② 강사가 설명을 너무 어렵게 했어.

③ 다른 과목도 시험결과가 나쁠 거야.

④ 낙제한 것은 내 능력이 부족해서야.

10. 셀리그만(Seligman)이 제시한 학습된 무기력(learned helplessness)에 대한 설명으로 옳지 않은 것은? [13 보호직]

① 셀리그만은 실험자의 발자국 소리를 들은 개가 침 흘리는 것을 보고 학습된 무기력에 대한 통찰을 얻었다.

② 피할 수 없는 처벌 상황에 반복적으로 노출되는 학습과정을 가정한다.

③ 교육현장에서 학습된 무기력이 발생하는 것을 피하기 위해서는 실패경험을 줄여주어야 한다.

④ 다양한 성공경험은 학습된 무기력을 예방할 수 있다.

| 정답 | ①
| 해설 |
실험자의 발자국 소리를 들은 개가 침 흘리는 현상은 고전적 조건형성이다.

11. 자기효능감 이론(Self efficacy theory)에 대한 설명으로 가장 거리가 먼 것은? [23 정보직]

① 행동의 원인을 분석하고, 원인이 무엇인지에 따라 이후 행동이 달라진다.

② 사회인지적 동기 이론이다.

③ 자기효능감이 높은 사람들은 내재적동기가 강하고, 목표 중심적으로 행동한다.

④ 모델이 수행하는 것을 관찰함으로써 자기효능감이 향상된다.

| 정답 | ①
| 해설 |
귀인 이론(Attributional theory)은 어떤 행동의 결과에 대한 원인을 분석하고, 그 원인을 무엇으로 보느냐에 따라 사람들의 후속 행동이 달라진다는 것으로, 개인의 행위 결과에 대한 설명이나 정당화가 어떻게 후속 행동에 영향을 미치는지를 설명한다.

12. 자기효능감을 알려주는 정보가 아닌 것은?

① 자신의 성공적인 수행을 직접 경험하고 관찰

② 자신과 유사한 모델이 성공하는 수행을 관찰

③ 성공 경험에 수반하는 생리적 지표

④ 성공할 것이라는 자기암시

| 정답 | ④
| 해설 |
과거나 미래가 아닌 현재 순간에 경험하는 내적 외적 신호들을 통해 효능감이 형성된다. 타인이 잘했다고 강력하게 설득해주는 것도 자기효능감과 관련된다.

13. 숙달목표지향성과 수행목표지향성에 관한 설명으로 옳지 않은 것은?

① 숙달목표지향성이 낮은 학생은 도전적 과제를 선호한다.

② 수행목표지향성이 높은 학생은 과제 실패 시 불안감을 많이 경험한다.

③ 수행목표지향성이 높은 학생은 타인과의 비교를 통하여 자신의 성공여부를 판단한다.

④ 숙달목표지향성이 높은 학생은 과제 수행의 실패를 노력 부족에 귀인하는 경향이 있다.

| 정답 | ①

| 해설 |

숙달 목표 지향성(mastery goals)이 높은 사람들은 과제 자체에 가치를 두고 이를 목표로 삼기에 과제에 대한 이해와 습득, 숙달로 자신의 능력 향상에 관심을 둔다.

반면, 수행목표 지향성(performance goals)을 지닌 사람들은 능력에 대한 타인의 인정과 같은 과제 외적인 것에 가치를 두기에 남보다 우수하고 경쟁에서 이기고 최고가 되는 것을 목적으로 두는 경향이 짙다. 이러한 부분들은 과제 선택에서도 영향을 주어 숙달목표지향성이 높은 사람들은 도전적이고 어려운 과제를 더 선호하지만 수행목표지향성이 높은 사람들은 안정한 영역에서 해결할 수 있는 수준의 더 쉬운 과제를 선호한다. 따라서 오답은 ①에 해당한다.

14. 책 읽기를 좋아하는 아이에게 책을 읽으면 장난감을 사주겠다고 약속했다. 그러자 아이의 책을 읽는 시간이 감소했다. 이 현상을 설명하는 개념으로 옳은 것은? [23 정보직]

① 과잉정당화 효과(Overjustification effect)

② 프리맥의 원리(Premack's principle)

③ 추동감소이론(drive-reduction theory)

④ 항상성의 원리(homeostasis principle)

| 정답 | ①

| 해설 |

• 과잉정당화 효과는 일기 쓰기가 좋아서 쓰던 아이(내재적 동기)에게 칭찬 등의 외재적 보상이 주어짐으로 내재적동기가 줄어든 현상을 말한다.

• 생물학적 항상성(동질정체, biological homeostasis)은 신체 내부의 생물학적 기제들이 유기체의 생리적 상태를 적절한 수준으로 유지하려고 노력하는 과정을 말한다.

15. 라이언(Ryan)과 데시(Deci)의 자기결정이론에 제시된 기본심리 욕구(basic psychological need)에 해당하지 않는 것은?

[23 보호직]

① 주도성(initiative): 스스로 결정하고 책임지고자 하는 심리적 욕구

② 유능성(competence): 환경과의 상호작용에서 효율적이고자 하는 심리적 욕구

③ 자율성(autonomy): 자신의 행동을 시작하고 조절할 때 자기 지시와 개인적 승인을 경험하려는 심리적 욕구

④ 관계성(relatedness): 다른 사람들과 친밀한 정서적 결속과 애착을 형성하고자 하는 심리적 욕구

| 정답 | ①
| 해설 |
기본 심리욕구 이론(BPNT, Basic Psychological Need Theory)에서는 인간의 세 가지 심리적 욕구인 유능성, 자율성, 관계성에 대한 욕구가 만족되어야 내재동기가 유발되고 심리적 성장과 발달이 이루어진다고 주장한다.

16. 라이언(Ryan)과 데시(Deci)가 자기결정이론에서 제시한 동기 유형의 예로 옳지 않은 것은?
[13 보호직]

① 외적 조절(external regulation): 심리학 공부를 하고 싶은 생각이 전혀 없는데 심리학과에 다니는 여학생의 관심을 얻기 위해 심리학 과목을 수강한다.

② 투입된 조절(introjected regulation): 심리학 공부 자체가 즐겁고 좋아서 틈만 나면 심리학 관련 서적을 읽는다.

③ 동일시된 조절(identified regulation): 자신의 장래를 생각할 때 심리학을 공부하는 것이 필요하고 중요하다는 판단에 따라서 열심히 공부한다.

④ 통합된 조절(integrated regulation): 자신이 가장 잘할 수 있는 학문분야가 심리학이고 세계적인 심리학자가 되고 싶다는 목표를 가지고 열심히 공부하고 보람도 느낀다.

| 정답 | ②
| 해설 |
투입된 조절(내사된 조절, introjected regulation)은 자기통제 및 자기개입(의지)이 어느 정도 있으나 죄책감이나 책임감 때문에 행동한다. 예를 들면 아버지가 나를 자랑스러워하시길 바라기 때문에 하는 것처럼 타인의 인정을 받거나 비판을 피하기 위해 행동한다. ②의 내용은 내재적 동기(intrinsic regulation)에 해당된다.

17. 칙센트미하이(M. Csikszentmihalyi)가 제시한 몰입(flow)경험의 특징으로 옳지 않은 것은?

① 자의식(self-consciousness)이 사라진다.

② 자신의 행동이 타인에 의해 통제되고 있음을 느낀다.

③ 자신의 활동목적이 분명하다.

④ 행위와 인식의 일체감을 느낀다.

| 정답 | ②
| 해설 |
몰입의 특성은 현재 하고 있는 활동을 장악하고 있는 듯한 강력한 통제감을 느낀다는 것이다. 그 외에도 몰입상태에서는 현재 과업에 대한 강렬한 주의집중이 일어나며, 자기와 환경의 구분의 거의 사라지고 시간의 흐름도 망각하게 된다.

18. 무기력해져 있어 성과를 내지 못하는 직원이 다시 동기를 가질 수 있도록 도와줄 수 있는 방법으로 옳지 않은 것은? [14 보호직]

① 자기결정 이론에 따라 스스로 결정하는 연습을 통하여 궁극적으로 외재적 동기를 가질 수 있도록 한다.

② 기대가치 이론에 따라 성공에 대한 기대감을 높여 주고 일에 대한 흥미를 갖도록 한다.

③ 큰 과제를 주기보다는 작은 일들을 수행하게 함으로써 성공의 경험을 자주 갖도록 한다.

④ 귀인 이론에 따라 반복되는 실패의 원인을 자신의 능력 부족에서 찾기보다는 자신의 노력을 다시 점검하도록 한다.

| 정답 | ①
| 해설 |
자기결정 이론에서는 스스로 결정하는 연습을 통하여 궁극적으로 내재적 동기를 가질 수 있도록 돕는 것을 지향한다.

19. 정서에 대한 설명으로 거리가 먼 것은? [16 보호직]

① 정서는 개인적으로 의미 있는 상황에 주의를 기울이게 한다.

② 정서는 의사결정에 영향을 미칠 수 있다.

③ 정서의 변화는 신체적 변화를 동반한다.

④ 정서는 인지적 평가와는 무관하다.

| 정답 | ④
| 해설 |
Schachter-Singer는 정서는 생리적 각성의 원인들에 관한 추측에 근거한다. 즉 유사한 생리적 반응에 대해 어떻게 해석을 내리고 인지적인 평가를 하느냐에 따라 정서 경험이 달라진다고 본다.

20. 다음 중 정서와 관련하여 자극은 자율 활동을 일으키고, 자극이 다시 뇌에서 정서경험을 일으킨다고 주장하는 이론은? [24 정보직]

① 제임스-랑게이론   ② 캐넌-바드 이론

③ 이요인 이론   ④ 다차원 이론

| 정답 | ①

| 해설 |

① 제임스-랑게이론은 특정 자극에 대한 신체적 반응(예 심장 박동, 땀 등)이 먼저 발생하고, 그 후에 이러한 신체적 반응이 뇌에서 해석되어 정서 경험이 발생한다고 주장한다.

② 캐넌-바드 이론은 자극이 발생한 후 신체적 반응과 정서 경험이 동시에 일어난다고 본다.

③ 이요인 이론은 이론은 정서가 두 가지 요인(신체적 반응과 사회적 해석)에 의해 결정된다고 본다. 즉, 신체 반응이 일어난 후, 그 상황을 해석하여 정서가 형성된다는 것이다.

④ 정서에 대한 학자들의 견해는 다르며, 러셀(Russell)은 2차원구조의 원형모델(circumplex model)로 정서를 설명하며, 플루치크(R. Plutchik)는 3차원구조로 설명한다. 또한, 프리자(Frijda)와 셰러(Scherer)와 같은 학자들은 정서가 다차원적 구성요소로 조직된 현상이라는 주장도 하는데, 이러한 정서의 다차원적 본질을 강조하는 관점을 구성요소이론이라고 한다.

---

21. 다음 〈보기〉의 정서 경험 과정을 설명하는 이론으로 옳은 것은? [22 정보직]

> **보기**
>
> 아무도 없는 어두운 밤길을 혼자 걷고 있을 때 갑자기 옆에서 알 수 없는 소리가 들리자, 그 순간 근육이 긴장되고 심장이 빠르게 뛴 후 강한 두려움을 경험했다.

① 캐논-바드(Cannon-Bard) 이론

② 제임스-랑게(James-Lange) 이론

③ 제이온스(Zajonc) 이론

④ 샤흐터(Schachter) 이론

| 정답 | ②

| 해설 |

제임스-랑게 이론에서는 정서 자극에 의해 내장기나 근육에 먼저 반응이 일어나고 이어서 이 반응이 대뇌피질에 전달됨으로써 정서 경험을 하게 된다고 주장한다. 보기에서 소리는 자극에 해당되며, 자극이 근육긴장이라는 자율신경계에 활동을 일으키고, 이것은 다시 뇌에서 두려움이라는 정서 경험을 일으킨 것으로 볼 수 있다.

22. 정서이론에 관한 설명으로 옳지 않은 것은? [24 보호직]

① 조셉 르두(J. LeDoux) 가설: 위협 상황에서 빠르게 반응해야 하는 정서 경험은 피질을 거치지 않고 시상을 경유해 편도체로 직접 이동한다.

② 캐논－바드(Cannon－Bard) 이론: 정서 경험은 신체 반응에 대한 뇌의 주관적 해석의 결과물이다.

③ 제임스－랑게(James－Lange) 이론: 정서 경험은 정서 유발 자극에 대한 생리적 반응을 자각하는 것이다.

④ 샤흐터－싱어(Schachter－Singer) 이론: 정서 경험은 생리적 각성과 인지적 평가라는 요인에 의해 결정된다.

| 정답 | ②
| 해설 |
캐논－바드 이론은 정서 경험과 생리적 반응이 동시에 발생한다고 주장한다. ②의 내용은 샤흐터－싱어이론에 적합하다.

23. 공포와 관련된 뇌회로에 대한 설명으로 옳지 않은 것은? [14 보호직]

① 정서자극에 대한 정보는 편도핵에서 시상으로 전달된다.

② 편도핵은 자극의 정서적 의미를 파악하는 뇌의 정서컴퓨터에 해당된다.

③ 시상과 편도핵을 연결해주는 회로는 위협상황에서 빠르게 대처하도록 해준다.

④ 시상-피질-편도핵 회로는 감각정보의 상세한 분석을 위해 느리게 작동한다.

| 정답 | ①
| 해설 |
르두(J. LeDoux, 1996)의 '정서 뇌(emotional brain)' 이론에서는 정서 자극이 시상에 도달한 뒤 두 가지의 서로 다른 경로를 따라 동시에 전달된다고 제시하고 있다. 정서 뇌 경로는 시상에서 편도체로 바로 가는 빠른 경로(하위로)이고, 이성 뇌 경로는 시상에서 피질로 가고 그다음 편도체로 가는 느린 경로(상위로)이다.

24. 다음 사례를 설명하는 이론은?

[22 보호직]

> 대학생들을 모집 후, 이들에게 각성수준을 높일 수 있는 에피네프린을 주사하는 것에 대한 동의를 얻었다. 에피네프린 주사 후 참가자들은 대기실로 이동하였다. 이동한 대기실에는 다른 사람(실험공모자)이 있었고, 이 사람은 참가자들에게 성가신 행위를 하거나 다소 웃기는 행동을 하였다. 참가자들은 이 사람을 관찰하는 동안에 호흡이 빨라지고 심박이 상승하는 느낌을 받기 시작하였다. 그러나 참가자들은 거의 아무런 정서도 느끼지 않았다. 호흡 및 심박 상승과 같은 각성의 증가를 에피네프린의 효과로 생각했기 때문이다.

① 제임스-랑게(James-Lange) 이론
② 캐논-바드(Cannon-Bard) 이론
③ 샤흐터(Schachter)와 싱어(Singer)의 2요인 이론
④ 자이언스(Zajonc)의 단순노출효과 이론

| **정답 |** ③

| **해설 |**

③ 사례는 Schachter와 Singer(1962)의 인지적 명명 실험이다. 이 실험을 통해 연구자들은 개인이 어떤 종류의 감정을 경험하는가는 개인이 처한 상황에 대한 인지적 평가와 해석에 따라 달라진다는 이요인 이론(two-factor theory)을 제안하였다.

① 제임스-랑게(James-Lange) 이론은 기존의 개념인 '슬프니까 운다'가 아니라 반응행동이 정서 경험보다 선행한다고 주장한다.

② 캐논-바드(Cannon-Bard) 이론은 정서 자극이 시상부에 전달되고 이것이 신피질(중추신경)과 자율신경계 및 내장기(말초신경)에 동시에 전달되어 정서체험과 신체변화가 동시에 일어난다고 주장한다.

④ 자이언스(Zajonc)의 단순노출효과 이론은 정서는 인지와 별개이며, 인지가 없어도 정서가 존재한다고 가정한다.

25. 에크먼(Ekman)은 뉴기니의 원시 부족 사람들을 대상으로 얼굴표정의 의미를 연구하였다. 에크만이 내린 주요결론은 무엇인가?

① 얼굴표정의 의미는 문화에 따라 달라지기 때문에 보편성이 없다.
② 정서체험은 특정 얼굴 표정을 만들어 내고 이는 보편적이다.
③ 주요 정서는 행복, 기쁨, 슬픔, 두려움, 분노, 놀람, 혐오로 7가지이다.
④ 뉴기니 부족민과 서구 사람들은 동일한 정서에 대한 얼굴표정이 다르다.

| **정답 |** ②

| **해설 |**

①, ④ 에크먼은 특정 정서와 안면근육 사이에 연결된 신경회로가 있어 특정 정서체험은 특정 얼굴 표정을 만들어내며, 이는 문화적 보편성이 있음을 주장하였다.

③ 에크만의 기본정서는 행복, 슬픔, 두려움, 분노, 놀람, 혐오로 6가지이다.

26. A가 한 조언의 배경이 되는 것은? [21 보호직]

> A는 친구가 스트레스를 받아 힘들어하자 '입술이 아닌 어금니 안쪽의 윗니와 아랫니 사이에 펜을 물고' 있으라고 조언하였다. 그 친구는 조언대로 일정한 시간 동안 했더니 어느 정도 스트레스가 줄어든 것 같다고 A에게 말하였다.

① 안면 피드백 가설(facial feedback hypothesis)
② 인지평가이론(cognitive appraisal theory)
③ 체계적 둔감화(systematic desensitization)
④ 효과의 법칙(law of effect)

|정답| ①
|해설|
① **안면 피드백 가설**은 정서표현은 그것이 나타내는 정서 경험을 유발할 수 있다는 가설이다. 즉 사람들이 주관적으로 경험하는 정서는 특정한 얼굴 표정을 짓게 되면 이로 인해 생리적인 각성상태가 유발되고, 이러한 생리적인 각성상태에 대한 피드백을 통해 특정한 정서를 경험하게 된다는 것이다.
② **인지평가이론**은 아놀드(Arnold)의 일반적 목적의 평가모형에서 상황 자체가 아니라 상황에 대한 개인의 평가에 따라 정서적 경험이 결정된다고 보는 관점을 라자루스가 발전시킨 이론이다. 이 이론에서는 정서는 인지의 결과로 나타난다고 가정한다.
③ **체계적 둔감화**은 공포를 불러일으키는 자극과 긍정적인 반응을 유발하는 자극을 함께 제시함으로써 불안이나 공포를 제거하는 행동수정 기법을 말한다. 약한 자극부터 강한 자극까지 단계적으로 수위를 조절하는 것이 특징이다.
④ **효과의 법칙**은 '만족스러운 사태'가 뒤따르는 행동들은 반복되는 경향이 있으며 '불쾌한 사태'를 낳는 것들은 되풀이될 가능성이 더 적다는 원리이다.

27. 얼굴 표정과 정서 연구에 대한 설명으로 옳은 것은? [18 보호직]

① 인위적으로 얼굴 표정을 짓는 것은 정서에 영향을 미치지 않는다.
② 에크만(Ekman)은 일부 정서에 대한 얼굴 표정은 문화 보편적이라고 주장했다.
③ 이저드(Izard)는 기본정서가 학습의 결과로 발생한다고 주장했다.
④ 문화는 정서표현에 영향을 미치지 않는다.

|정답| ②
|해설|
① 안면 되먹임 가설(facial feedback hypothesis)에서는 미소나 웃음, 찡그린 표정 등과 같이 특정한 얼굴표정을 지으면, 이로 인한 생리적 각성상태가 유발되고, 특정한 정서를 경험하게 된다고 본다.
③ 이저드(Izard)는 기쁨, 흥미, 슬픔, 분노, 공포, 혐오와 같은 뚜렷하게 구분되는 몇몇의 정서는 생의 초기에서부터 나타난다고 하였다.
④ 문화권마다 특정 정서를 표현하는 특정한 방식이 있으며, 주어진 문화에서 감정의 표현이나 표현을 조절하는 데 사용되는 관습과 사회적 규범을 표시규칙(display rules)이라 한다.

발달심리

01. 영아기의 신체발달에 대한 설명으로 옳은 것은?   [19 정보직]

① 신체 중심부터 말초로 발달

② 신체 말초부터 중심으로 발달

③ 신체 하부부터 머리로 발달

④ 전 신체가 동일한 속도로 발달

|정답| ①

|해설|

[발달의 원리]

(1) 발달에는 일정한 순서가 있다.

- 두미의 법칙: 머리에서 다리 쪽으로 발달
- 근원의 법칙: 중앙에서 말초로 발달

(2) 발달은 일정한 방향에 따라 진행된다.

(3) 발달은 연속적이지만, 발달내용이나 발달시기에 따라 속도가 다르다.

(4) 발달의 각 측면들은 서로 밀접한 관련이 있다.

(5) 발달에는 개인차가 있다.

(6) 발달은 분화와 통합의 과정을 거친다.

(7) 발달은 유전과 환경의 상호작용이다.

(8) 발달에는 결정적 시기가 있지만 상당한 탄력성을 갖고 있다.

(9) 역사적 문화적 맥락은 발달에 영향을 준다.

02. 서로 다른 연령 집단에 속하는 사람들로부터 동시에 어떤 특성에 대한 자료를 얻고, 그 결과를 연령 간 비교하여 발달적 변화과정을 추론하는 연구방법은?

① 종단적 연구방법
② 횡단적 연구방법
③ 교차비교 연구방법
④ 단기 종단적 연구방법

|정답| ②
|해설|
② **횡단적 연구법**은 연령집단 간 차이와 유사성 비교가 용이한 반면, 연령에 따른 개인차를 알기 어렵고, 연구결과가 동시대 출생 집단의 효과(cohort effect)가 반영될 가능성이 존재한다.
① **종단연구법**은 하나의 연령집단을 일정 기간에 걸쳐 정기적으로 자료를 얻어 분석하는 방법이다.
③ **교차비교법**은 둘 이상의 서로 상이한 공간집단을 비교사례로 선택하여 가설검증을 위해 종단 및 횡단적으로 연구하는 방법이다.
④ **단기종단법**은 종단 연구와 횡단 연구의 단점을 고려하여 만든 것으로 다양한 연령층의 연구대상을 일정 기간 반복하여 조사하여 연구하는 것이다.

03. 인간의 발달을 연구하는 방법 중 종단연구(longitudinal study)에 대한 설명으로 옳은 것만을 모두 고르면? [22 보호직]

ㄱ. 코호트(cohort) 효과를 통제할 수 없다.
ㄴ. 특정 대상을 선정하여 시간 간격을 두고 반복하여 측정하는 것이다.
ㄷ. 시간과 비용이 많이 필요하다.
ㄹ. 시간이 지남에 따라 연구참여자의 탈락 현상이 일어날 수 있다.

① ㄱ, ㄷ
② ㄴ, ㄹ
③ ㄱ, ㄴ, ㄷ
④ ㄴ, ㄷ, ㄹ

|정답| ④
|해설|
종단연구(longitudinal study)는 동일 대상(한 연령 집단)을 표집하여 시간의 흐름에 따라 발달적 변화과정을 장기간 추적하면서 반복적으로 연구한다. 이러한 연구특성으로 발달적 변화과정을 정확하게 추적 진단할 수 있어 개인차 및 인과관계 파악이 가능하며, 동시대 출생 집단 효과가 개입되지 않는다. 반면, 시간과 비용이 많이 들고, 연구대상의 탈락으로 인한 연구결과의 편파성이나 특정 집단을 대표하는 소수의 대상에게서 얻은 자료를 일반화해야 하는 어려움과 반복 검사로 인한 학습효과가 있을 수 있다.

04. 영아기의 발달 특징으로 잘못된 것은?
[20 정보직]
① 선택적 주의가 가능해진다.
② 깊이지각을 한다.
③ 가역적 사고를 할 수 있다.
④ 대상영속성을 획득한다.

|정답| ③
|해설|
가역적 사고는 변화가 일어난 상태에서 원래의 상태로 다시 되돌릴 수 있는 것으로, 구체적 조작기에 들어가야 가능하다.

05. 영아들에게서 보이는 반사를 설명하는 내용 중에서 옳지 않은 것은?
① 모로반사란 큰 소리가 나면 놀라면서 팔을 밖으로 펼치고 등을 구부리고 무언가를 껴안듯 팔을 서로 감싸 안는 것을 말한다.
② 바빈스키 반사란 발바닥을 가볍게 긁으면 발가락을 부채살처럼 펴는 것을 말한다.
③ 신생아를 가슴에 안을 때 아기가 머리와 입으로 젖을 찾는 것은 생존반사에 해당된다.
④ 모로반사나 바빈스키 반사는 최소 생후 2~3년 정도까지 유지되어야 정상이다.

|정답| ④
|해설|
모로반사는 생후 3개월경에 사라지기 시작하여 생후 5개월경이면 완전히 사라지고, 바빈스키반사는 출생 후 곧 나타났다가 2~3개월이 지나면 사라진다.

06. 영아기의 시각발달에 관한 설명으로 옳은 것은?
① 시각은 인간의 감각 중 가장 빨리 발달한다.
② 신생아는 움직이는 것보다 정지된 물체를 더 선호한다.
③ 깁슨과 워크(Gibson & Walk)의 시각벼랑 실험에서 6개월 된 영아는 깊이를 지각하는 것을 발견했다.
④ 팬츠(Fantz)는 신생아는 곡선보다 직선을 더 선호한다고 하였다.

|정답| ③
|해설|
① 시각의 발달이 가장 늦게 이루어지는 데 반해 시각에 대한 연구는 가장 많이 이루어졌다.
②. ④ 팬츠(Fantz)의 실험에서는 신생아는 색이나 밝기보다 형태에 더 집중하고, 단순한 형태보다 적당히 복잡한 도형을 더 주시하며, 직선보다는 곡선을 더 주시하고, 움직이는 물체에 더 시선이 머무는 것으로 나타났다.

07. 고양이라는 단어를 배운 아이가 집 밖에서 강아지를 보면 '고양이' 라고 말한다. 이와 관련된 현상으로 피아제(Piaget)가 언급한 개념은 무엇인가? [23 정보직]

① 도식　　　　　　② 조절

③ 동화　　　　　　④ 중심화

| 정답 | ③
| 해설 |
① 도식(schema)은 사물이나 사건에 대한 전체적인 윤곽으로, 최초의 도식들은 반사적이며, 개인이 세계를 이해(해석)할 수 있게 해주는 정신구조이다. 반복적 행동을 통해 반사적 도식은 점차 복잡하고 정교해진다.
② 조절(accommodation)은 외적 사상의 변화에 적응하기 위해 현재 자신이 갖고 있는 구조(도식)를 변화시키는 것을 말한다.
③ 동화(assimilation)는 외적 사상을 자신이 현재 갖고 있는 구조(도식)에 합치시키는 것이다.
④ 중심화(egocentrism)는 전조작기의 아동들이 보이는 사고 특성으로 하나의 눈에 띄는 특징에 집중하며 다른 특징에는 주의를 기울이지 않는 경향성을 말한다.

08. 다음 〈보기〉의 행동을 설명하는 개념은? [22 보호직]

> **보기**
>
> 생후 3개월이 된 a는 물건이 눈앞에서 사라져 보이지 않으면 마치 그 물건이 없는 것처럼 행동한다. 그러나 생후 24개월이 된 b는 눈앞에서 사라진 물건을 찾는 모습을 보인다.

① 자기중심성　　　　② 보존개념

③ 마음이론　　　　　④ 대상영속성

| 정답 | ④
| 해설 |
④ 대상영속성(object permanence)에 대한 설명이다. 4개월 이전의 아동은 대상영속성의 개념이 없기 때문에 눈앞에서 사라져 보이지 않으면 마치 그 물건이 없는 것처럼 행동하지만 생후 24개월이 된 b는 존재하는 물체가 어떤 것에 가려져 보이지 않더라도 그것이 사라지지 않고 지속적으로 존재하고 있다는 사실을 아는 대상영속성이 생겼기에 눈앞에서 사라진 물건을 찾는 모습을 보이는 것이다.
① 자기중심성(egocentrism)은 유아가 사물을 자신의 입장에서만 보고 다른 사람의 관점을 고려하지 못하는 것이다.
② 보존개념(conservation)은 어떤 대상의 외양이 바뀌어도 그 양적 속성이나 실체는 바뀌지 않는다는 사실을 이해하는 것이다.
③ 마음이론(Theory of Mind)은 사람의 정신활동에 대한 개념으로, 아동들이 정신적 활동을 어떻게 개념화하고 다른 사람의 의도를 파악하고 행동을 예측하는지를 살펴보기 위한 개념들을 설명한다.

09. 피아제(Piaget)의 전조작기에 해당하는 발달적 특성으로 옳은 것만을 모두 고르면?　　　　　　　　　　　　　　　[23 보호직]

ㄱ. 지연 모방	ㄴ. 물활론적 사고
ㄷ. 가상놀이	ㄹ. 대상영속성

① ㄱ, ㄴ　　　　　　　　　　② ㄴ, ㄷ

③ ㄷ, ㄹ　　　　　　　　　　④ ㄱ, ㄴ, ㄷ

| 정답 | ②
| 해설 |
전조작기(preoperational period, 2∼7세)에 나타나는 특성으로는 상징적 사고(symbolic thought)를 통한 가상놀이(pretend play)나 생명이 없는 대상에게 생명과 감정을 부여하는 물활론적 사고(animism)가 있다. 그 외에도 전조작기의 전개념적 사고 단계(preconceptual thinking)인 2∼4세에 자아중심적 사고(egocentrsim), 인공론적 사고(artficialism), 전환적 추론(transductive inference)등이 나타난다.
ㄱ. 지연 모방(deferred imitation)은 감각운동기의 마지막 단계인 정신적 표상기(18∼24개월)에 나타나는 현상으로 아동이 목격한 행동을 일정기간 후에 자발적으로 재현 모방하는 것을 말한다. 이 시기에 아동은 ㄹ. 대상영속성의 개념도 획득한다.

10. 피아제의 인지발달단계이론에서 추상적 논리 및 과학적 사고가 발달하는 시기는?　　　　　　　　　　　　　[18 정보직]

① 감각운동기(sensory-motor period)

② 전조작기(preoperational period)

③ 형식적 조작기(formal operational period)

④ 구체적 조작기(concrete operational period)

| 정답 | ③
| 해설 |
③ 형식적 조작기에 대한 설명이다.
① 감각운동기에 영아의 지적 능력은 언어나 추상적 개념을 내포하고 있지 않으며 감각과 운동능력을 통해 세상을 탐구하고 정보를 습득하는 것으로 이루어진다.
② 전조작기에 아동은 내재적으로 형성된 표상을 여러 형태의 상징 또는 기호로 표현하는 기호적 기능이 인지발달의 주축을 이뤄간다.
④ 구체적 조작기에 아동은 구체적 사물과 사상에 대해서는 논리적 사고 가능하고, 보존, 서열화, 분류 등의 개념을 획득하지만 순수한 추상적 사고는 아직 불가능하다.

11. 인지 발달에 대한 피아제(Piaget)와 비고츠키(Vygotsky)의 관점으로 옳은 것은?

[21 보호직]

① 피아제는 아동이 자신의 문화에서 얻는 구체적인 지적 기술이 중요하다고 주장했다.

② 피아제는 아이와의 상호작용은 근접발달 영역 내에서 일어날 때 도움이 된다고 주장했다.

③ 비고츠키는 아동이 독립적인 활동을 통해 학습할 수 있도록 내버려 두어야 한다고 주장했다.

④ 비고츠키는 아동이 사적 언어(혼잣말)를 활용해 인지 발달을 촉진할 수 있다고 주장했다.

| 정답 | ④

| 해설 |

④ 비고츠키(L. Vygotsky)의 사회문화적 인지이론은 발달에 있어 사회문화적 역할이 중요함을 강조하는 이론이다.

③ 비고츠키는 아동은 혼자서 발달하기보다 자신이 속한 사회와 문화에서 주변인과의 상호작용을 통해 인지적 성장을 이룬다고 주장하였기에 ③의 설명은 옳지 않다. 또한 이러한 상호작용을 설명하는 데 있어 아동이 스스로 해결하거나 성취할 수 있는 능력과 자신보다 인지수준이 높은 또래나 성인의 도움을 받아 과제를 해결하거나 성취할 수 있을 것으로 기대되는 능력 간의 차이를 근접발달영역(zone of proximal development)이라는 개념을 제시하였다. 따라서 ①, ②는 피아제가 아닌 비고츠키의 견해이다.

12. 비고츠키(Vygotsky)의 사회문화적 인지이론에 대한 설명으로 옳은 것은?

① 사회문화적 인지이론은 개인의 학습과 발달에는 사회적 상호작용이 영향을 미치지 않는다고 주장한다.

② 사회문화적 인지이론은 개인의 학습과 발달은 개인 내부의 유전적 요소에 의해 결정된다고 주장한다.

③ 사회문화적 인지이론에서는 아동의 지적 발달이 자기중심적 언어의 변형인 외적 언어와 내적 언어에 의해 영향을 받는다고 주장한다.

④ 사회문화적 인지이론에서는 아동이 과제를 잘 수행할 수 있도록 유능한 성인이나 또래가 도움을 제공하는 것을 근접발달영역이라 하였다.

| 정답 | ③

| 해설 |

①, ②는 사회문화적 인지이론과 일치하지 않는다. 사회문화적 인지이론은 비고츠키(Vygotsky)가 제안한 이론으로, 개인의 학습과 발달은 사회적 상호작용과 문화적 맥락의 영향을 받는다고 주장한다.

④ 비계에 대한 설명이다. 근접발달영역은 아동이 스스로 해결하거나 성취할 수 있는 능력과 자신보다 인지수준이 높은 또래나 성인의 도움을 받아 과제를 해결하거나 성취할 수 있을 것으로 기대되는 능력 간의 차이를 말한다.

13. 발달심리학 학자들에 대한 내용으로 가장 옳지 않은 것은?

[19 정보직]

① 에릭슨은 인간이 각각 단절된 여덟 단계의 과정을 거치며 자아 정체성을 획득하게 된다고 주장하였다.

② 피아제는 인간의 인지발달단계를 감각운동기, 전조작기, 구체적 조작기, 형식적 조작기의 네 단계로 구분하였다.

③ 레빈슨은 인간의 전 생애적 발달과정에서 나타나는 변화와 안정, 성장, 순환과정을 밝힌 생애 주기모형을 제시하였다.

④ 리겔은 인간이 성인기에 여러 가지 상황이나 대상에 대한 모순을 인식하고, 그 인식의 한계와 문제점을 알아차릴 수 있는 변증법적 추론이 가능해진다고 하였다.

| 정답 | ①
| 해설 |
에릭슨의 심리사회적 발달 이론(psychosocial development theory)은 모든 유기체는 특정한 목적을 갖고 태어났고, 성공적으로 발달하면 이 목적을 완수한다고 보는 후성설(後成說)을 기반으로 한다. 인간에게는 미리 정해진 8개의 발달 단계가 있는데, 모든 사람들은 유전적 기질을 바탕으로 사회적 환경과 상호작용하면서 한 단계씩 거친다. 각 단계를 성공적으로 완수하면 정상적이고 건강한 개인으로 발달해 나갈 수 있지만, 어느 단계에서 실패하면 그 단계와 관련한 정신적 결함을 갖고 살아가게 된다. 이때 발달 단계에 따라 발달 과업이 정해져 있고, 이를 해결하여 그 핵심적 가치를 달성했는지의 여부에 따라 발달 정도를 판단할 수 있다. 따라서 ①의 단계가 단절되었다는 표현은 옳지 않으며, 자아정체성은 5단계에 획득하는 개념이며, 마지막 8단계인 노년기에는 자아통합의 발달과업이 존재한다.

14. 막 태어난 새끼 오리가 처음 본 움직이는 물체를 어미로 인식하고 따라가는 것과 관련된 현상은?

[18 정보직]

① 애착   ② 각인

③ 고착   ④ 귀인

| 정답 | ②
| 해설 |
각인(imprinting)은 세상에 처음 태어났을 때 시각적, 청각적, 촉각적 경험을 하게 되는 대상에게 모든 주의와 관심이 집중되어 그것을 쫓는 학습의 한 형태를 말한다. 동물행동학자인 로렌츠(Lorenz)는 회색 오리새끼가 부화(孵化) 직후에 최초로 보이는 움직이는 대상을 어미라 생각하고 그 대상을 따라다니는 것을 발견하였다. 이러한 학습을 각인학습이라 하며, 이 시기를 결정적 시기(critical period)라고 한다. 자연상태에서는 각인의 대상이 대개 어미가 되지만 실험장면에서는 실험자가 각인의 대상이 되기도 한다. 이러한 결과는 오리나 닭과 같은 조류연구에서 검증이 되었으며, 이와 비슷한 학습형태는 포유류나 어류, 곤충류에서도 나타난다.

15. 애착에 관한 설명으로 옳은 것은? [23 보호직]

① 할로우(Harlow)의 원숭이 실험은 애착을 형성하는 데에 음식물 제공이 중요하다는 것을 보여 주었다.

② 로렌츠(Lorenz)의 새끼 오리 연구는 결정적 시기에 이루어진 각인에 의한 애착을 보여 주었다.

③ 볼비(Bowlby)는 어린 시절 형성된 애착행동체계가 청소년기 또는 성인기에 수정된다는 것을 보여 주었다.

④ 에인스워스(Ainsworth)의 실험에서 안정애착의 유아는 어머니가 자신과 함께 있든 떠나든 관계없이 새로운 환경을 편안해하며 그곳을 탐색하였다.

|정답| ②

|해설|

① 할로우(Harlow)는 아기 원숭이를 대상으로 한 '헝겊엄마 철사엄마' 실험을 통해 먹이보다 스킨십이 주는 접촉 위안(contact comfort)이 생존에 더 필수적임을 보여주었다.

③ 볼비(Bowlby)는 어린 시절 형성된 애착행동은 내적 작동모델(internal working model)을 통해서 일반적으로 한 개인의 인생에서 맺어지는 모든 대인관계에 영향을 그로 인해서 성인이 되어서도 지속된다고 설명했다.

④ 에인스워스(Ainsworth)의 실험에서 안정애착의 유아는 모와 분리 시에는 적절한 불안감을 호소하고, 스트레스를 받지만 곧 안정을 찾고, 모와 재결합 시에는 모에게 다가가서 정서적 안정을 추구하고, 긍정적 상호작용을 재개하는 행동을 보인다.

16. 애착연구의 결과로 맞지 않는 것은? [21 정보직]

① 애착유형은 기질과 관계가 있다.

② 안정애착유형은 유아와 아동기에 지속적인 호기심과 인내심을 보인다.

③ 부모가 자녀에게 민감하고 반응적일수록 안정애착이 발달한다.

④ 불안-저항애착유형은 부모가 학대한 경우가 많다.

|정답| ④

|해설|

학대받은 아동의 경우는 불안-혼란형으로 분류될 가능성이 높다.

17. 다음 〈보기〉에 해당되는 개념은?

> **보기**
>
> • 생활습관이 불규칙한 영아도 양육자가 허용적일수록 양육자와의 갈등이 감소할 수 있다.
> • 까다로운 기질의 영아도 지지적이고 일관된 양육을 받을 경우 긍정적인 발달을 할 가능성이 높아진다.

① 접촉위안 ② 애착유형
③ 결정적 시기 ④ 조화의 적합성

18. 다음 〈보기〉의 빈칸에 알맞은 부모의 양육 태도로 적절한 것은?

[22 정보직]

> **보기**
>
> 아이에게 애정이 필요할 때는 충분히 사랑을 주지만 잘못된 행동에 대해서는 엄격하게 바로잡고, 자신의 요구사항을 실천해야 하는 이유는 무엇인지 친절하게 설명해 준다. 아이에게 올바른 도덕관념을 심어주기 위해서는 적절한 통제와 애정이 동반되는 (   )가 되어야 한다.

① 권위주의적(authoritarian) 부모
② 권위있는(authoritative) 부모
③ 방임적(neglecting) 부모
④ 허용적(permissive) 부모

19. 다음 중 Piaget이 제시한 아동의 도덕적 사고가 시간이 흐르면서 체계적으로 변화하는 방식이 아닌 것은?　　[24 정보직]

① 현실주의에서 상대주의로

② 규범에서 원칙으로

③ 주관적에서 객관적으로

④ 결과에서 의도로

| 정답 | ③
| 해설 |

Piaget이 제시한 아동의 도덕적 사고가 시간이 흐르면서 옳고 그름에 관한 판단이 도덕적 사실주의에서 도덕적 상대주의로 변화하고, 결과보다는 행위자의 의도를 고려하는 방향으로 나아가고, 객관적에서 주관적으로 변화한다고 보았다. 또한 정의와 공정에 대한 평가는 규칙에서 자기가 세운 도덕적 원칙에 근거하여 판단을 내리는 방향으로 변화한다고 보았다.

[도덕성 발달단계]

(1) 4세 이하: 무도덕성

(2) 4세~7세: 타율적 도덕성 – 규칙은 변할 수 없다고 믿음. 행동의 의도가 어떠한 것이든 결과에 의해 좋고 나쁨을 판단

(3) 7세~10세: 혼재기 – 규칙이 상황에 따라 유동적으로 변할 수 있다고 생각

(4) 10세 이후: 자율적 도덕성 – 행동의 결과보다 상황과 의도를 고려

※ 타율적 도덕성 단계에서 자율적 도덕성 단계로 발달하기 위해서는 인지적 성숙(자기중심성의 감소와 역할수용능력) 과 사회적 경험(또래와의 대등한 관계에서의 상호작용)이 중요한 역할을 함

20. 콜버그(Kohlberg)의 도덕성 발달 이론에서 후인습적 수준에 대한 설명으로 옳은 것은?　　[23 정보직]

① 판단의 기준이 인간관계의 유지나 인정에 있다.

② 판단의 기준이 사회질서와 법에 있다.

③ 판단의 기준이 인간의 생명과 평등, 정의 등이 반영된 보편적 윤리원칙에 있다.

④ 판단의 기준이 처벌과 복종에 있다.

| 정답 | ③
| 해설 |

③ 판단의 기준이 인간의 생명과 평등, 정의 등이 반영된 보편적 윤리원칙에 있는 단계는 후인습적 수준의 6단계인 보편적 도덕원리 지향에 해당된다.

① 판단의 기준이 인간관계의 유지나 인정에 있는 단계는 인습적 수준의 3단계인 착한아이 지향에 해당된다.

② 판단의 기준이 사회질서와 법에 있는 단계는 인습적 수준의 4단계인 법과 질서 지향에 해당된다.

④ 판단의 기준이 처벌과 복종에 있는 단계는 전인습적 수준의 1단계인 처벌과 복종 지향에 해당된다.

21. 콜버그의 도덕발달이론에 대한 설명으로 잘못된 것은? [20 정보직]

① 세 가지 수준으로 나누어진다.

② 인습적(conventional) 수준은 처벌을 피하고 행복을 추구하는 경향을 보여준다.

③ 후인습적(post-conventional) 수준은 보편적 윤리원리를 추구하고 여기에서 벗어났을 때 일어나는 양심의 가책을 강조한다.

④ 극소수의 사람만이 6단계 특징을 보인다.

22. '사랑하는 사람을 구하기 위해서는 약이 필요하다. 약을 훔쳐도 괜찮은가?'와 같은 도덕적인 딜레마 상황을 제시하고 그 행위가 옳은지 아니면 잘못된 것인지에 대해 질문하였다. 이에 영수는 '약을 훔치다 잡히면 감옥에 가야하므로 훔치지 말아야 한다.'라고 답했다. 영수는 콜버그(Kohlberg)의 도덕발달 단계 수준 중 어느 단계에 있는 것인가? [24 정보직]

① 전인습적 단계

② 인습적 단계

③ 후인습적 단계

④ 자기중심적 단계

|정답| ①

|해설|

콜버그 발달단계의 예

수준	단계	반응	예
수준1 전인습 수준	1단계 처벌과 복종	된다	아내를 살리지 않아 죽게 되면 그 죽음에 대해 경찰조사를 받을 수 있다.
		안된다	약을 훔친 것 때문에 감옥에 갈 것이다.
	2단계 도구적 상대주의 (목적과 상호교환)	된다	훔치다 잡히면 다시 돌려주면 되고, 벌도 크게 받지는 않을 것이다. 아내가 살아있다면 감옥에 잠깐 갔다 오는 것도 괜찮다.
		안된다	어차피 죽을 것인데 약을 훔치는 것이 가치있는 일이라고 보지는 않는다.
수준2 인습 수준	3단계 착한 아이 (대인관계 조화)	된다	약을 구하지 않으면 가족들은 그를 비인간적인 사람이라고 볼 것이다.
		안된다	범죄자가 되어 집안의 명예가 손상되어 다른 사람 볼 낯이 없어진다.
	4단계 법과 질서	된다	아내의 생명보호는 남편의 의무이다. 법을 어긴 것에 대해서는 처벌을 받으면 된다.
		안된다	아무리 아내가 죽어간다 해도 법을 지키는 것이 시민의 의무이다. 이런 식으로 법을 어긴다면 문명사회는 엉망이 되고 범죄가 난무하게 될 것이다.
수준3 후인습 수준	5단계 사회적 계약	된다	생명에 대한 권리는 소유권보다 우선하므로 훔쳐도 된다.
		안된다	아내를 살릴 수 있지만, 목적이 수단을 타당화하는 것은 바람직하지 않다.
	6단계 보편적 도덕원리	된다	생명 존중이 물질보다 우선한다. 인간의 생명과 인격에 대한 존중은 절대적인 것이다.
		안된다	그 약이 필요한 다른 환자의 생명도 절대적으로 중요하기 때문에 그 점도 고려해야 한다.

23. 다음 〈보기〉 내용과 관련된 사람은 누구인가?

보기

남성과 여성은 도덕적 문제에 대해 서로 다른 입장을 취한다. 남성이 '정의'와 개인의 '권리'라는 관점에서 도덕적 판단을 내리려 한다면 여성은 공동체적 '관계'와 타인에 대한 '배려'와 '책임'이라는 관점에서 판단하려 한다는 것이다.

① 콜버그(Kohlberg)
② 길리건(Gilligan)
③ 피아제(Piaget)
④ 브론펜브레너(Bronfenbrenner)

24. 브론펜브레너(U. Bronfenbrenner)의 생태학적 이론에 관한 설명으로 옳지 않은 것은?

① 거시체계는 개인이 현재 살고 있는 문화적 환경을 의미한다.
② 외체계는 이웃, 학교, 교사와 같이 청소년을 둘러싸고 있는 경험적 환경이다.
③ 중간체계는 미시체계들 간의 관계성 또는 맥락 간의 연결을 말한다.
④ 시간체계에 따르면 어떤 사건의 효과는 시간적 경과에 따라 변화될 수 있다.

25. 다음 〈보기〉의 설명은 마샤(Marcia)의 정체성 지위 이론에서 어떤 유형에 해당되는가?

[23 정보직]

> **보기**
>
> 충분히 정체감을 탐색하는 과정 없이 위기를 경험하지 않고 삶의 목표를 확립하여 이에 몰두하는 상태로, 자신의 가치나 신념 등의 중요한 의사결정에 있어 여러 대안을 생각해보지 않고 타인의 가치 등을 따라 비슷한 선택을 한다.

① 정체감 혼미　　　　　② 정체감 유실

③ 정체감 유예　　　　　④ 정체감 성취

| 정답 | ②
| 해설 |
② 정체감 유실(상실)에 해당된다.
① 정체감 혼미는 자신이 누구인지에 대해 의문을 갖지 않으며 자신의 삶에 대한 욕구나 관심도 낮은 상태이다.
③ 정체감 유예는 삶의 목표와 가치에 대해 생각하고 여러 가지 대안들을 탐색하지만 여전히 정체감을 확립하지 못하고 구체적인 과업에 몰입하지 못하는 상태이다.
④ 정체감 성취는 삶의 목표, 가치, 직업, 인간관계 등에서 위기를 경험하고 대안을 탐색하여 자신이 누구이며 자신의 인생이 어디로 가고 있는지 등을 인식하는 상태이다.

26. Levison의 인생 구조 이론에 대한 설명으로 옳지 않은 것은?

① Levison의 전 생애발달은 1년 사계절이 변하는 것처럼 아동청소년기, 성인기, 중년기, 노년기로 구분되며 각 시기 간에는 5년의 시기 전환기가 있다

② 각 시기에는 삶의 양식인 인생구조는 진입기, 전환기, 절정기로 구분된다.

③ Levison은 특정시기에 개인의 인생에 있어 강조되는 유형이나 설계를 인생주기라 하였다

④ Levison은 인생구조는 전 생애에 걸쳐 안정적인 것이 아니라, 생활구조에 따라 몇 번의 전환기를 경험하게 된다고 하였다.

| 정답 | ③
| 해설 |
생애구조(인생구조, Life Structure)에 관한 설명이다. 인생의 주요 구성요소는 배우자, 자녀, 직장상사와 동료, 교회나 클럽에서의 사회적 집단을 포함한다. 인생주기(Life Cycle)는 출발점부터 종점까지의 과정 또는 여행이라는 의미이다.

27. 에릭슨의 심리사회적 발달단계 중 성인 중기의 자아 위기에 해당하는 것은? [22 정보직]

① 근면성 대 열등감
② 신뢰감 대 불신감
③ 친밀감 대 고립감
④ 생산성 대 침체감

|정답| ④

|해설|

단계	심리사회적 과업과 위기	특징
영아기	신뢰 대 불신	• 환경과 다가올 사건들을 믿음 • 다가올 사건에 대한 의혹과 두려움
유아초기	자율 대 수치	• 자기통제감과 자기효능감 • 수치심과 자기의혹
유아후기	솔선 대 죄책	• 자신의 활동에서의 자율감 • 죄책감과 부족감
아동기	근면 대 열등	• 사물을 이해 조직하는 능력 • 이해, 조직하는 데 열등감
청소년기	정체감 확립 대 역할 혼미	• 자아정체성의 확립 • 자신이 누구이며 무엇인지 혼미
성인기	친밀감 대 고립	• 타인을 위해 봉사, 사랑하는 능력 • 애정관계를 맺지 못함
중년기	생산성 대 침체(자기몰입)	• 가정과 사회에 대한 기여와 책임감 • 자신의 복지와 번영에 관심
노년기	통합 대 절망	• 통합과 성취감 속에서 기꺼이 죽음에 직면 • 생에 대한 불만과 죽음에 대한 두려움

성격심리

01. 성격의 정의에 대한 설명으로 틀린 것은?

① 성격에는 개인이 가지고 있는 고유하고 독특한 성질이 포함된다.

② 개인의 독특성은 시간이 지나도 비교적 안정적으로 변함없이 일관성을 지닌다.

③ 성격은 다른 사람이나 환경과 상호 작용하는 관계에서 행동양식을 통해 드러난다.

④ 성격은 타고난 것으로 개인이 속한 가정과 사회적 환경에 영향을 받지 않는다.

| 정답 | ④
| 해설 |
성격은 다른 사람이나 환경과 상호작용 하는 관계에서 행동양식을 통해 드러나는 것으로, 가정이나 사회적 환경의 영향을 받는다.

02. 성격의 일반적인 특성과 가장 거리가 먼 것은?

① 독특성(uniqueness) ② 일관성(consistency)

③ 안정성(stability) ④ 효율성(effectiveness)

| 정답 | ④
| 해설 |
① 독특성(uniqueness)은 다른 사람과 구별되는 그 사람만의 고유성, 독특성, 특이성을 의미한다.
② 일관성(consistency)은 여러 상황에서 나타내는 다양한 행동들의 공통성을 뜻한다.
③ 안정성(stability)은 시간의 변화에도 불구하고 일관성 있게 지속적으로 나타나는 개인행동패턴을 설명한다.
또한 성격은 구조를 지니고 역동적으로 기능하는 체계로 내면적 조직체(organization)이다. 인간의 다양한 행동은 외부자극에 대한 반사적 반응이 아니라 내면적 조직체의 심리적 과정을 통해 표출된다.

03. 성격 이론에 대한 설명으로 연결이 바르지 않은 것은? [20 보호직]

① 정신역동적 이론 – 프로이드는 생애 초기 경험의 중요성을 강조하고, 무의식적 마음의 존재, 자기 보호적인 방어기제에 초점을 맞추었다.

② 인본주의 이론 – 심리학의 관심을 무의식적 욕구와 갈등에서 벗어나 성장잠재력을 향하도록 시도하면서 자기 결정과 자기실현을 추구하는 방식에 초점을 맞추었다.

③ 행동주의 이론 – 성격에서 개인차보다는 강화물에 반응하는 인간의 보편적 원리를 찾는 데 관심을 가졌다.

④ 특질 이론 – 요인분석 방법을 적용하여 성격의 기본 특질들을 설정했지만, 특질의 생물학적 관련성을 배제하였다.

| 정답 | ④
| 해설 |
아이젠크는 기존의 단순 기술식의 성격연구를 보완하여 검증 가능한 성격 이론을 제시하고자 하였으며, 유전적으로 결정된 인간의 생리적 특성을 근거로 하고 있다. 따라서 특질의 생물학적 관련성을 배제하였다는 표현은 옳지 않다.

04. 성격의 구조에 대한 설명으로 옳은 것은? [14 보호직]

① 프로이트(Freud)에 의하면 성격의 구조는 리비도, 자아, 초자아로 이루어져 있다.

② 셸던(Sheldon)은 개인의 신체적 특성에 따라 내배엽형, 중배엽형, 외배엽형으로 구분하였다.

③ 성격의 5요인 모형에 따르면 성격은 외향성(Extraversion), 내향성(Introversion), 수용성(Agreeableness), 성실성(Conscientiousness), 경험에 대한 개방성(Openness to Experience)으로 이루어진다.

④ 히포크라테스(Hippocrates)는 체형에 따라 쇠약형, 비만형, 근육형, 이상신체형으로 나누었다.

| 정답 | ②
| 해설 |
① 프로이트(Freud)에 의하면 성격의 구조는 원초아, 자아, 초자아로 이루어져 있다.
③ 성격의 5요인 모형에 따르면 성격은 신경과민성(Neuroticism), 외향성(Extraversion), 우호성(Agreeableness), 성실성(Conscientiousness), 경험에 대한 개방성(Openness to Experience)으로 이루어진다.
④ 히포크라테스(Hippocrates)는 인간의 신체는 네 종류의 체액인 혈액, 흑담즙, 황담즙, 점액을 갖고 있는데, 이 체액들의 균형적 배합이 신체와 정신의 조화로운 상태를 만든다고 보았다. ④의 내용은 크레치머(Kretschemer)의 체격론에 해당된다.

05. 성격특질론에 대한 설명으로 옳은 것은?

    ① 성격의 개인차를 질적인 것으로 이해한다.

    ② 성격의 개인차를 양적인 것으로 이해한다.

    ③ 성격을 범주적으로 분류한다.

    ④ 셸던의 체형론, 이제마 사상체질론 등이 성격유형론에 속한다.

| 정답 | ②

| 해설 |

② 성격특질론은 개인의 성격을 특정한 성격유형으로 분류하기보다는 몇 가지 성격차원의 특정한 지점에 위치하는 것으로 평가한다. 이러한 관점으로 성격의 개인차를 양적인 것으로 보고, 차원적으로 분류(dimensional classification)한다.

①, ③, ④는 성격유형론에 해당된다.

06. 인간의 성격은 크게 5가지로 구분될 수 있다는 성격 5요인은 성격이론 중 어떠한 이론을 반영한 것인가?　　　　　　　[24 정보직]

    ① 사회학습　　　　　　② 인본주의

    ③ 특질이론　　　　　　④ 정신분석

| 정답 | ③

| 해설 |

특질이란 개인을 다른 사람들과 구별해 주는 일관적인 심리적 경향성을 일컫는다. 유형이론은 사람들의 성격을 구분하는 범주로 불연속적인 유형(type)을 사용하는데 반해, 특질이론에서는 사람들은 다른 사람과 구별되는 특질을 지니고 있으며, 상황이나 시간에 따라 변하지 않는 안정된 개인차를 지니게 된다고 보고 있다. 특질이론에는 올포트(Allport)와 카텔(Cattell)의 특질이론, 아이젱크(Eysenck)의 생물학적 유형론, 골드버그(Goldberg)의 빅파이브(Big Five)이론, 코스타와 맥크레이(Costa & McCrae)의 성격의 5요인 모델(five-factor model)이 포함된다.

07. 특질이론에 관한 설명으로 옳은 것만을 모두 고르면? [23 보호직]

> ㄱ. 올포트(Allport)는 성격의 공통특질(common traits)은 실재하는 것으로서 주특질(cardinal traits), 중심특질(central traits), 이차적 특질(secondary traits)로 구분된다고 주장하였다.
>
> ㄴ. 카텔(Cattell)은 요인분석을 통해 16개의 근원특질(source traits)을 추출했고, 이를 측정할 수 있는 검사인 16PF(16 Personality Factor)를 개발하였다.
>
> ㄷ. 아이젱크(Eysenck)는 요인분석을 바탕으로 외·내향성(extraversion-introversion), 신경증성향(neuroticism), 정신병성향(psychoticism)의 세 가지 초요인(superfactors)을 확인하였다.
>
> ㄹ. 매크리와 코스타(McCrae & Costa)는 외향성(extraversion), 성실성(conscientiousness), 개방성(openness), 호의성(agreeableness)의 네 요인을 측정하기 위해 NEO-PI-R(NEO Personality Inventory-Revised)를 개발하였다.

① ㄱ, ㄴ

② ㄴ, ㄷ

③ ㄴ, ㄹ

④ ㄷ, ㄹ

| 정답 | ②
| 해설 |

ㄱ. 올포트(Allport)는 성격의 공통특질(common traits)은 한 문화권의 사람들을 합리적으로 상호 비교해 줄 수 있는 소질이라 제시하였으며, 개인 간에 비교될 수 없는 특정 개인만이 가지고 있는 독특한 특징으로 개인마다 초점이 다르게 조직화될 수 있는 부분을 개별특질(individual trait)이라 하였다. 이 개별특질은 주특질, 중심특질, 이차적 특질로 구분된다.

ㄹ. 매크리와 코스타(McCrae & Costa)는 신경과민성, 외향성, 경험개방성 세 요인을 발견하고 첫 글자를 따서 NEO-I라고 명명한 후, 성실성과 우호성을 추가하여 NEO-PI라고 개칭하였다.

08. (가)에서 (라)까지의 성격 5요인에 대한 설명을 A에서 E까지의 개념과 바르게 연결한 것은? [21 보호직]

> (가) 새로운 경험에 대한 호기심이 많고, 다양한 경험과 지식, 교양을 추구하며 창의적이고 상상력이 풍부하다.
>
> (나) 다른 사람과 원만하고 조화로운 관계를 유지하는 정도와 관련된다. 타인을 배려하고 관대하고 양보하며 인내심이 크다.
>
> (다) 걱정이 많고 불안하며 까다롭고 화를 잘 내는 것과 관련된다. 감정 기복이 크게 드러날 수 있고, 일상에서 사소한 일에도 쉽게 자극되며 불안이나 우울함에 휩싸이는 경향이 있다.
>
> (라) 사회적 규칙과 규범을 준수하고, 목표를 완수하기 위해 책임감 있고 성실한 태도로 임하는 성향과 관련된다. 일을 추진하기 위해 계획적이고 체계적으로 행동하며 꾸준하고 믿을 수 있다.

> A. 경험에 대한 개방성(openness to experience)
> B. 성실성(conscientiousness)
> C. 신경증적 경향(neuroticism)
> D. 우호성(agreeableness)
> E. 외향성(extraversion)

	(가)	(나)	(다)	(라)
①	A	D	C	B
②	A	D	E	B
③	A	E	C	B
④	D	E	A	C

|정답| ①
|해설|

A. **경험에 대한 개방성**: 상상력, 심미안, 다양한 행위, 감정자각, 지적 호기심, 가치개방성

D. **우호성**: 신뢰성, 솔직성, 이타성, 순응성, 겸손함, 온유함

C. **신경증적 성향**: 불안, 적대감, 우울, 자의식 충동성, 스트레스 취약성

B. **성실성**: 유능성, 질서정연, 책임의식, 성취추구, 자기절제, 신중성

09. 어떤 사람이 성격적으로 평안하고 신뢰할 만한 성격을 갖고 있으며, 다른 사람을 대할 때 편견을 보이지 않고, 결혼생활이나 직장생활에서 안정적으로 행동한다면 다음의 어떤 특성이라고 할 수 있는가? [21 정보직]

① 우호성   ② 외향성

③ 성실성   ④ 신경과민성

|정답| ①

|해설|

요인	하위요인
신경성	불안, 적대감, 우울, 자의식, 충동성, 스트레스 취약성
외향성	따뜻함, 활동성, 사교성, 긍정정서, 자극추구, 주장성
개방성	상상력, 심미안, 다양한 행위, 감정자각, 지적 호기심, 가치개방성
성실성	유능성, 질서정연, 책임의식, 성취추구, 자기절제, 신중성
우호성	신뢰성, 솔직성, 이타성, 순응성, 겸손함, 온유함

10. 클로닝거(C. Cloninger)가 개발한 기질 및 성격검사(TCI)의 성격 척도를 모두 포함한 것은?

① 자극추구, 인내력, 자율성

② 자율성, 연대감, 자기초월

③ 위험회피, 자율성, 자기초월

④ 사회적 민감성, 연대감, 인내력

|정답| ②

|해설|

기질 및 성격검사(TCI, Temperament and Character Inventory)에서 기질 척도는 자극추구(Novelty Seeking), 위험회피(Harm Avoidance), 사회적 민감성(Reward Dependence), 인내력(Persistence)에 해당되며, 성격척도는 자율성(Self-Directedness), 연대감(Cooperativeness), 자기초월(Self-Transcendence)로 구성되어 있다.

11. 자아방어기제(ego defense mechanism)에 관한 설명으로 옳지 않은 것은? [24 보호직]

① 부인(denial)은 수용하기 힘든 원초적 욕구나 불쾌한 경험을 무의식에 눌러두는 것이다.

② 합리화(rationalization)는 용납하기 어려운 감정, 사고, 행동 등에 대해 그럴듯한 이유로 정당화하는 것이다.

③ 반동형성(reaction formation)은 받아들이기 어려운 심리상태와 반대되는 행동을 하는 것이다.

④ 전위(displacement)는 자신의 감정이나 욕구를 위험한 대상에게 표출하지 않고 안전한 대상에게 돌리는 것이다.

| 정답 | ①
| 해설 |
부인(denial)은 자신의 용납할 수 없는 생각이나 행동을 마치 그러한 것이 없었던 것처럼 무시하거나 부정하는 것이다. 무의식에 눌러두는 것은 억압(repression)이다.

12. 자신을 위협하는 감정이나 동기 또는 분노, 충동에 대해서는 숨기면서 그 원인을 다른 사람이나 다른 집단에게 전가한다. 이와 관련된 방어기제(defense mechanism)는 무엇인가? [23 정보직]

① 투사(projection)
② 승화(sublimation)
③ 합리화(rationalization)
④ 대치(substitution)

| 정답 | ①
| 해설 |
직장상사에게 화가 난 부하직원이 자신의 분노를 상사에게 투사하여 상사가 자신에게 화가 나있다고 생각하는 것을 투사(projection)의 예로 들을 수 있다.

13. 정신분석이론에서 사용하는 방어기제 중 다음의 예가 해당하는 것은? [21 정보직]

> 사회적으로 용납할 수 없는 충동이나 욕구를 사회적으로 용인되고 가치있는 것으로 인정되는 활동으로 해소하는 것

① 승화(sublimation)

② 전치(displacement)

③ 반동형성(reaction formation)

④ 합리화(rationalization)

| 정답 | ①
| 해설 |
① 예를 들어, 분노나 슬픔 등의 부정적 감정을 스포츠나 예술로 승화하는 것을 들 수 있다.
② 전치는 용납될 수 없는 욕망이나 충동을 중립적이거나 자신에게 덜 위협적인 대상으로 바꾸어 충족하는 것으로, '종로에서 뺨 맞고 한강에 가서 눈 흘긴다'는 속담을 예로 들 수 있다.
③ 반동형성은 자신을 위협하는 내적 욕구나 환상을 무의식적으로 정반대의 과장된 형태의 반응으로 바꾸는 것으로, '미운 놈 떡 하나 더 준다'는 속담을 예로 들 수 있다.
④ 합리화는 자신의 납득하기 힘든 감정이나 행동에 대해 합당해 보이는 설명을 붙이는 것으로, '여우와 신포도' 이솝우화를 예로 들 수 있다.

14. A는 부정적인 방식으로 시험을 보았다. 그 일로 계속 죄책감에 시달리던 그는 다른 사람들도 부정시험을 본다고 생각하고 난 뒤 마음이 편안해졌다. 이러한 정당화를 무엇이라고 하는가? [20 정보직]

① 반동형성(reaction formation)

② 해리(dissociation)

③ 합리화(rationalization)

④ 투사(projection)

| 정답 | ③
| 해설 |
① 반동형성은 자신을 위협하는 자신의 내적 욕구나 환상을 무의식적으로 정반대의 과장된 형태의 반응으로 대치하는 것이다.
② 해리는 자기 마음에 들지 않는 자신의 성격의 일부가 본인의 지배를 벗어나 하나의 독립된 성격인 것처럼 행동하는 방어기제이다.
③ 합리화는 자신의 심리 저변에 있는 동기나 감정을 숨기기 위해 자신의 행동에 대해 그럴듯한 이유를 갖다 붙이는 것이다.
④ 투사는 자신을 위협하는 자신의 감정이나 충동을 다른 사람에게 그 원인을 돌리는 것이다.

15. 프로이트(Freud)의 발달단계에서 욕구가 좌절 또는 고착 시, 질서 정연하고 인색하고 고집스러워지거나 반대로 지저분하고 무질서한 성격이 형성될 수 있는 시기로 가장 적절한 것은? [23 정보직]

① 구강기　　　　　　　② 항문기
③ 남근기　　　　　　　④ 잠재기

| 정답 | ②
| 해설 |
프로이트의 심리성적 발달단계에서 2단계에 해당되는 항문기(약 18개월 ~3세)는 항문, 대소변의 보유와 방출, 그리고 배변훈련과 관련된 즐거움과 욕구불만이 주류를 이룬다. 이 시기 욕구가 지나치게 좌절되면 완벽주의적이고 청결과 질서에 집착하며 인색한 고집스러운 성향 보인다. 반면, 좌절 경험 없이 과도하게 충족되면 감정적이고 분노를 잘 느끼며 무질서한 경향(낭비, 방탕, 불결)이 나타날 수 있다.

16. 에릭슨(E. Erikson)의 심리사회발달 단계에 관한 설명으로 옳은 것은? [24 보호직]

① 생후 만 1세에서 3세 무렵에는 양육자와의 관계에서 기본적 욕구가 충족되는 경험을 함으로써 자신, 타인, 세상에 대한 기본적 신뢰감(basic trust)을 성취해야 한다.

② 생후 만 3세에서 6세 사이에는 자신을 스스로 움직이고 통제할 수 있다는 자율성(autonomy)을 발달시켜야 한다.

③ 청소년기에는 미래의 목표를 설정하고, 계획하며, 능동적으로 실행하는 주도성(initiative)을 배워야 한다.

④ 초기 성인기에는 자아정체성을 유지하며 타인과 깊이 있고 성숙한 인간관계를 형성하는 친밀감(intimacy)을 습득해야 한다.

| 정답 | ④
| 해설 |
① 1단계 영아기에 해당되며, 1~3세는 2단계 유아초기로 자율성을 발달시켜야 한다.
② 2단계 유아초기에 해당되며, 3~6세는 3단계 유아후기로 주도성(솔선)을 발달시켜야 한다.
③ 3단계 유아후기에 해당되며, 청소년기에는 자아정체감을 확립시켜야한다.

17. 에릭슨(E. Erikson)의 심리사회발달 단계와 그에 관한 내용이 옳지 않은 것은?

[20 보호직]

① 신뢰 대 불신 – 양육자에 대한 믿음을 형성하는 것

② 근면성 대 열등감 – 신체적, 사회적, 학업적 기술을 발달시키는 것

③ 자율성 대 수치심과 의심 – 가족, 직업, 사회와 관련된 인생의 목표를 수행하는 것

④ 통합 대 절망 – 자신의 인생을 되돌아보며 수용감과 만족감을 느끼는 것

| 정답 | ③

| 해설 |

자율성 대 수치심과 의심(autonomy vs shame & doubt)은 에릭슨의 심리사회발달단계 중 2단계인 유아초기 단계이다. 이 시기 유아는 환경에 대해 자유롭게 탐색하고 충분히 경험하여 성취감을 느끼면 자율성이 생기지만, 부모가 지나치게 통제하고 혼내거나 겁주면 수치심과 의심을 갖는다. ③의 내용은 생산성 대 자기침체(productivity vs stagnation) 단계에 해당된다.

[에릭슨의 전생애 8단계 발달 단계]

단계	심리사회적 과업과 위기	특징	덕목 vs 병리
1. 영아기(0~1세)	신뢰 대 불신	• 환경과 다가올 사건들을 믿음 • 다가올 사건에 대한 의혹과 두려움 • 프로이트 구강기	희망 / 위축
2. 유아초기(1~3세)	자율 대 수치	• 자기통제감과 자기효능감 • 수치심과 자기의혹 • 프로이트 항문기	의지 / 강박
3. 유아후기(3~6세)	주도성(솔선) 대 죄책	• 자신의 활동에서의 자율감 • 죄책감과 부족감 • 프로이트 남근기	목적 / 억제
4. 아동기(6~12세)	근면 대 열등	• 사물을 이해 조직하는 능력 • 이해, 조직하는 데 열등감 • 프로이트 잠재기	능력 / 무력
5. 청소년기	정체감 확립 대 역할 혼미	• 자아정체성의 확립 • 자신이 누구이며 무엇인지 혼미 • 프로이트 성기기	충성심 / 부인
6. 성인기	친밀감 대 고립	• 타인을 위해 봉사, 사랑하는 능력 • 애정관계를 맺지 못함	사랑 / 배척
7. 중년기	생산성 대 침체(자기몰입)	• 가정과 사회에 대한 기여와 책임감 • 자신의 복지와 번영에 관심	배려 / 거절
8. 노년기	통합 대 절망	• 통합과 성취감 속에서 기꺼이 죽음에 직면 • 생에 대한 불만과 죽음에 대한 두려움	지혜 / 경멸

18. 에릭슨(E. Erikson)의 이론에 관한 설명으로 옳지 않은 것은?

① 사회적 관심, 창조적 자아, 가족형상 등을 강조한다.

② 청소년기의 자아정체감 발달을 강조한다.

③ 성격 발달에 있어서 환경과의 상호작용이 중요하다고 본다.

④ 발달은 점성의 원리에 기초한다.

| 정답 | ①

| 해설 |

사회적 관심, 창조적 자아, 가족형상 등을 강조한 것은 아들러 이론이다

19. 아들러(Adler)의 개인심리학의 내용으로 옳지 않은 것은?

[23 보호직]

① 정신 건강의 주요한 지표 중 하나는 사회적 관심이다.

② 개인은 자신에게 의미를 주는 삶의 목표를 추구하기 위해 각기 독특한 생활양식을 발달시킨다.

③ 개인의 과거 경험으로부터 비롯된 내용의 개인무의식은 사회적 성격 형성의 원천이 된다.

④ 개인의 자기 완성 및 성장을 위해 필요한 것은 열등감의 극복이다.

20. 아들러의 이론과 관계없는 내용은?

[17 정보직]

① 열등감의 보상　　　② 우월성 추구

③ 창조적 자기　　　　④ 미해결과제

21. 융(C. Jung)의 이론에 관한 설명으로 옳은 것은?

① 남성의 여성적인 면은 아니무스(animus), 여성의 남성적인 면은 아니마(anima)이다.

② 원초아(id), 자아(ego), 초자아(super-ego)의 중요성을 강조한다.

③ 집단무의식(collective unconscious)은 다양한 콤플렉스에 기초한다.

④ 페르소나(persona)는 개인이 외부 세계에 보여주는 이미지이며, 사회적 요구에 대한 반응이다.

22. 다음 〈보기〉는 호나이(K. Horney)의 주요 개념 중 무엇에 관한 설명인가?

> **보기**
>
> • 개인이 사용하는 어떤 자아보호기제가 지속적인 성격의 부분이 된 것이다.
> • 문제해결에 비합리적으로 작용한다.
> • 개인의 행동을 결정하는 추동 혹은 욕구의 특성을 갖는다.

① 기본적 불안(basic anxiety)
② 신경증 욕구(neurotic needs)
③ 자아보호기제(self-protective mechanisms)
④ 도피기제(Escape Mechanism)

| 정답 | ②
| 해설 |
① 기본적 불안은 타인과의 관계의 불안전감에서 비롯되며 신경증의 토대가 된다.
③ 자아보호기제는 아동이 기본적 불안에 대해 자신을 보호하기 위한 시도이며, 그 종류로는 애정과 사랑 확보, 복종, 힘 획득, 철회가 있다.
④ 도피기제는 받아들일 수 없는 현실, 고통, 위협 등을 거부하고 피하기 위해서 사용하는 방어기제의 일종으로 정신분석학자인 에리히 프롬(Erich Fromm)이 언급한 개념이다.

23. 도피기제(Escape Mechanism)에 해당하지 않는 것은?

[19 정보직]

① 백일몽
② 부인
③ 퇴행
④ 보상

| 정답 | ④
| 해설 |
④ 보상(compensation)은 자신의 부족한 면을 보완하기 위해 다른 어떤 것을 과도하게 발전시키는 것으로 프로이트의 방어기제에 해당된다.
① 백일몽(daydream)은 현실에서 이루어지기 어려운 소망이나 현실의 어려움과 반대되는 상황을 꿈꾸는 것을 말한다.
② 부인(denial)은 현실에 대해서 인정하지 않고 거부하는 것을 의미한다.
③ 퇴행(regression)은 해당 발달 단계에 맞는 행동이 아닌 유아기나 이전 단계로 회귀하려는 것을 뜻한다.

24. 실존주의의 궁극적 관심사에 해당하지 않는 것은?

① 자유와 책임　　　　　② 죽음과 비존재

③ 삶의 의미성　　　　　④ 유기체적 가치화 과정

| 정답 | ④
| 해설 |
• 유기체적 가치화 과정(organismic valuing precess)은 로저스의 인간중심 접근의 주요개념 중 하나로 어떤 경험이 유기체로서의 자신을 유지시키거나 고양시키는 것으로 지각되면 그 경험을 긍정적으로 평가하여 더욱 추구하고, 반대로 해가 되는 것으로 지각되면 그 경험을 부정적으로 평가하여 피하는 것을 의미한다.
• 실존주의자들은 대부분의 사람들이 실존적 불안이나 갈등을 야기하는 궁극적 관심사로서 자유와 책임, 죽음과 비존재, 삶의 의미성, 진실성을 제안하였다. 또한, 얄롬(Yalom)은 궁극적 관심사로는 죽음, 자유, 고립, 무의미성을 제시하였다.

25. 미술가가 되고 싶었던 A씨는 부모의 뜻대로 법조인이 되어 살아가면서 삶이 힘들고 재미가 없다. 이렇게 존재적 삶을 살지 못하고 내적 경험의 불일치를 겪는 것을 설명하는 이론은? [20 정보직]

① 기능주의 접근　　　　② 정신분석 접근

③ 인본주의 접근　　　　④ 실존주의 접근

| 정답 | ③
| 해설 |
③ 인본주의 접근에서는 현재의 경험적 자기(미술가)와 되어야만 하는 당위적이고 이상적인 자기(법조인) 간의 불일치 간극이 클수록 병리를 겪게 된다고 본다.
① 기능주의 접근에서는 마음의 기본요소를 분석하려는 구조주의 접근과는 달리 마음(의식, 정신)의 흐름이 유동적이고 지속적이라고 보고, 정신과정이 어떤 기능을 하는가에 초점을 두었다.
② 정신분석 접근에서는 원초아(id), 자아(ego), 초자아(super-ego)라는 세 가지 정신구조의 균형이 깨졌을 때 불안이 일어난다고 본다.
④ 실존주의 접근에서는 존재의 어두운 측면을 직면해서 실존의 고통을 수용하고 감내하여 살아가는 의미는 찾아내는 것이 중요하다고 본다.

26. 인본주의적 관점에서 볼 때 성격에 대한 설명으로 옳은 것은?

[13 보호직]

① 객관적인 물리적 환경보다 경험의 주관적인 해석이 성격을 좌우한다.
② 인간의 사고, 감정 및 성격의 결정적 구조를 확인하여 행동을 예언하려 한다.
③ 성격은 유전적 요인에 의해서 결정되는 것이다.
④ 성격이란 개인 간의 차이가 아니라 행동을 하게끔 하는 환경의 구조를 드러낼 뿐이다.

| 정답 | ①
| 해설 |
로저스(Rogers)는 개인이 세상을 어떻게 지각하고 이해하는지에 관심을 갖고, 개인의 주관적 경험을 강조했다. 그는 유기체로서 개인이 경험한 것 전체가 현상적 장(phenomenal field)을 구성하며, 이러한 현상적 장은 그것을 경험한 개인이 행동하는 데 있어 중요한 참조 틀로 작용하고, 결과적으로 행동에 결정적으로 영향을 미친다고 보았다. 즉, 개인의 경험으로 이루어진 현상적 장의 내부에 자아가 위치하며, 자아는 상황과 경험의 변화 속에서 역동적으로 변화하며 재조직된다. 이러한 변화 속에서도 자아는 통합되고 조직화된 자아개념을 유지한다고 보았다. 따라서 ②, ③, ④의 내용은 옳지 않다.

27. 각 성격이론별로 주요한 내용을 소개한 것으로 옳지 않은 것은?

[09 보호직]

① Freud의 정신분석이론에 의하면, 자아방어기제들은 강한 내부 갈등으로 인해 생긴 불안에 대처할 수 있게 해준다.
② Rogers의 인본주의적 성격이론은 '지금 - 여기'의 주관적 체험 및 의식 현상을 강조한다는 점에서 현상학적이다.
③ Allport의 특성이론에서는 개인행동의 결정요소로서 성격의 구조보다는 상황의 특성을 중요시한다.
④ Cattell의 성격이론에서는 16가지 요인들을 표면행동들의 원천을 제공하는 근원 특성이라고 부른다.

| 정답 | ③
| 해설 |
올포트(Allport)가 정의한 성격은 "한 개인의 독특한 행동과 사고 및 감정의 패턴을 결정하는 개인내부에 존재하는 심리 신체적 체계의 역동적 조직"이다. 그는 성격의 분석단위로서 특질(trait)이라는 개념을 제시하였으며, 특질은 자극에 대해 특정한 방식으로 반응하는 경향성으로서 인간 내면에 실재하는 것이라 설명한다. 따라서 ③의 내용은 옳지 않다.

28. 켈리(Kelly)의 성격이론에 대한 설명으로 옳지 않은 것은?

① 인간은 과학자처럼 자신에 대한 예견체계를 구성하려고 노력한다.

② 인간은 자신의 행동을 생성하는 데 사용하는 개인 구성개념을 가지고 있다.

③ 개인의 과정은 그가 사건을 예견하는 방식에 의해 심리적으로 통로화된다.

④ 인간은 주어진 현실에 수동적으로 적응해 가는 존재이다.

심리검사

01. 심리검사에 관한 설명으로 옳지 않은 것은?

① 개인 간 비교가 가능하다.

② 심리검사는 행동의 한 표본을 측정하고 있다.

③ 개인의 행동을 예측할 수 있다.

④ 많은 유용한 정보 중 가장 우수한 자료이다

|정답| ④
|해설|
심리검사는 심리평가의 근거자료 중 하나이다. 또한, 심리검사는 개별적인 검사를 중심으로 시행될 수 있지만 보편적으로 여러 검사(3개 이상 또는 5개 이상)를 모아 종합적으로 구성하여 실시한다. 이러한 이유는 개개의 검사들은 각각 서로 다른 심리적 수준과 기능을 측정하기에 한 인간을 총체적으로 이해하기 위해서 여러 검사에서 얻어진 결과들을 통합하여 해석할 필요가 대두되었기 때문이다. 여러 심리검사를 사용함으로써 수검자의 복잡하고 다양한 개인의 성격적 특성 및 기능의 자료수집과 이해가 가능해진다.

02. 심리검사의 역사에 관한 설명으로 옳은 것은?

① 성인용 집단지능검사는 제2차 세계대전 중 최초로 개발되었다.

② 현대적인 의미의 최초 지능검사는 스탠포드-비네(Stanford-Binet) 검사이다.

③ 로르샤흐(Rorschach) 검사는 개발 당시 20장의 카드로 구성되었다.

④ 카텔(J. Cattell)은 정신검사(mental test)라는 용어를 처음으로 제안한 사람이다.

|정답| ④
|해설|
① 성인용 집단지능검사는 제1차 세계대전 중 최초로 개발되었다.
② 현대적인 의미의 최초 지능검사는 비네-시몬(Binet-Simon) 검사이다.
③ 로르샤흐(Rorschach) 검사는 개발 당시부터 10장의 카드로 구성되었다.

03. 다음 〈보기〉에 제시된 심리검사의 최초 개발 시기를 순서대로 나열한 것은?

> **보기**
>
> ㄱ. MMPI
> ㄴ. Binet-Simon Intelligence Test
> ㄷ. Wechsler-Bellevue Intelligence Scale
> ㄹ. Army Alpha

① ㄱ → ㄴ → ㄷ → ㄹ
② ㄴ → ㄷ → ㄱ → ㄹ
③ ㄴ → ㄹ → ㄷ → ㄱ
④ ㄹ → ㄴ → ㄱ → ㄷ

|정답| ③
|해설|
ㄴ. Binet-Simon Intelligence Test
　　- 1905
ㄹ. Army Alpha - 1917
ㄷ. Wechsler-Bellevue Intelligence
　　Scale - 1939
ㄱ. MMPI - 1943

---

04. 다음 〈보기〉에 해당하는 학자로 옳은 것은? [22 정보직]

> **보기**
>
> 오늘날 IQ와 같은 형태의 지능검사를 최초로 개발하였으며, 정신연령이라는 개념을 처음으로 도입하여 정신과 의사 시몬과 함께 학습부진아를 진단하기 위한 검사를 제작하였다.

① 고다드
② 터먼
③ 스피어만
④ 비네

|정답| ④
|해설|
비네와 시몬(Binet & Simon)은 정상아와 정신지체아 감별을 목적으로 '비네-시몬 검사'를 개발(1905)하였으며, 최초로 '정신연령(MA, Mental Age)'이라는 용어를 사용하였다. 현대적 의미를 갖는 최초의 지능검사 제작자이다.

---

05. 아동의 지적 발달이 또래 집단에 비해 지체되어 있는지, 혹은 앞서고 있는지를 평가하기 위해 Stern이 사용한 IQ 산출계산방식은?

① 지능지수(IQ) = [정신연령/생활연령] × 100
② 지능지수(IQ) = [정신연령/생활연령] + 100
③ 지능지수(IQ) = [생활연령/정신연령] × 100
④ 지능지수(IQ) = [생활연령/정신연령] ÷ 100

|정답| ①
|해설|
지능검사의 결과는 스턴(Stern)이 제안한 'IQ(Intelligence Quotient)' 개념을 수용하여 점수화하였다.
지능지수(IQ)는 생활연령(CA)에 대한 정신연령(MA)의 비율에 100을 곱한 것이다.
[지능지수(IQ)]

$$= \frac{\text{정신연령(MA)}}{\text{생활연령(CA)}} \times 100$$

• IQ: intelligence quotient
• MA: mental age
• CA: chronological age

06. 다음 중 표준화된 검사가 다른 검사에 비하여 객관적인 해석을 가능하게 해주는 이유로 가장 적합한 것은?

① 타당도가 높기 때문이다.

② 규준이 마련되어 있기 때문이다.

③ 신뢰도가 높기 때문이다.

④ 실시가 용이하기 때문이다.

|정답| ②
|해설|
표준화(standardization)는 검사의 문항, 실시방법, 채점이 정해져 있는 동일한 절차를 거쳐 이루어지며 그 결과를 객관적으로 비교하고 해석할 수 있는 규준을 가지고 있음을 의미한다. 모집단을 대표하는 피험자를 표집하여 동일한 지시와 절차에 따라 검사를 시행한 후 객관적 채점 방법에 따라 규준이 만들어진 검사이다. 즉, 검사의 구성 요소, 실시 과정, 채점 방법, 결과 해석 기법을 구조화하는 과정을 거쳐 제작된 검사이다. 규준(norm)이란 모집단을 대표하는 표본집단(표준화 집단)에 검사를 실시하여 만들어지는 것으로, 특정 개인의 점수를 다른 사람의 검사점수(규준점수)와 비교하여 상대적으로 어느 곳에 위치하고 있는지를 알려준다.

07. 다음 중 정상분포곡선에서 평균치보다 1 표준편차 높은 점수의 백분위는 얼마인가?

[24 정보직]

① 16%　　　　② 84%

③ 68%　　　　④ 34%

|정답| ②
|해설|
정상분포에서는 평균에서 ±1 표준편차 범위 내에 있는 데이터는 약 68% (−1SD:34% + +1SD:34%)를 포함한다. 평균보다 1 표준편차 높은 점수는 아래쪽의 50%(평균까지의 영역)와 34% (1 표준편차 내의 영역)를 합한 값이다. 따라서, 평균보다 1 표준편차 높은 점수의 백분위는 84%이다.

08. 심리검사 개발 시, 검사 결과가 한 달 후에도 동일하게 나오는지 확인하고자 할 때 활용할 수 있는 신뢰도 검사 방법은?

[14 보호직]

① 동형검사 신뢰도
② 반분 신뢰도
③ 문항 내적합치도
④ 검사-재검사 신뢰도

| 정답 | ④
| 해설 |
검사-재검사 신뢰도(test-retest reliability)는 한 검사를 가지고 동일한 대상에게 시간적 간격을 두고 측정하여 얻은 두 점수 간의 상관계수를 산출하여 측정한다. 시간 변화에 따른 검사의 안정성을 살펴볼 수 있는 장점을 가졌으나 우연성 변수의 작용이나 시차 동안의 학습 또는 발달의 성숙, 연습이나 이월 효과 등의 한계점을 지니고 있다.

09. A기업은 유능한 사원들을 채용하기 위해 적성검사를 개발했다. 이 검사가 신뢰로운지를 알아보기 위해 동일한 직원들을 대상으로 개발 시점에 적성검사를 실시하여 점수를 얻고, 6개월 후에 동일한 직원들에게 같은 검사를 실시하였다. 그 결과 상관계수가 0.90으로 나타나 개발된 적성검사의 신뢰도가 우수한 것으로 판단하였다. 다음에 제시된 신뢰도 검증방식 중 A기업의 예를 반영하는 것은?

[24 정보직]

① 내적 일관성 신뢰도
② 반분신뢰도
③ 검사-재검사 신뢰도
④ 동형검사 신뢰도

| 정답 | ③
| 해설 |
③ 검사-재검사 신뢰도는 동일한 검사 도구를 동일한 집단에게 시간차를 두고 두 번 실시하여 얻은 점수 간의 상관관계를 측정하는 방식이다. A기업의 경우, 개발 시점에 검사를 하고, 동일한 직원들에게 6개월 후에 같은 검사를 실시하여 상관계수가 0.90으로 나타났으므로, 이는 검사-재검사 신뢰도를 검증한 것이다.
① 내적 일관성 신뢰도는 한 번의 검사 내에서 여러 항목 간의 일관성을 측정하는 방식이다. 주로 크론바흐 알파 계수를 통해 평가된다. A기업의 경우는 두 번의 검사 점수를 비교하였으므로 해당되지 않는다.
② 반분신뢰도는 검사의 항목들을 두 개의 반으로 나누어 각각의 점수를 비교하여 신뢰도를 평가하는 방법이다.
④ 동형검사 신뢰도는 유사한 형태의 검사를 실시하여 두 점수 간의 상관관계를 측정하는 방법이다. A기업은 동일한 검사를 두 번 실시했으므로 이에 해당되지 않는다.

10. 조종사의 잠재력을 알아보기 위해 적성검사를 개발하여 이를 조종
사 비행훈련행동을 예측할 수 있는 것은? [21 정보직]

① 신뢰도
② 내용타당도
③ 구성타당도
④ 준거관련 타당도

11. 다음 사례에서 설명하는 타당도는? [24 보호직]

> 새로 개발한 지능 검사 도구의 타당도를 평가하기 위해서 이미 타
> 당도가 입증된 유사한 검사결과와의 상관을 확인한다.

① 공인타당도(concurrent validity)
② 구성타당도(construct validity)
③ 내용타당도(content validity)
④ 안면타당도(face validity)

12. 심리검사에 대한 설명으로 옳은 것은? [23 보호직]

① 신뢰도는 검사에서 측정하고자 하는 특성을 얼마나 일관되게
측정하고 있는가를 의미한다.
② 객관적 검사에 비해 투사적 검사의 신뢰도가 더 높다.
③ 검사의 실시와 채점 및 해석이 표준화되어 있는 대표적 검사로
주제통각검사(TAT)가 있다.
④ 준거타당도(criterion validity)에는 예언타당도(predictive validity)
와 구성타당도(construct validity)가 포함된다.

13. 성격검사의 구성타당도(construct validity)를 평가하는 방법으로 적절하지 않은 것은?

① 성격검사의 요인을 분석한다.

② 성격검사의 내용을 전문가들의 판단으로 결정한다.

③ 관련 없는 성격을 측정하는 검사와의 상관을 구한다.

④ 다른 유사한 성격을 측정하는 검사와의 상관을 구한다.

| 정답 | ②

| 해설 |

② 구성타당도에는 요인분석과 다중속성-다중측정법이 포함된다. 전문가의 판단으로 결정하는 방법은 내용타당도 (content validity)로 구성타당도에 포함되지 않는다.

① 요인분석(factor analysis)은 다수의 상호연관된 변수들을 좀 더 적은 수의 요인으로 추출한다.

③ 변별타당도(discriminant validity)는 서로 다른 개념을 측정하는 두 가지 도구를 개발한 뒤 이 두 검사 점수 간의 상관 관계에 따라 타당도를 판별하는 것으로, 상관이 낮을수록 타당도가 높다고 볼 수 있다. 판별타당도라고도 한다.

④ 수렴타당도(convergernt validity)는 동일한 개념을 측정하는 여러 도구를 개발한 뒤 이 도구들로 측정한 점수들 간의 상관관계에 따라 타당도를 알아본다. 상관이 높을수록 타당도가 높다고 볼 수 있다.

14. 심리검사 개발 시 고려할 타당도에 관한 설명으로 옳은 것은?

① 안면타당도(face validity)는 검사의 내용이 측정하려는 속성 과 일치하는지를 논리적으로 분석·검토하여 결정한다.

② 예측타당도(predictive validity)는 검사가 우선 실시되고 준거 는 나중에 측정된다.

③ 내용타당도(content validity)는 요인분석을 통해 검사문항 간 의 관계를 분석한다.

④ 수렴타당도(convergernt validity)는 준거타당도에 포함된다.

| 정답 | ②

| 해설 |

② 예측타당도는 측정 도구의 검사결과가 피검자의 미래행동이나 특성을 얼마만큼 예언하는지의 정도를 검사를 실시한 후 얼마간 기간이 지난 후에 기준변인에 관한 자료를 수집하여 이와의 관계를 알아본다.

① 내용타당도이다. 안면타당도는 한 검사가 무엇을 측정하고 있는 것처럼 보이는지와 관련하여서 일반인의 판단에 근 거한다.

③ 구성타당도 중 요인분석에 해당된다. 내용타당도는 검사가 측정하고자 하는 내용 영역을 정확하게 대표하는지에 대 해서 전문가의 판단으로 결정된다.

④ 수렴타당도는 구성타당도에 포함된다.

15. 다음 중 웩슬러의 지능검사법을 연령별로 연결한 것 중 옳지 않은 것은?

[22 정보직]

① 성인용 – WAIS–Ⅳ   ② 아동용 – WISC–Ⅴ

③ 유아용 – WPPSI–Ⅳ   ④ 아동용 – WAIS

| 정답 | ④
| 해설 |
- 아동용: K–WISC–Ⅴ(Korean Wechsler Intelligence Scale for Children 5판, 6～16세)
- 유아용: K–WPPSI–Ⅳ(Korean Wechsler Preschool and Primary Scale of Intelligence 4판, 2세 6개월～7세 7개월)
- 성인용: K–WAIS–Ⅳ(Korean Wechsler Adult Intelligence Scale 4판, 16～69세)

16. 웩슬러 지능검사에 대한 설명으로 잘못된 것은?

[21 정보직]

① 웩슬러 지능검사는 평균 100, 표준편차 15이다.

② 지능지수가 70 이하는 지적(발달)장애에 해당한다.

③ 전체의 95%는 표준편차 1에 해당한다.

④ 백분위 98%는 그 사람의 점수가 다른 사람들 98%보다 높다는 것을 의미한다.

| 정답 | ③
| 해설 |
±1SD는 68%, ±2SD는 95%, ±3SD는 99%에 해당한다.

17. 카우프만 아동용지능검사(K-ABC)에 관한 설명으로 옳지 않은 것은?

① 성취도를 평가할 수도 있다.

② 정보처리적인 이론적 관점에서 제작되었다.

③ 언어적 기술에 덜 의존하므로 언어능력의 문제가 있는 아동에게 적합하다.

④ 아동용 웩슬러지능검사(K-WISC)와 동일한 연령대의 아동을 대상으로 한다.

| 정답 | ④
| 해설 |
아동용 웩슬러지능검사(K-WISC-Ⅴ)는 6～16세 대상이며, 카우프만 아동용지능검사(K-ABC)의 경우는 3～18세이다.

18. 미네소타 다면적 인성검사(MMPI)에 대한 설명으로 옳지 않은 것은?

[21 보호직]

① 타당성 검증 척도가 포함되어 있어서 수검자의 수검태도와 거짓반응에 관련된 정보를 얻을 수 있다.

② 이론보다는 증거에 기반하여 경험적으로 만들어진 검사이다.

③ 수검자의 임상적 문제에 대한 정보를 알려 준다.

④ 사고, 감정, 행동에 관한 주관적인 정보를 수검자 본인이 직접 제공하기 때문에 각각의 응답에 대해 검사시행자의 별도의 주관적 해석이 필요하다.

| 정답 | ④
| 해설 |
MMPI나 여러 검사들을 종합적으로 평가할 때 임상가는 나름대로의 틀을 가지고 해석을 시도하고 가설을 검증해 나가게 된다. MMPI는 다음의 일반적인 해석 단계를 거친다.

• 1단계: 피검자의 검사태도를 검토한다.
• 2단계: 척도별 점수를 검토한다.
• 3단계: 척도들 간 연관성(혹은 인과성)에 대한 분석을 한다.
• 4단계: 척도들 간의 응집 혹은 분산을 찾아보고 그에 따른 해석적 가설을 세운다.
• 5단계: 낮은 임상 척도에 대해서 검토한다.
• 6단계: 형태적 분석을 한다.
• 7단계: 전체 프로파일 형태에 대한 분석을 한다.

19. MMPI-2의 타당도 척도 중 비전형성을 측정하는 척도에서 증상타당성을 의미하는 것은?

① TRIN
② F
③ F(P)
④ FBS

| 정답 | ④
| 해설 |

범주	척도명	측정내용
성실성	?(무응답)	빠짐없이 문항에 응답했는지, 문항을 잘 읽고 응답했는지에 대한 정보 제공
	VRIN(무선반응 비일관성)	
	TRIN(고정반응 비일관성)	
비전형성	F(비전형)	일반인들이 잘 반응하지 않은 방식으로 응답했는지에 대한 정보 제공
	F(B)(비전형 - 후반부)	
	F(P)(비전형 - 정신병리)	
	FBS(증상타당도)	
방어성	L(부인)	자기 모습을 과도하게 긍정적으로 제시하고자 했는지에 대한 정보 제공
	K(교정)	
	S(과장된 자기제시)	

20. 미네소타 다면적 인성검사(MMPI-2)의 임상 척도와 측정 내용에 관한 설명으로 옳은 것은? [24 보호직]

① 척도 7(강박증, Pt): 강박적 특성, 두려움과 불안, 자신의 능력에 대한 의심, 불행감, 주의집중 문제 등을 평가하는 척도

② 척도 7(편집증, Pt): 대인관계 민감성, 의심, 도덕적 자기정당화, 다른 사람에 대한 불평 등 편집증적 특성을 평가하는 척도

③ 척도 9(우울증, Ma): 비관주의, 절망감, 신체적 불편감, 걱정이나 긴장, 흥미의 상실 등을 평가하는 척도

④ 척도 9(반사회성, Ma): 사회적·도덕적 규범 무시 경향, 가정 문제, 사회적 소외, 삶에 대한 만족감 결여 등을 평가하는 척도

|정답| ①
|해설|
② 대인관계의 예민, 피해의식, 만연한 의심, 경직된 사고, 관계망상 등을 포함하는 편집증의 임상적 특징을 평가하는 척도는 편집증이 맞으나 척도 6(편집증, Pa, Paranoia)이다.

③ 우울한 기분, 자기비하, 흥미상실, 정신운동성 지체, 신체적인 불평과 지나친 걱정을 평가하는 척도는 우울증이 맞으나 척도 2(D, Depression)이다. Ma는 척도 9(경조증, Ma, Hypomania)이며, 정신적 에너지를 측정하며, 높은 점수인 경우, 에너지가 넘치고 열광적, 경쟁적, 주의산만, 과다 활동, 사고 비약, 현실검증이 손상된 과대망상적 측면을 고려하여 해석된다.

④ 공격성의 정도와, 가족 및 권위자에 대한 불만, 일탈행동, 성문제 등을 평가하는 척도는 반사회성이 맞으나 척도 4(Pd, Psychopathic Deviate)이다.

21. 성격검사 도구에 대한 설명으로 옳은 것은? [12 보호직]

① 미네소타 다면적 인성검사(MMPI-2)의 척도들은 경험적 접근이 아닌 직관적·이론적 접근에 근거하여 개발되었다.

② NEO성격검사에는 정신분열증 척도 등 다양한 정신병 척도들이 포함되어 있다.

③ 주제통각검사(TAT)는 자기보고형 척도이며 객관적 성격검사이다.

④ 로샤(Rorschach) 검사의 채점 영역에는 반응의 위치, 내용, 결정요인 등이 있다.

|정답| ④
|해설|
① 미네소타 다면적 인성검사(MMPI-2)의 척도들은 기존의 합리적인 방식에서 벗어나 경험적 접근을 사용하여 척도를 구성하였다. 정상 집단과 정신 장애 집단을 가장 잘 변별해 주는 문항들로 구성되어있다.
② NEO성격검사에는 외향성(Extraversion), 개방성(Openness to new experience), 친화성(Agreeableness), 성실성(Conscientiousness), 신경증(Neuroticism)의 척도로 구성되어있다. 정신분열증 척도 등이 포함된 대표적인 검사로는 미네소타 다면적 인성검사가 있다.
③ 주제통각검사(TAT)는 투사적 검사이다.

22. 자기보고식 성격검사에 관한 설명으로 옳지 않은 것은?

① NEO-PI-R에서 성실성(C)은 한 개인이 지향하는 대인관계적 특성을 평가한다.

② 성격평가질문지(PAI)에는 실제보다 더 좋게 보이려는 태도를 평가할 수 있는 척도가 있다.

③ 기질 및 성격검사(TCI)에서 인내력(persistence)은 기질척도에 해당된다.

④ MBTI에서 외향성(E)-내향성(I)은 주의집중과 에너지의 방향을 나타내는 지표이다.

| 정답 | ①
| 해설 |
성실성(Conscientiousness)은 한 개인이 지향하는 대인관계적 특성을 평가하는 것이 아니라, 자기조절을 잘하며, 신중하고 책임감이 강한 성향을 평가한다. 다른 사람에 대해 우호적이고 협동적인 성향을 평가하는 척도는 친화성(Agreeableness)이다.

23. 구조적 성격검사와 비구조적 성격검사에 대한 설명으로 옳은 것은?
[10 보호직]

① 구조적 성격검사는 실시와 채점이 어렵다.

② 비구조적 성격검사는 타당도가 높은 것이 장점이다.

③ 구조적 성격검사는 신뢰도와 타당도를 입증하기가 어렵다.

④ 비구조적 성격검사는 해석이 어렵다.

| 정답 | ④
| 해설 |
①, ③ 구조적 성격검사는 객관적 검사로서 실시와 채점이 용이하다. 결과에 대한 신뢰성이 높은 장점을 지닌다.

② 비구조적 성격검사는 투사적 검사로서 구조화가 되어 있지 않아 반응할 수 있는 내용이 광범위하고, 형식에 구애받지 않고 자유롭게 표현할 수 있는 장점을 지녔으나 실시와 채점, 해석이 매우 어려워 전문성이 요구되고, 검사의 타당도 등이 충분히 입증되지 않는 한계점이 있다.

24. 투사적 기법의 성격검사만을 모두 고른 것은? [21 보호직]

> ㄱ. 캘리포니아 성격검사(CPI)
> ㄴ. NEO 성격검사(NEO-PI)
> ㄷ. 로르샤흐(Rorschach) 잉크반점 검사
> ㄹ. 주제통각 검사(TAT)
> ㅁ. 마이어스-브릭스 성격유형검사(MBTI)

① ㄴ, ㄷ
② ㄷ, ㄹ
③ ㄱ, ㄴ, ㄹ
④ ㄴ, ㄷ, ㅁ

| 정답 | ②
| 해설 |
ㄱ, ㄴ, ㅁ은 모두 객관적 성격검사이다.

---

25. 성격평가의 한 방법인 투사법에 대한 설명으로 옳은 것은? [09 보호직]

① 응답자가 의도적으로 반응을 왜곡할 가능성이 자기보고법에 비해 낮다는 장점이 있다.
② 미네소타 다면 성격 검사(Minnesota Multiphasic Personality Inventory)는 가장 대표적인 투사적 성격검사이다.
③ 검사의 신뢰성이나 타당성이 자기보고법에 비해 상대적으로 높다.
④ 수검자의 무의식적 동기나 갈등을 밝히는 데는 적절치 않다.

| 정답 | ①
| 해설 |
② 미네소타 다면 성격 검사는 가장 대표적인 객관적 성격검사이다.
③ 투사적 성격검사의 신뢰성이나 타당성은 자기보고법에 비해 상대적으로 낮다.
④ 투사적 검사는 불분명하고 모호한 자극을 인지적으로 해석하는 과정에서 개인이 지닌 욕구, 불안, 갈등 등을 검사자극에 투사할 것이라고 본다. 이는 모호한 자극으로 인해 검사의 의도를 파악하기 어려워 피검자가 자신의 반응을 방어하기 어려워 자신도 의식하지 못한 무의식적인 내용을 표출할 수 있기 때문이다.

---

26. Murray에 의해 개발된 투사기법 도구로서 성격을 평가하는 검사는? [07 보호직]

① 주제통각검사(TAT)
② 미네소타 다면적 성격검사(MMPI)
③ 벤더 게슈탈트 검사(BGT)
④ 16PF

| 정답 | ①
| 해설 |
주제통각검사(TAT, Thematic Apperception Test)는 1935년 모건(Morgan)과 머레이(Murray)에 의해 만들어졌다. 총 31장의 카드로 구성되었으며, 카드의 모호한 그림을 보고 피검자가 꾸며내는 이야기의 주제를 해석함으로써 그가 갖고 있는 고유한 무의식적 주제와 공상을 파악하는 검사이다.

27. HTP에 관한 설명으로 옳지 않은 것은?

① 언어적, 문화적 제약이 적다.

② 집, 나무, 사람의 순서대로 그리도록 한다.

③ 집과 나무를 그릴 때 종이를 가로로 제시한다.

④ 나무 그림은 사람 그림에 비해 무의식적 수준의 성격구조를 반영한다.

28. 다음 〈보기〉에서 설명하는 검사는 무엇인가?

> **보기**
> • 투사적 검사로 가장 간편하고 매우 유용한 검사이다.
> • 다른 투사검사에 비해 보다 의식된 수준의 심리적 현상을 반영한다.
> • 미완성 문장을 제시하고 그 문장을 완성하도록 하는 검사이다.

① TAT   ② SCT

③ HTP   ④ MMPI

29. BGT(Bender-Gestalt Test)에 관한 설명으로 옳지 않은 것은?

① 기질적 장애를 판별하려는 목적에서 만들어졌다.

② 자기 자신을 과장되게 표현하려는 피검사자에게 유용하다.

③ 정신지체나 성격적 문제도 진단하는 데 유용하다.

④ 통일된 채점체계가 없으며 전문가 간의 불일치가 발생할 수 있다.

01. 자기개념에 관한 설명으로 옳지 않은 것은? [22 보호직]

① 로저스(Rogers)에 따르면, 자기개념은 현실적 자기(real self)와 이상적 자기(ideal self)라는 두 차원으로 나뉠 수 있다.

② 히긴스(Higgins)의 자기불일치 이론에 의하면, 자기의 영역은 실제적 자기(actual self), 이상적 자기(ideal self), 당위적 자기(ought self)로 나뉠 수 있다.

③ 스완(Swann)의 자기확증가설(self-verification hypothesis)에 의하면, 부정적 자기개념을 지닌 사람들은 낮은 자기 존중감을 보상하기 위해서 자신에 관한 긍정적 피드백을 더 적극적으로 추구한다.

④ 린빌(Linville)의 자기복잡성 가설(self-complexity hypothesis)에 의하면, 어떤 사람들은 자신에 대해서 생각할 때 단지 한두 개 차원에서만 생각하는 반면, 다른 사람들은 매우 다양한 차원상에서 자기를 이해하고 정의한다.

| 정답 | ③

| 해설 |

사람들은 일관성(self-consistency)을 유지하려는 동기를 지니고 있어 자신과 일치하는 정보를 찾으려하고(부정적이든 긍정적이든), 일치하지 않는 정보들은 거부하는 경향성을 보인다. 이 현상을 자기 검증 이론 또는 자기 확증가설이라고도 한다. 자기 스스로를 보는 방식으로 타인들도 나를 본다고 믿을 때 더 편안하고 안전하다고 느끼는데, 이러한 이유는 예측과 통제가 가능하기 때문이다. 그래서 자기검증이론에서는 긍정적인 자기 견해를 가진 사람들은 자기개념에 부합하는 정보들을 찾으며, 부정적인 자기 견해를 가진 사람들은 타인의 긍정적인 의견에도 자기가 생각하는 자신과 일치되는 정보를 찾으려 한다고 가정한다. 따라서 ③은 부정적 자기개념을 지닌 사람들이 긍정적 피드백을 추구한다는 옳지 않다.

02. A가 길을 가다 넘어지신 할아버지를 도와드리고 목적지까지 짐을 들어드렸다. 이러한 행위가 내부귀인이 되기 위한 가장 적합한 모형은? [19 정보직]

① 일관성이 높고 특이성과 일치성이 낮다.

② 특이성이 높고 일관성과 일치성이 낮다.

③ 일치성이 높고 일관성과 특이성이 낮다.

④ 일관성, 특이성, 일치성 모두 높다.

| 정답 | ①

| 해설 |

특정 원인이 존재할 때만 어떤 효과가 나타나서 원인과 효과가 같이 공변하면 그 효과를 그 원인에 귀인하게 된다는 것이 공변원리(covariation principle)이다. 이러한 공변원리를 확장하여 귀인과정을 설명하는 것이 공변모형이다. 이 공변모형에서는 일관성(consistency), 독특성(distinctiveness), 합의성(consensus)이라는 유형의 공변 관계에 따라 인과추론이 달라질 수 있음을 설명한다. 일관성, 독특성, 합의성(일치성) 세 가지 물음에 다 긍정하게 되면 외부귀인을 하게 되고, 일관성만 긍정하고, 독특성과 합의성이라는 두 변인에 대해서는 부정하게 되면 내부귀인을 하게 된다.

03. 사람들은 다른 사람의 행동에 대해서 상황은 과소평가하고 그 사람의 성향은 과대평가하는 경향이 있다. 이러한 현상과 관련된 개념은? [24 정보직]

① 기본적 귀인 오류   ② 확증 편향

③ 낙인 효과   ④ 이기적 편향

| 정답 | ①

| 해설 |

① 기본적 귀인 오류(fundamental attribution error)는 다른 사람의 행동을 평가할 때 그 사람의 성격이나 의도에 과도하게 초점을 맞추고, 외부 상황을 간과하는 현상이다.

② 확증 편향(confirmation bias)은 사람들이 자신의 기존 신념이나 가설을 지지하는 정보만을 선호하고, 반대되는 정보를 무시하거나 과소평가하는 경향을 의미한다.

③ 낙인 효과(stigma effect)는 누군가 부정적으로 낙인찍히면 실제로 그 대상이 점점 더 나쁜 행태를 보이고, 또한 대상에 대한 부정적 인식이 지속되는 현상이다. 인간의 일탈 행동 혹은 부적응 행동을 설명할 때 주로 사용된다.

④ 이기적 편향(self-serving bias)은 자신의 성공은 자신의 내부적 특성(예 능력)이 원인이라 생각하고, 실패는 외적 상황(예 운)이 원인이라 생각하는 경향을 말한다. 자기위주편향이라고도 불린다.

04. 신호를 지키지 않고 과속하는 차를 보고 운전자가 엄청 거칠고 사나운 사람이라고 생각하는 경우에 해당하는 것은? [17 정보직]

① 기본적 귀인오류(fundamental attribution error)

② 행위자-관찰자 편파(actor-observer bias)

③ 자기고양 편파(self-serving bias)

④ 도박사의 오류(the gambler's fallacy)

|정답| ①

|해설|

① 기본적 귀인오류는 타인의 행동에 대해 상황(외부요소)의 영향을 과소평가하고 개인의 특성(내부요소)은 과대평가하는 경향성이다.

② 행위자-관찰자 편파는 동일한 행동에 대해 타인의 행동은 내적 원인으로, 자신의 행동은 외적 원인으로 보는 경향성이다.

③ 자기고양편파는 자기기여편파, 이기적 편향이라고도 한다. 자신의 행동을 설명할 때 자신을 좋게 보이려는 경향성을 의미한다.

④ 도박사의 오류는 평균의 법칙이라고도 하며, 과거 일어난 확률을 알고 있는 경우 미래에 일어날 확률 판단에 오류를 범하는 경우이다.

05. 근본귀인오류(fundamental attribution error)에 관한 설명에 해당하는 것은? [24 보호직]

① 행위를 야기할 만한 여러 가지 이유가 있을 때 행위자의 내적 성향으로 귀인하는 경향이 감소하는 것을 말한다.

② 다른 사람의 행동에 대해 상황은 과소평가하고 성향은 과대평가하는 경향을 말한다.

③ 어떤 행동의 결과가 좋으면 자신의 성향에 귀인하고, 결과가 나쁘면 상황에 귀인하는 경향을 말한다.

④ 다른 사람의 행동은 성향적인 요인에 귀인하는 반면, 자신의 행동은 상황적인 요인에 귀인하는 경향을 말한다.

|정답| ②

|해설|

근본귀인오류는 다른 사람의 행동을 평가할 때 상황적 요인을 무시하고 그들의 성향적 요인에 과도하게 귀인하는 경향을 의미한다.

① 상황귀인에 해당한다.

③ 자기 위주 편향(self-serving bias)에 대한 설명이다.

④ 행위자-관찰자 편향(actor-observer bias)에 대한 설명이다.

06. 식당에 들어온 사람이 소리를 지르는 모습을 보고 그 사람 자체가 문제 있다고 생각하지만 내가 그런 행동을 하게 되면 외부의 환경적인 이유를 대는 오류는? [20 정보직]

① 자기고양편파(self-serving bias)

② 행위자-관찰자 편파(actor-observer bias)

③ 기본적 귀인 오류(fundamental attribution error)

④ 내현성격이론(implicit personality theory)

| 정답 | ②
| 해설 |
행위자-관찰자 편파는 사람이 행위자로서 자신의 행동을 귀인 할 때와 관찰자로서 타인의 행동을 귀인 할 때 서로 다른 경향을 보이는 귀인 오류를 말한다. 자신의 행동의 원인을 지각할 때와 타인의 행동의 원인을 지각하는 방식이 서로 다르다는 것이다. 구체적으로, 자신의 행동의 원인은 상황 등 외적 요인에 귀속시키고 타인의 행동의 원인은 성격 등 그 사람 내적 요인에 귀속시키는 편견을 말한다.

07. 다음 사례를 설명하는 개념은? [23 보호직]

> D는 팀 프로젝트에 성공하면 자신의 능력으로 인해 성공했다고 생각하고, 실패하면 팀원들의 능력이 부족했기 때문이라고 생각했다.

① 확증편향(confirmation bias)

② 자기기여편향(self-serving bias)

③ 행위자-관찰자 편향(actor-observer bias)

④ 기본귀인오류(fundamental attribution error)

| 정답 | ②
| 해설 |
② **자기기여편향**은 자신의 성공은 자신의 내부적 특성이 원인이라 생각하고, 실패는 외적 상황이 원인이라 생각하는 경향을 말한다. 이 편향은 사람들이 자신의 자존감을 보호하거나 증진하기 위한 기제로 작용한다.
① **확증편향**은 자신의 신념과 일치하는 의견이나 정보는 확대하여 받아들이고 자신의 신념과 일치하지 않는 의견이나 정보는 축소해서 무시하는 경향을 말한다.

08. 어떤 사람과 대화 중에 그가 유머가 있다는 사실을 알고 나서, 그가 사교적이고 낙천적이며 부드러운 사람이라고 추론하는 것은?

[10 보호직]

① 기본귀인오류(fundamental attribution error)
② 내현성격이론(implicit personality theory)
③ 평균원리(averaging principle)
④ 자기기여편향(self-serving bias)

09. 다음 심리실험의 결과가 보여주는 심리현상은?

[13 보호직]

> 실험참여자에게 '민희를 묘사한 기술문'을 제시하고 민희의 인상을 평가하게 하였다. 그 기술문의 전반부는 비교적 활달하다는 인상을 주는 사람으로 묘사되어 있고, 후반부는 약간 내성적인 사람으로 묘사되어 있다. 참여자의 약 80%가 민희를 활달한 사람으로 평가하였다. 반면, 동일한 '민희를 묘사한 기술문'에서 전반부를 내성적인 사람으로, 후반부를 활달한 사람으로 바꾸어 제시한 후 인상을 평가하게 한 결과, 약 80%의 참여자가 민희를 내성적인 사람으로 평가하였다.

① 중심특성(central traits)
② 초두효과(primacy effect)
③ 평균원리(averaging principle)
④ 암묵적 성격이론(implicit personality theory)

| 정답 | ②
| 해설 |
내현성격이론은 개인이 다른 사람의 행동을 관찰할 때, 그들의 성격 특성에 대한 내재적인 이론을 가지고 있다는 가정에 기반한다. 이 내재적인 이론은 과거의 경험, 문화적 배경, 교육 수준 등의 다양한 영향을 받아 형성되며, 타인의 행동을 이해하고 예측하는 데 중요한 역할을 한다. 사람들은 대체로 유머가 있는 사람들과 어울렸을 때 이들이 사교적, 낙천적 등의 성격적인 부분들을 보여준 것을 경험하여, 유머가 있는 사람이 사교성 및 낙천성을 지닐 것이라고 추론하는 경향이 있다.

| 정답 | ②
| 해설 |
② 제시문은 처음 알게 된 정보가 나중에 알게 된 정보보다 인상형성에 더 영향을 미치게 되는 초두효과에 대한 설명이다.
① 중심특성은 올포트(G. Allport)가 언급한 개념으로 개인을 특징 지어주는 상당히 일반화된 특질들(외향적이다, 근면하다, 성실하다 등)을 말한다.
③ 평균원리는 인상형성의 정보통합이론(Anderson)이론에서 어떤 사람이나 대상에 대한 인상을 형성할 때 여러 특성들을 평균해서 인상을 형성하게 된다는 원리이다.
④ 암묵적 성격이론은 제한된 양의 초기 정보를 기반으로 인상을 형성할 때 개인이 사용하는 특정 패턴과 편견을 설명한다.

10. 어떤 신입지원자의 단정한 외모를 좋게 본 면접관이 그 지원자에게 예의 바르고, 성격이 좋으며, 능력도 뛰어날 것이라고 추론하며 좋은 점수를 준다면 이는 어떤 이유 때문인가?

① 유사성 가정(assumed similarity)

② 고정관념(stereotype)

③ 후광효과(halo effect)

④ 정적 편향(positivity effect)

| 정답 | ③
| 해설 |

③ **후광효과**는 관찰대상의 긍정적 또는 부정적 특성에 주목해 그 대상의 한 가지 혹은 일부에 대한 평가가 또 다른 일부 또는 나머지 전부에 대한 평가에 영향을 미치는 현상이다.

① **유사성 가정**은 자신와 닮은 점이 있는 사람에게 호감을 갖고 다른 점들도 유사할 것이라고 기대하는 것이다.

② **고정관념**은 선입견, 특정 집단이나 대상을 지나치게 단순화하고 획일화함으로써 고착된 개념이나 이미지를 의미한다.

④ **정적 편향**은 나와 경쟁상대가 아니라고 판단하는 사람에 대해서 좋게 평가하는 경향을 말한다.

11. 편견과 고정관념이 계속 유지되는 조건에 대한 적절한 예는?

[21 정보직]

① 자기충족적 예언(self-fulfillment prophecy)

② 단순노출효과(mere exposure effect)

③ 근본적 귀인오류(fundamental attribution theory)

④ 사회적 형평이론(social equity theory)

| 정답 | ①
| 해설 |

자기충족적 예언은 누군가로부터 받은 기대와 예측을 듣게 되었을 때 그 영향을 받아 결국 그 기대와 예언을 스스로 성취하는 현상으로, 피그말리온 효과 또는 로젠탈 효과라고도 한다. 이러한 현상의 이면에는 누군가가 갖고 있는 상대에 대한 고정관념이나 편견이 전제되어 있다.

12. 다음 중 자기충족적 예언을 설명할 수 있는 예로 가장 거리가 먼 것은? [24 정보직]

① 밤에 커피를 마시면 잠이 안올거라 걱정을 하고, 커피를 마시고 밤이 되니 정말 잠이 오지 않는다.

② 은행이 파산할 것이라는 뜬소문이 돌면, 예금주들이 돈을 인출해가면서 뜬소문이 현실이 되는 경우가 생긴다.

③ 테니스 시합을 앞두고 '경기에서 강한 상대가 나오면 이길 수 없을거야.'라고 부정적으로 생각하며, 불안해하면 패배의 요인이 될 수 있다.

④ 처음 보는 흑인에 대해서 백인보다 운동능력은 더 좋고 지능은 더 낮을 것으로 생각한다.

| 정답 | ④

| 해설 |

처음 보는 흑인에 대해서 백인보다 운동능력은 더 좋고 지능은 더 낮을 것으로 생각하는 것은 특정 인종에 대한 고정관념이나 편견에 해당된다. 자기충족적 예언은 개인의 믿음이나 예측이 그 예측을 실현시키는 행동으로 이어지는 경우를 말한다. 이 예시는 단순히 고정관념을 표현하고 있을 뿐, 그로 인해 특정 행동이나 결과가 발생한다는 맥락이 부족하다.

13. 얼굴에 대하여 사진 이미지와 거울 이미지 중에서 어떤 이미지를 더 선호하는지 조사해보면, 많은 사람들이 자신의 얼굴에 대해서는 거울 이미지를 더 선호하는 반면 주변 사람의 얼굴에 대해서는 사진 이미지를 더 선호한다. 이를 설명하는 효과는? [18 보호직]

① 자기참조 효과　　　　② 틀 효과

③ 방관자 효과　　　　④ 단순노출 효과

| 정답 | ④

| 해설 |

④ 단순노출효과(mere exposure effect)는 자주 노출된 자극이나 대상에 대해 긍정적인 태도를 갖게 되는 현상을 일컫는다.

① 자기참조 효과(self-reference effect)는 자기와 관련된 현상의 정보가 잘 처리되는 것으로 기억에 있어서도 개인적으로 관련 있고 중요한 의미를 지닌 경험은 잘 기억되며 비교적 오래 지속된다.

② 틀 효과(frame effect)는 한 문제가 어떤 식으로 표현되는지(어떤 틀 속에 들어가는지)에 따라 동일한 문제에 대해 서로 다른 대답들이 나타날 수 있는 것을 의미한다.

③ 방관자 효과(bystander effect)는 주위에 사람들이 많을수록 어려움에 처한 사람을 돕지 않게 되는 현상을 뜻한다.

14. 친밀한 관계를 형성하는 것과 관련하여 잘못된 설명은?

① 외모는 초기 단계에서 중요하게 작용하는데 이는 후광효과(halo effect)가 영향을 주기 때문이다.

② 사회적 침투이론(social penetration theory)은 두 사람의 상호작용이 성격으로 스며들어 서로 상대의 중심으로 침투해 가는 과정을 설명해주는 이론이다.

③ 친교를 형성하고 유지하는 데 있어 신비감을 보여주는 것이 필요하다.

④ 호감을 일으키는 중요한 요소 중 하나는 근접성이다.

| 정답 | ③
| 해설 |
③ 첫인상 형성에서는 도움이 될 수 있지만 관계를 유지할 때는 자기 개방이 매우 중요한 요소가 된다.
④ 호감에 영향을 주는 요소로는 근접성 외에도 유사성, 상보성, 신체적 매력 등이 있다.

15. 다음에 제시된 예는 최근에 헌혈을 한 사람들이 나타낸 반응들이다. 이들 중 사회교환이론으로 설명한 적절한 예는? [24 정보직]

① 주변사람들이 헌혈을 많이 하는 것을 보고 헌혈을 결심했다.

② 헌혈을 하는 것이 사회적 책임을 다하는 것이므로 헌혈하기로 했다.

③ 최근에 혈액이 부족하다는 뉴스를 자주 접해서 헌혈을 했다.

④ 헌혈을 하지 않을 경우 느낄 죄책감 보다는 헌혈을 함으로써 죄책감을 감소시키고, 다른 사람의 인정을 받는 것이 크기 때문에 헌혈을 결심했다.

| 정답 | ④
| 해설 |
④ 사회교환이론(social exchange theory)은 인간의 행동이 비용과 이익(보상)의 계산에 기반하여 이루어진다고 설명한다. 보상과 비용은 정서적인 것과 물질적인 것을 모두 포함한다. 문제에서, 헌혈을 하지 않음으로써 느낄 죄책감(비용)을 줄이기 위해 헌혈을 결정했으며, 헌혈을 통해 다른 사람의 인정을 받을 수 있다는 이익을 고려한 것이다. 따라서 ④는 사회교환이론에 적절한 예이다.
① 주변사람들이 헌혈을 많이 하는 것을 보고 헌혈을 결심하는 경우는 사회적 영향을 받는 현상으로 사회적 규범 혹은 동조와 관련된 현상으로 이해해 볼 수 있다.
② 헌혈을 하는 것이 사회적 책임을 다하는 것이므로 헌혈하기로 한 경우는 개인의 가치관이나 도덕적 책임에 기반한 결정으로, 사회교환이론과는 거리가 있다.
③ 최근에 혈액이 부족하다는 뉴스를 자주 접해서 헌혈을 한 경우는 외부 정보에 의해 영향을 받은 결정으로, 정보처리나 인지적 반응에 더 관련이 있다고 이해해 볼 수 있다.

16. 스턴버그(Sternberg)가 제안한 사랑의 삼각형 이론에 따를 때 낭만적 사랑에 작용하는 핵심적인 두 가지 요소는? [10 보호직]

① 친밀성(intimacy)과 매력(attraction)

② 열정(passion)과 헌신(commitment)

③ 매력(attraction)과 헌신(commitment)

④ 친밀성(intimacy)과 열정(passion)

|정답| ④
|해설|

17. 피시바인과 아젠(Fishbein & Ajzen)의 합리적 행위이론(Reasoned Action Theory)에 의하면 행위의도는 행위에 대한 태도(AB)와 무엇에 의해 결정된다고 하는가?

① 주관적 사회규범(SN)

② 주위 사람의 뜻에 동조하려는 동기(MC)

③ 그 행동을 수행할 수 있다는 믿음(PBC)

④ 자신이 가치롭다고 생각하는 속성(NB)

|정답| ①
|해설|

① 합리적 행위 이론은 사람들이 특정 행동에 대해 긍정적인 태도(Attitude toward Behavior)를 가지고 있고, 중요한 주변 사람들에게 그 행동이 용인될 수 있을 때(주관적 규범, Subjective Norm), 행동 의도(동기, Behavior Intention)가 높아지게 된다고 제안하였다.
  • 순응동기와 규범적 신념은 주관적 사회규범(SN)에 영향을 미치는 요인이다.
② 주위 사람의 뜻에 동조하려는 동기(MC)는 순응동기(Motivation to comply)로 개인이 행위를 하는 데 있어서 집단의 사회적 규범을 준수할 수도 있고 저항할 수도 있다는 부분을 다룬다.
③ 그 행동을 수행할 수 있다는 믿음(PBC)은 지각된 행동통제(Perceived Behavior Control)이다. 이는 행위 의도만으로는 충분히 행동을 예측하기에 한계를 지닌 합리적 행위 이론을 수정·보완한 모델인 계획된 행동 이론(theory of planned behavior)의 추가된 변인이다.
④ 자신이 가치롭다고 생각하는 속성(NB)은 규범적 신념(Normative beliefs)으로 일반적으로 집단이 행위를 승인할 가능성이 높을수록 개인의 행위가능성은 높아지고 집단이 행위를 승인할 가능성이 낮을수록 개인의 행위가능성도 낮아지는 것을 말한다.

18. 접촉(Contact)을 통한 편견과 차별 해소에 대한 설명으로 틀린 것은?

① 지속적이고 친밀한 접촉이 이루어져야 한다.

② 공동목표를 달성하기 위해서 협동적으로 상호의존하여야 한다.

③ 동등한 지위로 접촉이 이루어져야 한다.

④ 사회적 평등보다는 규범이 더 지지되어야 한다.

19. 다음 사례를 설명하는 용어는? [24 보호직]

> 두 조건의 실험 참가자들에게 지루한 단순 과제를 30분 동안 반복하게 한 후, 차례를 기다리는 다음 참가자에게 '실험이 흥미로웠다'라고 얘기한다면 그 대가를 지불하겠다고 하였다. 이때, A조건의 참가자에게는 1,000원을, B조건의 참가자에게는 50,000원을 제공하였다. 이후, 이 참가자들에게 실제로 그 과제가 얼마나 재미있었느냐고 질문한 결과, A조건이 B조건보다 그 과제가 더 재미있다고 응답했다.

① 사회적 촉진(social facilitation)

② 집단 극화(group polarization)

③ 인지 부조화(cognitive dissonance)

④ 동조(conformity)

20. 외계인의 침략으로 지구가 파괴될 것이라고 믿었던 신도들이 정해진 시간에 아무런 일이 일어나지 않아 예언이 실패했음에도 더 믿음이 깊어진 현상을 설명해주는 것은?

① 집단사고(groupthink)

② 인지부조화(cognitive dissonance)

③ 몰개성화(deindividuation)

④ 동조(conformity)

|정답| ②
|해설|
② 외계인이 침공할 것이라는 믿음을 가졌지만 아무 일도 일어나지 않았다는 결과 사이에서 불편한 마음상태가 되었으나 이 불편감을 줄이기 위해 외계인이 다시 한 번 기회를 준 것이라고 믿으면서 다시 침공할 수 없도록 더 믿음을 가져야 한다고 주장했다.
① 집단사고는 집단의 결정이 개인의 결정보다 더 비생산적이고 비합리적인 결정을 내리는 현상을 의미한다.
③ 몰개성화는 일종의 군중심리로 집단 내에서 개인의 정체감과 책임감을 상실하는 것이다.
④ 동조는 타인의 기준이나 기대에 순응하는 것을 말한다.

21. 인지부조화에 의한 태도 변화가 나타나기 어려운 상황은?

[12 보호직]

① 자신의 의사와 관계없이 행동을 하게 된 상황

② 이미 한 원치 않은 행동을 되돌리기 어려운 상황

③ 노력한 만큼 정당한 대가를 얻지 못한 상황

④ 행동을 다른 외부적 원인으로 돌리기 어려운 상황

|정답| ①
|해설|
인지 부조화 이론(cognitive dissonance theory)은 개인이 가진 신념, 생각, 태도와 행동 사이의 부조화가 유발하는 심리적 불편함을 해소하기 위한 태도나 행동의 변화를 설명한다. 사람은 태도와 행동의 일관성을 유지하고자 하는 근본적인 동기를 지니고 있어서, 인지적 부조화를 경험하면 이를 해소하기 위해 자신의 태도나 행동을 변화시킴으로써 심리적 불편감을 해결하고 자신에 대한 일관성을 유지하려고 한다. ②, ③, ④의 예시는 모두 인지부조화를 경험할 수 있는 상황이나 ①은 해당되지 않는다. ①은 행동에 대한 스스로의 선택이 아닌 외부적인 힘이나 압력에 의해 행동을 하게 된 경우이다.

22. 설득이 가장 안되는 경우의 예가 맞는 것은? [21 정보직]

① 신체적 매력이 있는 경우

② 설득자가 나와 성격 등이 비슷한 경우

③ 선뜻 들어줄 수 없는 무리한 요구를 한 다음에 수용 가능한 요구를 하는 경우

④ 설득하는 의도를 알고 있을 때

|정답| ④

|해설|

④ 설득하는 사람의 의도를 알고 있을 때는 설득이 상대적으로 잘 되지 않는다. 반면, 설득하는 사람이 매력적이거나 신뢰감을 주는 경우나 자신과 비슷한 면이 많은 경우에는 쉽게 설득된다.

③ 설득으로 승낙을 얻어내는 방법 중 면전에서 문닫기 기법에 해당한다. 누구나 거절할 요청을 해서 거절당한 뒤 본래 요청을 하여 승낙을 얻는 방법이다. 그 외에도 문간에 발 들여놓기 기법(처음에는 작은 요구로 시작해 나중에 큰 본래 목적을 얻는 방법), 낮은 공 기법(처음에 좋은 조건을 달아 승낙하게 한 뒤 나중에 그 조건을 거두어도 일단 승낙했기 때문에 취소하기 어렵게 만드는 방법) 등도 있다.

---

23. 물건을 흥정할 때 누구나 거절할 커다란 조건을 제시하여 거절당한 후 본래 목적의 가능한 조건으로 바꾸어 승낙받는 것을 무엇이라고 하는가? [20 정보직]

① 문전박대 효과(door in the face)

② 낮은 공 기법(low ball)

③ 덤 끼워주기 기법(that's not all)

④ 문간에 발 들여놓기 효과(foot in the door)

|정답| ①

|해설|

② 낮은 공 기법은 처음에 좋은 조건을 달아 승낙하게 한 뒤 이유를 들어 그 조건을 거두어도 승낙을 취소하기 어렵게 만드는 기법이다.

③ 덤 끼워주기 기법은 '이게 다가 아닙니다' 기법이라고도 한다. 상품판매 시 주로 사용되는데 처음의 조건을 제시하고 연이어 바로 별도의 좋은 조건을 제시하여 허락하도록 하는 기법이다.

④ 문간에 발 들여놓기 효과는 처음에는 작은 요구로 시작해 나중에 큰 본래 목적을 얻는 방법이다.

24. 다음 사례에서 사용된 설득 기법은?

[24 보호직]

한 사이비 종교의 신도 모집자들은 처음에 간단한 설문에 참여해 달라고 사람들에게 접근하여 간단한 정보를 얻는다. 신도 모집자들은 설문에 응한 사람들에게 차 한잔을 권하고, 나중에는 취미 활동이나 인생 토론을 하는 편안한 만남에 초대한다. 이러한 만남을 거듭하며 이들은 참석자들에게 노래, 모임 및 교육 등 다양한 활동에 동참해 달라고 권유하고, 나중에는 점점 더 긴 수련 과정이나 헌금을 요청한다. 이러한 과정을 따라가던 참석자들은 어느새 열성적인 신도가 되어 간다.

① 사후가정사고(counterfactual thinking)
② 머리부터 들이밀기(door-in-the-face)
③ 문간에 발 들여놓기(foot-in-the-door)
④ 초두효과(primacy effect)

| 정답 | ③

| 해설 |

문간에 발 들여 놓기 기법(foot-in-the-door technique)은 상대방에게 큰 부탁을 하고자 할 때, 먼저 작은 부탁을 해서 상대방이 그 부탁을 들어주게 하는 것으로 시작하는 방법이다. 사례에서는 설문 참여(작은 부탁)로 시작해서 점진적으로 취미활동, 토론 등으로 이어져 신도(큰 부탁)로 참여하는 과정을 설명한다. 이 기법은 연속 근사(successive approximation)라고 일컫는 인간의 성향에 의존한다. 즉, 어떤 사람이 작은 부탁이나 약속을 들어주고 나면 그 사람은 그 방향으로 태도나 행동을 계속 수정하게 되고, 더 큰 부탁들을 들어주어야 할 의무감을 느끼게 되는 것이다.

25. 동조에 관한 설명으로 옳지 않은 것은?

[23 보호직]

① 소수가 다수에게 영향을 미칠 수 있다.
② 자신의 판단이 명확한 상황에서는 동조가 일어날 수 없다.
③ 타인들 중에서 한 명이라도 다른 견해를 표명하면 동조량은 감소한다.
④ 사람들이 동조하는 이유 중 하나는 타인의 행동이 현실을 판단하는 데 유용한 정보가 되기 때문이다.

| 정답 | ②

| 해설 |

동조는 집단의 압력하에 개인이 집단이 기대하는 바대로 생각이나 행동을 바꾸는 것으로 자신의 판단이 명확하더라도 규범적 영향, 정보적 영향, 대인적 영향으로 발생할 수 있다. 예를 들어, 집단의 의견이 하나의 규범으로 작용할 때 개인은 이러한 규범에 일치하려는 행동을 보이는 것을 규범적 영향이라 한다.

26. 다음 중 Milgram의 전기충격실험과 관련하여 참가자가 복종이 가장 많이 일어나는 상황과 가장 거리가 먼 것은? [24 정보직]

① 저명한 기관이 권위자를 지지할 때

② 명령을 내리는 사람이 멀리 떨어져있고, 합법적인 권위자로 지각 될 때

③ 희생자가 몰개인화되고, 멀리 떨어져 있거나 또는 다른 방에 있을 때

④ 저항하는 역할 모델이 없을 때

| 정답 | ②
| 해설 |
② 연구에 따르면, 명령을 내리는 사람이 합법적인 권위자로 지각되는 경우 복종할 경향이 증가되지만, 멀리 떨어져 있는 경우에는 복종할 경향이 감소하는 것으로 나타났다.
① 저명한 기관(예 대학)이 권위자를 지지하는 경우, 참가자는 더 높은 수준의 복종을 보이는 경향이 있다. 권위의 정당성이 복종을 증가시키는 요소이다.
③ 희생자가 몰개인화되고, 멀리 떨어져 있거나 또는 다른 방에 있을 경우, 참가자는 도덕적, 정서적 거리감이 감소되어 오히려 복종이 증가할 가능성이 높다.
④ 저항하거나 반대하는 역할 모델이 없을 경우, 참가자는 복종할 가능성이 높아진다.

[복종행동이 줄어드는 조건]
(1) 피해자의 고통이 매우 심하다고 판단할 때
(2) 피해자가 가까이 있어 서로의 얼굴을 확인할 수 있을 때
(3) 명령자의 합법성이나 동기에 의문이 들 때
(4) 자신의 행동에 개인적인 책임감을 느낄 때
(5) 불복종 모델이 있을 때

27. 사람들은 자기를 드러내지 않는 익명의 상황에서는 법과 도덕의 통제력이 상실되어 충동적이며, 비인격적인 행동을 보일 가능성이 높아진다. 이 현상을 설명하는 개념은 무엇인가? [23 정보직]

① 몰개인화(deindividuation)

② 집단극화(group polarization)

③ 사회적 촉진(social facilitation)

④ 사회적 태만(social loafing)

| 정답 | ①
| 해설 |
몰개인화는 집단으로 행동하는 상황에서 구성원 개개인의 정체성과 책임감이 약화되어 집단 행위에 민감해지는 현상을 의미한다. 간혹 대규모 시위 군중이 저지르는 극단적인 행동은 시위에 참여한 사람들이 자신의 가치관에 대한 인식이 약화되고 책임감을 상실한 채 집단의 정서에 몰입하여 야기된 몰개성화의 예이다.

28. A의 행동을 설명하는 개념은?

> A는 학교에서 개인과제를 할 때보다 팀과제를 할 때 시간과 노력을 훨씬 덜 기울이는 경향이 있다. 팀과제의 경우 내가 열심히 했다고 나만 칭찬받거나 내가 좀 못했다고 비난을 받지도 않기 때문이다.

① 집단 극화(group polarization)
② 몰개인화(deindividuation)
③ 사회적 촉진(social facilitation)
④ 사회적 태만(social loafing)

| 정답 | ④
| 해설 |
사회적 태만은 집단에 속한 사람들이 공동의 목표를 달성하기 위해 함께 일하는 상황에서 혼자 일할 때보다 노력을 덜 들여 개인의 수행이 떨어지는 현상을 일컫는다. 사회적 태만의 원인으로는 책임의 분산, 익명성(개인의 공헌도 측정 곤란), 노력의 무가치성, 다른 구성원의 의욕 정도를 판단하고 이에 맞추려는 경향 등이 있다.

29. 다음과 같은 현상을 설명하는 개념은?

> 버스 안에서 한 여성이 어떤 무뢰한에게 희롱당하고 있었지만 버스 안에 있는 그 누구도 개입하지 않았다. 이 현상은 피해자 주변에 도움을 줄 수 있는 사람이 많을 경우 내가 그 사람을 도와야 한다는 책임감을 덜 느끼기 때문에 발생할 수 있다.

① 근접성 효과
② 유사성 효과
③ 방관자 효과
④ 사회적 태만

| 정답 | ③
| 해설 |
③ 방관자 효과(bystander effect)란 1964년 뉴욕에서 일어난 키디 제노비스 사건과 관련된 용어로 주위에 사람들이 많을수록 어려움에 처한 사람을 돕지 않게 되는 현상을 지칭한다. 구경꾼 효과라고도 불린다.
①, ② 친밀한 관계의 조건에는 근접성(proximity), 유사성(similarity), 친숙성(familiarity), 상보성(호혜성, reciprocity) 등이 있다.

30. 개인이 갖고 있던 의견이 집단토론을 거친 후 더 그 방향으로 극단화되는 경우가 있다. 즉 모험의 의견을 갖고 있는 경우 토론 후 더 모험 쪽으로 기울어지고, 신중의 견해는 토론 후 더 신중하자는 쪽으로 기울어지는 현상과 관련된 것은?

① 개인이 주변으로부터 받을 사회적 평판을 고려한다.
② 개인이 내집단과의 의견 차이는 최소화하고 외집단과의 의견 차이는 최대화하는 것이다.
③ 자신의 정체감과 책임감을 상실하고 집단행위에 민감해진다.
④ 집단 내에서의 익명성과 책임감 분산이 있다.

| 정답 | ②
| 해설 |
① 동조에 대한 설명과 가깝다.
③ 몰개성화에 대한 설명이다.
④ 사회적 태만에 대한 설명이다.

31. 제니스(I. Janis)가 제시한 집단사고(groupthink)가 나타나는 원인으로 옳은 것만을 모두 고르면? [24 보호직]

> ㄱ. 지시적인 리더
> ㄴ. 집단의 높은 응집성
> ㄷ. 외부로부터 단절되어 있는 집단

① ㄱ, ㄴ
② ㄱ, ㄷ
③ ㄴ, ㄷ
④ ㄱ, ㄴ, ㄷ

| **정답** | ④
| **해설** |

집단 사고의 원인

⊙ 높은 응집력	• 내집단 압력이 강해지면 반대의견을 자제하고, 언쟁을 피함
ⓛ 구조적 결함	• 집단이 고립되어 외부 의견과 단절된 상태 • 대안 평가 절차 부재가 경우 • 폐쇄적 리더, 지시적 리더, 리더가 권력에 집착이 심한 경우
ⓒ 상황적 요인	• 집단이 외부의 위협을 받는 경우, 혹은 해결해야 할 문제가 매우 중대한 경우, 결정을 내리기까지 시간이 촉박한 경우 • 집단 구성원들이 느끼는 높은 스트레스와 불안감

32. 다음과 같은 의사결정을 하는 집단의 특징으로 옳지 않은 것은? [22 보호직]

> 1986년 1월 28일 우주왕복선 챌린저호는 추진로켓 엔진에서의 문제로, 발사 후 1분 13초 만에 폭발하여 승무원 전원이 사망했다. 그런데 사고가 예측할 수 없이 발생한 것은 아니다. 발사 불과 몇 시간 전에 추진로켓을 제조한 회사는 날씨가 너무 추워서 O형 모양의 고리가 작동하지 않을 수 있으니 발사를 연기하라고 우주항공국(NASA)의 의사결정 팀에 긴급 경고를 보냈었다. 그러나 NASA는 그러한 경고를 받아들이지 않았다.

① 리더가 지시적 리더십을 발휘한다.
② 집단의 응집성이 낮다.
③ 만장일치에 대한 압력이 강하다.
④ 집단적 합리화가 일어난다.

| **정답** | ②
| **해설** |

② 집단사고는 집단의 응집성이 너무 높을 때 발생된다. 이 외에도 집단사고는 다른 구성원의 비판적 사고를 차단하거나 극단적 낙관주의, 집단 내에 대안을 심사숙고하는 절차가 미비할 때, 내집단을 과대평가하고 외집단에 폐쇄적인 입장을 취할 때 발생된다.
④ 집단적 합리화(collective rationalization)란 집단사고의 증상 중 하나로 집단의 폐쇄성과 관련된 증상으로 일단 결정이 내려지면 그 결정에 대해 재고하기보다는 반대 의견을 폄하하며 애초에 집단이 내린 결정을 합리화하는데 주력하는 것을 뜻한다.

01. 다음 중 셀리에(H. Selye)가 제시한 일반적응증후군 증후군의 3단계에 해당하지 않는 것은?

[22 정보직]

① 소진 ② 저항

③ 경고(경계) ④ 발전

| 정답 | ④

| 해설 |

일반적응증후군(GAS, General Adaptation Syndrome)은 스트레스요인(stressor)에 노출된 시간에 따라서 생체에 일어나는 비특이적 반응을 경고반응단계, 저항단계, 소진단계의 3단계로 분류한 것이다. 따라서 ④ 발전은 해당되지 않는다.

• **경고기(alarm reaction stage):** 스트레스가 발생되면 시상하부는 교감신경계와 시상하부 뇌하수체 부신피질계를 작동시킨다.

• **저항기(resistance stage):** 뇌하수체는 계속해서 부신피질호르몬(ACTH)을 분비하여 스트레스 반응을 완화하고자 한다.

• **소진기, 탈진기(exhaustion stage):** 적응 능력의 고갈, 질병 등(위궤양, 고혈압, 심장병, 알레르기, 암 등)이 발생할 수 있다.

02. 라자러스(R. Lazarus)의 스트레스 이론에 대한 설명으로 옳지 않은 것은?

[12 보호직]

① 스트레스를 설명하는 데 있어서 심리학적 관점을 강조하였다.

② 사회재적응척도(SRRS)를 개발하여 생활 스트레스를 측정 하였다.

③ 스트레스에 대한 대처를 크게 문제 중심적 대처와 정서 중심적 대처로 구분하였다.

④ 스트레스 자극 자체보다 그 자극을 평가하고 해석하는 방식에 초점을 두었다.

| 정답 | ②

| 해설 |

사회재적응척도(SRRS, Social Readjustment Rating Sclae)를 개발하여 생활 스트레스를 측정한 학자는 홈스와 라헤(Holmes & Rahe)로 이들은 SRRS을 개발하여 일상생활에서 경험하고 있는 스트레스의 정도를 측정하였다.

03. 스트레스를 일으키는 상황에 대한 설명으로 옳지 않은 것은?

[13 보호직]

① 통제할 수 없는 상황에 노출되면 스트레스가 증가한다.

② 통제가 불가능하더라도 결과를 예측할 수 있다면 스트레스가 완화될 수 있다.

③ 임신이나 성취, 혹은 휴가와 같이 적응이 필요한 생활의 변화는 모두 스트레스로 작용할 수 있다.

④ 일상적인 소소한 사건은 건강에 영향을 미칠 정도의 스트레스를 일으키지 않는다.

| 정답 | ④
| 해설 |
홈스와 라헤(Holmes & Rahe)는 일상생활 속에서 만나는 다양한 외적 자극이나 사건들도 자극으로서의 스트레스가 될 수 있다고 언급하였다.

04. 다음 중 스트레스와 관련된 사실과 가장 거리가 먼 것은?

[24 정보직]

① 지속적인 스트레스는 면역계의 기능 저하를 발생시킨다.

② 지속적인 스트레스에 노출된 사람은 텔로미어의 길이가 길게 나타난다.

③ 일반적응 증후군은 스트레스 원인과 상관없이 나타나는 세 단계의 생리적 반응이다.

④ A유형 성격 타입은 스트레스를 더 많이 경험한다.

| 정답 | ②
| 해설 |
지속적인 스트레스에 노출된 사람은 텔로미어의 길이가 짧아지는 것으로 알려져 있다.

05. 간식은 먹고 싶지만 체중증가는 원치 않는 것과 같이 동일한 대상이 긍정과 부정의 속성을 동시에 가질 때 발생되는 갈등 유형으로 옳은 것은?

① 접근 − 접근 갈등

② 접근 − 회피 갈등

③ 회피 − 회피 갈등

④ 다중접근 − 회피접근 갈등

| 정답 | ②
| 해설 |
동일한 대상 또는 선택이 긍정적, 부정적 요인을 모두 지니는 경우는 ②이다.

06. 다음 〈보기〉의 내용이 설명하는 스트레스 대처법은? [17 정보직]

> **보기**
>
> A는 시험에 떨어지고 스트레스를 받았지만 점수가 나오지 않은 과목과 문제를 파악하여 집중적으로 공부해 다음 시험에 재도전할 것을 결심하며 스트레스를 이겨냈다.

① 신체중심 대처　　　　② 정서중심 대처

③ 심리중심 대처　　　　④ 문제중심 대처

| 정답 | ④
| 해설 |
문제중심적 대처(problem-focused) 방식은 스트레스를 유발하는 문제 발생의 원인을 직접적으로 해결하고자 노력한다. 보기에서 A는 낮은 점수라는 결과가 발생된 원인을 파악하여 집중적으로 공부함으로써 스스로 문제를 해결하기 위한 노력을 하였다. 이러한 방식은 스트레스 사건을 통제할 수 있을 때 사용하는 것이 효과적이며, 자기효능감을 향상시키는 긍정적 효과 발생시킨다.

07. 스트레스에 대한 정서중심 대처방식에 관한 설명으로 옳지 않은 것은? [23 정보직]

① 다시 한 번 상황에 대해 상상해 본다.

② 문제를 근본적으로 해결하려고 한다.

③ 다른 사람에게 감정을 표현한다.

④ 다른 사람에게 정서적 지지를 구한다.

| 정답 | ②
| 해설 |
문제중심적 대처(problem-focused)에 해당한다.

08. H가 사용한 전략은?

[20 보호직]

> H는 수년간 취업 시험을 준비해왔다. 그런데 예정된 일정을 일주일 남짓 앞두고, 기존의 시험 날짜가 약 한 달 정도 더 연기되었다. 이 공지를 접한 H는 처음에는 매우 짜증이 나고 스트레스를 받았다. 그러나 이후 "한 달 정도 동안 더 잘 준비하고 남들보다 알뜰하게 시간을 활용하자!"라고 속으로 생각했다.

① 사회적 지지(social support)

② 되새김(rumination)

③ 유머(humor)

④ 재평정(reappraisal)

|정답| ④

|해설|

④ 해당 내용에서 H는 스트레스를 받았지만 한 달이라는 새로운 정보를 이용하여 더 준비를 잘해보자고 마음이 변화했다. 이처럼 **재평정(reappraisal)**은 환경에서 나온 새로운 정보를 이용할 수 있게 되면 이를 근거해서 평가가 변하는 것을 말한다.

① **사회적 지지(social support)**는 개인이 지니고 있는 사회적 관계망으로부터 제공받을 수 있는 다양한 형태의 도움을 말한다. 사회적 지지 수준이 높을수록 스트레스 수준 낮아질 수 있다.

② **되새김(rumination)**은 어떤 일을 되풀이하여 음미하거나 생각하는 것을 말한다.

③ **유머(humor)**는 사회적 지지나 종교경험 등과 같이 스트레스가 발생할 시 상황을 관리하는 대처전략으로 사용될 수 있다.

09. 이상행동 및 정신장애의 판별기준과 가장 거리가 먼 것은?

① 적응적 기능의 저하 및 손상

② 주관적 불편감과 개인의 고통

③ 가족의 불편감과 고통

④ 통계적 규준의 일탈

|정답| ③

|해설|

모든 이상행동과 정신장애를 포괄하는 일관된 정의나 기준은 없으나, 다음의 기준을 보편적으로 사용한다.

- **통계적 기준**: 평균으로부터의 일탈
- **사회문화적 기준**: 개인이 속해 있는 사회의 규범이나 규칙, 관습, 법 등에서 일탈하여 용인될 수 없는 행위를 할 경우 이상으로 볼 수 있다.
- **주관적 불편감과 고통**: 개인이 경험하는 심리적 고통의 정도로 이상 여부를 판단한다.
- **적응기능의 저하 및 손상**: 이상행동을 개인의 적응을 저해하는 심리적 기능의 손상으로 본다.

따라서 ③은 해당되지 않는다.

10. 이상행동의 원인에 대한 심리학적 관점 중 옳은 것만을 모두 고른 것은? [14 보호직]

> ㄱ. 정신분석적 관점은 초자아 강도가 약화되거나 손상되어 이상 행동이 나타난다고 본다.
> ㄴ. 행동주의적 관점은 이상행동이 조건형성에 의해서 학습된 결 과로 본다.
> ㄷ. 인본주의적 관점은 자아실현이나 성장을 향한 경향성이 좌절 되었을 때 이상행동이 나타난다고 본다.
> ㄹ. 인지주의적 관점은 이상행동이 왜곡된 사고과정에 의해서 나 타난다고 가정한다.

① ㄱ, ㄷ   ② ㄴ, ㄹ
③ ㄴ, ㄷ, ㄹ   ④ ㄱ, ㄴ, ㄷ, ㄹ

| 정답 | ③
| 해설 |
ㄱ. 정신분석적 관점에서는 정신장애를 무의식의 내적 갈등의 상징적 표출로 본다. 즉 심리적 갈등은 초기의 부모-자녀관계와 외상적 경험에 뿌리를 둔다. 이는 원초아, 초자아, 현실 사이에서 자아가 균형을 잡지 못하는 상황과 연관되며, 이때 일어나는 불안을 다루기 위해 사용하는 방어기제의 적절성에 따라 장애의 심각도가 달라진다. 치료를 위해서는 자유연상, 저항과 전이의 분석, 꿈 분석 등을 사용한다.

11. 소인, 스트레스이론(Diathesis-Stress Theory)에 대한 설명으로 가장 적합한 것은?

① 소인은 생후 발생하는 생물학적 취약성을 의미한다.
② 스트레스가 소인을 변화시킨다.
③ 소인과 스트레스는 서로 억제한다.
④ 소인은 스트레스 상황에서 발현된다.

| 정답 | ④
| 해설 |
개인의 특성과 환경의 상호작용을 강조, 특정 유전적 소인이나 뇌신경계의 이상이 특정 심리 및 사회적 스트레스에 노출되면 특정 정신장애를 일으킨다고 본다. 따라서 ④가 적절하다.

12. 자폐스펙트럼장애의 특성에 대한 설명으로 옳은 것은? [16 보호직]

① 남아보다 여아에게서 더 많이 나타난다.
② 부주의 문제로 인해 해야 할 일을 잊어버리거나 물건을 잘 잃어버린다.
③ 지나치게 말이 많거나 에너지가 넘치기도 한다.
④ 사회적 상호작용에 어려움이 있으며 변화에 대한 거부가 크다.

| 정답 | ④
| 해설 |
① 자폐스펙트럼장애는 남아가 여아의 4배 수준으로 더 많이 나타나며, 이들은 행동, 흥미 또는 활동에 있어 제한적이고 반복적인 패턴을 보인다.
② 주의력결핍 과잉행동장애(ADHD)의 진단기준 중 부주의 항목에 해당된다.
③ 주의력결핍 과잉행동장애(ADHD)의 진단기준 중 과잉행동-충동성 항목에 해당된다.

13. 다음 중 조현병의 양성증상이 아닌 것은? [23 정보직]

① 환각
② 망상
③ 긴장된 행동
④ 무언증

14. 다음 중 조현병에 대한 설명으로 가장 거리가 먼 것은? [24 정보직]

① 니코틴과 암페타민 등의 약물로 증상을 완화 시킬 수 있다.
② 뇌의 전두엽 기능이 비정상적으로 낮게 나타난다.
③ 조현병 환자들은 도파민 수용기가 과도하게 많다.
④ 조현병은 이란성 쌍생아보다 일란성 쌍생아인 경우에 확률이 더 높게 나타난다.

| 정답 | ①
| 해설 |
• 니코틴과 암페타민 등은 흥분제에 속하는 약물이다. 니코틴의 부적 후유증은 심장병, 암이 발생될 수 있으며, 암페타민의 경우는 불면증, 공격성, 편집증상이 초래되며, 노르에피테프린, 도파민 증가시킨다. 따라서, 오히려 조현병의 증상을 악화시킬 수 있다.
• 조현병 치료에는 주로 항정신병 약물이 사용된다. 조현병 약은 개발된 시기 및 작용기전에 따라 제1세대인 정형약물과 제2세대인 비정형약물로 분류된다. 정형약물(1세대 약물)에는 클로르프로마진, 레보메프로마진, 페르페나진, 할로페리돌 등이 있으며, 비정형약물(2세대 약물)에는 아미설피리드, 설피리즈, 아리피프라졸, 블로난세린, 클로자핀 등이 있다.

[조현병의 원인]
− 현재까지 명확한 원인이 밝혀지지는 않았음
− 생물학적 요인
  • 뇌의 구조적 이상(뇌실 크기가 크고, 뇌 피질 양 적음 등)
  • 뇌의 기능적 이상(전두엽 피질의 신진대사가 저하, 뇌반구 비대칭성, 좌반구 과도한 활동)
  • 신경전달물질의 이상: 도파민 가설(간접적 영향), 세로토닌−도파민 가설
  • 그 외: 유전적, 환경과의 상호작용, 생물학적환경요인, 바이러스가 유발 등

15. 양극성장애에 대한 설명으로 옳은 것은? [20 정보직]

① 양극성장애 I형에는 주요우울증 삽화가 포함되어야 한다.

② 양극성장애는 주요우울장애보다 자살가능성이 적다.

③ 양극성장애 I형은 증상이 7일 이상 지속된다.

④ 양극성장애의 하위장애로는 양극성 I형, 양극성 II형, 기분부전장애가 있다.

| 정답 | ③

| 해설 |

③ I형은 증상이 7일 간, II형은 4일 간 매일 나타난다.

① 양극성장애 I형은 조증 삽화 기준이 충족되어야 한다. II형은 1회 이상의 주요우울삽화와 경조증 삽화가 번갈아 나타난다.

② 양극성장애 역시 자살가능성이 높은 장애이다.

④ 하위장애로는 양극성장애 I형, II형, 순환성 장애가 있다.

16. 다음 〈보기〉의 빈칸에 들어갈 알맞은 내용은?

> **보기**
>
> 주요 우울 장애의 진단에는 9가지 증상 중 5개 이상의 증상이 거의 매일 연속적으로 2주 이상 나타나야 한다. 이러한 5개 증상 중 적어도 하나는 (   )이거나 (   )이다.

① 우울 – 무가치감

② 우울기분 – 자살에 대한 생각

③ 과다수면 – 사고력이나 집중력의 감소

④ 우울기분 – 흥미나 즐거움의 상실

| 정답 | ④

| 해설 |

주요 우울 장애는 DSM-5가 제시하는 진단기준의 9가지 증상 중 5개 이상의 증상이 거의 매일 연속적으로 2주 이상 나타나야 한다. 이러한 5개 증상 중 적어도 하나는 지속적인 우울한 기분과 흥미나 즐거움의 현저한 저하가 반드시 포함되어야 한다.

17. 우울증의 원인에 관한 설명으로 틀린 것은?

① 생물학적 입장: 도파민의 과도한 활동 결과

② 정신분석이론: 자기를 향한 무의식적인 분노의 결과

③ 행동주의이론: 정적 강화 감소의 결과

④ 인지이론: 부정적이고 비관적인 생각의 결과

| 정답 | ①

| 해설 |

[생물학적 입장]

• 유전적 요인: 가계연구, 쌍둥이 연구

• 신경전달물질: 카테콜아민(catecholamine) 가설

• 뇌구조의 기능: 전두엽 활동 및 시상하부의 기능장애

• 내분비계통의 이상: 코르티솔의 과잉분비

• 생체리듬의 이상: 생활사건(관계 손상, 업무의 과중 등)으로 일상적인 리듬과 생물학적 리듬이 불안정해지게 되면 취약한 사람들에게 우울증이 유발될 수도 있다는 주장

18. 다음 중 불안장애에 속하지 않는 것은? [22 정보직]

① 분리불안장애　　　　② 양극성 장애
③ 특정공포증　　　　　④ 공황장애

19. A가 드러내는 특징을 가장 잘 반영하는 심리장애는? [21 보호직]

> A는 높은 건물이 무너질 것 같다는 생각에 계속 사로잡혀 있다. 이러한 불안을 줄이기 위해 A는 특정 숫자를 마음속으로 센다. A는 높은 건물이 무너질 것 같다는 생각에 계속 사로잡혀 있다. 이러한 불안을 줄이기 위해서 A는 특정 숫자를 마음속으로 세곤 한다.

① 강박장애　　　　　　② 공황장애
③ 사회공포증　　　　　④ 외상 후 스트레스 장애

|정답| ①
|해설|
① 강박장애(Obsessive Compulsive Disorder): 강박적인 집착과 반복적 행동을 특징적으로 나타내는 장애로 다음과 같은 특징을 보인다.
　• 강박사고(obsessive thought)
　　반복적이고 지속적인 생각, 충동 또는 심상이 침투적이고 원치 않는 방식으로 경험되며 대부분 현저한 불안이나 괴로움을 유발한다. 강박행동을 함으로써 강박사고를 중화시키려고 노력한다.
　• 강박행동(compulsive behavior)
　　－반복적 행동: 손씻기, 정리정돈하기, 확인하기 등
　　－심리내적 행동: 기도하기, 수 세기, 속으로 단어 반복하기 등
② 공황장애(panic disorder): 갑자기 엄습하는 강렬한 불안, 즉 공황 발작을 반복적으로 경험하는 장애를 말한다. 공황장애가 있는 사람들에게 급박하고도 강렬하게 엄습해 오는 공포를 공황 발작이라고 한다.
③ 사회공포증(사회불안장애, social anxiety disorder): 불안 장애 중 하나로, 다른 사람들과 상호작용하는 사회적인 상황을 두려워하고 이를 회피하는 경향이 있다. 낯선 사람들이 자신을 유심히 보는 것 같이 느끼거나 심지어 다른 사람들과 마주칠 것 같은 사회적 상황까지도 비현실적으로 강렬히 두려워한다.
④ 외상 후 스트레스 장애(post traumatic stress disorder): 사람이 전쟁, 고문, 자연재해, 사고 등의 심각한 사건을 경험한 후 그 사건에 공포감을 느끼고 사건 후에도 계속적인 재경험을 통해 고통을 느끼며 그로부터 벗어나기 위해 에너지를 소비하게 되는 질환으로, 정상적인 사회 생활에 부정적인 영향을 끼치게 된다.

20. 대형 화재현장에서 살아남은 남성이 불이 나는 장면에 관한 침습
증상, 지속적 회피, 인지와 감정의 부정적 변화, 각성과 반응성의
뚜렷한 변화 등이 나타나는 심리적 장애는?

① 외상 후 스트레스장애　　　② 적응장애

③ 범불안장애　　　　　　　　④ 반추장애

| 정답 | ①
| 해설 |
① 외상 후 스트레스장애(Posttraumatic Stress Disorder): 충격적인 외상 사건 경험 후, 다양한 심리적 부적응 증상이
　 나타나는 경우를 말한다. 이 경우, 외상 관련된 침습 증상이나 외상관련 자극에 대한 지속적인 회피, 외상관련 인지
　 와 감정의 부정적 변화, 외상관련 각성과 반응성의 뚜렷한 변화가 나타난다.
② 적응장애(adjustment disorder): 경제적 어려움, 신체 질환, 또는 대인 관계의 문제에서 비롯되는 스트레스 후에 불
　 안, 우울과 같은 감정적 증상이나 문제 행동이 3개월 이내에 발달하고 스트레스 요인이 종료된 후 6개월 이상 지속
　 되지 않는 경우를 말한다.
③ 범불안장애(generalized anxiety disorder): 불안 장애 중 하나로, 일상생활의 다양한 주제에 관한 과도하고 통제하
　 기 힘든 비합리적 걱정을 하는 모습을 보인다.
④ 반추장애(rumination disorder, 되새김장애): 위장장애나 뚜렷한 구역질 반응이 없는 상태에서 부분적으로 소화된
　 음식을 입 밖으로 뱉어 내거나 되씹은 후 삼키는 행동을 보인다.

21. 해리성 정체감 장애(dissociative identity disorder)에 대한 설명
과 가장 거리가 먼 것은?

① 기억에 있어서 빈번한 공백을 경험한다.

② 한 사람 안에 둘 이상의 각기 다른 정체감을 지닌 인격이 존재
　 하는 경우를 말한다.

③ DSM-5에서는 빙의 경험을 해리성 정체감 장애의 증상과 기
　 본적으로 동일하다고 여기고 있다.

④ 최면에 잘 걸리지 않는 성격을 보인다.

| 정답 | ④
| 해설 |
해리성 정체감장애는 한 사람 안에 둘 이상의 각기 다른 정체성을 지닌 인격이 존재하는 경우를 말한다. 이러한 현상에
대해 일부 문화에서는 개인의 생각과 행동이 내면적 자아가 아닌 외부의 존재에 의해서 지배되는 현상으로서 자기정체
감의 뚜렷한 변화와 더불어 기억상실로 나타나는 빙의(prossession) 경험으로 기술되기도 한다. 한 성격이 출현해서 경
험한 것(일상적 사건, 중요한 개인정보, 외상적 사건)을 기억함에 있어 빈번한 공백이 나타나지만 이를 일시적 망각으로
는 볼 수 없다. 따라서 ①, ②, ③의 내용은 옳다. 이러한 증상의 원인에 대해서는 외상과 같은 충격적인 사건이나 질병
발생에 취약한 개인적 취약성, 환경적 요인, 외상 경험을 완충시켜줄 수 있는 타인지원 부재 등을 들기도 하며, 해리성
정체감 장애를 보이는 사람들이 피암시성 또는 피최면성이 높다는 특성을 보여 피최면성의 성격적 요인도 원인으로
보기는 견해가 있다. 따라서 ④의 내용은 옳지 않다.

22. 다음 중 DSM-5의 신체증상 및 관련 장애에 관한 설명으로 옳지 않은 것은?

① 전환장애(conversion disorder)는 스트레스 요인이 동반되지 않는 경우도 있다.

② 허위성장애(factitious disorder)는 신체적 증상을 주로 위장한다는 점에서 뮌하우젠증후군(münchausen syndrome)이라고도 한다.

③ 신체증상장애(somatic symptom disorder)는 사회경제적 수준이 높은 계층에서 흔히 나타난다.

④ 질병불안장애(illness anxiety disorder) 환자는 심각한 질병에 걸렸다는 집착이 6개월 이상 지속된다.

| 정답 | ③
| 해설 |
신체증상장애는 수년간 지속되고 의학적 치료를 받을 정도로 다양한 신체적 증상을 반복적으로 드러내지만 신체적 기능에는 이상을 보이지 않는다. 이러한 증상에 대해 실제적인 고통을 느끼며 의도적으로 조작한 꾀병은 아니다. 증상의 종류와 빈도는 문화적 배경에 큰 영향을 받는다. 정서적 지지가 결여된 가정환경에서 성장하였거나 사회경제적 수준이나 교육 수준이 낮을수록, 도시보다는 시골 거주자에게서 많이 발생되는 특징을 보이기도 한다.

23. 섭식장애(eating disorder)에 관한 설명으로 옳지 않은 것은?

① 신체기능의 저하를 가져와 죽음에까지 이를 수 있다.

② 마른 외형을 선호하는 사회문화적 분위기와 관련된다.

③ 신경성 폭식증(bulimia nervosa)에서는 체중증가를 막기 위한 반복적이고 부적절한 보상행동이 나타난다.

④ 신경성 식욕부진증(anorexia nervosa)은 폭식하거나 하제를 사용하는 경우는 해당하지 않는다.

| 정답 | ④
| 해설 |
신경성 식욕부진증은 체중증가와 비만에 대해 극심한 두려움을 지니고 있어서 음식섭취를 현저하게 감소시키거나 거부함으로써 체중이 비정상적으로 저하되는 경우를 말한다. 신경성 식욕부진증은 규칙적으로 폭식하거나 음식배출을 위해 토하거나 약물을 복용하는 '폭식-하제 사용형'과 규칙적으로 폭식하거나 하제를 사용하지 않는 '제한형'의 유형이 있다.

24. DSM-5의 수면-각성장애의 하위 유형과 특징에 관한 설명으로 옳지 않은 것은?

① 불면에 대한 걱정과 두려움이 불면장애(insomnia disorder)의 지속요인이다.

② 악몽장애(nightmare disorder)는 주된 수면시간 동안에 생존, 안전 등의 위협과 같은 무서운 꿈을 꾼다.

③ 중추성 수면 무호흡증(central sleep apnea)은 수면 중에 다섯 번 이상의 호흡정지가 나타난다.

④ 수면발작증(narcolepsy)은 클라인레빈 증후군(kleine levin syndrome)으로 불린다.

| 정답 | ④
| 해설 |

• 수면발작증(Narcolepsy)은 기면증 또는 발작성 수면, 기면발작증이라고도 하며, 충분한 잠을 취했음에도 불구하고 참기 어려울 정도로 잠이 오는 상태를 말한다. 주요 증상은 낮 시간에 심한 졸음을 보이고, 격렬한 감정으로 힘이 빠지는 탈력발작, 렘(REM) 수면의 반복적인 침습, 입수면기의 환각, 가위눌림과 같은 수면마비 등이다.

• 클라인레빈 증후군은 수면 과다, 폭식 및 과잉 행동 등을 보이는 희귀성 질병으로 반복성 과다수면증(recurrent hypersomnias)의 일종이다

25. 반사회성 성격장애(antisocial personality disorder)에 대한 설명으로 옳지 않은 것은? [23 정보직]

① 18세 이후에 진단이 내려진다.

② 남성과 여성의 발병률이 거의 비슷하다.

③ 나이가 증가하면서 증상이 점점 나아지는 경향을 보인다.

④ 15세 이전에 품행장애를 진단받은 흔적이 있어야 한다.

| 정답 | ②
| 해설 |

반사회성 성격장애는 아동기 또는 사춘기에 시작되어 성인기까지 계속되는 장애로, 타인의 권리를 대수롭지 않게 여기고 침해하며, 반복적인 범법행위나 거짓말, 사기성, 공격성, 무책임함과 같은 증상을 보인다. 반사회성 성격장애의 1년 유병률은 0.2~3.3%의 범위이며, 대략 남성이 3%, 여성이 1% 정도이다. 경과 양상은 만성적인 것이 보통이나 나이가 들어감에 따라, 특히 40대에 이르게 되면 감소되거나 완화되는 특징이 있다.

26. 경계선 성격장애의 원인에 대한 설명으로 적절하지 않은 것은?

[21 정보직]

① 사회학습이론 – 자신의 정체감을 계속 잃기 때문이다.

② 인지심리이론 – 흑백논리적 인지왜곡 때문이다.

③ 정신역동이론 – 어린 시절에 중요한 인물을 상실했기 때문이다.

④ 대상관계이론 – 영아기 때의 분리–개별화가 잘 이루어지지 않고 고착된 것이다.

| 정답 | ①

| 해설 |

경계선 성격장애의 원인을 설명하는 데 있어 사회학습이론의 원리인 관찰 및 모방학습은 관계가 없다.

선택지에 제시된 관점들 외에도 경계선 성격장애에 대한 원인을 유전적, 신경생물학적, 취약성–스트레스 요인에서도 살펴볼 수 있다.

• 유전적 요인으로는 쌍둥이 연구와 가족연구에서 유전적 요인이 60% 이상의 변량을 설명하는 것으로 나타난다.

• 신경생물학적 취약성 요인은 세로토닌의 낮을수록 충동적 행동을 유발하고, 편도체의 활성화 수준이 높을수록 강렬한 정서와 감정조절의 실패를 초래한다고 본다.

• 취약성–스트레스 요인은 유전적으로 물려받은 생물학적 취약성 때문에 정서조절과 충동조절이 잘 안 되는 아동이 부모의 뒷받침이 결여된 환경과 상호작용하면서 아동은 부모에게 정서적 폭발을 나타냄과 동시에 기분의 불안정성을 느끼며 점차 경계선 성격장애를 발현시키는 것으로 보고 있다.

27. 성격장애에 관한 설명 중 옳은 것만을 모두 고르면? [22 보호직]

> ㄱ. 편집성 성격장애(paranoid personality disorder)는 다른 사람의 동기를 의심하고 신뢰하지 않는다.
> ㄴ. 경계선 성격장애(borderline personality disorder)는 인간관계가 불안정하고 극단적이며, 특히 충동적 자해행위를 한다.
> ㄷ. 분열성 성격장애(schizoid personality disorder)는 사교 관계를 원하지도 즐기지도 못 하고 감정이 없는 것처럼 보인다.

① ㄱ, ㄴ   ② ㄱ, ㄷ
③ ㄴ, ㄷ   ④ ㄱ, ㄴ, ㄷ

|정답| ④
|해설|
[성격장애의 하위범주와 특징]

A군 기이하고 괴상한 행동특성	편집성	다른 사람을 끝없이 불신하고 의심
	분열형(조현형)	왜곡된 인식과 비정상적 행동
	분열성(조현성)	감정을 표현하지 않고 관계에 무관심한 외톨이
B군 극적이고 감정적 변화가 많은 행동특성	반사회성	타인의 권리를 과도하게 무시하고 침해
	연극성	지나치게 감정적이고 시선을 끄는 행동
	경계선	대인관계와 정서가 불안정하고 매우 충동적
	자기애성	잘난 체하고 칭찬받기를 원하며, 공감능력이 부족
C군 불안과 두려움을 지속적으로 경험	회피성	억눌려 있고 자신감 부족, 부정적 평가에 민감
	의존성	스스로 판단하려 하지 않고 타인에게 지나치게 순응
	강박성	지나치게 엄격하고 인색, 쓸모없는 물건을 버리지 못함

28. DSM-5-TR에서 분류한 성격장애 중 군집 C(cluster C)에 속하지 않는 것은? [24 보호직]

① 강박성(obsessive-compulsive) 성격장애
② 회피성(avoidant) 성격장애
③ 의존성(dependent) 성격장애
④ 편집성(paranoid) 성격장애

|정답| ④
|해설|
편집성 성격장애는 군집 A에 속하는 성격장애이며, 군집 C에는 강박성 성격장애, 회피성 성격장애, 의존성 성격장애가 포함된다.

01. 다음 상담에 관한 설명으로 옳은 것을 모두 고른 것은?

> ㄱ. 상담자, 내담자, 상담관계가 주요 요소이다.
> ㄴ. 상담자는 상담에 대한 전문적 훈련을 받은 사람이다.
> ㄷ. 상담은 내담자의 문제를 예방하고 해결하며 삶의 질을 향상시킨다.
> ㄹ. 상담자는 내담자의 변화를 위해 내담자 문제를 해결해 주는 주체이다.

① ㄱ, ㄹ

② ㄴ, ㄷ

③ ㄱ, ㄴ, ㄷ

④ ㄴ, ㄷ, ㄹ

| 정답 | ③
| 해설 |

ㄹ. 상담자는 내담자의 변화를 위해 내담자 문제를 해결해 주는 주체가 아니라 내담자 스스로가 자기 문제를 해결할 수 있도록 조력자의 역할을 수행한다. 이를 위해 인간적 자질(인간에 대한 깊은 관심, 원숙한 적응상태, 감정인식 및 수용능력, 대화에 대한 편안함, 인간관계형성 및 유지능력, 자기성찰적 태도)과 전문적 자질(상담이론에 대한 이해, 상담방법에 대한 이해, 상담실습경험과 훈련), 상담자의 윤리(비밀보장, 유능성, 내담자와의 전문적 관계유지) 등을 필요로 한다.

02. 다음 중 상담 종결에 관한 설명으로 옳지 않은 것은?

① 상담목표의 달성정도를 파악한다.

② 상담의 진행결과가 성공적이었거나 실패했을 때에 이루어진다.

③ 조기종결 시 상담자는 조기종결에 따른 내담자의 감정을 다뤄야 한다.

④ 조기종결 시 상담자가 내담자에게 조기종결에 따른 솔직한 감정을 표현하는 것은 도움이 되지 않는다.

| 정답 | ④
| 해설 |

조기종결 시에는 상담자는 내담자가 종결에 대한 지닌 생각을 충분히 다루어야 하며, 상담자 역시 조기종결에 대한 의견을 솔직한 감정을 표현하고 함께 종결에 대해 의논하는 시간이 필요하다.

03. 정신분석적 치료의 주요한 치료 기법이 아닌 것은? [07 보호직]

① 무조건적 긍정적 존중　　② 자유연상

③ 전이의 분석　　　　　　④ 꿈의 분석

| 정답 | ①

| 해설 |

무조건적 긍정적 존중은 인간 중심 치료(person-centered therapy)의 주요 기법 중 하나이다.

04. 아들러(A. Adler)의 개인심리치료에 관한 설명으로 옳지 않은 것은?

① 인간의 모든 행동에는 목적성이 있다고 본다.

② 인간 행동의 기본적인 목적은 열등감의 극복이다.

③ 전체적 관점보다는 분석적 관점에서 인간의 개인성을 강조한다.

④ 생활양식은 개인이 지니는 독특한 삶의 방식으로 가족 경험에 의해 영향을 받는다.

| 정답 | ③

| 해설 |

개인심리학의 특징은 행동의 원인을 분석하는 것이 아니라 행동의 목적을 분석하고(목적론), 인간을 분할할 수 없는 전체로서 파악하여 이성과 감성, 의식과 무의식 등의 대립을 인정하지 않고(총체론), 객관적 사실보다 객관적 사실에 대한 주관적 의미부여 과정을 중요하게 보고(현상학적 관점), 내적 정신세계보다 대인관계를 분석하고(대인관계론), 주체적 결단능력을 중요시한다(실존주의)는 것이다.

05. 행동수정의 순서로 옳은 것은? [18 정보직]

① 행동의 기초선 측정 – 목표 행동 정의 – 강화 및 처벌 – 행동 일반화 – 결과 검증

② 목표 행동 정의 – 행동의 기초선 측정 – 결과 검증 – 강화 및 처벌 – 행동 일반화

③ 목표 행동 정의 – 행동의 기초선 측정 – 강화 및 처벌 – 결과 검증 – 행동 일반화

④ 행동의 기초선 측정 – 목표 행동 정의 – 강화 및 처벌 – 결과 검증 – 행동 일반화

| 정답 | ③

| 해설 |

[행동수정(behavior modification) 단계]
• 표적행동의 선정
• 행동변화를 위한 치료계획 수립(과소, 과다행동에 대해서)
• 기초선 설정: 표적행동의 현재수준, 비교 평가의 준거마련
• 실험처치: 표적행동에 대한 치료적 중재(강화 및 처벌)
• 효과의 검증: 실험처치의 효과검증
• 치료처치: 일반화 계획
• 추후조치: 효과의 지속 여부 확인

06. 바람직하지 않은 행동을 수정하는 방법들 중 나머지와 원리가 다른 것은? [21 정보직]

① 타임아웃(time out)

② 토큰경제(token economic)

③ 역조건화(counter conditioning)

④ 소거(extinction)

07. 다음은 비행공포증을 치료하기 위해 실시한 치료방법의 일부이다. 이러한 치료과정과 가장 관계가 깊은 항목은? [09 보호직]

> ※ 다음 각 상황에 대해서 공포감이 심한 정도를 순서대로 표시하시오.
>
> 다음주에 중국에 출장가라는 지시를 받음.
>
> 여행사에 연락해 비행기표를 예약함.
>
> 공항에 가기 위해 집을 나섬.
>
> (중략)
>
> 비행기 안으로 들어감.
>
> 비행기가 이륙하고 급상승함.
>
> 비행기가 방향전환을 위해 기울어짐.
>
> (중략)
>
> 비행기가 고도를 낮추고 착륙을 준비함.
>
> 비행기가 활주로에 진입함.
>
> 비행기가 정지함.

① 자동적 사고의 탐색 　　② 체계적 둔감화

③ 불안의 원인 탐색 　　④ 비합리적 사고 과정의 탐색

08. 사회공포증을 가진 사람에게 처음에는 주유소에서 낯선 사람에게 길을 물어보는 것과 같은 쉬운 상황에 노출시키고, 사람이 많은 파티에 참석하거나 대중 연설을 하는 점점 어려운 상황에 노출시켜 사회 공포증을 치료하는 방식과 관련된 심리치료는 어디에 해당하는가? [24 정보직]

① 게슈탈트 치료
② 대인관계
③ 행동치료
④ 인지치료

| 정답 | ③
| 해설 |
행동치료는 특정 행동이나 감정을 변화시키기 위해 노출 요법(exposure therapy)을 사용한다. 사회공포증의 경우, 환자를 점진적으로 두려운 상황에 노출시켜 불안을 감소시키는 방식으로, 처음에는 쉬운 상황(예 주유소에서 길 물어보기)부터 시작하여 점차적으로 더 어려운 상황(예 대중 연설, 파티 참석)으로 진행한다. 이를 통해 불안감을 줄이고 자신감을 키울 수 있다.

09. 다음을 설명하는 심리치료 기법은? [22 보호직]

A는 아이가 시도 때도 없이 손톱을 물어뜯는 모습을 보았다. 손톱 물어뜯기를 고치기 위해 아이가 잠든 사이 쓴맛이 나는 약을 손톱에 칠했다. 이후 아이가 손톱을 물어뜯는 횟수가 눈에 띄게 줄어들었다.

① 노출치료 기법
② 혐오치료 기법
③ 체계적 둔감법
④ 홍수법

| 정답 | ②
| 해설 |
혐오치료(aversion therapy)는 역조건형성(countconditioning)의 일종으로 부적절한 반응을 유발하는 조건자극을 혐오적 반응을 일으키는 무조건자극과 짝지어 부적절한 반응을 감소시키는 치료이다. 해당 예시에서 사용한 쓴맛이 나는 약은 '혐오적 반응을 일으키는 무조건 자극'에 해당되며, 쓴맛으로 인해 아이는 손톱 물어뜯기라는 부적절한 반응이 감소되었다.

10. 인간중심 상담이론에서 요구하는 상담자의 자세와 태도에 해당하지 않는 것은?

① 진실성
② 정확한 공감적 이해
③ 무조건적이고 긍정적 존중
④ 지적 능력

| 정답 | ④
| 해설 |
인간중심치료에서는 내담자가 스스로를 있는 그대로 수용하고 자기실현으로 나아갈 수 있도록 치료자는 공감적 이해, 무조건적 존중, 진솔성(진실성, 일치성)의 자세를 가져야 한다고 주장한다.

11. 다음 중 로저스(Rogers)의 인본주의 치료에 대한 설명으로 가장 거리가 먼 것은? [24 정보직]

① 사람들 속에 내재하는 자기 완성의 잠재력을 강조한다.

② 내담자 중심 치료를 제시하고 치료자가 적극적으로 논의를 주도한다.

③ 무조건적인 긍정적 존중과 적극적 경청이라는 방법의 중요성을 강조한다.

④ 치료자는 내담자에게 무조건적 존중, 공감, 수용을 한다.

| 정답 | ②

| 해설 |

② 로저스의 인간중심치료(person-centered therapy)에서는 상담자(치료자)는 내담자가 주도적으로 자신의 문제를 탐색하고 해결할 수 있도록 도우며, 내담자의 이야기를 경청하고 지원하는 역할을 한다. 이 설명은 로저스의 접근 방식과 가장 거리가 멀다.

① 로저스의 인간중심상담의 인간관은 인간은 누구나 자신의 모든 잠재능력을 발휘하여 좀 더 가치 있는 존재로 성장하려는 선천적인 성향, 즉 자기실현(self-actualization) 경향성을 지니고 있다고 본다.

③ 인간중심치료의 치료 기법

- 진실해지려고 노력하기
- 적극적으로 경청하기
- 공감적으로 반영하기
- 즉시성('지금 여기')
- 자기 노출하기
- 치료자의 개성 살리기

④ 인간중심치료의 핵심 요건

- 진실성(genuineness) 또는 일치성(congruence)
- 무조건적인 긍정적 존중(unconditional positive regard)
- 공감적 이해(empathic understanding)

12. 인간중심치료에 관한 설명으로 옳지 않은 것은?

① 인간은 긍정적인 변화를 향한 내면적 동기와 잠재능력을 지니고 있는 존재이다.

② 자기개념과 유기체적 경험의 불일치가 클수록 심리적 부적응이 발생한다.

③ 상담목표는 내담자가 충분히 기능하는 사람이 되도록 돕는 것이다.

④ 개인의 객관적인 경험과 인식을 중시하는 현상학적인 입장에 근거한다.

| 정답 | ④

| 해설 |

인간중심치료는 인간에 대한 신뢰에 기반을 두며, 무의식보다는 의식적 자기 인식을 중요시하는 현상학적 입장에 근거하고 있다. 매 순간 개인의 의식에 지각되고 경험되는 모든 것을 주관적 현실로서의 현상적 장이라 지칭하며, 이는 개인이 변화하는 세계를 지각하고 경험하는 심리적 공간으로서 개인의 사적이고 주관적인 경험 세계를 의미한다.

13. 게슈탈트 심리치료에서 강조하는 것이 아닌 것은?

① 지금-여기

② 내담자의 억압된 감정에 대한 해석

③ 미해결 과제 또는 회피

④ 환경과의 접촉

|정답| ②
|해설|
내담자의 억압된 감정에 대한 해석은 정신분석치료에서 활용하는 기법이다.

14. 게슈탈트 심리치료에서 알아차림 - 접촉주기 단계의 진행순서로 옳은 것은?

① 배경 → 알아차림 → 감각 → 에너지 동원 → 행동 → 접촉 → 배경

② 배경 → 감각 → 알아차림 → 행동 → 에너지 동원 → 접촉 → 배경

③ 배경 → 감각 → 알아차림 → 에너지 동원 → 행동 → 접촉 → 배경

④ 배경 → 에너지 동원 → 감각 → 알아차림 → 접촉 → 행동 → 배경

|정답| ③
|해설|
[게슈탈트 심리치료 과정: 알아차림과 접촉주기]
• 물러남(배경): 휴식
• 감각: 배경에서 출발, 욕구가 신체 감각의 형태로 나타남
• 알아차림: 알아차려 게슈탈트 형성
• 에너지 동원: 게슈탈트 해소를 위한 에너지 동원
• 행동: 적절한 행동선택 및 실행
• 접촉: 환경과의 접촉을 통한 게슈탈트 해소

15. 내담자가 두려워하는 일을 하도록 하거나 그런 일이 일어나기를 소망하도록 격려하여, 내담자가 자신의 증상에 대해 덜 걱정하도록 돕는 기법은?

① 체계적 둔감화

② 노출치료

③ 역설적 의도

④ 탈숙고

|정답| ③
|해설|
③ 역설적 의도(paradoxen intension)에 대한 설명이다. 이는 의미치료(Logotherapy)과정에서 강조한 기법으로, 강박적이고 억압적인 공포증에 걸린 내담자들의 단기 상담과 치료에 도움이 된다. 내담자의 불안을 직면시켜 공포증의 악순환에서 이탈하게 하는 것으로 내담자는 역설적 의도를 통해 자신이 두려워하는 것을 알고 배우게 된다.
④ 탈숙고(dereflexion)도 의미치료의 기법으로 자신의 문제에 대해 지나치게 숙고하면 자발성과 활동성에 방해가 되기에 무시나 방관을 통해 자신의 관심을 다른 곳으로 돌림으로써 문제를 극복할 수 있도록 돕는다.

16. 현실치료(reality therapy)에 관한 설명으로 옳지 않은 것은?

① 내담자가 실행하지 못한 것에 대한 변명을 허용하지 않는다.

② 전행동(total behavior)의 '생각하기'에는 공상과 꿈이 포함된다.

③ WDEP에서 P는 선택행동에 대한 자기평가를 의미한다.

④ 내담자 개인의 책임을 강조한다.

|정답| ③

|해설|

WDEP에서 선택행동에 대한 자기평가는 E를 의미한다.

[현실치료의 상담과정(WDEP)]
- 욕구 탐색하기(want): 무엇을 원하는가. 주변의 영향. 사진첩 또는 행복세상 탐색
- 현재 행동에 초점두기(doing): 무엇을 하고 있는가. 전행동
- 내담자가 자신의 행동 평가하기(evaluating): 지금의 행동이 도움이 되는가. 행동욕구 점검
- 책임 있게 행동하는 계획 세우기(plan): 구체적으로 계획(SAMIC3: simple, attainable, measurable, immediate, controlled, consistent, committed)

17. 교류분석(transactionnel analysis) 상담에 관한 설명으로 옳지 않은 것은?

① 성격은 어버이 자아상태, 어른 자아상태, 어린이 자아상태로 구성된다.

② 어른 자아상태는 합리적, 이성적, 객관적 성격특징을 지닌다.

③ 상보적 교류는 두 사람 간의 대화가 지지적으로 잘 이루어지는 상태를 말한다.

④ 내담자의 삶의 입장을 자기긍정-타인부정의 입장으로 변화시킨다.

|정답| ④

|해설|

교류분석이 추구하는 가장 이상적인 태도는 자기긍정, 타인긍정(I'm OK, You're OK)의 태도다.

18. 이상행동에 관한 인지적 관점의 설명으로 옳은 것은?

① 개인 고유의 정서체계가 적응문제를 유발한다.

② 엘리스(Ellis)에 따르면 정서적 장애는 비합리적 신념을 초래한다.

③ 벡(Beck)은 우울장애에 널리 쓰이는 치료법을 개발했다.

④ 이상적 자기와 현실적 자기 사이의 간극이 커질수록 병리를 일으킨다고 본다.

| 정답 | ③

| 해설 |

① 인지적 관점에서는 사고가 사건과 정서반응을 매개한다는 가정에 근거한다.

② 엘리스는 비합리적 신념이 정서적 장애를 초래한다고 보았다.

④ 인간중심치료의 관점에 해당된다.

19. 엘리스의 인지정서행동치료(REBT)에 대한 설명으로 옳은 것은?

[18 정보직]

① 비합리적 신념을 변화시키는 데 무엇보다 중요한 것은 무조건적 수용이다.

② 내담자의 과거 사건과 경험을 중시한다.

③ 인간의 세 가지 심리구조인 인지, 정서, 행동은 상호작용하고, 인지는 가장 핵심적인 요소이다.

④ 행동적 기법으로는 주장훈련, 모범행동 보여주기 등이 있다.

| 정답 | ③

| 해설 |

① REBT(rational emotive behavior therapy)에서는 비합리적 신념을 변화시키기 위해서 논박하기(dispute: D)를 사용한다.

② REBT는 내담자의 과거 사건과 경험보다는 현재행동에 초점을 둔다.

④ 주장훈련은 행동적 기법에 속하고, 모범행동 보여주기는 정서적 기법에 해당된다.

20. 다음 중 합리적 정서 행동치료(REBT)에 대한 설명으로 가장 적절한 것은? [24 정보직]

① 자신의 심리적 문제에 대한 통찰을 갖기 위해 내담자의 어린 시절 사건을 살펴보고 이해하도록 도와준다.

② 내담자가 자신과 타인 그리고 세상에 대한 왜곡된 사고를 인식하고 수정하는 데 초점을 맞춘다.

③ 내담자와의 현재 관계를 증진시키는데 초점을 둔다.

④ 원치않는 행동은 감소시키고, 바람직한 행동을 늘리면서, 원치 않는 감정반응을 줄일 수 있게 해준다.

|정답| ②, ④

|해설|

② 합리적 정서 행동치료에서는 이상행동의 원인을 당위적 사고에 의한 비합리적 신념으로 본다.

④ REBT의 궁극적 목표는 내담자의 정서적 어려움을 최소화하고, 자기패배적 행동의 감소시키며, 자기실현을 앞당겨 행복한 삶을 영위할 수 있도록 돕는 것이며, REBT의 기본목표는 역기능적 정서와 행동을 건강한 정서와 행동으로 변화시키는 법을 가르치는 것이다. 따라서, ④도 정답으로 해석될 가능성이 높다.

① 정신역동적 치료 접근 방식에서 강조하는 내용이다.

③ 인본주의적 접근에서 강조하는 방식이다.

[당위적 사고]

• 자신에 대한 당위성: '나는 실수해서는 안된다'

• 타인에 대한 당위성: '당신은 나를 인정해주어야만 한다.'

• 조건에 대한 당위성: '세상은 나한테 이래서는 안된다.'

---

21. 벡(Beck)의 인지치료에 대한 설명으로 옳지 않은 것은?

① 내담자의 정서와 행동은 사고에 영향을 받는다.

② 이상행동의 주요요인은 역기능적 인지도식이다.

③ 왜곡된 사고를 수정·재구성함으로써 합리적·생산적인 삶을 영위할 수 있도록 돕는다.

④ 비합리적 생각을 합리적인 생각으로 변화시키기 위해 논박을 사용한다.

|정답| ④

|해설|

REBT(rational emotive behavior therapy)의 기법에 해당된다.

22. 벡(Beck)이 제시한 인지적 오류 중 예시가 바르게 연결된 것은?

① 임의적 추론(Arbitrary Inference): 한두 번의 실연당한 경험으로 누구로부터도 항상 실연을 당할 것이라고 생각하는 것

② 과잉일반화(Overgeneralization): 많은 사람들 앞에서 강의 후, 대다수의 긍정적인 반응보다 소수의 부정적인 반응에만 초점을 맞춰 강의가 실패했다고 단정하는 것

③ 선택적 추론(Selective Abstraction): 남자친구가 바쁜 일로 연락을 못하면 나를 멀리하려 한다고 결론 내리고 이별을 준비하는 것

④ 개인화(Personalization): 내담자가 두 번째 회기에 오지 않을 경우, 첫 회기에서 내가 뭘 잘못했기 때문이라고 강하게 믿는 것

| 정답 | ④
| 해설 |
④ 개인화는 자신과 관련시킬 근거가 없는 외부사건을 자신과 관련시키는 성향으로서, 실제로는 다른 것 때문에 생긴 일에 대해 자신이 원인이고 자신이 책임져야 할 것으로 받아들이는 것을 말한다.
① 임의적 추론은 어떤 결론을 지지하는 증거가 없거나 그 증거가 결론에 위배됨에도 불구하고 그와 같은 결론을 내리는 것을 뜻한다. ①의 예시는 과잉일반화(Overgeneralization)에 해당된다.
② 과잉일반화는 한두 개의 고립된 사건에 근거해서 일반적인 결론을 내리고 그것을 서로 관계없는 상황에 적용하는 것을 의미한다. ②의 예시는 선택적 추론에 해당된다.
③ 선택적 추론은 다른 중요한 요소들은 무시한 채 사소한 부분에 초점을 맞추고, 그 부분적인 것에 근거하여 전체 경험을 이해하는 것을 말한다. ③의 예시는 임의적 추론에 해당된다.

23. 제3세대 인지행동치료 중 마음챙김에 기반한 치료에 관한 설명으로 옳지 않은 것은?
[23 보호직]

① 맥락과 상황을 강조한다.

② 현재의 경험을 수용적으로 자각하여 알아차리는 것을 추구한다.

③ 인지의 기능보다 내용을 중시한다.

④ 변증법적 행동치료(DBT)와 수용전념치료(ACT)를 포함한다.

| 정답 | ③
| 해설 |
마음 챙김(mindfulness)이란 불교 수행 전통에서 기원한 심리학적 구성 개념으로 현재 순간을 있는 그대로 수용적인 태도로 자각하는 것으로 이를 기반한 치료로는 마음챙김에 기반한 스트레스 감소 프로그램(MBSR, mindfulness based stress reduction), 마음챙김에 근거한 인지치료(MBCT, mindfulness-based cognitive therapy), 변증법적 행동치료(DBT, Dialectical Behavior Therapy), 수용전념치료(ACT, Acceptance Commitment Therapy) 등이 있다. 마음 챙김은 새로운 범주를 창조해 내고, 새로운 정보에 개방적인 태도를 지니며, 한 가지 관점에 매이지 않고 사물을 자각하는 인지적 과정으로 정의하기도 한다. 따라서 ③의 내용은 옳지 않다.

24. 경계성 성격장애와 감정조절의 어려움과 충동성이 문제가 되는 상
    태를 치료하기 위해 상대적으로 최근에 개발된 인지행동치료로서
    주로 자살 행동을 보이는 여자 환자들과의 임상경험을 바탕으로
    개발된 치료는?

    ① ACT(Acceptance and Commitment Therapy)
    ② DBT(Dialectical Behavior Therapy)
    ③ MBSR(Mindfulness Based Stress Reduction)
    ④ EMDR(Eye Movement Desensitization and Reprocessing)

|정답| ②
|해설|
② 변증법적 행동치료(DBT)는 경계선 성격장애(BPD, borderline personality disorder)를 치료하기 위해 리네한(Linehan)이
   개발한 다면적 치료 프로그램이다. 변증법적 세계관을 바탕으로 사고, 정서, 행동의 변화를 촉진하는 여러 가지 인지행
   동적 전략과 마음챙김(mindfulness) 명상활동을 절충하여 구성되어 있다.
① 수용전념치료(ACT)는 생각이나 정서와 같은 사적경험의 내용을 직접적으로 변화시키기보다는 수용과 알아차림을 통해
   이를 자각함으로써 자동적 사고에서 탈융합하는 치료적 집근이다.
③ 마음챙김에 근거한 스트레스 완화(MBSR)는 마음챙김의 명상활동을 기반으로 하여 스트레스를 줄이기 위해 카밧진
   (Kabat-Zinn)이 개발한 프로그램이다.
④ 안구운동 민감소실 및 재처리요법(EMDR)은 외상후 스트레스 장애(PTSD)와 같은 외상 기억과 관련된 고통을 완화하기
   위해 사피로(Shapiro)가 고안한 기법이다.

25. 다음 중 상담의 목표와 해당 이론에서 사용하는 주요기법의 연결
    이 옳은 것은?

    ① 비합리적 신념의 변화 – 체계적 둔감화
    ② 자기실현 경향촉진 – 소크라테스식 대화
    ③ 무의식적 갈등의 의식화 – 홍수법
    ④ 환경과의 접촉을 통한 알아차림 – 빈의자기법

|정답| ④
|해설|
④ 형태주의 상담에서는 빈의자 기법
   을 통해 내사된 가치관을 의식화
   함으로써 부인하고 있을지 모르
   는 자신의 어떤 측면에 접촉하도
   록 도와준다.
① 비합리적 신념의 변화는 REBT의
   주요 목표이지만, 체계적 둔감화
   는 행동치료의 기법에 해당된다.
② 자기실현 경향촉진은 인간중심치
   료의 주요 목표이지만 소크라테
   스식 대화는 인지치료(CT)의 주요
   기법이다.
③ 무의식적 갈등의 의식화는 정신분
   석의 주요 목표이지만 홍수법은
   행동치료의 기법에 해당된다.

26. 집단상담자가 고려해야 할 내용이 아닌 것은? [18 정보직]

① 집단구성원의 수가 적은 경우 상담자에 대한 의존도가 높아질 수 있다.

② 집단분위기의 조성을 돕는다.

③ 최대한 많은 인원을 모아 집단상담이 원활히 진행되게 한다.

④ 의사소통 및 상호작용을 촉진한다.

| 정답 | ③

| 해설 |

집단상담은 집단의 목적과 집단의 종류, 연령 등과 집단상담자 자신의 리더십 능력을 고려하여 적정한 인원을 모집하는 것이 바람직하다. 집단상담의 진행 시간에 2시간(8명 정도 구성)인 경우와 1시간 반(6명)인 경우도 달라질 수 있다. 또한 집단시간의 진행 시간도 참여자의 특성(환자, 어린이, 청소년, 성인 등)을 고려하여 계획하는 것이 바람직하다.

27. 가족치료의 주된 목표와 가장 거리가 먼 것은?

① 가계의 특징을 파악하고 이를 재구조화한다.

② 가족구성원 간의 잘못된 관계를 바로잡는다.

③ 특정 가족구성원의 문제행동을 수정한다.

④ 가족구성원 간의 의사소통 유형을 파악하고 의사소통이 잘 되도록 한다.

| 정답 | ③

| 해설 |

가족 치료는 특정 가족구성원의 문제 행동에 집중하기 보다는 가족 구성원 간의 관계구조와 상호작용을 변화시켜 대인관계 기술과 적응능력을 향상시킴으로써 개인과 가족이 건강하고 기능적인 생활을 하도록 전문적인 도움을 주는 활동이라고 할 수 있다. 가족 치료는 가족의 행동 패턴이 개인에게 영향을 미친다는 생각을 바탕으로 가족 자체가 치료 계획의 일부가 되는 것이다. 가족 치료의 단위는 개인이 아닌 그 개인이 속한 관계의 망이다.

28. 다음 〈보기1〉의 이론 내용과 〈보기2〉의 이론가를 바르게 연결한 것은?

> **보기 1**
>
> (가) 직업선택은 발달적 과정으로서 20대 초반까지는 현실적인 선택이 이루어진다고 보았다.
>
> (나) 진로발달과정에 유전적 요인, 환경적 사건, 학습경험, 과제 접근기술이 영향을 미친다고 하였다.
>
> (다) 개인이 자기개념과 일치하는 직업에 대해 포부를 형성한다고 보고, 직업포부 형성과정을 제한과 타협 과정으로 설명하였다.
>
> (라) 사람들의 성격과 직업환경은 각각 6개의 유형으로 분류되며, 개인의 행동은 성격과 환경의 상호작용에 의해 결정된다고 보았다.

> **보기 2**
>
> ㄱ. 긴즈버그(Ginzberg)　　　ㄴ. 홀랜드(Holland)
>
> ㄷ. 갓프레드슨(Gottfredson)　　ㄹ. 크롬볼츠(Krumboltz)

	(가)	(나)	(다)	(라)
①	ㄱ	ㄷ	ㄴ	ㄹ
②	ㄱ	ㄹ	ㄷ	ㄴ
③	ㄷ	ㄱ	ㄴ	ㄹ
④	ㄷ	ㄹ	ㄱ	ㄴ

| **정답** | ②

| **해설** |

(가) **긴즈버그(Ginzberg)**의 진로선택발달이론에 대한 설명이다. 긴즈버그는 진로발달은 대략 10~21세에 걸쳐 일어나며, 환상기(아동기) – 시험기(아동기~청소년기) – 현실기(18~22세) 3단계로 설명을 하고 있다.

(나) **크롬볼츠(Krumboltz)**의 사회학습진로이론에 대한 설명이다. 크롬볼츠는 진로선택의 과정에서 개인과 환경이 상호작용하는 과정에 초점을 두었다.

(다) **갓프레드슨(Gottfredson)**의 제한타협이론에 대한 설명이다. 제한(circumscription)은 성과 사회적 계급에 주로 근거하여 개인이 수용하기 어려운 직업적 대안들을 제거하는 과정이며, 타협(compromise)은 취업 가능성과 같은 제한 요인에 근거하여 진로선택을 조정하는 과정을 의미한다.

(라) **홀랜드(Holland)**의 성격유형과 육각형모델에서는 사람들의 성격은 R, I, A, S, E, C 등의 6가지 유형중 하나로 분류될 수 있고, 직업 환경도 6가지의 유형이 존재하며, 개인의 행동은 성격과 환경의 상호작용에 의해 결정되고, 사람들은 자신의 능력을 발휘하고 태도와 가치를 표현할 수 있는 환경을 찾는다고 가정한다.

모의고사
문제풀이

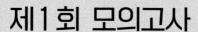

제1회 모의고사

정답 및 해설_p.293

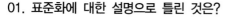

01. 표준화에 대한 설명으로 틀린 것은?

① 신뢰도: 검사가 시간과 장소와 무관하게 얼마나 오차 없이 측정하는가 하는 개념으로 검사 점수의 반복가능성과 일관성을 강조한다.

② 타당도: 검사가 측정하고자 하는 것을 얼마나 정확하게 측정하였는지를 의미한다.

③ 규준: 표본으로 선정된 사람들에게 검사를 실시하여 구성되며, 검사 점수의 의미를 이해하는 데 도움을 된다.

④ 표준점수: 대표적인 것으로는 백분위 점수가 있다.

02. 측정척도에 대한 설명으로 옳지 않은 것은?

① 명명척도에서는 질적 차이가 아닌 양적 크기를 기준으로 숫자를 배정한다.

② 서열척도는 분류와 순서에 대한 정보를 제공해준다.

③ 섭씨 온도는 등간척도의 한 예이다.

④ 비율척도에서는 척도점수의 가감승제가 가능하다.

03. 감각운동기에 대한 설명으로 틀린 것은?

① 출생에서 1개월까지는 주로 타고난 반사행동을 통해 환경과 접촉한다.

② 18개월이 지나면 행위를 내면화하고 행동하기 전에 사고하는 것이 가능하다.

③ 4~8개월 경에는 대상이 없어도 대상이 있다는 것을 안다.

④ 12개월에 상징적 단어를 사용한다.

04. 형호는 우림에게 자리를 양보해달라고 부탁한다. 형호는 이 과목을 수강할 때 항상 앉던 자리이고 시험공부도 이 자리에서 했기 때문에 여기서 시험을 봐야 좋은 점수를 얻을 수 있다며 자리 양보를 원하고 있다. 형호의 주장을 지지하는 이론 또는 현상은?

① 맥락의존기억　　② 출처기억상실

③ 계열위치효과　　④ 시험효과

05. 인과관계와 상관관계에 대한 설명으로 옳은 것은?

① 두 변인 사이에 상관관계가 있으면 반드시 인과관계도 있다.

② 사용자의 SNS 접속량과 우울 점수 사이의 관계를 설문조사로 연구하는 것은 인과관계 연구이다.

③ 한 변인의 값이 증가할수록 다른 변인의 값이 감소하면 두 변인 간에는 상관관계가 존재한다.

④ 상관계수 +.34는 −.77보다 더 상관관계가 강한 것을 의미한다.

06. 상담 초기단계에서 상담자가 해야 할 주요과제는?

① 저항 다루기

② 상담의 구조화

③ 목표 달성도 평가

④ 새로운 행동 실행 촉진

07. 시험개발을 위해 비행기 조종사가 되기 전에 본 후 나중에 조종사가 된 후 수행 점수와 비교해 보았다. 어떤 타당도인가?

① 구성타당도　　② 내용타당도

③ 준거타당도　　④ 안면타당도

08. 단기기억의 특성이 아닌 것은?

① 정보의 용량이 매우 제한적이다.

② 작업기억(working memory)이라 불린다.

③ 현재 의식하고 있는 정보를 의미한다.

④ 거대한 도서관에 비유할 수 있다.

09. 동조와 관련된 개념으로 가장 거리가 먼 것은?

① 통일성의 압박

② 타인이나 집단의 기준에 순응

③ 애쉬의 선분실험

④ 사회적 정체성

10. 종단적 설계에 대한 설명으로 옳지 않은 것은?

① 조사대상을 일정한 시간간격을 두고 2회 이상 관찰하거나 자료를 수집한다.

② 연령 경향이 실제적인 발달적 변화보다 동시대 집단 효과의 영향과 혼동될 수 있다.

③ 연습효과와 선별적 탈락이 발생될 수 있다.

④ 상대적으로 시간과 비용이 많이 소모된다.

11. 시험을 잘 보기 위해서는 충분히 각성을 하고 있어야 하지만, 지나치게 과도한 각성은 오히려 시험을 보는 데 방해가 될 수도 있다. 이렇게 각성과 수행 사이의 관계를 가장 잘 설명해주는 개념은?

① 여키스-도슨 법칙

② 추동감소이론

③ 대립과정이론

④ 캐논-바드이론

12. 다음의 〈보기〉의 내용을 가장 잘 설명해주는 방어기제는?

> **보기**
>
> 직장 상사에게 꾸지람을 들은 이수는 억울한 마음이 있었지만 차마 표현하지 못하고 집으로 돌아와 동생에게 화풀이를 하였다.

① 투사(projection)

② 합리화(rationalization)

③ 치환(displacement)

④ 반동형성(reaction formation)

13. 어떤 일의 원인을 말할 때 자신의 행동은 외부 환경 때문이라고 생각하고 다른 사람의 행동은 그 사람의 성향이라고 판단하는 것은?

① 도박사의 오류

② 가용성의 오류

③ 기본적 귀인 오류

④ 행위자-관찰자 편파

14. 관찰학습의 단계를 옳게 나열한 것은?

① 주의 – 기억 – 동기 – 운동재생

② 주의 – 기억 – 운동재생 – 동기

③ 동기 – 기억 – 주의 – 운동재생

④ 동기 – 주의 – 운동재생 – 동기

15. 집단극화에 대한 설명으로 적절한 것은?

① 집단 상호작용 이후 구성원들의 태도나 의견이 상호작용 이전과 반대 극단방향으로 의견을 갖게 되는 것을 의미한다.

② 집단극화의 원인으로는 사회비교를 통한 자기 과시의 산물이라는 주장이 있다.

③ 집단극화는 사회적 정체감의 영향이라기보다는 개인의 동조 경향성과 더 관련이 있다.

④ 집단극화는 지시적인 리더가 있을 때 일어나기 쉽다.

16. 특수한 사례로부터 일반적이고 보편적인 법칙을 찾아 결론을 도출하는 접근법과 무관한 것은?

① 하향식 처리

② 귀납적 추론

③ 과잉일반화의 오류

④ 가용성 오류

17. 영화관에서 갑자기 어두운 곳으로 들어갔을 때 눈의 작용으로 맞는 설명은?

① 수정체의 두께를 조절
② 망막의 수용기 세포의 반응
③ 맹점이 수축
④ 동공이 수축

18. 아들러 이론에 대한 설명으로 적절하지 않는 것은?

① 개인이 추구하는 궁극적 목적은 현실에서 검증되지 않은 가상의 목표이다.
② 아들러는 인간을 스스로 자신의 삶을 만들어나가는 존재라고 보았다.
③ 심리적 성숙의 판단기준으로서 개인적 우월성 획득을 강조하고 자기완성을 위해 노력하는 점을 들고 있다.
④ 열등감은 동기유발의 요인으로서 인간의 성숙과 자기완성을 위해 필수적인 요소이다.

19. 성과급과 도박과 관련된 강화계획은?

① 고정비율강화, 변동비율강화
② 고정비율강화, 고정간격강화
③ 변동비율강화, 고정비율강화
④ 고정간격강화, 변동간격강화

20. 일반적으로 사람들은 결정을 내릴 때 완벽한 합리적인 분석보다는 휴리스틱, 즉 어림법을 자주 이용한다고 한다. 인간의 이러한 특성을 설명해주는 것과 거리가 먼 것은?

① 어떤 사물을 분류할 때 그 대상에 대한 고정관념과 비교해서 판단을 내리는 것을 대표성 휴리스틱이라고 한다.
② 휴리스틱(heuristic)이란 사람들이 판단을 신속하고 효율적으로 내리기 위해 사용하는 마음속 지름길이다.
③ 의사결정시 어떤 일이나 사건에 대한 과거 경험에 따라 마음속에 쉽게 떠오르는 정도를 기준으로 판단을 내리는 경우를 가용성 휴리스틱이라고 한다.
④ 특정 직업군의 이미지를 많이 가진 사람은 그 직업을 갖고 있지 않아도 그 직업을 가졌을 것이라고 판단하는 경우는 가용성 휴리스틱에 해당한다.

21. 장기기억에 관한 설명과 가장 거리가 먼 것은?

① 크게 외현기억과 암묵기억으로 구분된다.
② 하나의 기억요소는 색인 또는 연합이 적을수록 간섭도 적어지므로 쉽게 기억된다.
③ 일반적으로 일화기억보다 의미기억의 정보가 망각이 적게 일어난다.
④ 망각은 유사한 정보 간의 간섭에 기인한 인출단서의 부족에 의해 생긴다.

22. 콜버그의 도덕발달이론에 관한 설명과 가장 거리가 먼 것은?

① 도덕발달 단계들은 보편적이며 불변적인 순서로 진행된다.

② 문화권에 따른 차이와 성차 그리고 사회계층의 차이를 충분히 고려하지 않았다는 비판을 받고 있다.

③ 도덕적 인식이 전혀 없는 단계, 외적 준거와 행위의 결과에 의해 판단하는 단계, 행위의 결과와 의도를 함께 고려하는 단계 순으로 나아간다.

④ 벌과 복종 지향, 개인적 보상 지향, 대인관계 조화 지향, 법과 질서 지향, 사회계약 지향, 보편적 도덕원리 지향의 단계 순으로 나아간다.

23. 얼굴표정과 정서 연구에 대한 설명으로 옳은 것은?

① 인위적으로 얼굴표정을 짓는 것은 정서에 영향을 주지 않는다.

② 에크만(Ekman)은 일부 정서에 대한 얼굴표정은 문화 보편적이라고 주장했다.

③ 아이저드(Izard)는 기본정서가 학습의 결과로 발생한다고 주장했다.

④ 문화는 정서표현에 영향을 미치지 않는다.

24. DSM-5에 따르면 탈출이 어렵거나 곤란한 장소 또는 공황발작과 같이 갑작스런 곤경에 빠질 경우 도움을 받을 수 없는 장소나 상황에 대한 공포를 나타내는 불안장애는?

① 사회공포증　　　② 폐쇄공포증
③ 특정공포증　　　④ 광장공포증

25. 조현병 진단을 받았는데, 어떤 원인일 경우 가장 치료가 쉬운가?

① 급성 스트레스
② 선천적 뇌 이상
③ 성인기 반복적 외상 경험
④ 어린 시절 학대 경험

정답 및 해설 _ p.296

01. 반두라가 강조하는 자기효능감(self-efficacy)에 대한 설명으로 옳지 않은 것은?

① 자아존중감과 동일한 뜻을 갖고 있다.

② 자신의 능력에 대한 믿음을 의미하며, 지속적이고 개인적인 특성이다.

③ 자신과 비슷한 타인이 성공하는 경험을 관찰하는 것이 자기효능감에 영향을 줄 수 있다.

④ 과거에 성공한 경험이 영향을 준다.

02. 경계선 성격장애 특성을 평가하는 주요 임상 하위척도가 포함된 표준화 심리검사는?

① CPI   ② PAI

③ 16PF   ④ MMPI

03. 우림은 'BTS'의 방송프로그램을 시청했다. 우림의 이러한 행위가 내부귀인이 되기 위한 공변모형의 모델은?

① 우림은 BTS의 모든 방송을 보고, 다른 가수들의 방송도 챙겨보는데, 친구들도 BTS 방송을 챙겨본다.

② 우림은 BTS의 모든 방송을 보고 다른 가수들의 방송도 챙겨보는데, 친구들은 BTS 방송을 잘 보지 않는다.

③ 우림은 BTS의 공연에 매번 가지만 다른 사람들의 공연에는 가지 않는데, 친구들도 BTS의 공연에 잘 간다.

④ 우림은 BTS의 공연에 매번 가지는 않으며 다른 사람들의 공연에도 잘 가지 않는데, 친구들도 BTS 공연에 잘 가지는 않는다.

04. 스트레스 강도에 영향을 미치는 요인에 해당하는 것이 아닌 것은?

① 성격   ② 자아개념

③ 형제 순위   ④ 예측 가능성

05. 심리상담에서 상담자의 진솔한 태도와 공감적 이해, 그리고 무조건적인 긍정적 존중을 강조한 접근은?

① 정신분석적 상담   ② 아들러 상담

③ 행동주의 상담   ④ 인본주의 상담

06. 성취동기가 높은 사람의 특성으로 적절하지 않은 것은?

① 과거 지향적이다.

② 과업 지향적이다.

③ 정력적이고 혁신적이다.

④ 적절한 모험성을 가지고 있다.

07. 다음의 내용과 가장 관련이 많은 학자는?

> 인간 정신과 관련하여 심리적 결정론과 무의식이라는 두 개념을 강조한다. 인간행동은 무의식적인 본능적 충동의 영향을 받으며, 자아, 원초아, 초자아라는 세 가지 정신구조의 균형과 조화가 건강한 성격의 기준이 된다고 본다.

① 프로이트(Freud)   ② 융(Jung)

③ 아들러(Adler)   ④ 보울비(Bowlby)

08. 대뇌 감각피질들이 고정되어 있지 않고 감각 정보의 변화에 적응할 수 있음을 나타내는 용어는?

① 뇌 편재화   ② 뇌 가소성

③ 분리 뇌   ④ 이원 청취

09. 다음 중 뉴런에 대한 설명으로 잘못된 것은?

① 신경전달물질을 생성하는 곳은 종말단추이다.

② 축색은 한 뉴런에 하나뿐이며 대부분 수초로 싸여있다.

③ 수상돌기는 세포체에 연결된 여러 개의 작은 가지들로 구성되어 있으며 신경정보를 수용하는 부위이다.

④ 뉴런은 그 기능에 따라 감각뉴런, 운동뉴런, 개재뉴런으로 나누어진다.

10. 내성법(introspection)에 대한 설명으로 옳지 않은 것은?

① 구조주의에서 사용하는 연구방법으로 분트에 의해 처음 제안되었다.

② 인간의 의식을 연구하는 방법이다.

③ 동물에 대한 연구를 인간이해에 적용한 방법이다.

④ 자신의 정신적, 심리적 상태나 기능을 스스로 관찰하여 보고한 자료를 분석하는 방법이다.

11. 체계적 둔감법에서 적용하고 있는 원리는?

① 프리맥의 원리   ② 상호억제의 원리

③ 공변원리   ④ 상호호혜의 원리

12. 피아제의 인지발달단계 중 감각운동기의 하위 단계에 대한 설명으로 적절한 것은?

① 첫 하위단계는 일차적 순환반응기로 우연히 자신의 신체에 대한 어떤 행동을 통해 흥미로운 결과를 얻었을 때 이러한 행동을 반복하는 시기이다.

② 정신적 표상기는 마지막 하위단계로서 수단과 목적의 관계에 대한 정신적 조작이 가능해지는 시기이다.

③ 이차도식의 협응기는 기존 도식을 새로운 상황에 적용하기 시작하긴 하지만 아직 대상영속성 개념이 나타나지는 않는 시기이다.

④ 삼차 순환반응기의 영아는 행위를 내면화하고 행동하기 전에 사고를 하기 시작한다.

13. 브론펜브레너(Bronfenbrenner)의 생태학적 체계모델에 대한 설명으로 옳지 않은 것은?

① 환경체계는 미시체계 – 외체계 – 중간체계 – 거시체계의 순으로 횡적으로 펼쳐지며, 시간체계는 종단적으로 작용한다.

② 인간을 둘러싼 복잡한 환경체계들이 인간에게 주는 영향력뿐만 아니라 인간이 환경에게 미치는 영향력도 강조한다.

③ 인간발달은 실험실 연구로는 이해할 수 없고 사회적 맥락에서만 이해될 수 있다고 주장하였다.

④ 시간체계는 일생 동안 일어나는 변화와 사회역사적 환경의 변화를 포함한다.

14. 깊이지각을 하는 데 있어 그림단서에 해당하는 것은?

① 선형조망, 시선수렴

② 중첩, 양안부등

③ 선형조망, 중첩

④ 양안부등, 시선수렴

15. 정신분석에서 불안에 대해 설명하는 접근이 아닌 것은?

① 원초아, 초자아, 외부 현실 간에 균형이 깨질 때, 즉 자아가 조정역할을 하지 못할 때 불안감이 올라온다.

② 현실적 불안은 객관적 불안으로서 외부세계에서의 실제적인 위협을 지각함으로써 발생하는 감정이다.

③ 신경증적 불안은 초자아가 원초아를 통제하지 못할 경우 일어날 수 있는 일에 대해 위협을 느낄 때 나타나는 감정이다.

④ 불안을 올라오면 이 불안을 감소시키기 위해 자아는 방어기제를 사용한다.

16. 19세기 말 프랑스 의사 르 봉(G. Le Bon)이 군중심리의 개념으로 처음 설명했고, 이후 짐바르도에 의해 제안된 개념으로서 집단 내에서 개인이 자신의 개인적 정체감과 책임감을 상실하고 집단 속으로 익명적으로 융합된다고 느끼는 심리상태를 무엇이라고 하는가?

① 사회적 태만

② 몰개성화

③ 복종

④ 동조

17. 정신장애 분류체계인 DSM-5에 대한 설명으로 옳지 않은 것은?

① 세계보건기구(WHO)에서 처음 제시하였다.

② 총 20개 대범주로 분류되어 있다.

③ DSM-5에서 제시하고 있는 하위범주는 300여 개 이상이다.

④ 신경발달장애는 뇌의 발달장애로 인해 흔히 생의 초기부터 나타나는 아동 및 청소년기 정신장애이다.

18. 다음 〈보기〉 내용이 설명하는 개념은?

> 보기
>
> 알코올 중독자들은 종종 자신이 술을 마셨던 곳을 지나칠 때 술을 마시고 싶은 강한 충동을 느낀다.

① 상태의존 인출

② 전이적절성 처리

③ 부호화 특수성

④ 개념주도적 처리

19. 고전적 조건형성에 대한 설명으로 옳지 않은 것은?

① 고차적 조건화는 고전적 조건화의 한 형태이다.

② 조건자극이 무조건자극 다음에 제시되면 조건화는 거의 일어나지 않는다.

③ 흔적 조건화(trace conditioning)가 지연 조건화(delayed conditioning)보다 연합이 잘 된다.

④ 공포와 불안 같은 정서반응을 형성하는 데 중요한 영향을 미친다.

20. 다음의 그림에서 시사하는 개념과 가장 거리가 먼 용어는?

① 전경과 배경　　② 선택적 주의

③ 지각적 갖춤새　④ 루빈의 꽃병

21. 우울장애의 하위장애가 아닌 것은?

① 지속적 우울장애

② 파괴적 기분조절 곤란장애

③ 월경 전기 불쾌장애

④ 순환성 장애

22. 지능에 대한 설명으로 옳은 것은?

① 스턴버그(Sternberg)는 지능을 성분적 지능, 경험적 지능, 상황적 지능으로 구분하였다.

② 가드너(Gardner)는 지능을 일반능력과 특수능력으로 구분하였다.

③ 터먼(Terman)은 유아에서 성인에 이르기까지 전연령의 지능을 측정할 수 있는 WAIS 검사를 개발하였다.

④ 카텔(Cattell)의 유동성 지능은 과거 학습 경험을 활용한 판단력으로서 환경 및 사회문화적 영향을 받아 발달한다.

23. 비싼 새집을 살지 값이 더 싼 중고집을 살지 고민하는 갈등 상황은?

① 접근-접근 갈등

② 접근-회피 갈등

③ 회피-회피 갈등

④ 다중 접근-회피 갈등

24. 질적 연구에 관한 설명과 가장 거리가 먼 것은?

① 조사자와 조사 대상자의 주관적인 인지나 해석 등을 모두 정당한 자료로 간주한다.

② 조사결과를 폭넓은 상황에 일반화하기에 유리하다.

③ 연구절차가 양적 조사에 비해 유연하고 직관적이다.

④ 일반적으로 상호작용의 과정에 보다 많은 관심을 둔다.

25. 신경정보전달에 대한 설명으로 맞지 않은 것은?

① 뉴런 간 정보전달은 화학적 전달을 통해 이루어진다.

② 신경전달물질은 세포체에 있던 소낭이 터지면서 수상돌기를 통해 방출된다.

③ 뉴런 내 정보전달은 전기적 전달을 통해 이루어진다.

④ 축색을 따라 전도되는 전기적 신호를 활동전위라고 한다.

01. 나는 움직이지 않고 있지만 바로 옆의 자동차가 움직이면서 마치 내가 움직이고 있는 것처럼 느끼는 가현운동은?

① 스트로보스코픽 운동

② 파이운동

③ 자동운동

④ 유인운동

02. 처벌이 효과적이기 위해 요구되는 것이 아닌 것은?

① 처벌은 문제행동이 나타난 후 바로 주어져야 효과적이다.

② 대안을 제시하고 처벌해야 효과적이다.

③ 처벌의 강도가 높을수록 효과적이다.

④ 처벌을 일관성 있게 해야 효과적이다.

03. 비언어적 의사소통 행동 중에서 불확실한 상황에서 주양육자의 정서적 반응을 보고 단서를 얻어 자신의 행동을 결정하는 것은?

① 주고받기(turn taking)

② 공동 주의(joint attention)

③ 사회적 참조(social referencing)

④ 몸짓(gesture)

04. 다음 〈보기〉의 내용을 설명하는 가장 적절한 용어는?

> 보기
>
> 국내 자동차 기업인 H사에서는 BTS를 모델로 기용하여 광고를 한 후 판매실적이 20% 이상 증가하였다.

① 베블런 효과

② 후광 효과

③ 최신 효과

④ 로젠탈 효과

05. 뇌 가소성(brain plasticity)에 대한 설명으로 옳은 것은?

① 뇌 가소성은 유년기에만 나타나는 현상이다.

② 뇌 가소성은 뇌의 구조와 기능이 고정되어 있음을 의미한다.

③ 뇌 가소성은 학습이나 경험에 의해 영향을 받지 않는다.

④ 뇌 가소성은 뇌의 구조와 기능이 변화할 수 있음을 의미한다.

06. 반두라(Bandura)의 보보인형 실험에서 나온 결과와 가장 관련이 없는 것은?

① 자기효능감

② 대리강화

③ 관찰학습

④ 공격성 학습

07. 에크만(Ekman)이 제시한 기본 정서는 보편적 얼굴 표정으로 나타난다고 한다. 이 기본 정서에 해당하지 않는 정서는?

① 놀라움(surprise)　② 혐오(disgust)

③ 두려움(fear)　④ 죄책감(guilty)

08. 엘리스(Ellis)의 인지정서행동치료(REBT)에 대한 설명으로 맞는 것은?

① 비합리적 신념을 합리적 신념으로 변화시킬 때 필요한 것은 무조건적인 수용이다.

② 기법으로는 체계적 둔감법 등이 있다.

③ 정서적 고통과 자기패배적 행동을 줄여 합리적인 인지, 정서, 행동을 나타내는 사람이 되는 것을 목적으로 한다.

④ 내담자의 과거 경험과 사건을 강조한다.

09. 수퍼(Super)의 생애진로발달단계 중 자신에게 적절한 분야를 발견해 종사하면서 직업세계에서 자신의 지위를 정착하고 공고화하며 발전해나가는 단계는?

① 탐색기　② 확립기

③ 유지기　④ 성장기

10. 우반구의 역할에 해당하는 것이 아닌 것은?

① 논리적 사고　② 창의적 사고

③ 시공간적 지각　④ 직관적 사고

11. 기억연구에서 집단이 회상한 수가 집단구성원 각각 회상한 수의 합보다 적은 것을 무엇이라고 하는가?

① 협력억제　② 책임감 분산

③ 집단사고　④ 사회적 억제

12. 피아제(Piaget)의 인지발달이론에서 추상적, 논리적, 과학적 사고가 발달하는 단계는?

① 감각운동기　② 전조작기

③ 구체적 조작기　④ 형식적 조작기

13. 가드너(Gardner)의 다중지능이론의 하위지능에 해당하지 않는 것은?

① 음악적 지능　② 창의성 지능

③ 신체운동지능　④ 자연탐구지능

14. 동기와 정서에 대한 설명으로 옳지 않은 것은?

① 인본주의적 관점에서 동기는 가능성을 실현하고자 하는 내적 동기에 의해 영향을 받는다.

② 동기는 주로 외부에서부터 활성화되고 정서는 내부에서부터 활성화되는 경향이 있다.

③ 동기와 정서는 생득적이면서 동시에 환경적인 영향이 함께 작용한다.

④ 인지적 관점에서 동기는 주로 기대가치와 목표, 그리고 자아효능감 등에 의해 영향을 받는다.

15. 부분보고법(partial-report procedure)과 전체보고법(whole-report procedure)을 이용한 스펄링(Sperling)의 기억에 관한 실험은 무엇을 알아보기 위한 것인가?

① 감각기억의 크기
② 단기기억의 한계
③ 단기기억의 소멸
④ 장기기억의 생성

16. 에릭슨의 심리사회이론에서 시기와 발달주제가 잘못 연결된 것은?

① 2단계 유아초기 – 자율성 대 수치심
② 6단계 성인기 – 생산성 대 침체
③ 3단계 유아후기 – 솔선성 대 죄책감
④ 8단계 65세 이후 – 자아통합 대 절망

17. 수리적 계산이 가능하며 측정자료를 '어느 정도 크다 또는 작다'로 파악할 수 있는 척도이다. 대표적인 예로는 온도나 성적 점수 등이 있다. 이 척도는?

① 명명척도   ② 서열척도
③ 등간척도   ④ 비율척도

18. 잉크반점으로 만들어진 모호한 자극도판을 제시하고 그것이 무엇처럼 보이는지 그리고 왜 그렇게 보이는지 질문하여 얻은 반응을 분석하는 검사가 있다. 이 검사의 특징이 아닌 것은?

① 검사를 실시하는 시간과 비용을 절약할 수 있다.
② 검사의 신뢰성과 타당도가 상대적으로 낮다.
③ 정답이 정해져 있지 않기 때문에 방어적 반응을 하기 어렵다.
④ 수검자가 자신의 내적 경험과 상태를 숨기거나 과장하기가 어렵다.

19. 학습된 무기력 이론에 대한 설명으로 틀린 것은?

① 학습된 무기력감을 수정하려면 원인의 외재성, 불안정성, 특수성의 속성에서 벗어나야 한다.
② 통제불가능성에 대한 기대를 학습한 것이다.
③ 교육장면에서 학생들에게 가능한 실패경험을 겪지 않도록 해야 한다고 강조한다.
④ 오랫동안 회피할 수 없는 혐오자극에 반복적으로 노출되면 그 자극으로부터 벗어나려는 자발적인 노력을 하지 않게 된다.

20. 조현병 스펙트럼 및 기타 정신병적 장애에 대한 설명으로 적절하지 않은 것은?

① 조현병을 진단 내리기 위해서는 망상, 환각, 와해된 언어, 극도로 와해된 행동 또는 긴장성 행동, 음성증상 중에서 적어도 두 가지 이상이 있어야 하며, 이들 중 최소한 하나는 망상, 환각, 와해된 언어여야 한다.

② 조현양상장애(schizophreniform disorder)는 조현병보다 증상 발병기간이 더 짧다.

③ 조현정동장애(schizoaffective disorder)는 조현병 증상과 동시에 주요 기분삽화가 함께 나타나는 것이다.

④ 와해된 행동은 음성증상에 해당한다.

21. MMPI－2에서 타당도 척도가 아닌 것은?

① VRIN
② Mf
③ L
④ F(p)

22. '불안은 이완과 양립할 수 없다'는 의미가 핵심적으로 적용된 행동수정 기법은?

① 행동조형법(behavior shaping)
② 타임아웃(time out)
③ 체계적 둔감법(systematic desensitization)
④ 토큰경제(token economy)

23. 행동주의 심리학에 대한 설명으로 옳지 않은 것은?

① 행동주의 심리학은 행동관찰과 분석을 통해 심리를 이해하는 입장이다.

② 대표적인 학자 중 한 명으로 왓슨(Watson)을 들 수 있다.

③ 이차 강화물은 사전학습 없이 독립적으로 작용할 수 있는 강화물이 아니다.

④ 행동주의 심리학은 무조건적 자극과 조건자극의 연합을 통해 새로운 반응을 일으킨다는 관점에서 강화를 강조한다.

24. 공변모형의 합의성 정보를 잘 확인하지 않는 경향으로 인해 자신의 의견이나 바람직하지 않은 행동의 보편성을 과대평가하는 것을 나타내는 용어는?

① 가중평균법칙
② 거짓 합치성 효과
③ 거짓 특이성 효과
④ 자기기여편파

25. 리(Lee)의 사랑의 유형 중 선이나 중매를 통해 자신에게 적합한 조건을 지닌 상대를 만나 사랑하게 되는 사랑의 유형은?

① 실용적 사랑
② 소유적 사랑
③ 희생적 사랑
④ 우애적 사랑

제 4 회 모의고사

01. 설득에 대한 설명으로 옳지 않은 것은?

① 일관성 있게 하나의 견해만을 주장하는 것이 반대 견해를 포함하는 것보다 더 효과적이다.

② 설득자가 매력적이면 매력적이지 않을 때보다 피설득자가 설득될 가능성이 크다.

③ 피설득자가 설득 메시지를 주의 깊게 고려할 능력과 동기가 없을 때에는 주변경로처리를 한다.

④ 피설득자가 자신의 태도에 대해 공격을 받고 방어한 경험이 있다면 잘 설득되지 않는다.

02. 표본조사의 특징으로 옳지 않은 설명은?

① 표본조사는 질문지를 사용할 경우 낮은 비용으로 많은 사람들을 연구할 수 있다.

② 연구결과를 모집단에 일반화하는 것이 목적이다.

③ 설문지나 면접을 통해 대표성 있는 표본집단을 대상으로 연구하는 방법이다.

④ 표본조사는 익명성이 보장되기 때문에 자신을 솔직하게 드러내게 해준다.

03. 성격검사에 대한 설명으로 맞지 않는 것은?

① MMPI는 정신병리를 진단하고 평가할 목적으로 개발되었다.

② MBTI는 일반적인 성격특질을 알아보는 검사로서 융의 이론을 근거로 만들어졌다.

③ TAT는 투사적 검사로서 수검자의 무의식적 심리상태를 이해하는 데 도움을 준다.

④ NEO-PI는 코스타와 맥크래가 개발한 성격특질검사이다.

04. 뉴런 내 정보전달 특성과 가장 거리가 먼 것은?

① 신경전달물질　　　② 수초의 유무

③ 활동전위　　　　　④ 실무율의 법칙

05. 동기는 행동을 일으키고 목적을 달성하고자 하며 그 행동에 의욕을 부여하는 힘이라고 할 수 있다. 다음의 동기에 대한 설명 중 적절하지 않은 것은?

① '좋은 직장에 들어가지 못하면 낙오자가 된다.' 라는 진술은 회피동기의 의미를 담고 있다.

② 데시(Deci)는 내재적 동기의 구성요소로 주도성과 자기결정감을 제시하였다.

③ 본능과 달리 성장하면서 획득되는 동기를 이차동기라고 하는데, 대표적으로는 권력, 성공, 성취욕구를 들 수 있다.

④ 강화이론은 동기의 근원을 외부에서 찾는다.

06. 다음 중 전뇌의 주요 부위에 대한 설명이 잘못된 것은?

① 기저핵(basal ganglia)은 운동통제에 관여한다.

② 시상(thalamus)은 후각을 제외한 감각정보의 중계센터라고 할 수 있다.

③ 변연계(limbic system)는 정서반응과 관련된 해마와 학습, 기억, 동기 등의 기능에 관여하는 편도체로 구분된다.

④ 전두엽(frontal lobe)은 운동, 기억 및 판단, 추상적 사고 등의 기능을 담당한다.

07. 단기기억에 관한 설명으로 옳은 것은?

① 단기기억은 저장시간이 제한적이다.

② 단기기억의 용량제한이 없다.

③ 연합주의적 모델은 단기기억을 설명하는 모델 중 하나이다.

④ Miller에 따르면 단기기억의 용량은 5 ± 2개 항목이다.

08. 색채지각에 대한 이론에 대한 설명 중 틀린 것은?

① 잔상현상은 대립과정이론에서 설명하고 있는 현상이다.

② 헬름홀츠(Helmholtz)는 색채지각을 설명하기 위해서는 삼원색 이론과 대립과정 이론 둘 다 필요하다고 하였다.

③ 삼원색 이론에서는 세 가지 유형의 색채수용기에 의해 색이 지각된다고 보면서 색맹의 원인을 설명한다.

④ 허링(Hering)은 대표적인 대립과정이론가이다.

09. 다음에서 보여주는 예시가 의미하는 개념은?

10일간 매일 미로에 쥐를 넣어놓았는데, 목표지점에 도달해도 아무 보상을 주지 않았다. 매번 쥐는 목표지점에 도달하기까지 많은 오류를 보였다. 그러다가 11일째에 목표지점에 보상으로 먹이를 놓아두었고, 12일째에는 바로 먹이가 놓여 있는 목표지점을 찾아갔다.

① 통찰학습　　　② 관찰학습

③ 모방학습　　　④ 잠재학습

10. 선택적 주의에 대한 예가 되지 않은 것은?

① 스트룹 검사　　② 칵테일파티 효과

③ 선형조망　　　④ 전경과 배경

11. 음식을 먹은 뒤 구토 등의 부정적 경험을 하면 그 음식을 먹지 않게 된다는 현상과 관계없는 것은?

① 조작적 조건화

② 조건화에 대한 생물학적 경향

③ 맛 혐오학습

④ 가르시아 효과

12. 아들러의 이론에 대한 설명으로 맞는 것은?

① 성격형성에 있어 출생순위와 형제간 경쟁은 그다지 중요하지 않다고 보았다.

② 생활양식은 생애 초기에 결정되며 사회적 관심과 가상적 목표수준에 따라 여러 유형으로 나뉘어진다.

③ 아들러는 건강하고 성숙한 성격의 소유자는 사회적 관심이 높은 사람이라고 보았다.

④ 인간은 열등감을 극복해야 하므로 열등감을 인정하지 말고 우월해지기 위해 끊임없이 노력해야 성장할 수 있다.

13. 동기이론의 하나인 각성이론에 대한 개념과 가장 거리가 먼 것은?

① 쉬운 과제는 각성이 높을 때 수행이 증가하고 어려운 과제는 각성이 낮을 때 수행이 증가한다.
② 여키스-도슨 이론이라고도 하며, 역U형의 곡선의 모양을 보인다.
③ 각성수준이 너무 낮거나 높으면 수행이 떨어지고 적정 수준의 각성수준일 때 가장 좋은 수행을 보인다.
④ 무엇인가를 추구하고 새로운 탐색을 하는 행동은 추동을 해결하기 위해서이다.

14. 자신이 속해 있는 조직에는 강한 애정을 표출하고 다른 조직의 사람들은 배척하는 현상과 관련 있는 개념은?

① 내집단 편향(in-group bias)
② 상호성 규칙(reciprocity principle)
③ 카멜레온 효과(chameleon effect)
④ 공변원리(covariation principle)

15. 눈의 구조와 기능에 대한 설명으로 옳지 않은 것은?

① 망막은 안구의 뒤쪽으로 받쳐져 있는 빛에 민감한 조직으로 여기에 시각의 초점이 맞춰진다.
② 홍채는 동공의 크기를 조절하여 눈에 들어가는 빛의 양을 조절한다.
③ 간상체는 약 6, 7백만 개의 세포로 구성되어 있으며 낮 시간에 잘 작동한다.
④ 중심와는 망막의 중심으로 시력이 가장 좋은 영역이다.

16. 도박장애는 DSM-5의 어느 진단 범주에 속하는가?

① 성격장애
② 파괴적, 충동조절 및 품행 장애
③ 물질관련 및 중독 장애
④ 적응장애

17. 다음 중 측정하고자 하는 내용이 다른 한 가지 심리검사는?

① 주제통각검사
② K-ABC 검사
③ 스탠포드-비네 검사
④ Army Alpha 검사

18. 게슈탈트(Gestalt) 심리치료에 대한 설명으로 옳지 않은 것은?

① 유기체이론, 실존철학의 영향을 받았다.
② 미해결 과제는 전경과 배경의 교체를 촉진한다.
③ 자각의 확장, 책임감의 수용 및 개인의 통일을 강조한다.
④ 접촉경계 혼란을 야기하는 원인은 내사, 투사, 융합, 반전, 편향 등이다.

19. 정신분석이론과 결이 다른 이론은?

① 대상관계이론　　② 분석심리학
③ 자기심리학　　④ 자아심리학

20. 행동주의 접근에서 사용하는 여러 기법 중 조형법(shaping)에 대한 설명으로 적절하지 않은 것은?

① 한 번에 학습되지 않은 행동을 학습시키기 위해 사용할 수 있는 기법이다.

② 연속적 접근법(successive approximation)을 사용한다.

③ 체계적 둔감법과 유사한 원리를 응용한다.

④ 순차적으로 설정해놓은 단계에 도달할 때마다 강화를 제공한다.

21. 원초아(id)에 대한 설명으로 옳은 것은?

① 자아이상과 양심의 두 측면이 있다.

② 욕구가 좌절되었을 때 이차적 사고과정을 사용한다.

③ 성격의 집행자 역할을 한다.

④ 전적으로 무의식적이다.

22. 월러스(Walls)가 제시한 창조적 문제해결과정의 순서가 바른 것은?

① 준비단계 – 조명단계 – 보존단계 – 검증단계

② 준비단계 – 보존단계 – 조명단계 – 검증단계

③ 준비단계 – 조명단계 – 검증단계 – 보존단계

④ 준비단계 – 보존단계 – 검증단계 – 조명단계

23. 대상영속성에 대한 설명으로 옳지 않은 것은?

① 애착대상과의 분리시 일어나는 분리불안 현상과 관련이 있다.

② 대상이 부분적으로 사라지면 찾을 수 있지만 완전히 사라지면 찾지 않는 현상을 AB오류라고 한다.

③ 피아제 인지발달단계 중 첫 번째 시기인 감각운동기가 끝날 무렵 획득하게 된다.

④ 특정대상이 눈에 보이지 않아도 계속 존재한다는 것을 아는 것이다.

24. 인지치료에 대한 설명으로 맞는 것은?

① 벡(Beck)이 말하는 역기능적 사고는 핵심신념을 먼저 파악하고 다루어야 치료 효과가 크다.

② 엘리스(Ellis)는 이상행동의 원인으로 비합리적 신념을 강조하면서 이 비합리적 신념을 논박하여 효과적 철학과 새로운 감정과 행동을 갖는 방법을 활용하였다.

③ 엘리스의 비합리적 신념과 벡의 역기능적 사고는 같은 개념이다.

④ 우울증 환자가 갖고 있는 인지삼제는 자신, 타인, 세상에 대해 비관적임을 의미한다.

25. 불안정 회피 애착에 대한 설명으로 옳은 것은?

① 엄마가 떠날 때 동요하지 않으며, 엄마가 아이의 주의를 끌려고 해도 혼자 노는 행동을 한다.

② 엄마가 떠날 때 혼란스러워하지만 다시 돌아오면 반갑게 맞이한다.

③ 엄마와 떨어지지 않으려 하고 돌아왔을 때는 더 화를 내기도 하는 등 양가감정을 보인다.

④ 방안을 전혀 탐색하지 않으며 엄마 옆에 붙어 있다.

제 5 회 모의고사

01. 다음의 학자들 중 이론적 입장이 다른 한 사람은?

① 존 보울비(J. Bowlby)

② 해리 할로우(H. Harlow)

③ 콘래드 로렌쯔(K. Lorenz)

④ 레프 비고츠키(L. Vygotsky)

02. 길리건(C. Gilligan)은 남성과 여성이 지향하고 선호하는 도덕성이 다르다고 본다. 남성과 여성의 도덕성 특징이 바르게 연결된 것은?

① 남성: 책임감, 여성: 우정

② 남성: 원칙, 여성: 친밀감

③ 남성: 정의, 여성: 배려

④ 남성: 정의, 여성: 사랑

03. 조건자극이 무조건 자극과 더 이상 짝지어지지 않을 때 일어나는 것은?

① 일반화 　　　② 변별화

③ 소거 　　　④ 자발적 회복

04. 심리학의 역사에 대한 설명으로 틀린 것은?

① 과학적 학문으로서의 심리학은 빌헬름 분트(W. Wundt)가 1879년 라이프찌히 대학에 실험실을 세우면서 시작되었다.

② 형태심리학은 구조주의에 반박하면서 의식은 요소로 분석할 수 있는 것이 아니라 전체로 인식해야 한다고 주장하였다.

③ 현대심리학의 아버지는 정신분석학을 창시한 시그문트 프로이트(S. Freud)이다.

④ 스키너(Skinner)는 손다이크(Thorndike)의 '효과의 법칙'이라는 개념을 더 확장시켜 조작적 조건형성의 개념을 정립하였다.

05. 지능에 미치는 환경의 영향력을 의미하는 것이 아닌 것은?

① 일란성 쌍생아들의 지능은 동일하지 않다.

② 입양자녀와 양부모의 지능상관이 입양자녀와 친부모의 지능상관보다 낮다.

③ 사회경제수준과 지능과의 상관이 높다.

④ 플린 효과

06. 우리가 자신에 대한 인식과 평가를 담고 있는 신념체계를 (㉠)이라고 하고, 자신을 가치롭게 여기고 긍정적으로 받아들이는 감정을 (㉡)이라고 한다. 여기서 ㉠과 ㉡에 해당하는 것은?

① ㉠ 자기확증 ㉡ 자기개념
② ㉠ 자기개념 ㉡ 자존감
③ ㉠ 자존감 ㉡ 자기개념
④ ㉠ 자기개념 ㉡ 자기확증

07. 실험에 참여한 두 집단에게 동일한 과제를 수행하는 중 소음을 들려준다. 미리 A 집단에게는 버튼을 누르면 소음이 중단된다는 안내를 주고 B 집단에게는 안내를 제공하지 않았다. 실험결과 A 집단이 B 집단보다 더 나은 과제수행을 보였는데 스트레스대처와 관련해 이 실험결과를 가장 적절하게 설명할 수 있는 이유가 될 수 있는 것은?

① A 집단이 다른 환경에서 과제를 수행했기 때문이다.
② A 집단이 스트레스를 통제할 수 있다고 지각하기 때문이다.
③ A 집단이 B 집단보다 스트레스에서 회복하는 탄력성이 더 뛰어났기 때문이다.
④ B 집단원들의 자존감이 더 낮았기 때문이다.

08. 에릭슨(E. Erikson)은 전생애 발달을 주장하며 발달이 전체 여덟 단계를 거쳐 이루어진다고 하였다. 시기에 따른 순서가 바르게 연결한 것은?

가. 솔선성 대 죄의식
나. 근면성 대 열등감
다. 친밀감 대 고립
라. 자율성 대 수치심
마. 생산성 대 침체

① 라 - 가 - 나 - 다 - 마
② 가 - 라 - 나 - 다 - 마
③ 라 - 가 - 나 - 마 - 다
④ 가 - 라 - 나 - 마 - 다

09. 자율신경계는 교감신경과 부교감신경으로 구분된다. 다음 중 부교감신경의 작용에 해당하는 것이 아닌 것은?

① 아드레날린이 방출된다.
② 혈관이 확장되고 심장박동이 억제된다.
③ 소화관이 촉진되고 침이 연해진다.
④ 긴장이 완화되고 편안한 상태이다.

10. 사람들은 자신이 연구되고 있다는 것을 알게 되면, 즉 누군가 자신을 관찰하고 있다는 것을 알게 되면 원래 행동하던 방식과 다르게 행동하는 경향이 있다. 이 개념과 가장 거리가 먼 것은?

① 사회적 바람직성(social desirability)
② 호손 효과(Hawthorne effect)
③ 사회적 촉진(social facilitation)
④ 밴드웨건 효과(bandwagon effect)

11. 내재적(intrinsic) 동기에 관한 설명으로 옳지 않은 것은?

① 몰입(flow)은 내재적 동기에 해당된다.

② 내재적으로 동기화된 과제에 외적 보상이 더해지면 내재적 동기가 향상될 수 있다.

③ 실패에 대한 원인을 내적이고 통제 불가능하며 안정적인 요인으로 귀인하면 내재적 동기는 낮아진다.

④ 과제를 선택할 수 있는 자율성이 주어지면 내재적 동기가 높아지는 경향이 있다.

12. 사회심리학 연구에서 수행된 '죄수의 딜레마 게임'이 의미하고 있는 것과 가장 일치하는 것은?

① 자신의 신념을 계속 믿는 쪽으로 정보를 받아들이고 해석하는 경향을 의미한다.

② 같은 일을 하는 사람이 많을수록 한 사람의 수행작업량이 감소하는 현상이다.

③ 서로 자기개방을 통한 상호작용이 일어나면 서로의 침투를 허용하게 되면서 관계가 발전하고 진전한다.

④ 서로 믿고 협력하면 모두에게 이익이지만 개인적인 욕심으로 경쟁적인 접근을 취함으로써 모두가 피해를 보는 상황을 말한다.

13. 스트레스에 대한 심리적 반응을 가장 정확하게 설명한 것은?

① 스트레스 사건이나 상황에 대한 해석평가가 스트레스 강도에 영향을 준다.

② 스트레스원은 뇌를 자극하고 활성화시켜 면역력을 높여준다.

③ 직업관련 스트레스와 심장질환 사이의 연관성은 아직 밝혀지지 않았다.

④ A형 성격 패턴은 정서적으로 부정적 영향은 주지만 생리적 영향은 주지 않는다.

14. 이반 파블로브(I. Pavlov)와 존 왓슨(J. Watson)의 실험이 조명하고 있는 것은?

① 지각과 행동
② 자극과 반응
③ 보상과 처벌
④ 인간 행동과 기억

15. 생리심리학적 접근에 대한 설명이 잘못된 것은?

① 생리심리학은 유기체의 심리적 현상을 생리학적으로 해석, 연구하는 심리학의 한 분야로 인간의 행동과 정신과정을 신경계와 내분비계에 근거하여 이해하려고 한다.

② 뇌의 특정 부분의 인지적 메커니즘이 정신작용에 어떻게 관여하는가를 연구하는 분야를 인지신경과학이라고 한다.

③ 생리심리학 연구에서 자료수집방법 중 뇌의 구조를 알아보는 영상기법에는 양전자방출단층촬영법(PET) 등이 포함된다.

④ 고대 이집트 등에서 두부 절개술을 통해 두통이나 정신질환을 치료하려고 했다.

16. 심리검사를 개발한 학자와 활동이 옳지 않게 연결된 것은?

① Kaufman – 카우프만 아동지능검사를 개발했다.

② Wechsler – 지능검사를 개발했다.

③ Rorschach – 정신과적 진단이나 심리평가를 위한 임상적 목적으로 활용되는 투사적 검사를 개발했다.

④ Terman – 편차지능지수를 사용하여 IQ점수를 산출했다.

17. 제임스-랑게(James-Lange)의 정서이론을 잘 설명하고 있는 것은?

① 캐논-바드 이론을 반박하면서 나온 이론이다.

② 자극이 뇌에서 정서경험을 일으키고 이것이 다시 자율신경계에 활동을 일으키는 식으로 진행된다.

③ 억지로라도 웃으면 기분이 좋아진다.

④ 정서자극이 생리적 반응과 정서경험을 동시에 일으킨다.

18. 다음 중 조작적 조건형성에 대한 설명으로 틀린 것은?

① 행동과 결과는 조작적 조건형성에 핵심적이다.

② 조작적 조건형성은 행동의 강화를 필요로 한다.

③ 복잡한 행동은 조작적 조건형성에 의해 설명될 수 없다.

④ 동물들의 조작적 조건형성은 진화적 행동에 뿌리가 있는 연합기제를 고려해야 한다.

19. 수면 동안 뇌에서 무작위로 일어나는 신경 활동에 의미를 부여하기 위해 꿈이 생산된다고 주장하는 이론은?

① 프로이트의 정신분석 이론

② 활성화-통합모델

③ 인지적 무의식 모델

④ 융의 분석심리이론

20. 실제 질병상태가 아니지만 질병을 꾸며내는 것과 가장 거리가 먼 것은?

① 허위성 장애

② 타인을 대상으로 질병을 꾸밀 수 있다.

③ 신체증상장애

④ 뮌하우젠 증후군

21. 단기기억에 대한 개념과 가장 거리가 먼 것은?

① 용량이 매우 한정되어 있다.

② 계열위치곡선에서 처음 항목이 더 잘 회상되는 효과는 단기기억을 반영하는 것이다.

③ 시연없이 단기정보로 지속될 수 있는 시간은 대략 20~30초 정도이다.

④ 자극이나 정보를 의미 있게 연결하거나 보다 큰 묶음으로 조합하여 기억의 효율성을 높이는 방법을 군집화(chunking)이라고 한다.

22. 신경심리검사와 가장 거리가 먼 것은?

① H-R(Halstead-Reitan Battery)
② L-N(Luria-Nebraska Battery)
③ BGT(Bender Gestalt Test)
④ Rorschach test

23. 다음은 어떤 성격장애의 특성을 기술한 것인가?

> • 유기에 대한 불안이 심하다.
> • 대인관계가 불안정하고 이상화와 평가절하를 왔다갔다 한다.
> • 정서가 매우 불안정하여 충동적이다.

① 조현성(schizoid) 성격장애
② 회피성(avoidant) 성격장애
③ 경계성(borderline) 성격장애
④ 연극성(hystionic) 성격장애

24. 신경전달물질과 그 기능을 바르게 연결한 것은?

① 아세틸콜린(acetycholine) – 움직임, 동기, 쾌락과 정서적 각성에 관여
② 도파민(dopamine) – 주의, 학습, 수면, 꿈과 기억 등의 통제에 관여
③ 노르에피네프린(norepinephrine) – 경계상태 혹은 환경 내 위험에 대한 인식을 높이는데 관여
④ 엔도르핀(endorphins) – 수면과 각성, 섭식 행동과 공격 행동에 관여

25. 지각항등성에 대한 설명으로 적절하지 않은 것은?

① 대상의 모양, 크기, 밝기, 색, 위치 등이 변화해도 대상을 동일하게 지각하는 것이다.
② 물체가 가까이 있든 멀리 있든 같은 크기의 물체로 인식하는 것은 크기 항등성이다.
③ 자극 자체의 물리적 속성을 있는 그대로 지각하는 것이 아니라 주변 특성까지 고려한다는 것을 보여준다.
④ 관찰의 움직임으로 대상의 망막상이 함께 움직여도 대상은 같은 자리에 있다고 인식하는 것은 모양 항등성이다.

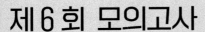

제 6 회 모의고사

정답 및 해설 _ p.307

01. 귀인 이론(attribution theory)에 대한 설명으로 적절하지 않은 것은?

① 대표적인 귀인 편파로는 켈리(Kelly)의 공변모형이 있다.

② 귀인의 오류는 보통 행위자와 관찰자의 차이를 보여주는데 이는 가용성의 비대칭성 때문일 수 있다.

③ 와이너(Weiner)는 귀인추론의 세 가지 차원을 인과소재, 안정성, 통제가능성으로 제시하였다.

④ 타인이나 자신의 행동의 원인을 설명하는 방식에 대한 이론이다.

02. 아니마(anima)와 아니무스(animus)라는 개념과 관련하여 옳지 않은 것은?

① 남성의 내부에 있는 여성성을 아니무스라고 하고 여성의 내부에 있는 남성성을 아니마라고 한다.

② 집단무의식을 구성하는 원형들 중 하나이다.

③ 성숙을 위해서는 각자 무의식 내면의 아니마 또는 아니무스를 이해하고 개발할 필요가 있다.

④ 칼 융(C. G. Jung)

03. 대인관계를 형성하고 유지하는 데 있어 자이언스(Zajonc)가 제시한 단순노출효과와 연관된 것은?

① 근접성　　　　　② 유사성

③ 친숙성　　　　　④ 상보성

04. 방어기제에 대한 설명으로 틀린 것은?

① 자아가 원초아, 초자아, 현실 사이에서 균형을 이루지 못하고 불안이 일어날 때 사용한다.

② 기본적으로 현실을 기만하고 왜곡하는 특성을 가지므로 되도록 방어기제를 사용하지 않아야 한다.

③ 방어기제를 어떻게 사용하느냐에 따라 성격의 특성이 드러난다.

④ 만성적이거나 상황과 상관없이 특정 요소를 경직되게 사용할 때 문제가 생긴다.

05. 귀납적 추리에 대한 설명과 가장 거리가 먼 것은?

① 소수 편향의 사례로 과잉일반화하는 위험이 있을 수 있다.

② 상향식 추리라고도 한다.

③ 개별적인 특수한 사실이나 현상에서 일반적인 결론을 이끌어내는 추리 방법이다.

④ 선입견, 편견 등으로 전제의 근거에 오류가 있을 때 잘못된 결론을 내릴 수 있다.

06. 외상후 스트레스 장애(PTSD)의 주요 증상기준이 아닌 것은?

① 망상과 환각

② 관련 자극에 대한 지속적인 회피

③ 각성과 반응성의 현저한 변화

④ 침습증상

07. 과학적 방법의 특징으로 옳지 않은 것은?

① 잠정적이며 논리적으로 반박가능한 지식을 추구한다.

② 연구자의 권위와 직관을 바탕으로 한다.

③ 체계적이며 포괄적인 관찰에 근거한다.

④ 반복 가능성을 요구한다.

08. 상상 속의 군중, 개인적 우화와 같은 인지특성은 피아제(J. Piaget)의 발달단계 중 어디에 해당하는가?

① 감각운동기　　　② 전조작기

③ 구체적 조작기　　④ 형식적 조작기

09. 바움린드(Baumrind)는 애정과 통제라는 두 가지 차원을 근거로 하여 부모양육태도 유형을 제시하였다. 자녀에게 엄격한 기준을 제시하고 칭찬 없이 계속 더 잘하도록 요구하는 양육유형은?

① 권위적(authoritative) 양육태도

② 권위주의적(authoritarian) 양육태도

③ 허용적(permissive) 양육태도

④ 방임적(neglecting) 양육태도

10. HTP검사에 관한 설명으로 옳은 것은?

① 머레이(H. Murray)가 개발하였다.

② 집-나무-사람을 그릴 때 수검자가 원하는 순서로 그리게 한다.

③ '사람' 그림의 경우, 수검자와 동일한 성부터 그리게 한다.

④ '나무' 그림의 경우, 수검자에게 종이를 세로로 제시한다.

11. 행동주의 원리 중 프리맥(Premack) 원리에 적용된 것은?

① 강화의 원리　　　② 연합의 원리

③ 일반화의 원리　　④ 변별의 원리

12. 다음의 발달개념을 순서에 맞게 바로 제시한 것은?

> 가. 신체적인 면에서의 양적인 변화로 경험이나 환경적 조건의 영향은 비교적 적게 받는다.
> 나. 시간의 흐름에 따라 자연스럽게 전개되는 질적 변화이다.
> 다. 직간접적인 경험이나 연습, 훈련 등의 결과로 획득되는 행동의 변화를 의미한다.

① 가: 성숙　나: 성장　다: 학습

② 가: 성숙　나: 학습　다: 성장

③ 가: 성장　나: 성숙　다: 학습

④ 가: 성장　나: 학습　다: 성숙

13. 실존적 심리치료에 관한 설명으로 옳지 않은 것은?

① 의미 추구를 인간의 기본 동기로 본다.

② 인간은 유한성을 의식하는 존재라고 본다.

③ 실존적 불안은 인간이 피할 수 없는 것이라고 본다.

④ 인간은 독자적 존재이므로 관계를 맺는 것이 근본적으로 불가능하다고 본다.

14. 변연계와 해마에 대한 설명으로 옳은 것은?

① 변연계는 감각투사영역과 운동투사영역으로 이루어져 있다.

② 변연계는 해부학적으로 후두엽에 속한다.

③ 해마는 새로운 정보에 대한 기억을 담당한다.

④ 해마는 해부학적으로 전두엽에 속한다.

15. 뇌량이 절단된 분리뇌 환자에게 왼쪽 스크린에 열쇠라는 글자를 보여주고 (가) 무엇을 보았느냐고 물었을 때와 (나) 그것을 잡아보라는 요구를 했을 때 각각 어떻게 반응하는가?

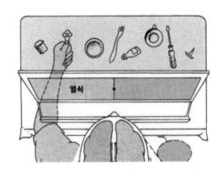

① (가) 모른다는 반응 (나) 열쇠를 잡지 못한다

② (가) 열쇠를 말한다 (나) 열쇠를 잡지 못한다

③ (가) 모른다는 반응 (나) 열쇠를 잡는다

④ (가) 열쇠를 말한다 (나) 열쇠를 잡는다

16. 언어상대성 이론에 대한 설명으로 적절한 것은?

① 사고는 내적 언어의 성격을 가지므로 언어와 사고는 같은 것이다.

② 인간의 사고는 사용하는 언어의 영향을 받는다는 주장을 한다.

③ 사회문화적 특성에 따라 사고가 언어에 미치는 영향을 강조한다.

④ 언어는 인지발달에 따라 영향을 받는 일종의 인지능력이다.

17. 중추신경억제제로 작용하는 약물로 짝지어진 것은?

① 아편, 모르핀

② 메사돈, 코카인

③ LSD, 코카인

④ 헤로인, 메테드린

18. 청각에 대한 설명으로 맞는 것은?

① 주파수가 높으면 고음으로, 낮으면 저음으로 들린다.

② 기저막의 진동빈도로 소리의 높낮이를 파악할 수 있다고 주장하는 것은 장소이론이다.

③ 인간은 150 데시벨까지는 쉽게 들을 수 있다.

④ 인간의 가청범위는 20Hz~30만Hz 정도이다.

19. 처음 한 뉴런의 시냅스가 시냅스후 뉴런의 활동전위를 발생시키는데 충분하지 않았지만, 시냅스 전 후 뉴런의 강한 반응이 일어난 후에는 이전에 활동전위를 발생시키지 못했던 강도의 시냅스가 시냅스 후 뉴런의 활동전위를 일으키며 신호전달이 지속적으로 향상되는 현상을 무엇이라고 하는가?

① 습관화(habituation)
② 민감화(sensitization)
③ 장기저하(long-term depression: LTD)
④ 장기증강(long-term potentiation: LTP)

20. 홀랜드(Holland)의 진로이론에 대한 설명으로 옳지 않은 것은?

① 대부분의 사람들은 실재적, 탐구적, 예술적, 사회적, 기업가적인 다섯 가지 유형 중의 하나로 분류될 수 있다.
② 실재적 유형은 기계, 전기 등과 같이 옥외에서 하는 육체 노동에 관련된 직업을 선택하는 경향이 높다.
③ 사회적 유형과 예술적 유형은 매우 높은 상관이 있다.
④ 진로의식의 핵심요소로 직업흥미를 중시한다.

21. 동기이론에 대한 설명으로 적절하지 않은 것은?

① 맥클레랜드(McClelland)는 국가가 성공과 발전을 위해서 성취동기를 개발해야 한다고 주장하고 그를 위한 프로그램을 개발하기 위해 노력하였다.
② 매슬로우(Maslow)의 욕구위계이론에서 자존감의 욕구는 성장동기이다.
③ 데시와 라이언(Deci & Ryan)은 외재적 동기와 내재적 동기라는 이분법적인 구분에서 벗어나 자기결정의 정도에 따라 동기를 설명하였다.
④ 앳킨스(Atkinson)은 성취동기를 기대 × 가치 이론체계로 적용하여 발전시킨 사람으로서 성취행동을 성취경향성이라는 말로 대치하였다.

22. 책읽는 것을 좋아하는 학생에게 일주일에 책을 3권씩 읽으면 좋은 선물을 주겠다고 하였다. 그러나 이후 이 학생의 책읽는 행동이 오히려 줄어든 현상이 일어났는데 이를 지칭하는 개념이 아닌 것은?

① 절감의 원리　　　② 과잉정당화 이론
③ 대립과정의 원리　④ 내재동기의 감소

23. 스트레스에 대한 설명으로 옳지 않은 것은?

① 통제가 불가능한 상황에서는 문제중심적인 대처보다는 정서중심적인 대처를 하는 것이 더 효율적이다.

② 사회재적응평정척도(SRRS)에서 1년간의 생활변화점수가 100점 이상이면 다음 해에 발병할 확률이 매우 높다.

③ 셀리에(Selye)의 일반적응증후군의 3단계는 경고기 – 저항기 – 소진기의 순서를 따른다.

④ 라자루스(Lazarus)가 주장한 1차 평가는 스트레스 사건이 주는 영향력에 대한 평가이며, 2차 평가는 스트레스 사건에 대한 대처가능성을 평가하는 것이다.

24. 정서에 대한 연구결과로 맞지 않는 것은?

① 샐로비와 메이어(Salovey & Mayer)는 정서지능(EQ)의 궁극적 목적이 정서를 잘 인식하고 느끼는 것이라고 보았다.

② 차원적 정서이론에서는 정서의 핵심요인을 '쾌 – 불쾌'와 '각성수준'으로 본다.

③ 정서는 유기체로 하여금 행동을 하게 한다는 측면에서 볼 때 동기의 기능을 갖고 있다고 볼 수 있다.

④ 에크먼(Ekman)은 특정 정서체험이 특정 얼굴표정을 만들어내는데 이는 어느 정도 문화적 보편성이 있다고 보았다.

25. 성격을 연구하기 위해 활용하는 자료에 해당하지 않는 것은?

① 생활기록자료(Life-record data)

② 관찰자 평정(Observer ratings)

③ 객관적 검사(Objective tests)

④ 선별검사(Screening tests)

정답 및 해설 _ p.309

01. 동기이론에 대한 설명으로 적절하지 않은 것은?

① 출현동기이론은 플로우(flow) 개념을 제시하면서 행위 자체가 목표와 보상이 되는 동기가 될 수 있다고 보았다.

② 기본심리욕구이론에서는 인간의 세 가지 심리욕구인 유능성, 통제성, 안정성에 대한 욕구가 충족되어야 내재동기가 유발된다고 주장한다.

③ 보상이 수행의 질이 높음을 알려주는 정보적 기능을 하면 유능성과 내재동기가 증진된다.

④ 에임스와 아처(Ames & Acher)는 자신의 유능성에 대해 타인으로부터 긍정적인 평가를 받는 것에 목표를 두는 것을 수행목표지향성이라고 하였다.

02. 집단에 소속하는 것의 단점이 아닌 것은?

① 집단은 혼자라면 하지 않을 극단적인 행동을 하게도 한다.

② 집단은 때때로 잘못된 결정을 내린다.

③ 집단의 응집성이 높아지면 개인적 정체감이 약해지기도 한다.

④ 집단은 내집단과 외집단을 구분하게 한다.

03. 주요 심리학적 관점들 중 관찰가능한 행동과 환경의 영향력의 중요성을 강조한 관점은?

① 생물학적 관점   ② 정신분석적 관점

③ 인지적 관점   ④ 행동주의적 관점

04. 기술통계에 대한 설명으로 맞지 않는 것은?

① 기술통계의 가장 중요한 목적은 모집단이나 표본의 자료를 쉽게 이해할 수 있도록 잘 조직하고 요약, 정리하는 것이다.

② 평균, 중앙치, 최빈치가 모두 같은 분포를 정규분포라고 한다.

③ 추리통계는 분석된 자료를 다른 대상에게 일반화시키지 않고 주어진 자료에만 국한시켜 추리, 예측하는 목적을 갖고 있다.

④ 기술통계는 수집된 자료를 집중경향치(평균, 중앙치, 최빈치) 같은 그래프나 도표로 요약정리한다.

05. 원심성 뉴런이라고도 하며, 뇌에서 정보를 받아 말초의 근육이나 내분비선으로 정보를 전달하는 뉴런은?

① 운동뉴런   ② 감각뉴런

③ 개재뉴런   ④ 연합뉴런

06. 사람들이 잠재적인 손실을 평가할 때 위험을 감수하는 선택을 하고, 잠재적인 이익을 평가할 때는 위험을 피하는 선택을 종종 한다. 이러한 현상에 대해서 설명하는 개념으로 옳은 것은?

① 매몰비용 오류   ② 전망이론

③ 빈도형태 가설   ④ 결합오류

07. 기억의 부호화에 대한 설명으로 잘못된 것은?

① 정보가 처리되는 수준이 깊어질수록 기억에 남을 가능성은 높아진다.

② 계열위치효과는 맥락변화를 이용한 기억연구로 장단기 기억을 초두효과와 최신효과로 개념지었다.

③ 의미기억은 개인적으로 경험했던 구체적 사건을 저장한 것으로 기억재생을 위해 그 사건이 일어났던 시간과 내용에 대한 인출단서가 필요하다.

④ 부호화할 때의 맥락과 인출할 때의 맥락이 일치할 때 기억이 잘 되는 현상을 설명한 개념은 부호화 특수성이론이다.

08. 형식은 평소 자신이 법 없이 살 사람이라고 자부하며 살아왔다. 그런데 친구로부터 무단횡단하는 행동을 지적받고 마음이 불편해졌다. 이를 설명할 수 있는 것은?

① 자기기여편향   ② 기억오귀인

③ 동기화된 망각   ④ 인지부조화

09. 횡단적 연구방법의 특징이 아닌 것은?

① 연령이 다른 개인 간의 발달적 차이를 단기간에 비교하는 경우 사용한다.

② 상황변화로 인한 수검자의 이탈이 생길 수 있다.

③ 자료수집이 비교적 짧은 기간에 이루어지며, 비용이 절감된다.

④ 어떤 현상의 진행 과정 변화에 대한 측정이 어렵다.

10. 글래서(W. Glasser)의 선택이론이 제안하는 기본 욕구에 관한 설명으로 옳지 않은 것은?

① 기본 욕구 간에는 위계가 존재한다.

② 인간은 다섯 가지 기본 욕구를 가지고 태어난다.

③ 새로운 것을 배우고자 하는 속성은 즐거움의 욕구에 속한다.

④ 생존 욕구를 제외한 다른 욕구들은 모두 심리적 욕구이다.

11. 프로이트의 성격발달단계에 대한 설명으로 맞는 것은?

① 남근기는 초자아 형성에 중요한 시기이다.

② 항문기에 고착되는 경우 과음이나 과식이 나타날 수 있다.

③ 구강기는 출생에서 만3세까지 해당한다.

④ 잠복기에는 역할습득을 통해 양심과 자아이상이 발달한다.

12. 배아기에 대한 설명으로 옳지 않은 것은?

① 배아기가 끝날 무렵 심장이 생긴다.

② 주요 신체기관과 조직이 발달한다.

③ 착상에서 임신 8주까지의 기간이다.

④ 기형확률이 가장 높은 시기이다.

13. DSM-5의 양극성 관련 장애에 관한 설명으로 옳은 것은?

① 양극성 장애는 모든 연령대에서 발병할 수 있다.
② 순환성 장애는 최소 6개월 이상 경조증과 우울증 기간이 있어야 한다.
③ 제I형 양극성 장애는 남성의 발병빈도가 높다.
④ 제Ⅱ형 양극성 장애는 경조증 삽화가 적어도 1주일 이상 지속되어야 한다.

14. 레빈슨(Levinson)의 성인 생애발달이론에 대한 설명으로 틀린 것은?

① 전생애 모델로서 안정과 변화의 시기를 통해 일어나는 각 시기의 주요 발달단계를 제시하였다.
② 생애단계를 성인초기단계, 성인중기단계, 성인말기단계의 3단계로 구분하였다.
③ 성인전기에서 후기까지 총 10개의 하위단계를 제시하고 설명하였다.
④ 하나의 상위단계는 진입기, 전환기, 절정기의 단계를 거치며 상위단계 간에도 전환기가 있다.

15. 결핍과 생리적 긴장, 갈증, 성욕 등을 충족시키기 위해 강화를 통한 욕구충족행동의 학습을 주장한 동기이론은?

① 본능이론 　　　 ② 추동이론
③ 추동감소이론 　　 ④ 각성이론

16. 다음의 예는 콜버그의 도덕발달단계 중 몇 단계에 해당하는가?

> 약을 훔치는 것은 나쁜 일이다. 아내가 죽는다 해도 하인츠가 비난받을 일은 아니다. 죄를 안 지었다고 해서 무정한 남편이라고 할 수는 없다. 훔치지 않아도 하인츠는 자기가 할 일을 다 했다.

① 2단계: 도구적 상대주의
② 3단계: 착한 소년-소녀 지향
③ 4단계: 법과 질서 지향
④ 5단계: 사회적 계약 지향

17. 매슬로우(Maslow) 이론에 대한 설명으로 틀린 것은?

① 삶의 궁극적 목표인 자기실현에 도달하기 위해서는 기본적 욕구에서 위계적으로 발전되어 가야 한다고 하는 욕구위계이론을 주장하였다.
② '금강산도 식후경'이라는 말을 설명해준다.
③ 사랑과 소속의 욕구는 성장동기에 해당한다.
④ 자아실현을 이룬 사람의 특징 중 하나는 절정감을 갖는 것이다.

18. 르두(Le Doux)에 의하면 정서자극이 시상에 도달하면 두 가지의 서로 다른 경로를 따라 전달되는데, 첫째, 시상에서 편도체로 바로 가는 빠른 경로의 하위로(a)와 둘째, 시상에서 피질로 갔다가 편도체로 가는 느린 경로의 상위로(b)에 대한 명칭으로 적절한 것은?

① a. 정서뇌　 b. 이성뇌
② a. 정서뇌　 b. 분석뇌
③ a. 이성뇌　 b. 감성뇌
④ a. 감성뇌　 b. 이성뇌

19. 정신물리학에 대한 설명으로 옳지 않은 것은?

① 자극강도와 그 자극에 대한 관찰자의 민감도를 측정하는 방법을 연구한다.

② 신호를 탐지하는 최소한의 자극강도는 항상 동일하다는 개념을 신호탐지이론이라고 한다.

③ 감각기관의 역치를 측정한다.

④ 자극을 감지할 수 있는 최소치인 절대역에 미치지 못하는 자극을 역하자극이라고 한다.

20. 다음의 개념들이 의미하는 것은?

- 스트룹 효과(stroop effect)
- 칵테일파티 효과
- 변화맹
- 넥커 큐브(necker cube)

① 지각적 조직화 ② 선택적 주의

③ 지각 항상성 ④ 착시

21. 언어발달에 관한 설명 중 틀린 것은?

① 촘스키에 의하면 언어 습득은 아이들이 성인의 언어를 모방하고 모방한 언어를 성인으로부터 피드백 받으면서 이루어진다.

② 심층구조는 한 문장의 의미를 지칭하며, 표면구조는 그 문장이 어떻게 구성되는가를 말한다.

③ 초등학교에 입학할 무렵이 되면 10,000개 정도의 어휘를 습득한다.

④ 신속표상대응원리에 의해 아이들은 매우 빠른 속도로 언어를 익힌다.

22. 다음 〈보기〉에서 단안단서에 해당하는 것을 모두 고르시오.

보기

㉠ 중첩 ㉡ 폭주각

㉢ 시선수렴 ㉣ 결의 밀도 변화

㉤ 선형조망 ㉥ 상대적 명확성

① ㉡, ㉢, ㉣, ㉤ ② ㉠, ㉡, ㉤, ㉥

③ ㉠, ㉣, ㉤, ㉥ ④ ㉢, ㉣, ㉤, ㉥

23. 프리맥의 원리(Premack's principle)에 대한 설명으로 부적절한 것은?

① 높은 빈도의 행동은 낮은 빈도의 행동에 대한 강화인자가 될 수 있다.

② 상대적 가치이론이라고도 한다.

③ 좋아하는 활동이 좋아하지 않는 활동을 하도록 하는데 사용되는 강화물이 된다.

④ 운동을 하지 않고 TV를 보려고 하는 사람에게 원하는 TV를 먼저 보여줌으로써 운동을 쉽게 하게 한다.

24. 인지학습과 가장 거리가 먼 것은?

① S-R 이론 ② 통찰학습이론

③ 기호형태설 ④ 관찰학습이론

25. 자전거를 타거나 피아노를 치는 것, 수영을 하는데 관여하는 기억은?

① 의미기억 ② 절차기억

③ 일화기억 ④ 서술기억

01. 다음 〈보기〉의 빈칸에 들어갈 개념을 순서대로 나열한 것은?

보기

주파수가 낮은 경우 음의 음고지각은 ___㉠___ 이론으로, 주파수가 높은 경우는 음의 음고지각은 ___㉡___ 이론으로 설명된다.

① 장소, 연사   ② 장소, 주파수

③ 주파수, 장소   ④ 연사, 주파수

02. 애착에 대한 설명으로 옳지 않은 것은?

① 할로우(Harlow)의 실험에 의하면 인간의 생존은 영양공급 이상의 것이 필요한데, 신체적 접촉과 그로 인한 정서적 안정감이 중요하다.

② 보울비(Bowlby)에 의하면 영아가 보이는 애착행동은 생존을 위해 생물학적으로 프로그램된 본능행동이다.

③ 부모자녀 간의 안정적인 애착형성은 대상영속성 개념 획득과 분리불안 현상과 관계가 있다.

④ 에인스워스(Ainsworth)의 낯선상황 절차를 통해 영아들의 애착장애를 진단내릴 수 있다.

03. 아들러가 제시하였던 개인심리학의 주요개념과 거리가 먼 것은?

① 부모교육의 중요성

② 건강한 생활양식의 확립

③ 창조적 자기

④ 충분히 기능하는 자기

04. 다음 중 잘못 짝지어진 것은?

① 베르트하이머(M. Wertheimer) – 게슈탈트심리학

② 에빙하우스(H. Ebbinghaus) – 단순노출효과

③ 제임스(W. James) – 기능주의

④ 벡(A. Beck) – 역기능적 사고

05. 뉴런의 정보전달과정에 대한 설명으로 옳은 것은?

① 시냅스는 시냅스전 뉴런과 시냅스후 뉴런이 서로 맞닿은 면을 지칭하는 것으로 이 상태에서 정보전달물질을 전달한다.

② 수초는 에너지 효율성을 감소시키는 대신 정보의 전달속도를 빠르게 한다.

③ 세포체는 단백질 합성의 기능을 갖고 있다.

④ 뉴런 내 정보전달은 과분극을 통한 활동전위가 일어나면서 이루어진다.

06. 다음을 설명하고 있는 지각조직화의 원리 개념은 무엇인가?

① 근접성의 원리   ② 연속성의 원리

③ 폐쇄성의 원리   ④ 연결성의 원리

07. 톨만(E. Tolman)의 쥐 미로 학습연구가 시사하는 것은?

① 유기체의 학습을 위해서는 보상이 필요하다.

② 수단-결과의 관계성립은 무의식으로 이루어진다.

③ 강화는 학습에 영향을 주는 것이 아니라 학습한 것을 수행하는 데 영향을 준다.

④ 행동은 자극-반응의 연합원리에 의해 목적을 지향하고 수행한다.

08. 기억인출과정에 대한 설명으로 틀린 것은?

① 학습맥락과 인출맥락이 유사할수록 기억이 잘 되는 것을 부호화 특수성 원리라고 한다.

② 과거 경험했던 어떤 사건을 기억하기 위해 그 당시에 경험했던 기분을 재연하는 것이 회상에 도움이 되는 것을 정서일치효과라고 한다.

③ 물리적 속성보다는 의미적 속성을 처리할수록 처리 수준이 깊다.

④ 인간은 자신의 도식과 일치하지 않은 것보다 일치하는 것을 더 잘 기억한다.

09. 불확실한 상황에서 영아가 주양육자의 정서적 반응을 보고 단서를 얻어 자신의 행동을 결정하는 것을 무엇이라고 하는가?

① 사회적 참조(social referencing)

② 공동주의(joint attention)

③ 주고받기(turn taking)

④ 마음이론(theory of mind)

10. 다음의 개념들 중 나머지 세 가지와 의미가 가장 다른 것은?

① 적은 관찰 오류

② 가용성 오류

③ 확증 편향

④ 기본적 귀인 오류

11. 실험실 실험연구에 관한 설명으로 옳지 않은 것은?

① 현장 실험연구에 비해 내적 타당도가 높은 편이다.

② 현장 실험연구에 비해 외적 타당도가 높은 편이다.

③ 종속변인에 영향을 미치는 처치변인 외에 가외변인에 대한 통제가 중요하다.

④ 처치·자극·환경 조건을 인위적으로 조작(통제)하여 종속변인이 어떤 변화를 보이는지를 분석한다.

12. 정상분포에 대한 설명으로 틀린 것은?

① 평균을 중심으로 좌우대칭을 이루는 곡선이다.

② 평균과 중앙값, 최빈값이 모두 같다.

③ 정상분포를 따르는 변인은 Z점수 평균이 0이고 변량은 1이다.

④ 정상분포의 양끝 쪽은 점차 X축에 접근한다.

13. 타인에게 영향을 받아 행동이나 생각이 변화되는 것과 무관한 것은?

① 동조   ② 귀인

③ 집단극화   ④ 사회적 촉진

14. DSM-5의 신경발달장애의 범주에 포함되지 않는 장애는?

① 자폐 스펙트럼 장애

② 의사소통 장애

③ 특정 학습장애

④ 유분증

15. 뇌의 어떤 부분이 손상되면 쥐는 섭식행동을 멈추지 못하는가?

① 복내측 뇌하수체   ② 복내측 시상하부

③ 외측 시상하부   ④ 측면 해마

16. 비고츠키(Vygotsky) 이론에 대한 설명으로 틀린 것은?

① 언어와 사고는 초기에는 상호독립적으로 발달을 하다가 이후 통합된다.

② 혼잣말에 대해 자기중심적 사고특성이 언어로 나타난 것이라고 보았다.

③ 아동 또는 인간의 근접발달영역은 사람마다 차이가 있기 때문에 개별 아동 및 인간의 근접발달영역의 상태를 먼저 파악하는 것이 중요하다.

④ 아동이 스스로 문제를 해결할 수 있도록 성인이나 유능한 또래가 도움을 제공하는 것을 비계(발판화, scaffolding)라고 한다.

17. 개인의 자아개념이 진로발달과정에서 중요한 요인이라고 보고 이에 대한 생애진로발달이론을 주장한 학자는?

① 긴즈버그(Ginzberg)

② 수퍼(Super)

③ 갓프레드슨(Gottfredson)

④ 크럼볼츠(Krumboltz)

18. 다음 중 브론펜브레너(U. Bronfenbrenner)의 생태학적 체계모델에 대한 설명으로 틀린 것은?

① 미시체계에는 인간 및 조직체 뿐만 아니라 물리적 공간이나 대상도 포함된다.

② 중간체계(mesosystem)은 다양한 미시체계들 간의 상호관계를 의미한다.

③ 발달은 사회적 맥락에서만 이해될 수 있다고 본다.

④ 인간은 다차원적인 주변 환경에 의해서만 영향을 받아 발달한다는 점을 강조한다.

19. 성격측정의 한 방법인 투사법에 대한 설명으로 틀린 것은?

① 일련의 표준화된 모호한 자극에 대해 응답한 것을 분석하여 무의식적 성격 내면의 특성을 밝힌다.

② 실시와 해석이 쉽지 않아 높은 수준의 전문훈련이 필요하다.

③ 대표적 투사법으로는 로샤검사, 주제통각검사, 그림검사 등이 있다.

④ 피검자가 자신의 반응을 통제함으로써 방어하기가 쉽다.

20. 올포트의 성격이론에 대한 설명으로 맞는 것은?

① 공통특성과 개별특성으로 성격을 구분하였다.

② 표면특성과 원천특성으로 성격을 구분하였다.

③ 외향성, 신경증적 경향성, 정신병적 경향성이라는 세 가지 요인으로 성격요인을 구분하였다.

④ 16가지 성격요인검사를 고안하였다.

21. 프로이트의 초자아(super-ego) 개념에 대한 설명으로 적절하지 않은 것은?

① 초자아는 도덕적 원리에 입각하여 작동한다.

② 초자아의 발달은 사회의 규칙이나 규범을 받아들이는 사회화 과정이 된다.

③ 초자아는 외적 환경의 요구나 압력에 대한 내사의 결과이므로 대부분 죄책감으로 연결된다.

④ 초자아는 의식, 전의식, 무의식 전 수준에 걸쳐 작동한다.

22. 마르시아(Marcia)의 청소년 자아정체감 발달에 대한 설명으로 맞는 것은?

① 정체감 상실은 위기와 전념이 모두 이루어지지 않고 있는 것을 의미한다.

② 정체감 유예는 위기감은 없지만 전념을 하고 있는 상태를 의미한다.

③ 위기(crisis)와 전념(commitment) 차원에 따라 정체감을 구분하였다.

④ 청소년기에서 정체감 유예는 바람직하지 않은 정체감 상태이다.

23. 다음의 개념들은 어떤 학자의 이론을 의미하는 것인가?

> • 주관적 현실로서의 현상학적 장
> • 자기실현 경향성
> • 유기체적 가치화 과정과 자기와 경험의 불일치
> • 온전히 기능하는 사람

① 로저스(Rogers)의 인본주의 이론

② 매슬로우(Maslow)의 인본주의 이론

③ 켈리(Kelly)의 인본주의 이론

④ 펄스(Perls)의 인본주의 이론

24. 스턴버그(Sternberg)의 사랑의 삼각형 이론에 대한 설명으로 틀린 것은?

① 사랑의 세 요소는 열정(passion), 친밀감(intimacy), 헌신(commitment)이다.

② 사랑의 세 가지 요소의 조합에 따라 낭만적 사랑, 유희적 사랑, 우애적 사랑, 논리적 사랑, 이타적 사랑, 그리고 소유적 사랑으로 구분된다.

③ 헌신(commitment)은 사랑의 인지적 측면으로, 지속적 관계를 위한 약속과 책임을 의미를 포함한다.

④ 시간이 지나면 열정은 줄어들고 친밀감과 헌신은 서서히 증가하는 경향이 있다.

25. 심리평가의 주요 기능 및 목적이 아닌 것은?

① 배치, 선별, 선발 등을 위한 분류

② 평가자의 평가능력 증진

③ 비정상적 행동의 근원을 찾고 치료계획을 세우는 것

④ 교육 및 사회적 프로그램의 효과성을 평가

01. 청소년 진로상담의 목표로 옳지 않은 것은?

① 학업능력 향상

② 직업세계에 대한 이해 증진

③ 합리적인 의사결정능력 향상

④ 자신에 대한 이해 증진

02. 다음 〈보기〉에서 설명하고 있는 방어기제의 종류로 가장 적절한 것은?

> **보기**
>
> a. 어릴 때 자주 야단치시던 할아버지와 생김새가 비슷한 노신사를 보면서 주눅이 들었다.
> b. 사기를 쳐서 번 돈의 일부를 인권운동을 하는 시민단체에 기부한다.

① a. 전이(transference)

   b. 반동형성(reaction formation)

② a. 투사(projection)

   b. 취소(undoing)

③ a. 투사(projection)

   b. 반동형성(reaction formation)

④ a. 전이(transference)

   b. 취소(undoing)

03. 응용심리학에 대한 설명으로 적절하지 않는 것은?

① 심리현상에 관련된 원리나 이론, 법칙 등을 실생활 장면에 이용하는 것을 목적으로 한다.

② 인간의 행동이나 태도, 가치, 성격이 서로 어떻게 관련되어 있는가를 찾아내는 일을 한다.

③ 기초심리학에서 나온 원리를 현실에 적용한다.

④ 임상심리학과 상담심리학은 응용심리학에 포함된다.

04. 신경계에 대한 설명이 잘못된 것은?

① 신경계는 크게 중추신경계와 자율신경계로 구분된다.

② 자율신경계는 교감신경계와 부교감 신경계로 구분된다.

③ 시상하부는 체온, 배고픔, 갈증 등 생명유지의 중추적 역할을 한다.

④ 소뇌는 평형기능, 수의운동조절 등 신체의 세밀하고 다양한 운동기능을 담당한다.

05. 지각자가 특정 대상의 형태를 기억 속에 들어 있는 형태에 대응시키는 과정을 형태 재인이라고 하는데, 이와 유사한 개념은?

① 스트룹 효과(stroop effect)

② 기능적 고착(functional fixedness)

③ 지각적 갖춤새(perceptual set)

④ 부화 효과(incubation effect)

06. 노년기 발달 특성에 대한 설명으로 적절한 것은?

① 단기기억보다 장기기억의 작동이 더 원활하다.

② 유동성 지능이 결정성 지능보다 잘 기능한다.

③ 은퇴를 한 후에는 더 이상 진로발달이 이루어지지 않는다.

④ 지혜의 발달로 더 이상 심리적 위기를 겪지 않는다.

07. Big 5 성격이론에 근거한 성격요인에 해당하는 것이 아닌 것은?

① 개방성　　　　　② 성실성

③ 정직성　　　　　④ 신경과민성

08. 미신적 행동에 깔려 있는 학습원리는?

① 고전적 조건형성　② 조작적 조건형성

③ 모방학습　　　　④ 통찰학습

09. 에빙하우스(Ebinghaus)의 망각곡선에서 알 수 있는 것이 아닌 것은?

① 학습 이후 빠른 시간 내에 반복학습을 하는 것이 중요하다.

② 철자학습 실험에서 처음에 가장 많은 망각이 일어나고 시간이 지나면서는 덜 망각한다.

③ 기억에 대한 최초의 과학적 연구에서 나온 결과이다.

④ 인간의 기억은 시간에 비례한다.

10. 쥐가 전기충격을 받을 때 지렛대를 누르면 전기충격이 멈춰지도록 한 실험의 경우 전기충격의 종료가 의미하는 것은?

① 부적 강화　　　　② 부적 처벌

③ 정적 강화　　　　④ 정적 처벌

11. 콜버그의 도덕발달이론에 대한 설명으로 적절하지 않은 것은?

① 도덕적 갈등상황을 제시하고 옳은 대처방식과 그 이유에 대한 반응을 분석하여 도덕추론능력의 발달과정을 제시하였다.

② 남성 위주의 도덕성 연구라는 비판을 받는다.

③ 도덕적 판단의 근거로 타인의 비난이나 인정을 언급하는 경우는 전인습적 수준에 해당한다.

④ 최고 수준, 특히 6단계까지 도달하는 사람은 많지 않다.

12. 사례연구법의 특징에 대한 설명으로 적절하지 않은 것은?

① 개인과 환경 간의 복잡한 관계를 연구할 수 있다.

② 일반화가 어려운 인위적 환경을 조성한다.

③ 자료에 대한 주관적인 해석이 가능하다.

④ 개인에 대한 심층적 연구를 할 수 있다.

13. 장기 기억에 대한 설명으로 가장 옳은 것은?

① 의미기억은 흔히 '지식'이라고 말하는 것 외에도 동물 이름, 숫자 등 단순한 사실이나 개념 등을 기억하는 것이다.

② 서술기억은 우리가 의식적으로 떠올릴 수 있는 기억을 말하며, 절차기억이라고도 한다.

③ 절차기억은 외현기억이라고 말하기도 한다.

④ 일화기억은 반사적인 행동이나 무의식적인 반응을 일으키는 내재된 기억이다.

14. 타당도가 높은 검사는?

① 측정오차가 적은 검사

② 결과의 일관성이 있는 검사

③ 점수의 변산도가 적은 검사

④ 측정의 목표가 정확하게 반영된 검사

15. 도식적 정보처리가 갖는 특성이 아닌 것은?

① 회상을 용이하게 한다.

② 정보처리 시간을 단축시킨다.

③ 누락된 정보를 메워준다.

④ 예외적 상황에 대한 이해를 도와준다.

16. 스트레스를 잘 극복하는 사람들의 성격특징이 아닌 것은?

① 낙관주의   ② 강인함

③ 우호성   ④ 자기효능감

17. 다음의 성격장애들 중 유형이 다른 한 가지는?

① 편집성 성격장애

② 경계성 성격장애

③ 자기애성 성격장애

④ 연극성 성격장애

18. 다음 〈보기〉에서 설명하는 현상은?

> 보기
>
> 편도체를 포함하여 뇌각 반구의 측두엽 앞쪽 제거에 의한 정서적 변화양상을 의미한다.

① 생리학적 과정모형   ② 클뤼버-부시 증후군

③ 파페즈 회로   ④ 대뇌 변연계

19. 스탠포드-비네 지능검사에 대한 설명으로 옳지 않은 것은?

① 스탠포드 대학의 터먼에 의해 미국판으로 표준화되었다.

② 비율지능지수를 사용하였다.

③ 아동을 대상으로 한 검사이다.

④ 집단지능검사의 시초가 된 검사이다.

20. 다음 중 에릭슨이 주장하는 성인기 이후 발달 특성에 해당하는 것이 아닌 것은?

① 지혜   ② 근면성

③ 친밀감   ④ 생산성

21. 인상을 형성할 때 일어날 수 있는 오류에 대한 설명으로 옳지 않은 것은?

① 유사성 가정은 상대방이 나와 어떤 점이 비슷할 경우 다른 면들도 나와 비슷할 것이라고 기대하는 것이다.

② 후광효과는 상대방에 대한 인상이 형성되고 나면 그 인상에 맞는 다른 특성도 모두 갖고 있을 것이라고 기대하는 것이다.

③ 초두효과는 처음 알게 된 정보가 나중에 알게 된 정보보다 인상형성에 더 영향을 미치는 것을 말한다.

④ 부정적 편향은 사람을 처음 만났을 때 전반적으로 부정적으로 지각하는 경향을 말한다.

22. 표시 규칙(display rules)이란 무엇을 의미하는가?

① 누가 누구에게 언제 어떤 감정을, 어떤 강도로 감정을 보이는지에 대한 이해

② 특정 정서체험이 특정 얼굴 표정을 만들어내는 것에 대한 설명

③ 정서표현은 그것이 나타내는 정서 경험을 유발할 수 있다는 가설

④ 자신과 타인의 감정을 잘 파악하고 이해하며 조절할 수 있는 능력

23. 기능주의 심리학에 대한 설명으로 옳지 않은 것은?

① 의식이나 정신과정을 여러 개의 요소로 나눌 수 없는 하나의 상태로 보기 때문에 구성 요소를 찾아보려는 일은 무의미한 행위라고 평가한다.

② 대표적은 학자로는 하버드 대학교의 윌리엄 제임스를 들 수 있다.

③ 진화론의 영향을 받아 인간이 끊임없이 변화하는 환경에 적응하기 위한 노력이 생존과 관련된 정신활동이나 의식의 기능이라고 본다.

④ 의식의 내용이 아무리 복잡해도 잘 훈련된 내성법을 사용하면 의식이나 마음을 이해할 수 있다고 믿는다.

24. '아메카리노'를 '아메리카노'라고 읽는 현상처럼 단어를 구성하는 문자에 대한 정확한 지각보다 단어 전체의 이미지 지각을 통해 인지하게 되는 것을 무엇이라고 하는가?

① 변형생성문법   ② 단어우월성효과

③ 의미점화효과   ④ 신속표상대응

25. 스페리의 뇌 분리 환자의 실험에서 환자의 반응에 대한 설명으로 옳은 것은?

뇌량 절단 수술을 받은 피험자를 여러 가지 물건이 놓여 있는 탁자 앞에 앉게 하고, 탁자와 피험자 사이에 스크린을 두어 탁자 위에 올려져 있는 자신의 손을 보지 못하게 하였다. 피험자에게 스크린 중앙의 한 점에 시선을 고정하도록 한 뒤 스크린 좌측 부분에 '나사'라는 단어를 제시하였다.

① '나사'를 손으로 집어낼 수 없고, 언어로 표현하지 못한다.

② '나사'를 손으로 집어낼 수 있지만, 언어로 표현하지는 못한다.

③ '나사'를 손으로 집어낼 수 없고, 언어로도 표현하지 못한다.

④ '나사'를 손으로 집어낼 수 있고, 언어로도 표현한다.

정답 및 해설 _ p.317

01. 적성검사를 새롭게 만들어 기존의 표준화된 다른 검사와 비교해보니 유의미한 상관이 도출되었다. 이것이 설명하고 있는 것은??

① 공인타당도　② 예언타당도
③ 구성타당도　④ 내용타당도

02. 에릭슨의 심리사회발달이론에 대한 설명으로 적절하지 않은 것은?

① 성격의 발달은 전생애를 통해 이루어진다고 보았다.
② 자아와 자기의 궁극적 통합을 통한 개성화(individuation)을 강조하였다.
③ 성격발달에 있어 사회문화적 영향력을 인정하였다.
④ 중년기 발달단계는 생산성 대 침체 단계이다.

03. 〈보기〉의 개념들을 대표하는 학자는?

> 보기
> • 자기효능감　• 모델링
> • 인지과정　• 상호결정론

① 앨리스(A. Ellis)　② 쾰러(W. Kohler)
③ 톨먼(E. Tolman)　④ 반두라(A. Bandura)

04. 지능에 대한 설명과 이론가가 잘못 짝지어진 것은?

① 스턴버그(Sternberg): 지능은 세 개의 차원인 '내용', '조작', '산출'의 조합으로 이루어져 있다.
② 가드너(Gardner): 지능은 독립적인 여러 능력으로 구성되어 있으며 교육을 통해 지능을 증진시킬 수 있다고 보았다.
③ 카텔(Cattell): 요인분석방법을 적용하여 지능을 유동성 지능과 결정성 지능으로 구분하였다.
④ 서스톤(Thurstone): 지능은 독립적인 기본정신능력 일곱 가지 요인들로 구성되어 있다고 주장하였다.

05. 심리학 연구방법 중에 관찰이나 면접 등의 다양한 방법을 이용하여 특정의 개인이나 집단 또는 사건을 심층적이고 집중적으로 연구하는 방법은 무엇인가?

① 설문연구　② 실험연구
③ 사례연구　④ 관찰연구

06. 와이너의 귀인이론에서 추론의 세 가지 차원에 해당하지 않는 것은?

① 인과소재　② 일치성
③ 안정성　④ 통제가능성

07. 단어우월효과와 관련이 있는 개념은?

① 신속표상대응　　　② 맥락효과

③ 언어상대성 가설　　④ 계열위치효과

08. 다음 〈보기〉에 들어갈 알맞은 용어는?

> **보기**
>
> 뉴런이 휴지전위상태에 있을 때 뉴런은 (㉠)에서 음전하를 띠고 (㉡)에서 양전하를 띠고 있다.

	㉠	㉡
①	내부	외부
②	외부	내부
③	위쪽	아래쪽
④	아래쪽	위쪽

09. DSM-5에서 제시하고 있는 조현병 장애의 진단적 특징과 거리가 먼 것은?

① 조현병은 망상, 환각, 혼란스러운 언어 중 적어도 한 가지가 존재해야 진단을 내릴 수 있다.

② 조현병 증상은 최소 6개월 동안 계속된다.

③ 조현병으로 진단을 내리기 위해서는 5가지 증상 중 세 가지 이상이 존재해야 한다.

④ 음성증상은 언어표현의 빈곤, 감정표현의 둔화, 무욕증, 사회적 철수 등의 증상이다.

10. 태도를 변화시키기 위해 설득기법을 주로 사용하게 되는데, 설득의 효과에 영향을 주는 요인에 대한 설명으로 옳지 않은 것은?

① 하나의 견해만 계속 제시하기보다는 반대의견도 함께 제시해서 설득하면 더 효과적이다.

② 설득주제가 설득대상에게 중요한 의미가 없으면 설득자의 외모와 같은 주변단서에 의해 반응을 결정하기 쉽다.

③ 설득대상이 설득자를 호의적으로 평가할수록 설득효과는 커진다.

④ 설득내용이 기존에 갖고 있던 태도와 차이가 클수록 설득효과는 커진다.

11. 협동과 경쟁이 모두 가능한 상황에서 경쟁이 더 빈번하게 선택된다는 점을 설명해주는 것은?

① 사회적 촉진

② 몰개인화

③ 죄수의 딜레마 게임

④ 집단극화

12. 조건반응이 획득된 이후 더 이상 무조건자극이 제시되지 않고 조건자극만 반복해서 제시하면 조건반응이 점점 줄어들다가 사라지게 된다. 이 현상을 설명해주는 것은?

① 이차적 조건형성　　② 소거

③ 자극일반화　　　　④ 자극변별

13. 사건의 목격자가 진술을 할 때 과장되거나 실제와 다르게 말하는 것과 관련 있는 것은?

① 의미점화효과　　② 인출단서의 변화

③ 맥락 효과　　　　④ 기억의 재구성

14. 자기결정성이론의 관점에서 볼 때 다음 〈보기〉의 설명과 가장 가까운 것은?

보기
- 숙제를 하지 않으면 선생님이나 부모님께 죄송해서 숙제를 했다.
- 공부를 하지 않으면 죄를 짓는 느낌이 들거나 못된 사람이 된 것 같은 느낌이 들어 공부를 한다.

① 외적 조절　　　　② 내사된 조절

③ 확인된 조절　　　④ 통합적 조절

15. 밀그램 복종실험에서 가장 복종이 안 될 때는?

① 명령을 내리는 사람과 거리가 멀 때

② 권위적인 사람이 명령을 할 때

③ 저항하는 사람이 보이지 않을 때

④ 실험자의 얼굴이 잘 보일 때

16. 사회적 태만을 막는 방법으로 가장 옳은 것은?

① 전체 노동자를 대상으로 개인이 기여한 비중을 공개한다.

② 가장 낮은 기여를 한 사람을 지속적으로 공개한다.

③ 책임감을 분산시켜 일에 대한 의무감을 줄여준다.

④ 개개인의 잘못에 대한 책임이나 평가를 하지 않는다.

17. 프로이트의 주요개념에 대한 설명으로 맞는 것은?

① 원초아의 정신활동을 이차사고과정이라고 한다.

② 초자아는 방어기제를 작동하여 갈등과 불안에 대처한다.

③ 지형학적 모델에 따르면 정신은 의식, 전의식, 무의식의 수준으로 구분된다.

④ 조상으로부터 물려받아 우리가 태어날 때부터 가지게 되는 미리 정해진 생각이나 기억, 즉 근원적 심상으로서 원형(archetype)의 개념을 강조한다.

18. 셀리에가 제시한 스트레스 반응단계(일반적응증후군)를 순서대로 나열한 것은?

① 소진 – 저항 – 경고

② 경고 – 저항 – 소진

③ 경고 – 소진 – 저항

④ 저항 – 경고 – 소진

19. 제시되는 자극들을 특정 속성에 따라 의미 있는 단위로 묶어 지각하는 것을 지각적 조직화라고 한다. 다음의 자극들을 지각하는 원리는?

[　][　][　][　]

① 근접성의 원리

② 유사성의 원리

③ 연속성의 원리

④ 폐쇄성의 원리

20. 반두라의 사회학습이론에서 자기효능감 판단의 근원이 아닌 것은?

① 직접적인 성공경험
② 생리적 지표
③ 심리검사와 같은 객관적 측정결과
④ 나와 유사한 사람의 성공경험

21. 인간 아기의 기질 자체보다는 기질과 양육 환경 간의 조화가 아동의 발달과정에 영향을 미친다는 가설은?

① 조화의 적합성(goodness of fit) 모델
② 피그말리온 효과(pygmalion effect)
③ 상호주관성(intersubjectivity) 이론
④ 내적 수행 모델(internal working model)

22. 다음 〈보기〉는 베일란트(Vaillant)의 성인기 적응이론 중 어떤 개념을 설명한 것인가?

보기

다음 세대에게 과거와 미래를 연결해주는 역할을 하고자 하며, 인류의 문화와 가치를 보존하면서 사회적 지평을 확장하는 시기이다.

① 경력강화의 단계
② 생산성의 단계
③ 의미의 수호자 단계
④ 친밀감 형성의 단계

23. 태내기에 대한 설명으로 틀린 것은?

① 수정 후 2주 동안은 수정란이 자궁벽에 완전히 착상하는 시기로 단일 세포가 계속 분열한다.
② 태내기 중에도 시각은 발달한다.
③ 수정 후 2주부터 8주까지를 태아기라고 한다.
④ 배아기는 외부 환경에 가장 취약하기 때문에 기형확률이 상대적으로 높은 시기다.

24. 단기기억에서 장기기억으로 정보가 전이되는 통제과정의 유형이 아닌 것은?

① 암송　　　　　② 부호화
③ 심상화　　　　④ 주의

25. 합리정서행동치료에 관한 설명으로 옳은 것은?

① ABCDE 모델에서 C는 신념체계이다.
② 인간은 선천적으로 합리적이면서도 비합리적이라고 보았다.
③ 주요기법으로 게임분석이 있다.
④ 역기능적인 자동적 사고의 수정을 강조한다.

01. 아들러는 사회적 관심과 활동수준의 두 가지 차원을 토대로 네 가지 유형의 생활양식을 구분하였다. 이 중 가장 건강한 유형은?

① 사회적 유용형　　② 지배형

③ 회피형　　④ 기생형

02. 교통사고로 뇌를 다친 A씨는 수술 후 지적 능력이 정상이었고, 대화나 수 계산도 가능하였으며, 성격의 변화도 일어나지 않았다. 그러나 새로 만난 사람을 알아보지 못하고 식사를 한 바로 후에도 자신이 식사를 했다는 사실을 기억하지 못하였다. 이러한 현상을 가리키는 용어는?

① 치매　　② 신경인지장애

③ 역행성 기억상실　　④ 순행성 기억상실

03. '자꾸 보면 정이 든다'는 속담처럼 자주 접촉해서 익숙해지면 좋아하는 감정이 생기게 되는 것은?

① 고전적 조건화(classical conditioning)

② 정적 편향(positivity bias)

③ 사회적 교환이론(social exchange theory)

④ 단순노출효과(exposure effect)

04. '통계적으로 유의미하다.'라는 말의 뜻으로 가장 적합한 것은?

① 실험 결과가 우연이 아닌 실험 처치에 의해서 나왔다.

② 실험 결과를 통계적 방법을 통해 분석할 수 있다.

③ 실험 결과가 통계적 분석 방법을 써서 나온 것이다.

④ 실험 결과가 통계적 혹은 확률적 현상이다.

05. 시상하부의 대한 설명으로 적절한 것은?

① 뇌의 전체 부피의 많은 부분을 차지한다.

② 전반적인 신체 내부 환경을 조절하는 역할을 수행한다.

③ 부정적 정서에만 관여한다.

④ 호르몬 체계를 직접 조절한다.

06. 대뇌피질 각 영역의 기능에 관한 설명으로 옳지 않은 것은?

① 측두엽: 이 영역이 손상되면 반대쪽의 피부감각이 떨어지는 현상이 나타난다.

② 후두엽: 망막에서 들어오는 시각정보를 받아 분석하며 일차시각피질과 시각연합피질로 구성되어 있다.

③ 전두엽: 현재의 상황을 판단하고 상황에 적절하게 행동을 계획하며 부적절한 행동을 억제하는 등 전반적으로 행동을 관리하는 역할을 한다.

④ 두정엽: 공간지각, 운동지각, 신체의 위치판단 등을 담당하는 영역으로 이 영역이 손상되면 개인무시증상이 발생될 수 있다.

07. '자라보고 놀란 가슴 솥뚜껑 보고 놀란다.'를 가장 잘 설명해주는 개념은?

① 습득　　　　　　② 소거

③ 자극 변별　　　　④ 자극 일반화

08. 학습의 원리가 다른 한 가지는?

① 상한 김밥을 먹고 체한 뒤로는 김밥을 절대 먹지 않는다.

② 물에 빠져 구사일생으로 구조된 후부터는 물가까이 가지 않는다.

③ 아침에 미역국을 먹고 치른 시험에서 합격한 후 시험 때마다 아침에 미역국을 먹는다.

④ 연인과 헤어질 때 들었던 음악이 나올 때마다 기분이 우울해진다.

09. 다음의 예문에 해당하는 장기기억은?

> '하이클래스군무원은 영등포구에 위치하고 있다.'

① 의미기억　　　　② 일화기억

③ 절차기억　　　　④ 암묵기억

10. 입사 직후 측정한 친사회성이 승진 시기를 가늠할 수 있게 한다고 할 때 친사회성 측정 도구가 보여주는 타당도의 유형은?

① 내용 타당도　　　② 예언 타당도

③ 공인 타당도　　　④ 구인 타당도

11. 촘스키(N. Chomsky)의 언어발달이론에 대한 설명으로 적절하지 않은 것은?

① 언어습득은 선천적으로 가지고 태어나는 언어습득장치(LAD)가 있지만 이 장치가 제대로 기능하기 위해서는 환경에서 적절한 언어경험이 필요하다고 보았다.

② 언어발달은 인간 종 특유의 고유한 능력이며, 언어습득은 두뇌발달에 따른 '결정적 시기'가 있다고 주장하였다.

③ 세상의 모든 언어에는 공통적인 문법구조인 보편문법이 존재한다고 하였다.

④ 언어는 일련의 규칙체계로서 모든 문장은 표층구조 외에 추상적인 심층구조가 있다고 가정하였다.

12. 수면에 대한 설명으로 맞는 것은?

① 모든 꿈은 REM 단계에서만 일어난다.

② 아주 깊은 잠이 들어서 아무리 흔들어도 잘 깨지 못할 때 뇌파는 보통 델타파이다.

③ 수면 주기는 대략 60분 내외로 순환된다.

④ 신체 근육은 마비 상태로 이완되어 있으나 혈압 및 대뇌 활동은 깨어 있는 의식상태의 생리적 반응과 유사한데 이를 역동적 수면이라고 한다.

13. 두 변수값 사이에서 가장 강한 상관을 보이는 것은?

① −.3　　　　　　② .7

③ −.8　　　　　　④ 0

14. 심리검사에 대한 설명으로 가장 적절하지 않은 것은?

① 현대적 의미에서 가장 최초의 지능검사는 비네－시몬 검사이다.

② 심리검사는 심리적 속성을 측정하는 것으로 이는 행동의 한 표본을 측정함으로써 이루어진다.

③ 심리검사는 인간을 이해하는데 가장 정확한 자료를 제시해 준다.

④ 심리특성의 개인차를 수량화한 것이다.

15. 다음의 예시들 중 나머지 세 가지와 가장 다른 개념을 갖고 있는 것은?

① 밤늦게 고속도로를 가던 중 전광판에서 화살표 불빛이 왼쪽에서 오른쪽으로 움직이는 것을 보고 그 방향으로 나도 차선을 바꾸었다.

② 붉은 신호등 앞에서 대기하느라 정차 중이었는데 옆에 서 있던 차가 앞으로 움직이는 바람에 내 차가 뒤로 밀려가는 것처럼 느껴져서 급히 브레이크를 밟았다.

③ 어두운 곳에서 고정되어 있는 빛을 가만히 보고 있었는데 그 빛이 불규칙하게 움직이는 것처럼 느껴져서 겁이 났다.

④ 달리는 기차에서 창밖을 보니 가까이 있는 나무가 저 멀리 있는 나무보다 더 빨리 뒤로 사라지는 것처럼 보였다.

16. 다음의 예시를 설명해주는 것은?

> 수영은 자신이 속해 있는 스포츠팀 팬클럽의 응원을 보면서 열정적이고 에너지가 넘친다고 말했는데, 라이벌 팀 팬클럽의 비슷한 응원을 보면서 정신 사납고 쓸모없는 짓을 한다고 폄하하였다.

① 내집단편향

② 고정관념

③ 행위자－관찰자 편파

④ 방관자 효과

17. 다음 〈보기〉에서 알 수 있는 것과 가장 거리가 먼 것은?

> **보기**
>
> 초등학교 교사들에게 지능검사 결과를 토대로 능력이 아주 뛰어난 학생들의 명단을 알려주었다. 그러나 이 학생들은 지능검사 결과와는 무관하게 무선적으로 선정한 학생들이었으나 1년 후 실제 지능검사를 한 결과 그 명단에 포함되지 않은 학생들의 지능에 비해 지능이 더 향상되었고 교사들로부터도 좋은 평가를 더 많이 받았다.

① 피그말리온 효과   ② 정적 편향

③ 관찰자 편파   ④ 로젠탈 효과

18. 프로이트와 에릭슨의 차이점이 아닌 것은?

① 발달연령 범위의 차이

② 정상 대상과 비정상 대상의 차이

③ 원초아 강조와 초자아 강조의 차이

④ 유기체 강조와 사회문화적 맥락 강조의 차이

19. 다음 성격이론가들에 대한 설명으로 옳은 것은?

① 올포트(Allport)는 한 문화권의 사람들을 상호 비교해줄 수 있는 일반적 성향들을 기본특질(cardinal trait)이라고 하였다.

② 아들러(Adler)에 의하면 개인이 지니고 있는 독특한 삶의 방식인 생활양식은 아동기가 끝날 무렵에 완성된다고 하였다.

③ 카텔(Cattell)은 요인분석방법을 사용하여 네 가지 수준의 위계구조를 가진 성격모델인 PEN 모델을 제시하였다.

④ 켈리(Kelly)는 현상학적 관점에서 개인의 구성개념을 제시하면서 절대적인 진리는 없다고 하였다.

20. 활동 그 자체가 주는 즐거움 때문에 반복적으로 그 활동을 하려고 하는 것으로 행위에 완전히 몰입된 집중상태를 강조하는 동기이론은?

① 출현동기이론 ② 유기적 통합이론

③ 효능동기이론 ④ 기본심리욕구이론

21. 공부하는 것도 싫고 공부 대신 심부름을 하는 것도 싫지만 둘 중 한 가지는 해야 할 때 일어나는 갈등은?

① 접근-접근 갈등

② 회피-회피 갈등

③ 접근-회피 갈등

④ 다중 접근-회피 갈등

22. 알코올중독 환자에게 술을 마시면 구토를 유발하는 약을 투약하여 치료하는 기법은 무엇인가?

① 행동조성 ② 혐오치료

③ 자기표현훈련 ④ 이완훈련

23. 아침에 밥투정을 한 아동이 오후에 동생이 교통사고가 난 것을 보고 자신이 아침에 밥투정을 해서 동생이 다쳤다고 자책하였다. 이 아동의 사고특성은?

① 물활론적 사고 ② 전환적 추론

③ 인공론적 사고 ④ 실재론적 사고

24. DSM-5에서 타인의 권리침해와 사회적 규범 위반이 주 특징인 장애는?

① 양극성장애 ② 성격장애

③ 물질관련중독장애 ④ 품행장애

25. 판단과 결정을 하는 데 있어 보일 수 있는 '가용성 오류'와 가장 가까운 개념은?

① 상향식 추리 ② 전경과 배경

③ 전망이론 ④ 과신오류

01. 이차 강화물에 해당하는 것은?

① 사탕   ② 음식물

③ 물   ④ 돈

02. 자율신경계와 내분비계를 통제하며, 종의 생존과 관련된 행동(먹고 마시기, 교미, 싸움, 도주, 체온 조절 등)을 조직화하는 데 관여하는 뇌 구조물은?

① 시상   ② 시상하부

③ 기저핵   ④ 소뇌

03. 성취 경향성을 성공에 대한 접근 경향성과 실패에 대한 회피 경향성의 두 가지 정서의 대립결과로 보고, 이를 결과성취동기라는 용어로 표현한 학자는?

① 앳킨슨(Atkinson)

② 맥클리랜드(McClelland)

③ 헐(Hull)

④ 디시와 라이언(Deci & Ryan)

04. 성격의 5요인에 대한 설명으로 맞는 것은?

① 우호성: 다른 사람이나 다른 견해를 받아들이고 상황에 맞게 유연하게 처신하는 성향을 의미한다.

② 성실성: 어떤 일이 닥쳐도 쉽게 흥분하지 않고 차분하게 사람들을 대하고 상황을 해결하려고 하는 특성이 일관적인 정도를 알려준다.

③ 외향성: 개인의 관심의 초점이 사회적이고 활동적으로 남들과 어울리는데 주로 집중되어 있는지, 아니면 자신에게 집중되어 있는지를 설명해준다.

④ 안정성: 책임감 있고 목표지향적이며 규칙적으로 사는 특성을 말한다.

05. 프로이트의 성격발달단계를 바르게 제시한 것은?

① 구강기 – 항문기 – 남근기 – 성기기 – 잠복기

② 구강기 – 항문기 – 남근기 – 잠복기 – 성기기

③ 구강기 – 남근기 – 항문기 – 잠복기 – 성기기

④ 구강기 – 남근기 – 항문기 – 성기기 – 잠복기

06. 다음에서 객관적 검사가 아닌 검사는?

① WAIS-IV   ② MMPI-2

③ TCI   ④ KFD

07. 지각조직화의 원리 중 다음의 그림이 나타내는 것은?

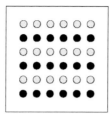

① 근접성   ② 유사성
③ 폐쇄성   ④ 연속성

08. 다음의 그림도식에서 보여주고 있는 정서이론은?

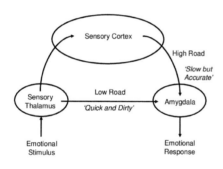

① 제임스-랑게 이론
② 캐넌-바드 이론
③ 르두의 '정서뇌' 이론
④ 샤흐터와 싱어의 '이요인이론'

09. 다음을 설명해주는 방어기제는 무엇인가?

> a. 지킬박사와 하이드씨
> b. 때리는 시어머니보다 말리는 시누이가 더 밉다.

① a. 해리(dissociation)
   b. 치환(displacement)
② a. 해리(dissociation)
   b. 반동형성(reaction formation)
③ a. 분리(splitting)
   b. 합리화(rationalization)
④ a. 분리(splitting)
   b. 치환(displacement)

10. 공변모형에 대한 설명으로 맞지 않는 것은?

① 공변모형의 세 가지 물음은 일관성, 독특성, 합의성이다.
② 귀인 과정을 설명하는 데 있어 합리적이고 객관적으로 판단하여 추론한다는 전제를 갖는다.
③ 일관성 정보는 상황 귀인, 독특성은 대상 귀인, 합의성은 행위자 귀인요소이다.
④ 세 가지 공변 관계의 물음에 대해 모두 '네'라는 대답이면 내부 귀인을 의미한다.

11. 로저스(Roger)는 자기개념이 발달할 때 두 가지의 기제가 작동한다고 보았다. 맞는 것은?

① 유기체적 평가과정 대 긍정적 대우에 대한 욕구
② 가상적 목적론 대 열등감 극복과 우월의 추구
③ 자아분화 대 자존감의 욕구
④ 알아차림과 접촉 대 연결성의 회복

12. 다음의 예를 가장 적절하게 설명해주는 개념은?

A씨는 처음 만난 거래처 사람 B씨와 대화를 나누어 보고서 그가 유머러스하다는 사실을 알았다. A씨는 그 점을 근거로 B씨가 사교적이고 낙천적인 사람이라고 추측하였다.

① 고정관념
② 내현성격이론
③ 기본귀인이론
④ 공변원리

13. 대뇌피질의 3/4을 차지하며 감각과 운동에 직접 관여하지 않으며, 대뇌피질에서 각종 정보의 처리와 통합기능을 담당하는 부위는?

① 피질하구조
② 연합영역
③ 중뇌피개
④ 망상체

14. 이상행동을 분류하고 진단하는 목적이 아닌 것은?

① 전문가 간의 효과적 의사소통을 위해
② 체계적 연구결과를 축적하고 교환하기 위해
③ 병리의 원인을 예측하고 적절한 치료를 적용하기 위해
④ 정신장애인들을 사회로부터 배제하기 위해

15. 장기기억과 관련하여 설명이 잘못된 것은?

① 정보처리방식에 있어 외현기억은 자료주도적 처리의 방식을 사용하며, 암묵기억은 개념주도적 처리방식을 사용한다.
② 정보의 내용에서는 외현기억은 의미적이며, 암묵기억은 지각적이다.
③ 정보의 인출에서는 외현기억은 의식적이며, 암묵기억은 무의식적이다.
④ 간섭의 영향에서는 외현기억은 간섭의 영향이 강하고, 암묵기억은 간섭의 영향이 약하다.

16. 매달 10일에 부모님으로부터 용돈을 송금받는 학생이 입금을 확인하는 행동을 보이는 양상은 다음 중 어떤 강화계획에 따른 것인가?

① 고정비율계획
② 고정간격계획
③ 변동비율계획
④ 변동간격계획

17. 맥락효과(context effect)의 개념과 가장 거리가 먼 것은?

① 유인효과(attraction effect)
② 빈발효과(frequency effect)
③ 초두효과(recency effect)
④ 정박점 휴리스틱(anchoring heuristic)

18. 암묵기억의 유형에 해당하는 것이 아닌 것은?

① 일화기억
② 점화
③ 기술이나 습관에 대한 기억
④ 고전적 조건화

19. 다음의 인물들 중 나머지 세 사람과 가장 거리가 먼 사람은?

① 프로이트(S. Freud) ② 아들러(A. Adler)

③ 융(C. G. Jung) ④ 펄스(F. Perls)

20. 아주 짧은 시간 동안 단어에 맞게 의미를 빠르게 습득하는 '신속표상대응' 현상이 일어나는 시기는?

① 12개월 전후 ② 24개월 전후

③ 36개월 전후 ④ 48개월 전후

21. 상담이론에 대한 설명 중 옳은 것은?

① 프로이트(S. Freud)의 정신분석 상담이론은 집단무의식을 강조하며, 주요한 상담기법 중의 하나로 자유연상을 사용한다.

② 엘리스(A. Ellis)의 합리·정서·행동 상담이론(REBT)은 신념 체계를 강조하며, 주요한 상담기법 중의 하나로 역기능적 사고기록지를 사용한다.

③ 번(E. Beme)의 교류분석 상담이론은 3가지 자아 상태(부모, 성인, 아동)를 강조하며, 주요한 상담 기법 중의 하나로 구조분석을 사용한다.

④ 글래서(W. Glasser)의 현실주의 상담이론은 인간의 5가지 기본 욕구(소속감, 힘, 즐거움, 자유, 생존)를 강조하며, 주요한 상담기법 중의 하나로 생활양식을 분석한다.

22. 실험연구법의 특성에 대한 설명과 가장 거리가 먼 것은?

① 변인을 구체적으로 조작할 수 있다.

② 개인과 환경 간의 복잡한 관계를 연구할 수 있다.

③ 자료를 객관적으로 기록할 수 있다.

④ 인과관계를 설정할 수 있다.

23. 마르시아의 청소년 정체감 발달에서 위기(crisis)는 있지만 전념(commitment)은 부족한 경우는?

① 정체감 유예 ② 정체감 상실

③ 정체감 혼미 ④ 정체감 확립

24. 개념과 범주에 대한 설명으로 잘못된 것은?

① 개념은 범주에 근거하여 위계적 구조로 표상되어 있다.

② 한국인의 경우 과일의 범주를 기억 인출하라고 할 때 사과를 가장 먼저 떠올리는 것은 개념이 전형성에 따라 표상되기 때문이다.

③ 고정관념이나 편견은 암묵적으로 처리되기도 하지만, 대부분 의식적으로 판단된다.

④ 개념의 범주화는 사고과정에서 복잡한 대상이나 행위의 개념을 단순화하며, 유사한 대상이나 행위를 경제적으로 유목화하는 역할을 한다.

25. '베버-페히너'의 법칙이 설명하고 있는 개념은?

① 절대역 ② 차이역

③ 역하자극 ④ 신호탐지

01. 건강한 성격발달에 있어 '사회적 관심'의 중요성을 강조한 학자는?

① 아들러　　　　　② 융
③ 머레이　　　　　④ 로저스

02. 다음의 증상을 보이는 장애는?

> 의학적 신체질환은 나타나지 않지만 심리적 원인으로 인해 사지가 마비되거나 눈이 보이지 않는 등의 감각이상이 나타난다.

① 건강염려증　　　② 전환장애
③ 허위성 장애　　　④ 신체변형장애

03. 정신분석이론에 대한 설명으로 틀린 것은?

① 인간행동에서 무의식적 욕망이나 충동의 영향이 매우 크며 이러한 욕망이나 충동이 어린 시절 부모로부터 얼마나 충족되는가가 성격발달에 영향을 준다.
② 원초아적 본능은 크게 성 본능과 죽음 본능으로 구분된다.
③ 건강한 초자아는 양심과 자아이상을 발달시킨다.
④ 세 가지 성격요소들의 불균형으로 불안이 생기면 초자아는 방어기제를 작동시켜 불안을 감소시킨다.

04. 장기기억의 분류가 잘못 짝 지어진 것은?

① 일화기억 – 고등학생 때 학교를 가는 길에 교통사고를 당해 한달 간 깁스를 하고 다녔다.
② 의미기억 – 진화론을 주장한 사람은 다윈이고 그는 많은 심리학자들에게 영향을 주었다.
③ 암묵기억 – 100m 수영을 할 수 있다.
④ 서술기억 – 베토벤의 운명교향곡을 피아노로 친다.

05. 헬름홀츠가 제시한 삼원색에 포함되지 않는 색은?

① 빨강　　　　　② 파랑
③ 노랑　　　　　④ 초록

06. 내재적 동기이론에서 설명하는 내재동기와 거리가 먼 것은?

① 항상성　　　　② 지적 호기심
③ 유능감　　　　④ 자기결정감

07. 인간은 출생하면서 보편적인 원리에 따라 발달한다. 이 발달원리에 대한 설명이 아닌 것은?

① 발달에는 개인차가 있다.
② 발달은 동일한 순서와 속도를 따른다.
③ 발달은 상부에서 하부로 발달한다.
④ 단순한 것에서 복잡한 것으로 발달한다.

08. 다음 중 부교감신경계가 작용하는 상황에 해당하는 것은?

① 수면　　　　　② 업무
③ 추위　　　　　④ 스트레스

09. 정신을 안정시키고 부족 시에는 우울증에 영향을 미치는 신경전달물질은?

① 엔도르핀　　　② 도파민
③ 노아드레날린　④ 세로토닌

10. 범주화에 대한 설명으로 틀린 것은?

① 복잡한 세상을 최대한 있는 그대로 받아들이려는 현상이다.
② 사람들은 보통 자연스럽게 인종과 성별로 범주화하는 경향이 있다.
③ 범주화를 통해 집단을 나누면 자신의 집단과 다른 집단들 간의 차이를 과장하기 쉽다.
④ 자신을 집단의 성원으로 범주화하면 그 집단의 특성을 자기에게 적용시킨다.

11. 충분한 근거 없이 타인들이 자신을 착취하거나 속인다고 의심하며, 사람들이 하는 온정적인 말을 자신을 폄하하거나 위협하는 의미가 감춰져 있는 것이라고 해석하여 사회적 부적응을 겪는 성격장애는?

① 경계선 성격장애　② 조현성 성격장애
③ 편집성 성격장애　④ 반사회적 성격장애

12. 스트레스 관리 및 대처에 대한 설명으로 적절한 것은?

① 스트레스를 유발하는 문제 발생의 원인을 직접 해결하지 않더라도 명상이나 호흡조절을 통해 몸을 이완시키는 것은 좋은 대처방식이 된다.
② 스트레스 상황에서 겪는 불쾌하거나 두려운 감정을 주변 사람들에게 표현하고 해소하는 것은 문제중심 대처방법 중 하나이다.
③ 스트레스 상황을 긍정적으로 재해석하는 것은 현실을 왜곡하는 것이므로 적응에 도움이 되지 않는다.
④ 스트레스의 원인을 통제할 수 없는 경우 이를 받아들여 그 원인을 피하는 것은 건강한 대처방법이 될 수 없다.

13. 장기기억에 대한 설명으로 가장 옳은 것은?

① 암묵기억은 의식되지 않은 일화기억으로 설명된다.
② 의미기억은 일반적으로 지식을 포함하고 있으며 단순한 사실이나 개념 등을 기억하는 것이다.
③ 서술기억은 의식적으로 떠올릴 수 있는 기억을 말하며 암묵기억이라고도 부른다.
④ 외현기억은 크게 절차기억과 의미기억으로 구분된다.

14. 타당도에 대한 설명으로 옳은 것은?

① 타당도는 측정의 일관성을 의미한다.

② 준거타당도가 현재를 나타내는 경우에는 공인 타당도라고 한다.

③ 구인타당도는 전문가의 주관적이나 논리적인 판단에 따른다.

④ 구성타당도는 예언타당도와 동시타당도로 구분된다.

15. 정서경험과 생리학적 변화가 동시에 일어난다고 주장한 학자는?

① 제임스와 랑게

② 샤흐터와 싱어

③ 자이언스

④ 캐넌과 바드

16. 사회적 태만이 일어나는 요인이 아닌 것은?

① 개인의 기여도 측정의 어려움

② 과제의 난이도

③ 책임의 분산

④ 다른 사람의 수행에 맞추려는 경향

17. 이성 친구에게서 문자 메시지가 왔는지 수시로 휴대폰을 확인하는 행동은 어떤 강화계획에 의한 것인가?

① 고정간격계획　　② 변동간격계획

③ 고정비율계획　　④ 변동비율계획

18. 사과와 귤을 놓고 무엇을 살지 고민하다가 귤을 산 뒤, 귤이 사과보다 훨씬 비타민이 풍부하고 맛도 좋은 과일이라고 생각하였다. 이러한 현상을 가장 잘 설명해주는 용어는?

① 인지부조화　　② 매몰비용 오류

③ 동조현상　　④ 확증편향

19. 동조의 원인으로 적절하지 않은 것은?

① 집단의 정보를 자신의 의견이나 판단의 근거로 하기 때문

② 다수로부터 자신의 입장이나 안전을 지키기 위해

③ 다수가 소수에 대하여 동조할 것을 암묵적으로 압박하므로

④ 권위를 가진 사람으로부터 요청이 작용하기 때문에

20. 회사에 출근하여 업무를 보는데 아침에 부모님에게 쌀쌀맞게 대꾸하고 나온 것이 계속 마음에 남아 일에 집중이 잘 되지 않는다. 이 현상을 형태심리학의 어떤 원리를 적용하여 설명할 수 있는가?

① 근접성의 원리　　② 연속성의 원리

③ 폐쇄성의 원리　　④ 연결성의 원리

21. 다음의 진술과 가장 관련 있는 학자는?

- 심리학 연구는 대상의 관찰가능하고 측정가능한 행동에 두어야 한다.
- 심리학은 인간과 동물을 대상으로 하는 자연과학의 한 분야이다.

① 촘스키(N. Chomsky)
② 반두라(A. Bandura)
③ 왓슨(J. Watson)
④ 베르트하이머(M. Wertheimer)

22. 투사적 검사에 대한 설명으로 옳은 것은?

① 검사를 실시하고 채점 및 해석하는 표준화된 절차가 마련되어 있다.
② 수검자의 무의식적 측면을 반영해준다.
③ 대표적 검사로는 MMPI – 2가 있다.
④ 개인들 간의 특성을 비교하는 데 초점을 둔다.

23. 피아제의 인지발달이론에서 구체적 조작기의 특징에 해당하는 것은?

① 현재의 세계만을 인식한다.
② 가설 – 명제적 사고가 가능하다.
③ 상징놀이를 한다.
④ 자아중심성에서 벗어나 타인의 관점을 이해할 수 있다.

24. 실험연구에서 사용되는 변인들에 설명으로 잘못된 것은?

① 독립변인은 의도된 결과를 얻기 위해 실험자가 조작 통제하는 변인이다.
② 종속변인은 설정된 독립변인의 결과로 달라지는 의존 변인이다.
③ 가외변인은 실험전 종속변인에 영향을 줄 수 있어 미리 차단되는 변인이다.
④ 오염변인은 독립변인이 조작되면서 실험자가 의도적으로 개입시키지 않았으나 참가자들에게 영향을 주는 변인이다.

25. 상담이론에 대한 설명으로 옳은 것은?

① 게슈탈트 상담이론에서는 죽음과 비존재, 실존적 불안, 삶의 의미를 강조한다.
② 합리적 – 정서적 행동치료(REBT)에서는 정서적 문제를 유발하는 원인이 사건 자체가 아니라 그 사건에 대한 비합리적인 신념 때문이라고 본다.
③ 정신분석 상담이론에서 마음속에 떠오르는 것을 의식의 검열을 거치지 않은 채 표현하도록 격려하는 것은 전이이다.
④ 교류분석 상담이론에서는 '지금 – 여기'에 초점을 두며 접촉을 통한 자각으로 통합을 이루게 된다고 본다.

01. 심리학에 대한 설명으로 적절하지 않은 것은?

① 심리학은 인간 행동에 대한 기술, 설명, 예측, 통제라는 목적을 갖고 연구한다.

② 심리학은 인간과 동물의 행동 및 그 행동에 관련된 생리적, 심리적, 사회적 과정을 연구하는 학문 분야이다.

③ 심리학은 인간의 행동이나 정신과정을 과학적으로 연구하는 학문이다.

④ 심리학은 다양한 특징을 보이는 개인들에 관한 독특한 원리를 발견하여 인간을 이해하고자 하는 학문이다.

02. 에릭슨(Erikson)의 심리사회적 발달단계에서 근면성이나 열등감을 발달시키는 단계와 연결되는 프로이트의 심리성적발달단계는?

① 구강기
② 항문기
③ 남근기
④ 잠복기

03. 심리학 연구방법 중 실험연구법에 대한 설명으로 적절한 것은?

① 변인들의 관계를 인과적으로 설명하는 모형이다.

② 실험이란 실험자가 원인이 되는 통제 변인에 조작을 가해서 변화를 줄 때 결과가 되는 종속 변인에서 어떠한 변화가 나타나는가를 살펴보는 것이다.

③ 실험을 설계할 때 원인이 되는 변인은 두 개의 상황으로 조작할 수 있는데 하나는 실험집단이고 다른 하나는 가외집단이라고 한다.

④ 실험설계를 할 때 실험 참가자들을 인구통계학적 특징에 따라 구분하여 서로 다른 실험조건에 배정해야 한다.

04. 뉴런의 기본작동에 대한 설명으로 틀린 것은?

① 뉴런이 흥분하지 않을 때 뉴런 안팎 이온들의 농도를 전기로 측정해보면 안쪽이 바깥쪽보다 70mV 정도 더 낮다.

② 활동전위는 외부 자극으로 인해 뉴런 밖에서 안으로 양전하가 흘러 들어오고, 막의 세포질 부분의 음전하가 줄어들면서 시작된다.

③ 활동전위의 크기는 언제나 일정하게 유지되는 실무율의 법칙을 따른다.

④ 축색 주변을 핫도그처럼 감싸고 있는 수초가 있는 축색을 무수축색이라고 한다.

05. 감각기관이 받아들인 작은 요소 정보들을 개념으로 결합하여 나가는 방식을 (ⓐ)(이)라고 하는 반면, 맥락을 파악하고 지각자의 기대와 경험을 감각 지각과정에 반영시키는 방식을 (ⓑ)(이)라고 한다.

① ⓐ 하향처리　　　ⓑ 상향처리
② ⓐ 하향처리　　　ⓑ 자료주도적 처리
③ ⓐ 상향처리　　　ⓑ 하향처리
④ ⓐ 개념주도적 처리　ⓑ 자료주도적 처리

06. 신체감각 정보를 받아들이고 해석하며, 주의집중, 단어의 소리 정보를 처리하고 사물의 공간적 특성에 대한 사고에 관여하는 뇌 영역은?

① 전두엽　　　② 두정엽
③ 시상　　　　④ 후두엽

07. 대상에서 얻어지는 감각 정보가 다름에도 불구하고 형태의 속성이 변하지 않고 동일한 것으로 지각하는 것을 무엇이라고 하는가?

① 착시　　　　② 항등성
③ 항상성　　　④ 동일성

08. 고전적 조건화에서 가장 습득이 빨리 일어나는 경우는?

① 동시조건화　　② 지연조건화
③ 흔적조건화　　④ 역행조건화

09. 처벌에 대한 설명으로 옳지 않은 것은?

① 처벌은 부정적 정서를 갖게 하고 무력감에 빠지게 할 수 있다는 단점을 갖고 있다.
② 잘못된 처벌은 처음의 바람직하지 않은 행동보다 더 심각한 공격적 행동을 유발할 수 있다.
③ 회피학습이 되기 위해서는 도피학습이 먼저 선행되어야 한다.
④ 유기체는 현재 진행 중인 혐오적 사건을 종료시키는 반응을 학습할 수 있는데 이를 회피학습이라고 한다.

10. 세종대왕의 업적을 공부하고 난 뒤 바로 정조대왕의 업적을 공부하지 않고 세종대왕을 공부한 뒤 통계를 공부하도록 하는 것은 어떤 현상을 막기 위해서인가?

① 간섭(interference)
② 설단현상(tip of tongue phenomenon)
③ 소멸(decay)
④ 인출실패(retrieval failure)

11. 정보를 저장하는 과정에 대한 설명으로 맞지 않는 것은?

① 부호화 처리수준이 깊으면 인출이 쉬워진다.
② 들어오는 정보를 범주화하면 많은 정보를 기억할 수 있다.
③ 적절한 단서를 제시하면 기억이 더 잘 떠오른다.
④ 새로운 정보를 시각적으로 바꾸어 저장하면 기억이 더 잘된다.

12. 피아제의 인지발달단계에서 대상영속성의 발달이 일어나는 단계는?

① 감각운동기

② 전조작기

③ 구체적 조작기

④ 형식적 조작기

13. 데시와 라이언(Deci & Ryan)의 자기결정성 이론에 대한 설명으로 적절하지 않은 것은?

① 동기를 내재적 동기와 외재적 동기의 이분법으로 분류하는 것은 적절하지 않고 자기결정성, 즉 자율성의 정도에 따라 다양한 외재적 이유가 가능하다고 본다.

② 유기적 통합이론에 의하면 수행한 행위에 대해 그것이 자신의 삶의 목표와 완전히 부합하기 때문이라고 하는 것은 내재적 조절동기이다.

③ 매크로 이론으로서 그 중 하나인 인지평가이론에서는 자율성과 유능성 욕구를 전제하면서 외적 보상이 통제기능을 할 때 내재동기가 감소된다고 주장한다.

④ 기본심리욕구이론에서는 인간의 세 가지 심리욕구인 유능성, 자율성, 관계성의 욕구가 만족되어야 내재동기가 유발된다고 본다.

14. 기본감정은 보편적이지만 이를 얼굴표정으로 드러낼 때는 사회문화적 영향을 받게 되는 현상을 설명해주는 것은?

① 안면 피드백 가설(facial feedback hypothesis)

② 정서조절(emotion regulation)

③ 정서표현규칙(emotion display rules)

④ 정서 지능(EQ, emotional quotient)

15. 특성이론가들과 그들의 이론에 대한 설명으로 옳지 않은 것은?

① 올포트는 개인이 가진 특질을 다른 사람과 비교할 수 있는 특질과 비교할 수 없는 특질로 나누었는데, 모든 사람이 공통된 특징을 갖고 있어 서로 비교할 수 있는 특질을 공통특질이라고 하고, 비교할 수 없는 개인만의 특징을 이차특질이라고 하였다.

② 카텔은 특질은 성격 구조요인이 아니라 성격 형성요인으로 보고 그 요인을 분석하여 표면특질과 근원특질로 나누었다.

③ 아이젠크는 카텔의 16개 성격요인이 너무 복잡하다고 보고 이를 단순화시켜 외향성 차원, 신경증적 차원, 그리고 정신증적 차원으로 제시하였다.

④ 성격 5요인 모델에서 제시하는 다섯 자기 요인은 개방성, 성실성, 외향성, 우호성, 그리고 신경과민성이다.

16. 다음의 심리검사들 중 투사적 검사법이 아닌 것은?

① KFD   ② WAIS−IV

③ TAT   ④ Rorschach

17. 동조현상에 영향을 미치는 요소로 가장 거리가 먼 것은?

① 전문가나 사회적 권력이 높은 사람의 의견에 동조할 가능성이 높다.

② 만장일치를 이룰 경우 동조 압력은 최대가 된다.

③ 과제의 난이도와 모호성이 클수록 동조경향이 높아진다.

④ 익명성이 보장되면 동조압력이 증가한다.

18. 인간은 생각하는 것보다 훨씬 쉽게 권위자의 비합리적인 명령에 복종한다는 것을 보여준 학자와 대표실험은?

① 애쉬(Asch)의 선분실험
② 짐바르도(Zimbardo)의 스탠포드 감옥실험
③ 밀그램(Milgram)의 전기충격 실험
④ 페스팅거(Festinger)의 지루한 일과 대가 실험

19. 새로 개발한 지능검사를 기존의 잘 표준화된 지능검사와 비교하여 타당도를 검증한다면 이 때의 타당도에 대한 설명으로 맞는 것은?

① 한 검사를 실시하여 자료를 얻고 난 뒤 시간을 두고 다른 검사를 실시하여 두 자료 간의 상관을 비교하였다.
② 정신장애를 변별하고 진단할 수 있는 검사를 새롭게 개발하여 자료를 수집하고 이를 MMPI-2를 실시한 결과와 얼마나 관련이 있는지 비교하였다.
③ 예언 또는 예측타당도라고 한다.
④ 전문가를 찾아가 개발한 검사를 보여주고 논리적으로 분석을 받았다.

20. 다음의 예가 보여주는 인상형성 원리는?

새로운 회사에 입사한 A씨는 첫날 직장에서 만난 선배가 모델처럼 패션감각이 뛰어나고 깔끔한 옷차림인 것을 보고 멋있다고 생각했다. 다음날 회사에서 그 선배가 김칫국물이 묻은 티셔츠를 입고 있는 것을 보고 집에 엄청 큰일이 있어서 옷 갈아입을 시간도 없었나 보다라고 생각했다.

① 후광효과(halo effect)
② 유사성 가정효과(assumed similarity effect)
③ 초두효과(primacy effect)
④ 최신효과(recency effect)

21. 스트레스 이론에 대한 설명으로 적절한 것은?

① 셀리에는 사람들이 일상생활에서 경험하고 있는 스트레스의 정도를 손쉽게 측정할 수 있는 척도를 개발하였다.
② 상호작용으로서의 스트레스 이론에서 강조하는 것은 생활사건 자체가 스트레스를 일으킨다는 점이다.
③ 일반적응증후군은 경고기, 저항기, 소진기로 진행된다.
④ 자극으로서의 스트레스는 사회환경적 사건에 대한 인지적 평가를 강조하고 있다.

22. 로저스의 인간중심상담에서 강조하는 상담자의 태도나 기법은?

① 교육적 태도
② 빈의자 기법
③ 꿈 분석과 해석
④ 무조건적 긍정적 존중

23. 다음에서 심리상담에 대한 설명으로 적절하지 않은 것은?

① 직면이나 해석기법은 내담자와의 신뢰관계가 충분히 형성된 후에 사용하는 것이 바람직하다.

② 약물치료는 내성과 부작용이 심각하기 때문에 정신장애의 진단이 내려지는 경우에도 되도록 복용하지 않는 것이 좋다.

③ 심리상담의 세 가지 기본 요소는 내담자, 상담자, 그리고 상담관계이다.

④ 상담에서의 비밀보장은 상황에 따라 깨질 수도 있다.

24. 인간이 졸릴 때나 이완되어 있을 때의 뇌파는?

① 알파파
② 세타파
③ 델타파
④ 베타파

25. 다음의 예에서 보여지는 정신장애는?

• 권태감과 공허감이 만성적으로 나타나며 감정의 기복이 심하다.
• 자제력이 부족하여 충동적인 행동을 자주 보이며 자해, 자살 시도, 약물남용의 가능성이 높다.
• 상대방에 대한 이상화와 평가절하를 반복적으로 하는 경향이 있다.

① 연극성 성격장애
② 경계선 성격장애
③ 반사회성 성격장애
④ 자기애성 성격장애

01. 현대 심리학에 등장하는 여러 학파에 대한 설명으로 틀린 것은?

① 구조주의 학파는 마음을 구성하는 기본요소의 기능을 알기 위해 사람들의 객관적 경험을 기록하도록 하여 분석하였다.

② 기능주의 학파는 인간의 의식 경험이 환경 적응에 어떻게 기여하는가에 주의를 두고, 정신 과정과 외적 행동의 목표가 무엇인가에 연구 초점을 두었다.

③ 행동주의 학파는 심리학이 물리학이나 화학처럼 자연과학이 되기 위해서는 연구대상을 관찰 가능하고 측정 가능한 사건, 즉 외적인 행동으로 제한해야 한다고 주장하였다.

④ 형태주의 학파는 지각된 내용을 하나의 전체로 통합하고, 분리된 자극을 의미 있는 유형으로 통합하고자 하는 경향을 강조하였다.

02. 가드너(Gardner)의 다중지능이론의 하위 지능들 중 사회적 지능, 감정지능과 가장 관련이 깊은 지능은?

① 논리수학지능　　② 자기성찰지능

③ 대인관계지능　　④ 초월지능

03. 다음 〈보기〉의 가설에 사용된 변인의 종류로 옳게 나열한 것은?

> **보기**
>
> 올해 군무원 시험에 합격한 신입 군무원에 관한 연구를 실시하기 위해 다음과 같은 가설을 설정하였다. (ㄱ) 신입 군무원과 선임 군무원 간의 관계가 좋을수록 (ㄴ) 직무만족도가 높아져 이직이 예방되며, 따라서 (ㄷ) 장기근속하게 될 것이다.

	ㄱ	ㄴ	ㄷ
①	독립	매개	종속
②	독립	조절	종속
③	독립	종속	조절
④	독립	종속	매개

04. 뉴런 간 정보전달에 대한 설명으로 옳은 것은?

① 인간은 대략 100억 개에서 500억 개 정도의 시냅스를 갖고 있다.

② 활동전위가 종말단추에 도달하면 시냅스 소낭이 터지면서 신경전달물질이 시냅스로 퍼져나가 시냅스후 뉴런의 수용기와 결합하여 시냅스후 뉴런으로 전달된다.

③ 시냅스 전 뉴런에서 전달된 전기적 신호는 종말단추에서 전기신호를 가진 채 시냅스 후 뉴런으로 전달된다.

④ 기본적으로 하나의 뉴런은 또 다른 뉴런 하나와만 시냅스를 맺고 있다.

05. 다음 〈보기〉와 같은 공격성 이론으로 옳은 것은?

> **보기**
>
> • 좌절은 자신이 이루려는 목적이 방해 받을 때 발생한다.
> • 좌절감이 발생하면 공격할 가능성 더욱 높아진다.
> • 모든 공격 행위는 어떤 좌절의 결과이다.

① 본능이론(Instinct Theory)
② 사회학습이론(Social Learning Theory)
③ 좌절 공격 가설(Frustration-Aggression Hypothesis)
④ 공격성 일반 모형(General Aggression Model)

06. 다음 〈보기〉는 존 앨런 리(J. A. Lee)의 사랑의 유형 중 어떤 유형에 대한 설명인가?

> **보기**
>
> 신체적인 미를 강조하고 상대방과의 스킨십이나 감각적인 쾌감을 강조한다. 또한 즉흥적이고 순간적으로 상대방의 매력에 몰입하는 사랑이다.

① 유희적 사랑(game-playing love)
② 낭만적 사랑(romantic love)
③ 동반자적 사랑(compassionate love)
④ 희생적 사랑(altruistic love)

07. 폭포수를 한참 쳐다본 후 주변의 나무나 바위를 바라보면 나무나 바위가 위로 올라가는 듯한 지각 경험을 하게 되는데 이 현상을 지칭하는 용어는?

① 파이현상
② 운동잔상
③ 유인운동
④ 자동운동

08. 정적 강화의 예로 적절한 것은?

① 청정기를 틀 때마다 소리가 너무 커서 청정기를 틀지 않게 되었다.
② 보조 난방기를 사용할 때마다 전기 공급이 끊어져서 보조 난방기를 사용하지 않게 되었다.
③ 음식을 시킬 때마다 쿠폰을 주어 그 식당을 더 자주 이용하게 되었다.
④ 봉사활동을 가면 야근을 빠질 수 있어 계속 봉사활동을 한다.

09. 에빙하우스(Ebbinghaus)의 망각곡선에 대한 설명으로 적절하지 않은 것은?

① 학습-재학습 간 시간이 길어질수록 절약률이 낮아진다는 것을 보여준다.
② 망각은 학습 직후 매우 빠르게 발생하지만 시간이 흐를수록 점차 느려진다.
③ 무의미 철자를 기억하는 실험을 수행하여 절약률을 측정하였다.
④ 망각곡선에 의하면 학습 후 20분이 경과하면 절약률이 약 30%에 머무르게 된다.

10. 음운고리, 시공간잡기장, 중압집행기로 이루어진 기억은?

① 감각기억
② 작업기억
③ 단기기억
④ 장기기억

11. 깊이나 거리를 지각하기 위해 여러 단서를 사용하는데, 두 눈을 동시에 사용하는 단서는?

① 상대적 크기　　　② 시선수렴
③ 중첩　　　　　　④ 선형조망

12. 조작적 조건형성 과정과 관찰학습 과정 모두 강화가 적용된다. 각각의 접근에서 적용되는 강화의 차이를 맞게 설명한 것은?

① 조작적 조건형성에서는 강화가 행동 이후 제시되지만, 관찰학습에서는 강화가 행동 이전에 제시된다.
② 조작적 조건형성에서는 다른 사람이 강화받는 것을 보는 것으로도 학습이 이루어질 수 있다.
③ 조작적 조건형성에서는 강화를 통해 기대를 증가시킨다.
④ 관찰학습에서는 강화를 통해 반응을 증가시킨다.

13. 여러 장의 그림 카드를 차례로 제시하면서 각각의 그림에 대해 과거에 어떤 일이 있었고, 현재는 어떤 일이 벌어지고 있는지, 그리고 미래에 어떤 일이 일어날 것 같은지 이야기를 만들어보라고 하여 그 반응을 분석하여 심리상태를 알아보는 검사는?

① Rorschach test　　② Drawing test
③ TAT　　　　　　④ BGT

14. '통제불능성에 대한 기대를 학습한다'는 문장과 가장 관련 있는 용어는?

① 효능동기이론　　　② 자기효능감이론
③ 부정적 귀인　　　　④ 학습된 무기력

15. 설리반이 제안한 세 가지 자아상에 해당하지 않는 것은?

① 좋은 나 자아상
② 나쁜 나 자아상
③ 타인 아닌 나 자아상
④ 나 아닌 나 자아상

16. 에릭슨의 심리사회발달이론에서 자녀를 양육하고 후학을 양성하며 다음 세대를 위한 기여를 하는 발달단계는?

① 친밀감 대 고립 단계
② 생산성 대 침체 단계
③ 자아통합 대 절망 단계
④ 근면성 대 열등감 단계

17. 스턴버그의 지능이론에 대한 설명으로 맞지 않는 것은?

① 경험적 지능은 추상적이고 학업적인 문제해결에 관여하는 메타인지적 능력이다.

② 상황적 지능은 맥락적 지능, 실천적 지능, 실용적 지능이라고도 한다.

③ 상황적 지능은 기존상황에 잘 적응하고, 필요에 맞게 현재 환경을 바꾸며, 보다 나은 환경을 선택하는 것 등을 잘 하는 능력으로, 일상의 경험을 통해 배우고 습득하는 능력이다.

④ 분석적 지능은 새로운 지식을 습득하고, 과제를 수행하며, 과제 수행 시 사용하게 되는 계획 및 전략을 선택하는 것과 관련되는 지능으로 구성된다.

18. 다음의 예문이 나타내고 있는 방어기제는?

> a. 핑계 없는 무덤 없다
> b. 윗물이 맑아야 아랫물이 맑다.
> c. 실력 없는 목수가 연장 탓한다.

① a. 합리화(rationalization)
　 b. 동일시(identification)
　 c. 반동형성(reaction formation)

② a. 주지화(intellectualization)
　 b. 취소(undoing)
　 c. 투사(projection)

③ a. 주지화(intellectualization)
　 b. 전이(transference)
　 c. 반동형성(reaction formation)

④ a. 합리화(rationalization)
　 b. 동일시(identification)
　 c. 투사(projection)

19. 다음의 예에서 보여주는 현상을 나타낸 용어는?

> 새해부터는 건강을 위해 절대 술을 마시지 않겠다고 가족들에게 다짐한 형호는 친구를 만나 술을 마시고 집에 들어와 어머니에게 "적당한 술은 오히려 심장을 튼튼하게 해주기 때문에 적당히 마셔도 돼요."라고 말한다.

① 확증편향　　　　② 사회적 정체감
③ 인지부조화　　　④ 무의식적 갈등

20. 태도와 행동의 관계에 대한 설명 중 틀린 것은?

① 태도가 강하고 명료할수록 태도와 일치하는 행동이 나타날 가능성이 크다.

② 일반적 태도를 측정하는 것이 행동에 대한 태도를 측정할 때보다 태도와 행동의 일관성이 높아진다.

③ 태도와 행동이 거의 동시에 측정될 때 일관성이 높아진다.

④ 태도와 행동에 미치는 상황적 압력이 작을수록 일관성이 증가한다.

21. 등산 중에 곰을 만났을 때 일어나는 반응이 아닌 것은?

① 교감신경계가 활성화된다.

② 대표적인 스트레스 호르몬은 카테콜라민과 코르티솔이다.

③ 투쟁 혹은 도피(fight or flight)를 하기 위한 몸 상태가 된다.

④ 동공이 축소되고 기관지가 수축되고 혈관이 확장된다.

22. 스트레스에 대처하는 것과 관련있는 요인과 가장 거리가 먼 것은?

① 낙관적 성격　　② A 유형 성격

③ 개인적 통제감　④ 독립심

23. 벡(Beck)의 인지치료와 앨리스(Ellis)의 합리 정서행동치료에 대한 설명으로 잘못된 것은?

① 소크라테스식 질문법을 통해 내담자가 스스로의 인지적 오류를 발견할 수 있도록 하는 치료는 벡의 인지치료이다.

② 앨리스는 인간은 당위적 사고를 통해 비합리적 신념을 갖게 된다고 보았다.

③ 앨리스는 비합리적 신념을 합리적 신념으로 바꾸기 위해 자동적 사고를 먼저 파악하여 논박하면 효과적이라고 보았다.

④ 벡은 우울한 사람들은 자신, 세상, 미래에 대해 비관적이고 부정적인 사고를 갖고 있다고 보고 이를 인지삼제라고 하였다.

24. 정신분석에서 '무의식에 이르는 왕도'라고 불리우는 것은?

① 유머　　② 꿈

③ 증상　　④ 말실수

25. 자신의 증상에 대해 불합리하다고 생각하고 하지 않으려고 하지만 어떤 특정 생각이나 행동을 계속 반복하는 장애는?

① 외상후스트레스장애

② 자폐스펙트럼장애

③ 강박장애

④ 조현병

01. 자극추구(sensation-seeking) 성향에 대한 설명으로 올바른 것은?

① 아이젠크는 자극추구 성향에 관한 척도를 제작했다.

② 자극추구 성향이 높을수록 노르에피네프린이라는 신경전달물질을 통제하는 체계에서의 흥분 수준이 낮다는 주장이 있다.

③ 성격특성이 일부 신체적으로 유전된다고 하는 주장을 반박하는 근거로 제시된다.

④ 내향성과 외향성을 구분하는 생리적 기준으로 사용된다.

02. 다음의 〈보기〉가 설명하고 있는 것은?

> 보기
> • 한 번에 습득하기 어려운 행동을 만들기 위한 방법이다.
> • 연속적 접근법을 사용한다.
> • 쉬운 단계부터 시작하며, 각 단계의 목표를 달성하면 강화를 주고 다음 단계로 넘어가면 전 단계의 목표달성시에는 강화를 주지 않고 그 단계의 목표를 달성했을 때만 강화를 준다.

① 행동연쇄법　　② 체계적 둔감법

③ 행동조형법　　④ 모델링

03. 다음 예시와 가장 가까운 개념은?

> 물속에서 기억한 내용을 물속에서 회상시킨 경우가 물 밖에서 회상시킨 경우에 비해 회상이 잘 된다.

① 상태의존인출　　② 부호화 특수성 원리

③ 정서일치효과　　④ 전이적절성 처리

04. Big Five 성격이론의 하위요인들을 올바르게 제시한 것은?

① 외향성, 우호성, 개방성, 성실성, 신경과민성

② 외향성, 우호성, 개방성, 배려성, 신경과민성

③ 외향성, 우호성, 개방성, 배려성, 성실성

④ 외향상, 우호성, 개방성, 배려성, 신경과민성

05. 인지학습이론에 대한 설명으로 틀린 것은?

① 형태주의는 공간적인 관계보다는 시간 변인에 주로 관심을 갖는다.

② 톨먼(Tolman)은 강화가 어떤 행동을 하면 어떤 결과가 일어날 것이라는 기대를 확인시켜 준다고 보았다.

③ 통찰은 해결 전에서 해결로 갑자기 일어나며 대개 '아하' 경험을 하게 된다.

④ 인지도는 학습에서 내적 표상이 중요함을 보여준다.

06. 늦은 밤 살고 있는 빌라 주변에서 강도를 만나 큰 소리로 살려달라고 외쳤지만 그 소리를 들은 빌라 주민들은 누군가 다른 사람이 도와줄 것이라고 생각해 도움을 주지 않았다. 이 현상은?

① 방관자 효과(observer effect)

② 사회적 딜레마(social dilemma)

③ 공정한 세상 가설(just-world hypothesis)

④ 자기기여편파(self-serving bias)

07. 달이 구름 뒤에 숨었다 나타났다를 반복하는 것처럼 보이는 현상은?

① 깊이지각　　　　② 파이운동

③ 시각적 왜곡　　　④ 유도운동

08. 실험연구와 관련하여 나머지 세 가지와 가장 거리가 먼 것은?

① 제3변인　　　　② 오염변인

③ 독립변인　　　　④ 가외변인

09. 자유회상실험을 통해 얻은 계열위치곡선의 시사점과 가장 거리가 먼 것은?

① 최신(신근) 효과

② 초두효과

③ 장기기억의 지속 기간

④ 단기기억과 장기기억의 이중적 기억체계

10. 다음 중 음높이 지각에 대한 설명과 관련이 없는 것은 무엇인가?

① 장소이론　　　　② 연사원리

③ 대립과정 이론　　④ 주파소이론

11. 인간은 스스로 선택하고 행동하는 것처럼 보이지만 주변의 사람들을 무의식적으로 따라 하는 경향성이 있으며 또는 자신과 생김새나 행동이 유사한 사람을 더 선호하고 신뢰하는 경향이 있다. 그 예로 사이가 좋은 노년기 부부들이 서로 얼굴이 닮아 있는 것을 들 수 있는데 이를 설명하는 개념은?

① 상호성 원리(reciprocity principle)

② 카멜레온 효과(chameleon effect)

③ 공변 원리(covariation principle)

④ 내집단 편향(ingroup bias)

12. 다음 중 비율척도에 해당하는 것은?

① 성별　　　　　② 길이

③ 온도　　　　　④ 석차

13. 의존성 성격장애의 진단기준에 해당하지 않는 것은?

① 피암시적이어서 다른 사람이나 상황에 의해 쉽게 영향을 받는다.

② 자신의 일을 혼자서 시작하거나 수행하기가 어렵다.

③ 타인의 보살핌과 지지를 얻기 위해 무슨 행동이든 한다.

④ 타인의 충고와 보장이 없이는 일상적인 일도 결정을 내리지 못한다.

14. 피아제(Piaget)의 이론에서 볼 때 개를 키우고 있는 가정에서 자라는 유아가 TV에서 호랑이를 보고 '멍멍이다.'라고 했다면 이는 어떤 인지과정이 작동한 것인가?

① 조절   ② 동화

③ 대상영속성   ④ 자아중심성

15. 피아제 인지발달단계 중 전조작기 아동의 사고특징에 해당하는 것은?

① 대상영속성 개념의 결핍

② 감각운동 도식에 의해 세상 이해

③ 타인의 관점에 대한 이해 부족

④ 부분 – 전체 관계에 대한 통찰

16. 자신의 성공은 자기가 잘해서라고 하고, 자신의 실패에 대해서는 자신의 책임을 모면하려고 하는 사람의 성향은?

① 암묵적 자기중심주의(implicit egotism)

② 자기애(narcissism)

③ 자기봉사적 편향(self-serving bias)

④ 성명-글자 효과(name-word effect)

17. 심리측정에 관한 설명으로 옳은 것은?

① 일반적으로 검사 도구가 측정하고자 목적한 바를 측정할 때 그 검사도구는 신뢰도가 있다고 한다.

② 내용타당도는 어떤 검사가 그 검사를 실시한 결과를 통해서 알고자 하는 준거 변수와의 상관 정도를 말한다.

③ 검사-재검사 신뢰도는 서로 다른 집단의 사람들에게 검사를 반복적으로 사용했을 때 동일한 결과가 나오는 정도이다.

④ 내적 일관성 신뢰도는 검사를 1회 사용한 결과만을 가지고 신뢰도를 계산해야 할 때 사용될 수 있는 방식이다.

18. 고전적 조건형성의 예가 아닌 것은?

① 내일 있을 자격시험을 떠올리자 불안해지는 것

② 국민배우가 광고하는 물건을 구매하는 것

③ 축구 선수가 슈팅을 하는 것

④ 어두운 골목길에서 공포를 느끼는 것

19. K-WAIS-Ⅳ 소검사 중 같은 유형의 소검사에 해당하지 않는 것은?

① 상식, 공통성   ② 행렬추론, 퍼즐

③ 기호쓰기, 지우기   ④ 동형찾기, 무게비교

20. 변인들을 조작하거나 임의로 통제하여 변인 간의 관계를 파악하고자 하는 연구는?

① 사례연구　　　　② 실험연구
③ 자연관찰연구　　④ 질적연구

21. 초자아에 대한 설명으로 틀린 것은?

① 사회의 가치와 도덕에 관한 내면화된 표상이다.
② 부모가 주는 상과 처벌에 대한 반응에 의해 발달한다.
③ 도덕적 원리에 의해 작용한다.
④ 본질적으로 성격의 집행자이다.

22. 성격이란 삶과 죽음이 교차하는 현실 속에서 그 사람이 내리는 선택과 결정에 의해 좌우된다고 보는 관점은?

① 정신분석적 관점　　② 인본주의적 관점
③ 실존주의적 관점　　④ 행동주의적 관점

23. 잔소리하는 배우자로부터 벗어나기 위해 집 밖에서 머무르는 시간이 증가하는 것은 다음 중 어디에 해당하는가?

① 정적 강화　　　② 부적 강화
③ 정적 처벌　　　④ 부적 처벌

24. 동조에 관한 설명으로 옳은 것은?

① 집단의 크기에 비례하여 동조의 가능성이 증가한다.
② 과제가 쉬울수록 동조가 많이 일어난다.
③ 집단 응집력이 낮으면 동조 경향이 커진다.
④ 개인이 집단에 매력을 느낄수록 동조하는 경향이 더 높다.

25. 해결중심 상담의 기본 원리나 규칙으로 옳지 않은 것은?

① 병리적인 것 대신에 건강한 것에 초점을 둔다.
② 문제가 없으면 손대지 않는다.
③ 내담자 문제 배경 분석이 잘 이루어져야 한다.
④ 작은 변화에 초점을 둔다.

01. 학자들과 그들의 이론 및 업적의 내용을 잘못 연결한 것은?

① 아들러(Adler) – 선천적으로 갖게 되는 열등감을 어떻게 극복하고 받아들이는가에 따라 개개인의 생활양식이 각 개인의 성격을 형성하게 된다고 보았다.

② 분트(Wundt) – 독일 라이프치히 대학교에 최초의 심리학 실험실을 마련하고 내성법 등을 발전시켰다.

③ 에릭슨(Erikson) – 발달은 개인의 심리적 발달과 개인이 만든 사회적 관계들이 병행하여 성장해 나가는 이중적 과정으로, 이 과정을 8단계로 구분하였다.

④ 융(Jung) – 개인의 행동을 이해하려면 개인의 주관적 경험과 자기의 개념을 이해해야 한다.

02. 촘스키(Chomsky)의 이론에 대한 설명으로 옳지 않은 것은?

① 모든 문장은 두 가지 구조층을 갖고 있는데 표층구조와 기본구조로 구분된다.

② 유한한 수의 규칙으로 무한한 수의 문장을 생성할 수 있는 것은 변형생성문법의 원리 때문이다.

③ 생물학적으로 프로그램화된 언어습득장치(LAD)가 언어환경에 노출되면 개별언어의 문법을 흡수할 수 있다고 보았다.

④ 보편문법의 작동결과로 공통의 상징조작체계가 존재한다.

03. 우반구의 능력이 아닌 것은?

① 예술적 능력   ② 언어능력

③ 공간지각능력   ④ 감성능력

04. 영아기 신체 및 운동 발달에 대한 설명으로 틀린 것은?

① 신생아기에 보이는 행동은 대부분 반사행동이다.

② 신생아 때는 16~18시간 수면을 하지만 24개월이 되면 약 12시간 수면을 한다.

③ 시각발달이 가장 느려 영아기 말경이 되어야 성인과 같은 시력을 갖게 된다.

④ 처음 출생시에는 REM 수면이 전체 수면의 약 50%이다가 3~5세 경이 되면 20% 정도로 감소한다.

05. 장기기억에 이미 저장되었던 정보를 망각하는 현상에 대한 설명으로 거리가 먼 것은?

① 인출에 실패했다.

② 정보의 양이 너무 많아 기억용량이 초과되었다.

③ 간섭이 일어났다.

④ 정보가 너무 오래되어 소멸되었다.

06. 수면시 뇌파에 대한 설명으로 적절한 것은?

① REM 수면시에는 각성상태의 뇌파와 유사한 뇌파가 나타난다.

② 이완되거나 졸린 상태에서는 세타파가 관찰된다.

③ 각성상태에서는 알파파의 뇌파가 관찰된다.

④ 깊은 3,4단계 수면에서는 델타파의 뇌파가 관찰된다.

07. 내적 타당도를 직접적으로 위협하는 요인으로 거리가 먼 것은?

① 피험자 성숙   ② 측정도구의 변화

③ 상황의 대표성   ④ 사전검사의 사용

08. 검사의 준거 타당도(criterion validity)에 대한 설명으로 옳지 않은 것은?

① 준거 타당도는 미래기준인가 아니면 현재 기준인가에 따라 예언 타당도와 공인 타당도로 구분된다.

② 입사 초기에 신입사원들에게 실시한 불안검사의 점수를 6개월 후 불안장애나 적응장애 정도와 어떤 상관이 있는지 알아보는 것은 그 불안검사의 공인 타당도를 알려준다.

③ 공인 타당도는 검사점수와 준거점수가 동일한 시점에서 수집된다.

④ 예언 타당도가 높으면 선발, 채용, 배치 등의 목적을 위해 검사를 사용할 수 있다.

09. 영아기 신체발달에 대한 설명으로 옳은 것은?

① 신체의 아래에서 위로 발달한다.

② 모든 신체발달은 동일한 속도로 이루어진다.

③ 신체의 중심에서 말초로 발달한다.

④ 소근육에서 대근육으로 발달한다.

10. 다음의 상황이 설명하는 개념은 무엇인가?

> 친구들과 만나 게임을 하고 싶어 하는 아이에게 숙제를 다 하고 나면 친구와 게임을 하게 해주겠다고 하자 금방 숙제를 끝냈다.

① 프리맥 원리(Premack's principle)

② 가르시아 효과(Garcia effect)

③ 하인츠 딜레마(Heinz's dilemma)

④ 링겔만 효과(Ringelmann effect)

11. 벡(Beck)의 인지치료에 대한 설명으로 잘못된 것은?

① 인간의 감정과 행동은 객관적인 현실보다는 주관적 해석에 의해 결정되며 심리적 고통과 정신병리는 인지 내용이 현실을 부정적으로 왜곡하는 데서 야기된다고 보았다.

② 자동적 사고는 스트레스 사건을 경험할 때 의지와 상관없이 자동적으로 떠오르는 부정적인 생각으로 인해 심리적 문제가 발생하는 것을 의미한다.

③ 벡은 소크라테스식 대화법을 통해 내담자가 스스로 자신의 잘못된 사고를 발견할 수 있도록 하였다.

④ 도식은 핵심신념을 둘러싼 마음속의 인지구조이며, 역기능적 인지도식은 생활 속에서 늘 활성화되어 인간행동에 영향을 준다.

12. 피아제(Piaget)가 아동청소년기에 국한하여 인지발달이론을 제시한 것과는 달리 많은 학자들은 성인기 이후에도 고유한 인지발달 특성을 보이며 변화가 계속된다는 주장을 한다. 이에 대한 내용으로 잘못된 것은?

① 라보비비에프(Labouvie-Vief)는 형식적 조작기 이후 이원론적 사고에서 벗어나 다원론적 사고를 한다고 보았다.

② 샤이에(Schaie)는 성인기가 되면 형식조작적 사고 이후의 새로운 단계가 있는 것이 아니라 갖고 있는 지식을 실생활에 적용하는 단계로 전환한다고 보았다.

③ 알린(Arlin)은 성인기에는 새로운 문제해결방법을 발견하는 창의적이고 확산적인 사고의 특징을 보이는 문제발견단계가 있다고 주장하였다.

④ 리겔(Reigel)은 성인기에는 여러 가지 상황이나 대상에 대한 모순을 인식하고, 그 인식의 한계와 문제점을 알아차릴 수 있는 변증법적 추론이 가능한 성숙한 사고를 한다고 보았다.

13. 저장된 장기기억이 다시 단기기억으로 넘어가 과제수행에 활용되는 것을 뜻하는 것은?

① 주의집중
② 부호화
③ 인출
④ 시연

14. 성격장애 B군에 포함되어 있는 장애는?

① 자기애성 성격장애
② 회피성 성격장애
③ 편집성 성격장애
④ 강박성 성격장애

15. 다음 중 대뇌피질의 각 영역에 대한 설명으로 옳지 않은 것은?

① 전두엽은 골격근의 운동을 통제하는 운동피질과 운동정보를 통합하고 관리하는 연합피질로 구성되어 있다.

② 두정엽은 감각정보를 수용하는 체감각피질과 감각정보를 통합하는 연합피질로 구성되어 있다.

③ 측두엽은 감각과 운동에 관한 정보를 받으며, 이를 바탕으로 현재 상황 판단과 적절한 행동 계획, 부적절한 행동을 억제한다.

④ 후두엽은 망막에서 들어오는 시각정보를 받아 분석하는 일차 시각피질과 시각정보에 대한 추가적인 분석을 하는 시각 연합피질로 구성되어 있다.

16. 정신분석관점에서 볼 때 리비도가 적절히 해소되지 못하고 고착되었을 때 보이는 성격 및 행동적 특성이 잘못 연결된 것은?

① 구강기적 성격 – 구강 수용적 성격인 경우 지나친 낙관주의나 과잉신뢰, 마마보이와 같은 특징을 보인다.

② 항문기적 성격 – 질서, 인색함, 고집의 세 가지 성격 특징이 나타나며, 특히 항문가학(배출)적 성격의 경우는 어지르기, 무질서, 낭비벽, 반항적 특성을 보일 수 있다.

③ 남근기적 성격 – 남근기에 고착된 남성들은 능동적 낙천성에 사로잡혀 자신의 욕구를 채우기 위해 주변의 모든 것을 적극적으로 취하려 하거나 때로는 세상에 대해 냉소적이고 적대적이며 무차별적인 공격성을 보이기도 한다.

④ 항문기적 성격 – 항문보유적 성격의 경우 과도한 청결주의, 시간 엄수, 질서, 모으기, 수동적 공격성 등의 행동을 보인다.

17. 지자체 음주단속 정책 시행내용과 결과를 적절하게 분류한 것은?

일주일간 매일 저녁 9시부터 10시까지 지나가는 모든 차량 운전자를 대상으로 음주측정을 하고 법적 제재를 했더니 전년 대비 음주운전의 비율이 10% 감소했다.

① 부적강화 ② 부적처벌
③ 정적처벌 ④ 정적처벌

18. 다음 중 성인발달심리를 다룬 이론가가 아닌 사람은?

① 게젤(Gesell) ② 베일런트(Vaillant)
③ 에릭슨(Erikson) ④ 레빈슨(Levinson)

19. 1964년 뉴욕의 주택가에서 젊은 여인이 살인극을 당했는데 이 여인이 살인을 당하기 전에 매우 큰 목소리로 도움을 청했으나 그 근처에 살던 30여 가구 중 아무도 그녀를 구하려 하지 않았고 경찰을 부르지도 않았다. 이러한 상황이 발생한 가장 큰 원인은?

① 다른 사람들의 행동에 동조하기 때문
② 책임감이 분산되기 때문
③ 피해자가 나와 직접적으로 관련이 없기 때문
④ 상황의 위기에 대한 판단이 불분명하기 때문

20. 올포트(Allport)의 이론에 대한 설명으로 적절한 것은?

① 요인분석을 사용하여 46개의 표면특성과 16개의 원천특성을 도출하였다.
② 올포트에 의하면 공통특성(common trait)은 동일한 문화에 속한 구성원들이 공통적으로 지니고 있는 것이며, 그 정도에서 차이를 나타내는 일반적인 성향들이라고 보았다.
③ 대부분 사람들은 5, 6가지의 기본특성(cardinal trait)를 가지고 있다.
④ 중심특성(central trait)의 하위 특성으로는 외향성, 신경증적 경향성, 그리고 정신병적 경향성이 있다.

21. 스카이 다이빙을 하면서 만난 이성에 대한 호감도가 안전한 지상에서 이성을 만났을 때의 호감도보다 높다는 연구결과에서 강조하는 개념은?

① 자율신경계와 대뇌피질의 동시 작용
② 생리적 각성을 위한 자율신경계의 활성화
③ 생리적 각성에 대한 인지적 해석
④ 무의식적 과거 경험의 정서 재연

22. 과학적 심리학 연구단계를 바르게 나열한 것은?

① 가설설정 – 문제설정 – 가설검증 – 가설결론
② 문제설정 – 가설설정 – 가설검증 – 가설결론
③ 문제설정 – 가설검증 – 가설설정 – 가설결론
④ 가설설정 – 가설검증 – 문제설정 – 가설결론

23. 에릭슨의 인간발달단계에서 청소년기에 경험하는 심리사회적 과업과 위기로 옳은 것은?

① 주도성 대 죄책감

② 근면성 대 열등감

③ 정체감 확립 대 역할 혼미

④ 친밀감 대 고립감

24. 다음 중 외상 및 스트레스 관련장애에 해당하는 장애가 아닌 것은?

① 탈억제 사회관여장애

② 반응성 애착장애

③ 적응장애

④ 공황장애

25. '참새는 새이다.'와 '병아리는 새이다.'에 대한 진위판단 시간이 전자에서 더 빠른 이유을 설명할 수 있는 이론은?

① 원형이론

② 본보기 이론

③ 가족유사성 이론

④ 고전적 범주화 이론

01. 망막의 추상체와 간상체에 대한 설명으로 틀린 것은?

① 추상체는 간상체보다 어두운 곳에서 빛에 더 민감하다.

② 간상체는 맹점과 중심와에는 없다.

③ 추상체는 색을 지각하지만 간상체는 색 정보를 주지 못한다.

④ 간상체는 추상체보다 훨씬 수가 많다.

02. 기억에 관한 설명으로 옳은 것은?

① 단기기억의 한계 용량은 감각기억의 용량에 비해 크다.

② 음운적 처리수준일 때 가장 기억과 인출이 쉬워진다.

③ 장기기억의 용량은 무제한이다.

④ 의미기억은 개인이 살아오면서 겪은 의미 있는 사건에 대한 기억이다.

03. DSM-5에서 제시하는 성격장애의 세 가지 하위범주에 대한 설명으로 옳지 않은 것은?

① 일반적인 성격장애는 인지, 정서, 대인관계 기능, 충동 조절 영역에서 사회적 기대와 두드러지게 동떨어져 문제를 일으키는 장애이다.

② 군집 A의 성격장애는 주된 특징이 괴상하고 기이한 사고와 행동이며, 편집성, 조현형, 조현성 성격장애가 있다.

③ 군집 B의 성격장애는 극단적인 감정기복과 충동성이 주된 특징인데, 반사회성, 경계선, 연극성, 수동공격성 성격장애가 있다.

④ 군집 C의 성격장애는 불안이 주된 특징으로 회피성, 의존성, 강박성 성격장애가 있다.

04. 공변모형의 정보를 잘 확인하지 않는 경향으로 인해 특히 자신의 의견이나 바람직하지 않은 행동의 보편성을 과대평가하는 것을 나타내는 용어는?

① 거짓 특이성 효과 　② 거짓 합치성 효과

③ 내현성격이론 　④ 가중평균법칙

05. 휴리스틱(heuristic)과 관련된 설명으로 적절하지 않은 것은?

① 휴리스틱은 불확실하고 복잡한 상황에서 노력을 덜 하면서 판단과 문제해결을 효과적으로 할 수 있게 해주는 간단한 사고전략이다.

② 이상적인 판단과 결정을 하는 것이 아니라 현실적으로 만족할 만한 수준의 해결책을 찾는 것이다.

③ 비행기사고로 사망한 사람이 교통사고로 사망한 사람보다 많을 것이라고 판단하는 것은 가용성 휴리스틱이 작용한 예이다.

④ 모르는 어떤 사람에 대한 설명을 듣고 그 사람이 은행원이면서 페미니스트일 확률이 은행원일 확률보다 많다고 답했다면 이는 가용성 휴리스틱이 작용한 것이다.

06. 편견의 발생원인이 아닌 것은?

① 부모, 또래 집단, 매체 등을 통해 학습

② 현실적으로 집단 간 갈등이 있을 때

③ 두 집단이 동등한 지위를 가지고 있을 때

④ 도식적 처리로 인해

07. 조건자극과 무조건자극 간의 시간 간격이 하루 정도가 지날 정도로 길어도 학습이 가능한 것은?

① 맛혐오 학습   ② 향본능 표류

③ 공포감 학습   ④ 실험신경증

08. 신경세포 뉴런에 대한 설명으로 맞는 것은?

① 무수축색에서의 활동전위 전도방식을 도약 전도라고 한다.

② 수초와 수초 마디 사이에 수초가 없는 부분을 랑비에 결절이라고 한다.

③ 유수축색은 에너지 사용 효율성이 떨어져 활동전위의 전도 속도가 매우 빠르다.

④ 활동전위는 세포체에서 종말단추로, 그리고 종말단추에서 세포체로의 양방향 전도를 모두 보인다.

09. 갓 부화한 오리 새끼가 처음 본 움직이는 물체를 평생 따라다니는 현상은?

① 각인(imprint)   ② 고착(fixation)

③ 애착(attachment)   ④ 부착(cathexis)

10. 설득대상이 이전에 방어 경험이 있으면 강한 설득에도 저항할 수 있어 잘 설득되지 않는 것은?

① 태도면역

② 자아관여

③ 유머구사

④ 설득자에 대한 호의적 평가

11. 새로운 기억이 먼저 있던 기억을 방해하는 현상은?

① 순행간섭   ② 역행간섭

③ 변화맹   ④ 설단현상

12. 이상행동의 준거기준에 대한 설명으로 맞지 않는 것은?

① 통계적 기준은 정상분포곡선에서 평균을 기준으로 가장자리 방향으로 점점 멀어질수록 비정상적이라고 본다.

② 사회문화적 기준에서는 개인이 속해 있는 사회의 규범이나 규칙, 관습, 법 등에서 일탈하여 용인될 수 없는 행위를 하는 경우 이상행동으로 본다.

③ 주관적 기준은 주변인들이 환자나 내담자로 인해 고통을 얼마나 겪느냐에 따라 비정상을 결정하는 것이다.

④ 전문적 기준은 심리평가나 정신과적 진단에 의해 객관적 판단기준을 따른다.

13. 물질관련 및 중독장애에서 중독물질로 규정하고 있는 물질과 그 상위범주와의 연결이 잘못된 것은?

① 흡입제 – 코카인, 필로폰 등

② 아편계 – 모르핀, 헤로인 등

③ 진정제 – 바비튜레이트, 벤조디아제핀 등

④ 환각제 – 펜사이클리딘, LSD 등

14. 암묵기억과 외현기억에 대한 설명으로 옳은 것은?

① 외현기억보다 암묵기억이 간섭의 영향을 더 많이 받는다.

② 외현기억에서의 정보 인출은 무의식적으로 일어난다.

③ 암묵기억은 자료주도적 처리를 한다.

④ 암묵기억은 절차기억의 한 유형이다.

15. 각성에 관한 설명으로 옳지 않은 것은?

① 각성수준이 지나치게 높을 경우 불안이 나타날 수 있다.

② 과제 난이도에 따라 최적의 각성수준이 다를 수 있다.

③ 망상활성계(Reticular Activation System)와 관련이 있다.

④ 각성수준과 수행수준 간의 관계는 U형 함수관계로 나타낼 수 있다.

16. 심리검사에서 규준(norm)의 종류에 대한 설명으로 옳은 것은?

① 표준등급은 원점수를 1부터 10까지 열 개의 범주로 나눈 것이다.

② 평균이 80점이고 표준편차가 5점인 집단에서 60점을 받은 사람의 Z점수는 4.0이다.

③ Z점수가 2.0인 사람의 T점수는 70점이다.

④ 백분위는 특정 개인의 점수를 그가 속한 집단에서 그 사람보다 점수가 높은 사람들의 비율로 나타낸 것이다.

17. 유전과 환경에 대한 설명으로 잘못된 것은?

① 일란성 쌍둥이가 이란성 쌍둥이보다 더 유사한 것은 주로 환경적으로 같은 자극을 받기 때문이다.

② 일란성 쌍둥이의 유전정보는 똑같다.

③ 다른 가정에 입양된 일란성 쌍둥이가 서로 차이를 보이는 것은 환경의 영향을 보여주는 것이다.

④ 일란성 쌍둥이는 성별이 같다.

18. 다음 중 심리검사에 대한 설명으로 옳은 것은?

① 웩슬러 검사에서 IQ가 92점이 나왔다면 '평균하(low average)' 수준에 해당한다.

② 성격검사는 투사적 검사를 통해 측정한다.

③ MMPI-2는 일반인들의 정신병리를 진단, 평가할 목적으로 개발되었다.

④ 자기보고식 지필검사는 객관적 검사이다.

19. 다음의 상황에서 의미하는 바와 가장 가까운 방어기제는?

> 교통사고로 배우자를 잃은 남편이 유품을 받고서도 "아니예요. 제 아내는 죽지 않았어요. 뭔가 잘못된 거예요."라고 말한다.

① 전환(conversion)

② 반동형성(reaction formation)

③ 주지화(intellectualization)

④ 부인(denial)

20. 콜버그의 도덕발달이론을 남성의 도덕발달이라고 비판하며 여성의 도덕발달이론을 '배려'에 초점을 두어 연구한 사람은?

① 마리아 몬테소리(M. Montessori)

② 캐롤 길리건(C. Gilligan)

③ 마리 에인스워스(M. Ainsworth)

④ 멜라니 클라인(M. Klein)

21. 귀인이론에 대한 설명으로 틀린 것은?

① 내부 귀인시 실패를 하게 되면 수치감이나 좌절감이 더 커진다.

② 사람들은 성공했을 때는 내부 귀인을 하고 실패를 했을 때는 외부 귀인을 하는 경향이 있다.

③ 과제 난이도는 통제불가능한 외적 요인이다.

④ 기본적 귀인오류는 외부귀인의 경향을 의미한다.

22. 올포트와 카텔의 성격이론과 연관이 있는 개념은?

① 사회적 관심(social interest)

② 특질(trait)

③ 유기체적 가치화 과정(Organismic Valuing Process)

④ 개인적 구성개념(Personal Construct theory)

23. 신경전달물질과 관련하여 설명이 올바르지 못한 것은?

① 대부분의 신경전달물질은 내분비선에서 생산, 방출된다.

② 알츠하이머성 신경인지장애는 뇌의 아세틸콜린성 뉴런이 점차 손상해 가는 신경학적 질환이다.

③ 세로토닌은 수면과 기분조절에 관여한다.

④ 도파민, 노르에피네프린, 에피네프린, 세로토닌의 네 가지 화학물질은 모노아민으로 통칭된다.

24. 통계적 회귀(Statistical Regression)에 관한 설명으로 옳은 것은?

① 수집된 자료가 어느 특정 선을 중심으로 분포하는 현상이다.

② 자료 분석을 했을 경우 종속변수가 주요 독립변수의 변화에 따라 함께 변화하는 현상이다.

③ 타당도 높은 연구에서는 수집된 자료가 광범위하게 분포되지 않고 응집력을 갖춘 회귀성을 나타내야 한다는 것이다.

④ 사전측정에서 극단적인 점수를 얻은 경우에 사후측정에서 독립변수의 효과에 관계없이 평균치로 값이 근접하려는 경향이다.

25. 다음 〈보기〉의 내용이 설명하는 현대심리학의 분파는?

> **보기**
>
> • 의식의 내용을 요소로 분석하고 의식 현상을 이 요소들의 결합으로 설명했던 분트(Wundt)에 반대하는 입장이다.
> • 진화론의 영향을 받아 의식의 목적을 환경에 적응한다는 관점에서 설명하였으며, 대표적 학자는 제임스(James)이다.

① 구조주의   ② 기능주의

③ 형태주의   ④ 행동주의

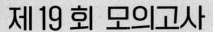

제 19 회 모의고사

정답 및 해설 _ p.344

01. 와이너(Weiner)의 귀인이론에 대한 설명으로 틀린 것은?

① 시험에 실패한 이유를 '운'에 귀인하는 것은 외적 불안정 요소로 귀인하는 것이다.

② 안정성 차원은 심리적으로 안정적인지를 나타내는 것이다.

③ 세 가지 귀인차원요소는 인과소재, 안정성, 통제가능성이다.

④ 노력을 성공과 실패의 원인으로 둘 때 학습동기가 높아진다.

02. 분석심리학의 원형(archetype)에 대한 설명으로 틀린 것은?

① 페르조나(persona)는 사회적 역할수행에 대한 심상으로 남에게 보이는 모습을 의미한다.

② 그림자(shadow)는 개인이 가지고 있는 어두운 면으로 성적으로 수용되지 않거나 동물적인 것, 즉 무의식의 어둠 속에 있는 자신의 분신을 말한다.

③ 자기(Self)는 인간이 추구하는 합일, 완성, 만다라의 상태를 말한다.

④ 아니마(anima)는 여성 속에 있는 남성성을 말한다.

03. 인지부조화를 설명한 예는?

① 사람이 많은 버스정류소에서 한 중년남성이 쓰려져 있지만 그냥 지켜보기만 했다.

② 직장 회식에서 나는 짬뽕이 먹고 싶었지만 모두 자장면을 시켜 나도 자장면을 시켰다.

③ 지구온난화를 걱정하며 지속가능한 지구를 위한 봉사활동을 하는 우림은 어머니로부터 샤워할 때 물을 너무 많이 쓴다는 지적을 받아 신경이 쓰였다.

④ 매일 인스턴트 음식을 먹는 두훈은 건강을 걱정하는 친구에게 인스턴트가 몸에 안좋다는 건 의사들이 지어낸 얘기라고 치부하였다.

04. 다음과 같은 진단적 특징을 보이는 정신장애는?

- 사람과 동물에 대한 공격성
- 재산 파괴
- 사기 또는 절도
- 심각한 규칙위반

① 적대적 반항장애(oppositional defiant disorder)

② 품행장애(conduct disorder)

③ 반사회적 성격장애(antisocial personality disorder)

④ 간헐적 폭발장애(intermittent explosive disorder)

05. 편차지능을 사용함으로써 유아기부터 성인기까지 모든 연령을 대상으로 지능을 측정하는 검사는?

① 웩슬러 지능검사

② 스탠포드 비네 검사

③ 카우프만 지능검사

④ 그림지능검사

06. 언어에서 의미를 수반하는 최소단위는?

① 형태소(morpheme)　② 구(phrase)

③ 통사(syntax)　④ 음소(phoneme)

07. 만 9개월 경의 영아가 엄마가 보이지 않자 불안을 보이며 엄마를 찾는 행동을 할 때 이 현상과 관련된 인지발달은?

① 직관적 사고　② 전환적 추론

③ 대상영속성　④ 이차사고과정

08. 기억향상을 위한 언어적 부호화 방법에 해당하는 것은?

① 장소법(method of loci)

② 핵심단어법(key-word method)

③ 연결법(link method)

④ 이합법(acrostics)

09. 조작적 조건형성(operational conditioning) 개념의 창시자로 강화개념을 확립시킨 사람은?

① 파블로브(Pavlov)

② 왓슨(Watson)

③ 손다이크(Thorndike)

④ 스키너(Skinner)

10. 다음 중 뇌의 구조와 기능의 관계로 옳지 않은 것은?

① 기저핵: 서술적 기억

② 해마: 새로운 기억 저장

③ 전두엽: 학습전략, 주의 집중 등 의식적인 사고

④ 편도체: 정서 기억

11. 켈리의 공변모형에 대한 설명으로 적절한 것은?

① 일관성 물음에 예, 독특성과 합의성 물음에 아니오 라고 답한다면 이는 내부귀인을 한 것이다.

② 일관성 물음에 아니요, 독특성과 합의성 물음에 예라고 답한다면 이는 외부귀인을 한 것이다.

③ 세 가지의 공변 요소는 일관성, 통제성, 합의성이다.

④ 합의성 정보를 잘 확인하지 않아서 자신의 능력이나 바람직한 행동의 보편성을 과소평가하는 것을 거짓합의성 효과라고 한다.

12. 인간의 정신을 요소의 집합이 아닌, 전체성을 가진 구조로 파악하는 학파는?

① 행동주의　② 구성주의

③ 형태주의　④ 인본주의

13. 기억에 관한 다음의 현상이 의미하는 것은?

- 자라보고 놀란 가슴 솥뚜껑 보고 놀란다.
- CSI 범죄드라마를 열심히 보고 난 뒤 책을 보았는데 '법조계'라는 단어가 '범죄계'로 보였다.
- '스파'로 시작하는 네 글자 단어를 말해보라는 과제에서, 문제를 듣기 전에 피자, 쫄면, 라쟈냐 등의 사진을 본 집단의 사람들이 사진을 보지 않은 집단의 사람들보다 스파게티를 말하는 사람의 수가 더 많았다.

① 서술(declarative) 기억
② 점화(priming) 기억
③ 절차(procedural) 기억
④ 의미기억(semantic) 기억

14. 심리학의 한 분파인 기능주의에 대한 설명으로 맞는 것은?

① 내관법을 사용하여 인간의 의식요소를 연구하였다.
② 프로이트(S. Freud)의 개념에 반대하여 정신의 기능을 강조하였다.
③ 티치너(E. Titchener)는 기능주의 이론을 미국으로 전파하였다.
④ 진화론의 영향을 받은 윌리엄 제임스(W. James)에 의해 창시되었다.

15. 다음 중 집단극화(group polarization)의 원인에 대한 설명이 아닌 것은?

① 만장일치가 되지 않아서
② 사회비교를 통해 자신을 호의적으로 나타내려는 욕구 때문에
③ 설득효과가 일어나서
④ 사회적 정체감이 일어나서

16. 언어의 구조보다는 언어가 정보로써 이해되고 산출되는 과정을 강조하는 접근방식과 거리가 먼 것은?

① 의미점화효과(semantic priming effect)
② 단어우월성효과(word supeiority effect)
③ 신속표상대응효과(fast mapping effect))
④ 친숙한 단어

17. 밤에 등대불을 깜박거리게 하는 것은 무슨 현상을 방지하기 위한 것인가?

① 자동운동착시 현상
② 파이(Phi) 현상
③ 유인운동 현상
④ 양안부등 현상

18. 하인쯔 딜레마에 대해 형호는 "훔치면 안되지요. 도둑이라는 소문이 퍼지게 되면 어떻게 얼굴을 들고 다니겠어요. 이 마을에서 못살아요."라고 하였다. 형호가 속하는 도덕발달단계는?

① 벌과 복종 지향
② 도구적 상대주의 지향
③ 착한 소년소녀 지향
④ 법과 질서 지향

19. HTP검사에 관한 설명으로 옳지 않은 것은?

① 언어표현에 어려움을 겪는 사람들에게도 실시가 가능하다.

② 집을 그릴 때는 종이를 가로로 제시한다.

③ 나무 그림은 무의식 수준의 자기 모습과 감정을 반영한다.

④ 사람을 그릴 때는 수검자와 같은 성을 먼저 그리도록 안내한다.

20. 스트레스 이론 중에서 스트레스 사건 자체보다 그 사건에 대한 개인의 해석이 더 중요하다고 보는 관점이 주장하는 것과 거리가 먼 것은?

① 라자러스와 포크먼(Lazarus & Folkman)

② 생활사건스트레스와 사회재적응평정척도

③ 상황이나 사건에 대한 대처자원

④ 상황이나 사건에 대한 의미부여

21. 불안장애의 하위장애에 해당하지 않는 것은?

① 광장공포증

② 공황장애

③ 질병불안장애

④ 선택적 함구증

22. 사람의 감각기관에 대한 설명으로 옳지 않은 것은?

① 색맹은 간상세포(rod cell) 중에서 하나 이상이 없거나 기능장애가 있을 때 발생한다.

② 미각(gustation)과 후각(olfaction)은 화학수용기(chemoreceptor)를 가진다.

③ 귀의 코르티기관은 압력파동을 활동전위로 변환시킨다.

④ 피부는 여러 감각을 생성해 내는 다양한 기계수용기(mechanoreceptor)를 가진다.

23. 암묵기억에 대한 설명으로 옳지 않은 것은?

① 정보의 인출이 무의식적이다.

② 관련된 기억으로는 절차기억이 있다.

③ 외현기억에 비해 간섭의 영향을 덜 받는다.

④ 자유회상방법을 사용하여 기억을 검사한다.

24. 신호를 지키지 않고 위험하게 운전하는 차를 보고 "저 운전자는 분명 난폭하고 사나운 사람일 거야."라고 말하는 상황을 의미하는 개념은?

① 기본적 귀인 오류

② 행위자-관찰자 편파

③ 가용성의 오류

④ 도박사의 오류

25. 각 가족상담의 목적에 대한 설명으로 적절하지 않은 것은?

① 보웬의 다세대 가족상담은 원가족과의 분리를 통해 자아분화 수준을 높이는 것을 목적으로 한다.

② 사티어의 경험적 가족상담은 가족 내 일치형 의사소통과 자기존중감을 높이는 것을 목적으로 한다.

③ 구조적 가족상담과 전략적 가족상담은 포스트모더니즘적 태도를 취한다.

④ 해결중심 가족상담의 대표적 기법에는 기적질문, 예외 질문이 있다.

01. 누구에게나 해당하는 일반적인 성격특성을 자신에게만 해당되는 특성이라고 받아들이는 현상을 지칭하는 용어는?

① 포러효과(Forer effect)

② 플린 효과(Flynn effect)

③ 맥락 효과(Context effect)

④ 자이가르닉 효과(Zeigarnik effect)

02. 정신분석이론에서 설명하는 불안의 유형 중 '성적이고 공격적인 욕구를 자아가 통제하지 못할 것 같아 생기는 불안'을 무엇이라고 하는가?

① 신경증적 불안　　② 현실적 불안

③ 도덕적 불안　　④ 정신적 불안

03. MMPI-2의 임상척도 중 융통성이 부족하고, 세부적인 부분을 지나치게 신경 쓰며, 완벽을 추구하는 정도를 알려주는 척도는?

① Hs - 건강염려증　　② Hy - 히스테리

③ Pa - 편집증　　④ Pt - 강박증

04. 매슬로우(Maslow)의 욕구이론에 대한 설명으로 옳은 것은?

① 자존감의 욕구는 성장욕구이다.

② 각각의 욕구들은 환경에 따라 충족가능한 것 위주로 충족시켜 나가게 된다.

③ 욕구들은 선천적이다.

④ 앎의 욕구는 결핍욕구에 해당한다.

05. 손다이크(E. Thorndike)의 문제상자(puzzle box) 실험과 가장 거리가 먼 용어는?

① 효과의 법칙　　② 시행착오

③ 조작적 조건화　　④ 동시조건화

06. 표준편차에 관한 설명으로 옳지 않은 것은?

① 변량의 제곱근이다.

② 분포의 집중경향치 중 하나이다.

③ 극단적인 점수의 영향을 받는다.

④ 점수 분포의 변산성을 기술하는 통계치이다.

07. 고정관념에 대한 설명으로 적절하지 않은 것은?

① 사고과정에서 복잡한 대상이나 행위의 개념을 단순화했을 때 일어나는 결과이다.

② 성별, 인종, 직업 등의 사회적 차원에 대한 개념이다.

③ 평가적 개념으로서 대부분 의식적으로 처리된다.

④ 연역적 추리에 근거한다.

08. 영유아기 발달에 있어 신체적 접촉의 중요성과 관련된 것을 모두 고르시오.

> ㉠ 캥거루 케어
> ㉡ 애착
> ㉢ 해리 할로우(H. Harlow)
> ㉣ 조화의 적합성
> ㉤ 토마스와 체스(Thomas & Chess)
> ㉥ 사회적 참조

① ㉡ ㉢ ㉥   ② ㉡ ㉢ ㉤

③ ㉠ ㉡ ㉣   ④ ㉠ ㉡ ㉢

09. 동기(motive)에 대한 설명으로 틀린 것은?

① 인간의 기대, 목표, 신념, 태도 등은 동기의 정서적 측면을 의미한다.

② 데시(Deci)는 내재적 동기의 구성요소로 유능감과 자기결정감을 제시하였다.

③ 동기는 행동을 시작하게 하고 방향을 결정하고 끈기와 강도를 결정하는 힘이다.

④ 동기와 관련된 뇌구조는 시상하부이다.

10. 프로이트의 이론에 대한 설명으로 적절하지 않은 것은?

① 오이디푸스 콤플렉스는 원초아에서 비롯된 것이다.

② 자아가 개인과 타인의 안녕을 해치지 않으면서 본능적 욕구를 충족하는 식으로 정보를 처리하는 과정을 일차적 사고과정이라고 한다.

③ 대표적인 본능적 욕구에는 리비도(libido)와 타나토스(thanatos)가 있다.

④ 원초아는 모두 무의식 수준에 있다.

11. 심리검사에 대한 설명으로 맞는 것은?

① 투사적 검사는 객관적 검사에 비해 상대적으로 타당도가 충분히 입증되지 않았다.

② 성격검사는 투사검사이다.

③ 교육이나 훈련의 성과를 측정하기 위한 목적으로 사용하는 검사는 적성검사이다.

④ 타당도와 신뢰도가 높은 검사는 오차가 없다.

12. 유동성 지능(Fluent intelligence)과 결정성 지능(crystalized intelligence)에 대한 설명으로 맞지 않는 것은?

① 유동성 지능은 주로 비언어적이다.

② 유동성 지능은 선천적으로 타고난 학습능력과 문제해결 능력이 포함된다.

③ 결정성 지능은 나이가 들수록 약화된다.

④ 결정성 지능은 학습된 반응을 요구하는 과제에 사용된다.

13. 사람들은 타인에 대해 어떤 기대나 신념을 가지면 타인으로 하여금 기대와 일치하는 행동을 하도록 유도하여 자신의 기대를 확증시키는 경향이 있는데, 이러한 특성과 가장 거리가 먼 것은?

① 골렘 효과(golem effect)

② 유인 효과(attraction effect)

③ 스티그마 효과(stigma effect)

④ 로젠탈 효과(Rosenthal effect)

14. 상향 정보처리에 대한 설명으로 맞는 것은?

① 가설연역적 처리

② 지각적 갖춤새

③ 입력되는 정보를 토대로 한 가설형성

④ 개념주도적 처리

15. 정신병리를 이해하는 이론적 관점에 대한 설명으로 맞지 않는 것은?

① 정신분석적 접근에서는 정신장애를 무의식적 갈등과 내적 결핍의 표현으로 본다.

② 인간중심적 접근에서는 조건화된 가치화 과정으로 인해 경험적 자기와 이상적 자기 간에 괴리가 커질수록 병리가 발생할 가능성이 높다고 본다.

③ 인지적 접근에서는 사건 자체보다는 개인이 사건을 어떻게 지각하고 해석하느냐에 따라 이상행동의 발생이 달라진다고 본다.

④ 행동주의적 접근에서는 신체구조와 기능에서의 이상이 이상행동을 일으킨다고 본다.

16. 우울장애에 대한 설명으로 잘못된 것은?

① 주요우울장애로 진단되기 위한 발병 지속기간은 최소 2주이다.

② 주요우울장애는 총 9가지 증상 기준 중 5가지 이상만 충족되면 된다.

③ 지속성 우울장애는 성인의 경우 2년 이상 지속될 때 고려해볼 수 있다.

④ 파괴적 기분조절 곤란장애는 아동 청소년을 대상으로만 진단 내릴 수 있다.

17. 상담이론과 상담자 연결이 맞는 것은?

① 교류분석 – 프랭클(Frankl)

② 정신분석치료 – 엘리스(Ellis)

③ 게슈탈트치료 – 로저스(Rogers)

④ 행동주의치료 – 월피(Wolpe)

18. 홀랜드(Holland)의 직업적성검사의 6가지 직업성격유형에 해당하지 않는 것은?

① 외향형(Extroverted type)

② 탐구형(Investigative type)

③ 관습형(Conventional type)

④ 예술형(Artistic type)

19. 인지발달이론에서 제시하고 있는 도식, 즉 스키마(schema)에 대한 설명으로 틀린 것은?

① 출생 시에는 대부분 반사(reflex) 도식의 형태이다.
② 모든 도식은 평형상태(equilibrium)를 지향한다.
③ 사물이나 사건에 대한 반응으로 나타나는 기본적인 인지구조이다.
④ 기존 도식이 새로운 대상과 부합하지 않을 때 인지구조의 양적 변화가 일어난다.

20. 다음 중 인지행동치료에 해당하지 않는 치료 접근법은?

① 수용전념치료(ACT)
② 변증법적 행동치료(DBT)
③ 교류분석(TA)
④ 합리정서행동치료(REBT)

21. 단안단서에 대한 설명으로 옳지 않은 것은?

① 윤곽이 뚜렷한 물체보다 흐린 물체가 더 멀리 있다고 지각한다.
② 일부가 가려져 있으면 가린 것이 멀리 있다고 지각한다.
③ 밀도가 작고 구별되지 않을수록 멀리 있다고 지각한다.
④ 한 점으로 수렴되는 쪽을 멀리 있다고 지각한다.

22. 집-나무-사람 그림검사(H-T-P)에 대한 설명으로 틀린 것은?

① 집은 가족, 가정생활, 가족관계에 대한 표상이나 생각, 감정, 소망을 나타내며 개인만의 내적 공상 상태를 나타내기도 한다.
② 나무는 의식적인 수준에서의 자기개념이나 유의미한 타인에 대한 태도나 감정을 보여 준다.
③ 1948년 벅(Buck)이 처음으로 개발하였다.
④ 그림을 그린 순서나 크기 및 위치, 필압 등이 해석 시 중요한 정보를 제공해준다.

23. 좌뇌와 우뇌의 기능적 속성에 관한 설명으로 옳지 않은 것은?

① 좌뇌 손상에 비해 우뇌 손상이 있을 경우 무시 증후군이 나타날 확률이 높다.
② 좌뇌보다 우뇌가 언어 정보를 처리하는데 더 유리하다.
③ 스페리(Sperry)는 연구를 통해 뇌의 편재화(lateralization)를 발견했다.
④ 뇌량(corpus callosum)의 절단은 양반구의 정보 전이를 막을 수 있다.

24. 부적 강화의 예에 해당하는 것은?

① 친구를 도와준 형호에게 칭찬을 해주었다.
② 엄마의 심부름을 도와드렸더니 영화 티켓을 주셨다.
③ 쓰레기를 버렸더니 과태료가 나왔다.
④ 안전 벨트를 매니 알람 소리가 사라졌다.

25. 망각을 줄이기 위한 방법에 대한 설명으로 적절하지 않은 것은?

① 학습내용의 의미에 초점을 두고 학습한다.

② 기억할 내용을 친숙한 장소와 연결시켜 학습한다.

③ 과잉학습은 50%인 경우보다 100%인 경우가 더 효과적이다.

④ 유사한 내용들은 연속적으로 학습하지 않고 간격을 두고 학습한다.

정답 및 해설 _ p.349

01. 동물행동학적 관점과 관련이 없는 개념은?

① 각인(imprinting)

② 반사행동(reflex)

③ 무의식적 갈등(unconscious conflict)

④ 결정적 시기(critical period)

02. 연역추리의 개념이 아닌 것은?

① 상향적 추리   ② 조건추리

③ 삼단추리   ④ 확증편향

03. 장기증강(long-tern potention, LTP)은 어떤 과정을 통해 일어나는가?

① 뉴런 간의 소통이 방해받으며 일어난다.

② 시냅스 연결이 강화되며 일어난다.

③ 방해받은 기억이 재고정되며 일어난다.

④ 수면을 통해 일어난다.

04. Big Five 모델의 요인에 해당하지 않는 것은?

① 개방성   ② 외향성

③ 정직성   ④ 성실성

05. 다음의 예에 나오는 사람이 사용하고 있는 방어기제는?

> 이 대리는 올초 회사에 입사한 김 씨가 지금까지 해온 업무실적들을 보면서 그가 자신의 지위를 뛰어넘어 먼저 승진을 할 수도 있을 것이라는 불안이 들어 그가 실수나 사고를 치기를 내심 기대하고 있다. 다음날 아침, 회사에 출근한 이 대리는 김 씨에게 다가가 피곤하지 않냐면서 기운 내라며 커피를 건넸다.

① 반동형성   ② 동일시

③ 승화   ④ 합리화

06. 정규분포에 관한 설명으로 옳지 않은 것은?

① 정규분포곡선은 좌우대칭이며 종모양이다.

② 정규분포곡선에서는 최빈값, 중위수, 산술평균이 중앙의 한 점에서 일치한다.

③ 표준정규분포의 평균은 1이고 표준편차는 0이다.

④ 모집단에서 무작위로 표본을 추출할 때 각 표본값은 표본값들의 평균 주위로 정상 분포 되는 것을 말한다.

07. 크기 항등성에 대한 설명으로 옳은 것은?

① 물체의 크기는 거리에 상관없이 망막에 일정한 크기로 맺힌다.

② 사물을 보는 위치가 달라도 같은 모양의 사물로 인식한다.

③ 멀리 떨어져 있는 물체가 가까이 있는 물체보다 더 작다고 판단된다.

④ 동일한 크기의 물체가 서로 다른 거리를 두고 있더라도 우리는 그것이 같은 크기를 가진 것으로 지각한다.

08. 다음의 심리검사 중 과거 · 현재 · 미래로 이어지는 스토리텔링 반응을 통해 심리를 분석하는 도구는?

① WPPSI 　　② MMPI

③ Rorschach 　　④ CAT

09. 프로이트 성격발달단계 중 잠복기에 해당하는 에릭슨의 발달단계의 과업과 위기는 무엇인가?

① 솔선성 대 죄책감

② 근면성 대 열등감

③ 정체감 확립 대 역할혼미

④ 친밀감 대 고립감

10. 사회적 태만이 일어날 가능성이 가장 높은 경우는?

① 김 부장이 박 대리에게 거래처에 넣을 견적서를 만들라고 지시한다.

② A부대와 B부대가 축구시합을 한다.

③ 한 집단 전체 100명이 5km 단거리 마라톤을 한다.

④ 한 집단 전체 50명이 청군과 백군으로 나누어 줄다리기를 한다.

11. 공격 행동은 좌절 등 부정적 정서가 불러오는 여러 반응 중에서 우세한 반응이지만, 개인차에 따라 좌절이 공격 행위 외에 타협이나 포기, 새로운 목표 설정 등 다른 반응으로 이어지기도 한다고 설명하는 이론은?

① 통제감 평가이론

② 대립과정이론

③ 좌절-공격가설

④ 인지-신연합 모형

12. 다음 a, b, c 각각의 경우에 사용된 스트레스 대처방식은?

> a. 얼마 전 여자친구와 헤어진 진구는 엎친 데 덮친 격으로 직장의 인사고과에서도 낙제에 해당하는 평가를 받아 연차를 내고 하루 종일 잠을 잤다.
> b. 기대보다 학점이 낮게 나온 오경은 실망감에서 벗어나기 위해 명상 수련을 하였다.
> c. 층간소음으로 스트레스가 심했던 진영은 윗집 현관문에 소음을 줄여달라는 쪽지를 붙였다.

① a. 정서중심적 대처 b. 문제중심적 대처
　 c. 문제중심적 대처
② a. 문제중심적 대처 b. 문제중심적 대처
　 c. 정서중심적 대처
③ a. 정서중심적 대처 b. 정서중심적 대처
　 c. 문제중심적 대처
④ a. 문제중심적 대처 b. 정서중심적 대처
　 c. 문제중심적 대처

13. 정신생리학적 관점에서 볼 때 수면에 대한 설명으로 잘못된 것은?

① 비렘수면 상태에서는 신체근육이 이완되고 산소 소비량도 감소되며, 뇌가 휴식을 취하는 상태다.
② 수면의 뇌전도(EEG)는 각각의 수면 하위단계에서 다양하게 나타난다.
③ 잠에서 깨어날 즈음에는 3, 4단계 수면이 줄어든다.
④ REM 수면기는 깊은 수면인 3, 4단계 직전에 나타난다.

14. 자신이 협조를 하면 오히려 손해를 볼 것 같은 불안감이 들어 비협조자가 되어 이득을 보려는 마음을 가짐으로써 사회적으로 해로운 결과를 초래하는 현상과 다른 개념은?

① 몰개인화(탈개인화)
② 죄수의 딜레마 게임
③ 상대에 대한 불신
④ 사회딜레마

15. 신경증과 정신증을 구분해주는 요인이 아닌 것은?

① 병에 대한 인식
② 사회적 자원
③ 사회적 적응상태
④ 현실판단력

16. 뇌의 영역과 그것의 역할이 옳지 않은 것은?

① 중뇌는 환경 내 즐거운 자극으로 향하거나 위협적인 자극으로부터 벗어날 수 있도록 돕는다.
② 두정엽은 촉각과 공간감각을 지각한다.
③ 뇌교는 평형기능과 수의운동을 조절하는 등 신체의 세밀하고 다양한 운동기능을 담당한다.
④ 전두엽은 움직임을 계획하고 실행한다.

17. 파괴적 기분조절곤란장애에 대한 설명으로 적절하지 않은 것은?

① 아동청소년에 국한해 진단을 내린다.
② 반사회적 성격장애와 유관성이 매우 높다.
③ 우울장애의 하위 장애이다.
④ DSM-5에 새롭게 포함된 장애이다.

18. 피아제(Piaget)와 비고츠키(Vygotsky)의 발달이론에 대한 설명으로 옳은 것은?

① 피아제는 전조작기 단계에서 아동의 자기중심적 사고가 타인에 대한 관심으로 전환된다고 보았다.

② 피아제는 아동이 획득하는 특정 사고와 기술을 결정하는 데 문화가 중요하다고 강조하였다.

③ 비고츠키는 아동의 자기중심적 언어가 문제해결을 위한 사고의 도구라고 주장하였다.

④ 비고츠키는 학습자의 인지가 연령에 따라 단계적으로 발달한다고 설명하였다.

19. 와이너(Weiner)의 귀인이론에서 내적이며 안정적인 원인에 속하는 것은?

① 능력　　　　　② 노력

③ 과제 난이도　　④ 운

20. 범죄 발생을 설명하는 논리로, 주차되어 있는 차에 일단 흠집이 나기 시작하면 사람들이 그 차를 더 파괴하는 식으로 다룬다는 이론개념은?

① 몰개성화　　　　② 깨진 창문이론

③ 사회교환이론　　④ 링겔만 이론

21. 다음과 같이 구성된 집단상담이 해당하지 않는 것은?

- 경영학과 여학생 12명
- 주 1회 총 10회기
- 시간에 따라 짜여진 프로그램 활동으로 진행
- 매 회기 새로운 집단원이 참여가능

① 동질 집단　　　　② 비구조화 집단

③ 분산 집단　　　　④ 개방 집단

22. 퀴블러 로스의 임종환자의 죽음에 대한 반응단계가 맞게 제시된 것은?

① 부정(denial) − 분노(anger) − 타협(negotiation) − 우울(depression) − 수용(acceptance)

② 분노(anger) − 부정(denial) − 타협(negotiation) − 우울(depression) − 수용(acceptance)

③ 분노(anger) − 부정(denial) − 우울(depression) − 타협(negotiation) − 수용(acceptance)

④ 부정(denial) − 분노(anger) − 우울(depression) − 타협(negotiation) − 수용(acceptance)

23. 맛혐오에 대한 설명으로 틀린 것은?

① 다양한 동물에서 이 효과가 나타난다.

② 고통의 수준이 높을수록 그 혐오가 심하다.

③ 조건형성된 음식을 회피하는 효과는 다른 조건형성들에 비해 상당히 길게 유지된다.

④ 어떤 음식을 먹은 후 복통을 겪는 일을 여러 번 겪은 후 그 음식을 피하게 되는 맛혐오학습이 된다.

24. 개발자와 심리검사의 연결이 옳은 것은?

① 해서웨이(S. Hathaway): Army-α

② 카텔(J. Cattell): TAT

③ 머레이(H. Murray): Stanford-Binet

④ 써스톤(L. Thurstone): PMA

25. 작업기억에 대한 설명 중 틀린 것은?

① 단어들을 저장하고 있는 장기기억이 작업기억
의 수행을 도와준다.

② 정보유지뿐만 아니라 정보처리도 수행한다.

③ 작업기억은 단기기억의 또 다른 이름으로 장기
기억과 구분된다.

④ 이해, 추리, 문제해결 같은 능동적인 정신활동
에 관여한다.

01. 주어진 자극과 장기기억 속에 저장되어 있는 과거의 경험 및 지식을 근거로 하여 주어진 자극이 무엇인지를 파악하는 과정은?

① 선택적 주의
② 형태재인
③ 부호화
④ 추론

02. 스턴버그(Sternberg)의 '사랑의 삼각형 이론'에 대한 설명이 아닌 것은?

① 열정은 신체적 매력이나 성적 흥분과 같은 사랑의 생리적 측면을 의미한다.
② 헌신은 책임과 약속으로 사랑의 인지적 측면을 반영한다.
③ 스턴버그는 열정, 친밀감, 책임감 세 요소를 결합하여 사랑의 유형을 6가지로 구분하였다.
④ 열정, 친밀감, 책임감 요소가 똑같이 비중으로 결합된 사랑이 가장 온전하고 성숙한 사랑이다.

03. 다음의 진술 중 옳은 것은?

① 임신 초기의 심한 알코올 사용은 중요한 뇌의 체계가 아직 발달하지 않았기 때문에 태아에게 손상을 거의 주지 않는다.
② 신체구조가 형성되는 배아기가 지나면 태아는 더이상 기형을 갖지 않는다.
③ 임신 중의 흡연은 태아의 발달에 손상을 줄 수 있지만, 간접흡연에 노출되는 것은 별문제가 되지 않는다.
④ 정자와 난자의 수정 후 한 달 경이 되면 심장이 뛰기 시작한다.

04. 지능이론학자와 그에 따른 개념설명이 잘못 짝 지어진 것은?

① 스피어만(Spearman) – 요인분석을 토대로 하나의 핵심적인 잠재요인을 추출하고 이를 일반지능요인이라고 명명하였다.
② 길포드(Guilford) – 한 개인의 인지능력은 어떤 특수한 내용에 대한 정신적 조작을 통해 하나의 결과를 얻어내는 능력이라고 규정하였다.
③ 캐롤(Caroll) – 유동성 지능은 후천적으로 학습한 결과로 환경적 영향에 의해 발달하며, 나이가 들어감에 따라 계속 발달하거나 유지될 수 있다고 보았다.
④ 가드너(Gardner) – 지능은 단일 능력이 아닌 다수의 능력으로 구성되어 있다고 보고, 각각의 능력들은 사람마다 개인차가 있다고 하였다.

05. 애착에 대한 설명으로 옳은 것은?

① 애착 능력은 선천적이지만, 애착의 질은 영아의 정서 상태를 이해하는 일차 양육자의 능력에 의해서 영향을 받는다.

② 영아와 양육자와의 상호작용 결과로 영아가 자신, 일차 양육자, 그리고 그들 사이의 상호작용에 대한 신념을 발달시키는데 이를 생활양식(life style)이라고 한다.

③ 안정애착아들은 어머니가 떠날 때는 정서적 동요를 보이지 않지만, 어머니가 돌아오면 반갑게 맞이한다.

④ 애착이론은 진화론적 관점의 영향을 받은 로렌쯔가 주장한 이론이다.

06. DSM-5에 제시되어 있는 PTSD의 진단기준에 해당하는 것이 아닌 것은?

① 실제적이거나 위협적인 심각한 상해 사건이 친한 친구에게 일어난 것을 알게 되었다.

② 외상사건들이 재생되는 것처럼 느끼고 행동하게 되는 해리성 반응이 나타났다.

③ 사회적 의사소통과 상호작용에 있어서 지속적인 결함이 있다.

④ 자극이 거의 없는데도 사람이나 사물에 대해 언어적 또는 신체적 공격성이 일어나는 민감한 행동과 분노 폭발이 있다.

07. 뇌 구조 중 감각기관으로부터 전달되는 정보를 중계하고 여과하여 이 정보를 대뇌피질로 전달하는 역할을 하는 것은?

① 해마　　　　　② 기저핵

③ 시상　　　　　④ 시상하부

08. 다음 빈칸에 들어갈 말로 옳은 것은?

> 실험법에서 조작화(manipulation)란 인과적인 검증력을 결정하기 위해 특정 변인에 모종의 인위적인 변화패턴을 만들어내는 것이다. 이 중 실험에서 조작화가 행해지는 변인을 (㉠) 변인이라고 하고, 이 (㉠)변인의 조작화가 만들어내는 변인을 (㉡) 변인이라고 한다.

① ㉠ 독립　㉡ 종속

② ㉠ 종속　㉡ 독립

③ ㉠ 통제　㉡ 종속

④ ㉠ 통제　㉡ 독립

09. MMPI-2와 같은 자기보고식 측정방법의 단점이 아닌 것은?

① 다른 사람에게 좋게 보이려는 방식으로 응답할 수 있다.

② 검사 문항에 대해 심사숙고하지 않고 무조건 '그렇다' 또는 무조건 '아니다'로 반응하는 경우가 있다.

③ 검사 결과의 해석에 검사자의 선입견이 들어갈 가능성이 높다.

④ 자신에 대해 잘 모르는 부분도 있기 때문에 정확한 응답이 아닐 수도 있다.

10. 다음 중 특징이 다른 한 가지 장애는?

① 범불안장애　　　② 공황장애

③ 광장공포증　　　④ 질병불안장애

11. 다음에서 설명하고 있는 개념은?

• 문화적 규칙이 내면화되어 생긴 심리요인이다.
• 부모가 권위를 행사하는 상황에서 학습된다.
• 양심과 같이 작용한다.

① 원초아(id)
② 자아(ego)
③ 초자아(super-ego)
④ 자기(self)

12. 사회비교를 통해 자기를 구성하는 과정에 대한 설명으로 틀린 것은?

① 잘하고자 하는 욕구가 강한 사람은 상향적 사회비교 양상을 보이며, 이를 통해 대리만족을 느끼는 경향이 크다.
② 인간은 자신의 특성에 대해 알고 싶어 하고 그것을 확인하려고 한다.
③ 하향적 사회비교를 할 때 사람들은 좋은 기분을 느낀다.
④ 페스팅거는 자기가 객관적으로 존재하는 물리적 실체라기보다 사람들과의 비교과정에서 구성되는 것이라고 하였다.

13. 암묵적 학습에 대한 설명 중 틀린 것은?

① 암묵적 학습을 통해 얼마나 많은 기술을 습득했는지 확인하기 어렵지 않다.
② 인식하지 못한 상태에서도 특정기술을 습득하는 학습이다.
③ 기억상실증에 걸린 사람도 암묵학습이 가능하다.
④ 지각-운동기술은 획득 후 배운 것을 말로 표현하기가 어렵다.

14. 문장완성검사에서 대표적으로 평가하는 4가지 영역으로 옳지 않은 것은?

① 성
② 가족
③ 정서
④ 자기개념

15. 방어기제에 대한 설명으로 옳은 것은?

① 불쾌한 기분을 무의식 속으로 가두는 것을 부인(denial)이라고 한다.
② 방어기제는 현실을 왜곡하거나 기만하는 특징을 갖고 있다.
③ 용납될 수 없는 충동을 사회적으로 용인되고 문화적 가치를 높이는 활동으로 해소하는 것을 전이(transference)라고 한다.
④ 건강한 사람들은 일상생활에서 방어기제를 사용하지 않는다.

16. 무의식에 관한 현대적 관점으로서 무의식이 동물적인 충동과 억압된 사고로 채워져 있다고 보기보다는 의식적 사고와 행동을 생산하는 공장의 역할을 하는 것으로 보는 개념은?

① 동기적 무의식
② 역동적 무의식
③ 인지적 무의식
④ 억압적 무의식

17. 쾰러(Köhler)가 주장한 통찰학습이론에 대한 설명으로 옳지 않은 것은?

① 형태주의 심리학에 근거한 인지주의 학습이론이다.
② 학습은 시행착오를 통하여 이루어진다.
③ 통찰이란 상황을 구성하는 요소 간(수단과 목적)의 관계 파악을 의미한다.
④ 통찰학습능력은 다른 문제 사태로 전이된다고 주장하였다.

18. 켈리(Kelly)의 사회인지이론에서 볼 때 '자신의 경험 세계를 해석하고 만들어가는 사고 범주'를 의미하는 것은?

① 개인적 구성개념
② 생활양식
③ 내적 수행모델
④ 가상론적 목적

19. 도박에 한 번 빠지면 쉽게 헤어나올 수 없는 경향이 강하다. 학습이론의 관점에서 볼 때 이는 어떤 강화계획으로 설명할 수 있는가?

① 고정간격계획   ② 고정비율계획
③ 변동간격계획   ④ 변동비율계획

20. 지능을 내용, 조작, 결과로 이루어진 세 가지 입체모형으로 제시한 학자는?

① 써스톤   ② 스턴버그
③ 가드너   ④ 길포드

21. 한국에 살고 있는 대학교 4학년 학생들의 친사회적 성격 특징과 결혼에 대한 태도 간의 관계를 연구하고자 한다. 이 연구의 목적 및 방법론적 접근으로 가장 적절한 것은?

① 친사회적 성격 특징이 결혼 태도에 영향을 주는지 알아보기 위해 친사회적 행동 점수와 결혼 태도 점수 간의 상관계수를 구한다.
② 전국의 4년제 대학교를 대상으로 17개 광역 지역별로 100명씩 표집하여 1,700명의 참여자를 선발한다.
③ 친사회적 성격 특징과 결혼 태도 간의 관계는 상관관계 연구는 가능하지만 인과관계 연구는 불가능하다.
④ 친사회적 성향이 동일한 두 집단을 구성하여 한 집단에는 친사회적 기술향상을 위한 교육을 하고 다른 집단에는 음악감상 시간을 제공한 뒤 두 집단 간의 결혼 태도의 차이를 비교할 때 친사회적 성격 특징은 독립변인이 되고 결혼 태도는 종속변인이 된다.

22. 지나가는 사람이 나와 눈이 마주쳤는데 그 사람이 웃고 있는 것을 보았다. 그 모습을 보고 그 사람이 나를 비웃는 것이라고 생각하면서 기분이 나빠진 것은 어떤 인지적 오류가 작용한 것인가?

① 자의적 추론(arbitrary inference)
② 개인화(personalization)
③ 과잉일반화(overgeneralization)
④ 선택적 추론(selective abstraction)

23. 정서표현은 그것을 나타내는 정서 경험을 유발할 수 있다는 가설은?

① 보편성 가설

② 안면되먹임 가설

③ 정서의 이요인 이론

④ 정서적 뇌 가설

24. 기억에서 처음에는 빠르게 감소하다가 나중에는 천천히 일어나는 망각을 설명해주는 개념은?

① 방심   ② 차단

③ 편향   ④ 일시성

25. 켈리의 공변원리에서 내부 귀인이 되려면 세 가지 공변 요소에 대한 답이 어떻게 이루어져야 하는가?

① 일관성, 독특성, 일치성 세 가지 물음에 모두 긍정일 경우

② 일치성은 긍정, 나머지 두 변인은 부정일 경우

③ 일관성은 긍정, 나머지 두 변인은 부정일 경우

④ 독특성은 긍정, 나머지 두 변인은 부정일 경우

01. 기존에 이미 타당도가 인정된 검사에서 나온 결과와 다른 대안적 방법으로 새롭게 개발된 검사에서 나온 결과가 얼마나 일치하는가에 의해 검사의 타당도를 결정하는 방법은?

① 내적타당도 ② 예언타당도
③ 공인타당도 ④ 변별타당도

02. 응용심리학의 분야가 아닌 것은?

① 교육심리학 ② 발달심리학
③ 학교심리학 ④ 상담심리학

03. MMPI-2의 표준임상척도 열 가지 중 기본 임상척도에 해당하지 않는 것은?

① 건강염려증(Hs) 척도
② 반사회성(Pd) 척도
③ 편집증(Pa) 척도
④ 사회적 내향성(Si) 척도

04. 집-나무-사람 그림검사(H-T-P)에 대한 설명으로 틀린 것은?

① 그림을 그린 순서나 크기 및 위치, 필압 등이 해석 시 중요한 정보를 제공해준다.
② 집 그림은 가족 구성원 개개인에 대한 감정과 태도, 가족 성원들 간의 힘의 분포나 단절감 같은 역동성에 대한 정보를 제공해준다.
③ 1948년 벅(Buck)이 처음으로 개발하였다.
④ 사람 그림은 나무 그림에 비해 보다 의식적인 수준에서의 자기개념이나 유의미한 타인에 대한 태도나 감정을 보여 준다.

05. 변인에 관한 설명으로 옳은 것은?

① 독립변인는 다른 변인에 영향을 받으며 인과관계에서 결과를 나타낸다.
② 종속변인는 독립변인에 앞서면서 독립변인에 영향을 미치는 변인를 말한다.
③ 매개변인는 독립변인와 종속변인의 인과관계에 영향을 주는 제3의 변인 중 조사자가 통제하려는 변인이다.
④ 조절변인는 독립변인와 종속변인 간의 관계의 강도나 방향에 영향을 미치는 변인이다.

06. A씨는 과거 하루에 담배를 2갑씩 피웠던 적이 있다. 특히 술을 마실 때는 담배를 더 많이 피웠었다. 지금은 금연을 하고 있지만, 어쩌다 친구들과 술을 마시게 되면 자신도 모르게 담배를 피우게 되어 그럴 때마다 다시 금연을 다짐하곤 한다. 이 현상과 관련하여 가장 거리가 먼 개념은?

① 자발적 회복　　　② 고전적 조건형성

③ 자극-반응이론　　④ 강화

07. 대학교 졸업생들을 중심으로 취업률을 조사하였을 때 그 척도에 대한 설명으로 옳은 것은?

① 수학적 계산이 불가능하다.

② 덧셈과 뺄셈만이 가능하다.

③ 곱셈과 나눗셈만이 가능하다.

④ 덧셈, 뺄셈, 곱셈, 나눗셈 모두 가능하다.

08. 제임스-랑게 이론을 반박하기 위해 제시된 정서 이론에 해당하는 예는?

① 소금산의 흔들다리를 건너면서 생리적으로 가슴이 뛰었는데, 이에 대해 같이 간 이성을 좋아하기 때문이라고 생각하게 되었다.

② 숲속에서 멧돼지를 만나게 되자, 심장이 엄청 뛰면서 동시에 무서움이 몰려들었다.

③ 처음에는 별 마음이 없었던 거래처 직원을 업무 때문에 매주 보다 보니 점차 호감이 생겼다.

④ 속상한 일이 있었지만, 이를 이겨내기 위해 목소리와 얼굴표정을 일부러 밝게 했더니 기분이 좀 나아졌다.

09. '옷차림이 단정한 것을 보니 사람이 올바르겠어.'와 같이 인상형성 과정에서 성격특성 간의 관련성에 관한 개인의 신념으로 드러나지 않은 성격특성을 판단하는 틀로 이용하는 것은?

① 정보통합이론　　　② 후광효과

③ 기본적 귀인오류　　④ 내현성격이론

10. 다음 사례와 가장 거리가 먼 개념은?

> 영철의 운동 시간을 늘리기 위해 선생님은 매일 영철이가 평균보다 30분 이상 운동한 날이 다섯 번이 될 때마다 스티커를 제공해서 원하는 물건으로 교환할 수 있게 하였다.

① 고정비율강화　　　② 이차강화

③ 이차 조건형성　　　④ 토큰경제

11. 장기기억에 이미 저장되었던 정보를 망각하는 현상과 가장 거리가 먼 설명은?

① 정보가 저장은 되어 있지만 그 정보에 접근할 수 없었다.

② 기억된 정보가 새로 들어온 정보에 의해 회상하기 어려웠다.

③ 기억하려는 정보의 양이 기억 용량을 초과하였다.

④ 인출할 때 주어진 단서들이 부호화 과정에서 사용한 단서들과 일치하지 않았다.

12. 자폐스펙트럼 장애의 주 증상 특성으로 맞는 것은?

① 질문이 끝나기 전에 성급하게 대답하며 지나치게 수다스럽게 말한다.

② 지속적으로 부정적인 감정상태에 있다.

③ 여아가 남아보다 약 2배 정도 더 많이 나타난다.

④ 사회적 상호작용에 어려움이 있으며 변화에 대한 저항이 크다.

13. 집단에서 보일 수 있는 사회적 행동을 연구한 실험이 아닌 것은?

① 와이너(Weiner)의 실험

② 애쉬(Asch)의 실험

③ 밀그램(Milgram)의 실험

④ 짐바르도(Zimbardo)의 실험

14. 피아제의 인지발달단계에 대한 설명으로 옳은 것은?

① 자신을 남들과 다른 특별한 존재로 느끼는 개인적 우화는 전조작기의 특징이다.

② 전조작기에는 사물을 단어와 이미지로 표상한다.

③ 구체적 조작기에는 직관적 사고가 증가한다.

④ 생후 6개월된 아기들은 깊이 지각이 어렵다.

15. 인지부조화가 일어나는 조건이 아닌 것은?

① 취소불가능한 개입   ② 자발적 선택

③ 불충분한 유인가   ④ 욕구좌절

16. 애착에 대한 설명으로 옳지 않은 것은?

① 안정적인 애착이 형성되기 위해서는 부모의 민감성과 반응성, 그리고 일관성 있는 양육이 필요하다.

② 영아의 애착유형은 안정형, 회피형, 저항형, 그리고 혼란형으로 구분된다.

③ 영아의 애착유형을 알아보기 위해 마리 에인스워스는 낯선상황 절차를 고안하였다.

④ 할로우의 원숭이 실험은 각인(imprinting)이라는 개념과 관련 있다.

17. 스트레스에 대한 설명으로 적절하지 않은 것은?

① 유스트레스는 과제수행에 긍정적인 영향을 주는 긍정적 스트레스를 의미한다.

② 여키스-도슨의 역U자형 가설을 통해 알 수 있는 것은 적절한 수준의 스트레스는 성과수준을 높여준다는 것이다.

③ 일반적응증후군은 셀리에(Selye)가 제시한 개념으로, 일상생활에서 경험하는 스트레스 사건이 많을수록 질병에 걸릴 확률이 높아진다는 것을 보여준다.

④ 스트레스원을 감소시킬 수 있는 새롭거나 창의적인 방법을 찾기 위해 사고하는 방식을 변화시키는 것을 재구성(reframing)이라고 한다.

18. 다음에서 설명하고 있는 지능 개념은?

- 카텔(Cattell)이 두 가지 차원의 지능으로 구별한 것 중 하나이다.
- 타고나는 지능으로 생애 초기 비교적 급속히 발달하고 20대 초반부터 감소한다.
- 웩슬러 지능검사의 지각추론 지표 검사들이 이 지능과 관련이 있다.

① 일반지능
② 다중지능
③ 결정적 지능
④ 유동적 지능

19. 조건자극과 무조건자극 사이의 시간 간격이 몇 초나 몇 분이 아니라 몇 시간 혹은 하루가 지날 정도로 길어도 학습이 가능한 현상에 대한 설명과 거리가 먼 것은?

① 가르시아 효과
② 맛혐오 학습
③ 향본능표류
④ 학습의 생물학적 소인

20. 암묵기억과 외현기억에 대한 설명으로 옳은 것은?

① 암묵기억은 자료 주도적 처리를 한다.
② 암묵기억과 관계가 깊은 것은 일화기억이나 의미기억과 같은 서술기억이다.
③ 외현기억보다 암묵기억이 간섭의 영향을 강하게 받는다.
④ 외현기억에서의 정보 인출은 무의식적으로 일어난다.

21. DSM-5의 외상후 스트레스 사건 관련장애의 하위장애에 해당하지 않는 것은?

① 탈억제 사회관여 장애
② 선택적 함구증
③ 적응장애
④ 반응성 애착장애

22. 정신분석의 방어기제에 대한 설명으로 옳지 않은 것은?

① 방어기제는 현실을 왜곡하고 기만하는 특징을 갖고 있어서 건강한 적응을 방해한다.
② 안나 프로이트는 방어기제를 연구한 대표적 학자이며, 베일런트는 방어기제를 성숙한, 신경증적, 미성숙한, 자기애적 방어기제로 구분하였다.
③ 방어기제는 정신의 구조요인 중 자아(ego)가 원초아(id)와 초자아(superego), 그리고 현실 사이에서 균형을 맞추고 불안을 줄이기 위해 사용하는 것이다.
④ 치환(displacement)은 용납될 수 없는 욕망이나 충동을 중립적이거나 자신에게 덜 위협적인 대상으로 바꾸어 충족하는 것이다.

23. 로또 복권 번호가 1, 2, 3, 4, 5, 6일 때 당첨될 확률과 3, 6, 11, 24, 29, 34일 때 당첨될 확률은 같지만 일반적으로 전자가 후자보다 당첨 확률이 훨씬 낮다고 생각한다. 이러한 판단을 가장 잘 설명할 수 있는 개념은?

① 가용성 휴리스틱
② 착각적 상관관계
③ 틀 효과
④ 대표성 휴리스틱

24. 형태주의 심리학에서 제시하는 개념과 가장 거리가 먼 것은?

① 전경과 배경　　② 지각항등성
③ 가현운동　　　④ 대상영속성

25. 가족상담의 주요 목적에 대한 설명으로 적절하지 않은 것은?

① 보웬 가족상담은 원가족과의 분리를 통해 자아 분화 수준을 높이는 것을 목적으로 한다.
② 사티어 가족상담은 가족내 일치형 의사소통과 자기존중감을 높이는 것을 목적으로 한다.
③ 구조적 가족상담은 역기능적인 가족의 삼각관계를 이자관계로 돌려놓는 것을 목적으로 한다.
④ 해결중심 가족상담은 문제보다는 예외적인 해결에 중점을 두고 질문에 대한 대화방식을 통해 가족구성원들 스스로가 해결방법을 찾는 것을 목적으로 한다.

제 1 회

01	02	03	04	05	06	07	08	09	10
④	①	③	①	③	②	③	④	④	②
11	12	13	14	15	16	17	18	19	20
①	③	④	②	②	①	②	③	①	④
21	22	23	24	25					
②	③	②	④	①					

01
④ 표준점수(standard score)는 규준점수의 하나로 원점수 자체로는 의미를 얻을 수 없으므로 통계학적으로 정규분포를 만들어 개개인의 상대적 위치를 보여주는 점수이다. 규준점수는 크게 백분위 점수와 표준점수로 구분된다.

02
① 명명척도는 측정대상을 질적으로 구분한다. 부여된 숫자는 순서나 가감의 의미가 아니라 분류만을 위한 것이다.

03
③ 4~8개월 경의 영아는 대상이 부분적으로 보이면 찾을 수 있지만 완전히 사라지면 찾지 않는다.

04
① 부호화 특수성 원리에 근거한 것으로, 기억은 기억자료가 부호화되고 회상되는 맥락의 영향을 받는다.
② 학습한 자료(기억)를 언제, 어디서, 어떻게 습득하였는지 회상하지 못하거나 잘못 회상하는 것이다.
③ 목록 내 단어의 위치와 그것의 회상율 간에 U자 모양의 관계성이 있음을 보여주는 것으로, 초기 상승은 초두성 효과로 장기기억을 반영하며, 후반부 상승은 최신 효과로 단기기억을 반영한다.
④ 시험효과(testing effect)는 정보를 단순히 읽어보기만 하는 것보다는 인출을 시도한 후에 기억이 증진되는 것을 말한다. 인출 연습 효과 또는 검증 고양 학습이라고도 한다.

05
③ 이를 부적 상관이라고 한다.
① 두 변인 사이에 강력한 상관이 있다 해도 그것이 인과관계를 의미하는 것은 아니다.
② 단일 설문조사를 통해 제시되는 두 변인 간의 관련성은 대부분 상관관계에 대한 연구이다.
④ 상관계수는 방향성과 무관하게 0에 가까울수록 상관이 낮고 −1 또는 +1에 가까울수록 두 변인 간에 상관이 높음을 의미한다.

06
② 상담 초기에 촉진적 상담관계 형성, 내담자의 호소내용 듣고 격려하기, 내담자의 문제 및 배경에 대한 일차적 파악, 상담 구조화, 상담목표 및 계획 세우기 등을 한다.
① 저항 다루기와 ④ 새로운 행동 실행 촉진은 상담과정 중 중기에 해당된다.
③ 목표 달성도 평가 상담과정 중 종결에 해당된다.

07
③ 예언타당도와 공인타당도가 있으며, 이 경우에는 예언타당도를 알아보는 것이다.
① 구성(구인)타당도는 측정하고자 하는 추상적 개념을 얼마나 잘 측정했는지 보여주는 것이다.
② 내용타당도는 전문가의 관점에서 검사가 측정 내용을 정확하게 대표하고 있는지 논리적으로 평가하는 타당도이다.
④ 안면타당도는 일반인의 관점에서 검사가 무엇을 측정하고 있는 것처럼 보이는지에 대한 타당도이다.

08
④ 거대한 도서관에 비유되는 것은 장기기억의 저장고이다.

09

④ 사회적 정체성이란 사회적 관계 속에서 자신의 역할과 지위에 대해 갖는 주관적 인식으로서 사회적 집단에 소속되어 있다는 지각에 기반한 자기 개념의 일부이다. 동조는 다수의 의견으로 일치시키려는 무언의 압력에 의해 자신의 가치관을 버리고 사회적 요구에 순응하는 것이다.

① 통일성의 압박. 즉 만장일치일 경우 동조압력이 최고조가 되지만 소수집단의 의견이 있는 경우에 동조율은 감소한다.

② 타인이나 집단의 기준, 가치관, 기대에 순응하여 행동하는 것이 동조이다.

③ 애쉬의 선분실험은 동조현상을 보여주는 대표적인 연구이다.

10

② 횡단적 연구의 한계점에 대한 설명이다.

11

① 여키스-도슨 가설은 각성 또는 스트레스 수준이 너무 높거나 낮으면 능률에 부정적인 영향을 주지만 적정 수준의 스트레스나 각성은 성과 수준을 높여준다는 것을 보여준다. 역U자형의 곡선을 보인다.

② 추동감소이론은 헐(Hull)이 프로이트의 개념을 확장한 것으로, 인간행동은 욕구 해소를 위한 추동을 감소시키려는 목적에서 유발된다고 보는 관점이다. 추동이 감소되면 항상성(homeostasis)의 불균형이 감소하는데 이러한 결과가 강화가 되어 이후 욕구충족 행동이 학습된다고 본다.

③ 대립과정이론은 어떤 대상에 기대를 가지고 있었으나 그 기대가 충족되지 않으면, 우리 마음은 곧바로 중립으로 돌아오지 않고, 기대의 반대인 실망감이 커진다는 이론으로, 위험이나 두려움 이후 더 큰 행복을 경험하는 것과 같은 현상도 포함된다. 이 외에 허링의 색채대립과정이론도 있다.

④ 캐논-바드 이론에서는 정서의 작용이 자율신경계 수준이 아니라 중추신경계 수준으로 작용한다고 주장하며, 정서자극이 신피질과 자율신경계 및 내장기에 동시에 전달된다고 본다.

12

③ 치환은 용납될 수 없는 욕망이나 충동을 덜 위협적인 대상에게서 충족하는 것이다.

① 투사는 수용하기 힘든 자신의 욕구나 감정을 타인에게 있다고 돌리는 것이다.

② 합리화는 수용하기 힘든 자신의 감정이나 행동에 대해 그럴듯한 이유를 대는 것이다.

④ 반동형성은 수용하기 어려운 자신의 욕망이나 감정을 정반대로 바꾸어 나타내는 것이다.

13

① 도박사의 오류는 과거의 확률로 미래의 확률 판단에 오류를 갖는 경우이다.

② 가용성의 오류는 자신이 경험한 한정된 표집에 근거하여 전체를 판단하는 오류이다.

③ 타인의 행동을 설명할 때 상황의 영향은 줄이고 개인 특성의 영향을 크게 부각시키는 경향을 말한다.

14

[관찰학습의 단계]

단계	내용
주의	모델이 되는 행동과 그 결과에 주의를 기울이는 과정
기억	모델이 되는 행동을 돌이켜보기 위한 인지 과정
운동재생	보유한 기억을 시행착오를 거처 연습하는 과정
동기	실제 행동으로 옮기려는 동기나 욕구의 과정

15

① 집단극화는 토론 후 이전과 동일한 극단방향으로 의견을 갖는 것이다.

③ 집단극화는 자신이 속해 있는 내집단의 견해를 적극적으로 지지하고 옹호하는 경향이 있어, 집단규범이 사회적 평균보다 극단화되면 그 집단에 소속감을 갖는 개인들도 극단화된다.

④ 지시적이고 카리스마가 있는 리더가 있는 집단의 경우 그 리더의 판단이 잘못될 경우 비판이 받아들여지지 않을 가능성이 높아 전제 집단의 결정이 비합리적으로 이루어질 수 있는데, 이는 집단사고의 특성을 보여주는 것이다.

16

① 하향식 처리는 가설연역적 추론을 의미하는 것이며, 귀납적 추론은 상향식 처리이다.

17

② 갑자기 어두운 곳으로 들어가면 추상체의 작용에서 간상체의 작용으로 전환되는 암순응이 일어난다. 추상체와 간상체는 망막에 있는 세포이다.

18

③ 아들러 이론에서 궁극적으로 추구하는 것은 사회적 관심을 갖고 적응적인 생활양식을 갖는 것으로 본다.

19

[강화계획의 유형]

고정비율	변동비율	고정간격	변동간격
성과급	슬롯머신 도박	월급	보너스

20

④ 이 경우는 대표성 휴리스틱이다.

21

② 색인이나 연합이 많을수록 의미망이 연결되어 더 쉽게 기억할 수 있다.

22

③ 이 단계는 피아제의 도덕발달단계이다.

23

① 특정 얼굴표정을 지으면 그에 따라 정서가 유발될 수 있다는 안면되먹임 가설이다.

③ 이저드의 이론은 에크먼의 이론과 더불어 진화론적 전통에서 영향을 받아 형성된 기본정서이론 중 하나이다.

④ 에크먼은 정서의 보편성이 모든 사람에게 항상 같은 방식으로 정서를 드러낸다는 것을 의미하는 것은 아니라고 하였는데, 이를 표시규칙이라고 하고 문화적 상대성을 강조하였다.

24

① 사회공포증은 사회적 상황에 노출되는 것을 극도로 두려워하는 장애이다.

② 폐쇄공포증은 특정공포증의 하위 유형인 상황형에 해당한다.

③ 대상 자체에 대한 극도의 공포나 불안을 보이는 장애로, 동물형, 자연환경형, 혈액-주사-손상형, 상황형, 기타형으로 구분된다.

25

① 급성 스트레스는 일시적인 외적 환경변수여서 외적 스트레스 요인이 사라지면 증상도 완화될 수 있으나 이에 비해 ②, ③, ④의 요인은 바뀔 수 없는 내적 변수이거나 만성적이고 반복적인 외상경험이기 때문에 상대적으로 치료가 더 어렵다.

01	02	03	04	05	06	07	08	09	10
①	②	②	③	④	①	①	②	①	③
11	12	13	14	15	16	17	18	19	20
②	②	①	③	③	②	①	③	③	③
21	22	23	24	25					
④	①	④	②	②					

01
① 자기효능감은 목표에 도달하기 위해 필요한 행동과 정을 조직화하고 실행할 수 있는 자기의 능력에 대한 믿음인데 반해 자아존중감은 자신이 가치가 있다고 여기는 주관적 느낌이다.

02
PAI검사는 4가지의 척도군으로 분류된다.
- **타당도 척도(4개)**: 비일관성, 저빈도, 부정적인상, 긍정적인상
- **임상 척도(11개)**: 신체적 호소, 불안, 불안관련 장애, 우울, 조증, 망상, 조현병, 경계선적 특징, 반사회적 특징, 알코올문제, 약물문제
- **치료고려 척도(5개)**: 공격성, 자살관념, 스트레스, 비지지, 치료거부
- **대인관계 척도(2개)**: 지배성, 온정성

03
② 내부 귀인이 되려면 일관성은 긍정, 독특성과 합의성은 부정되어야 한다.
③ 외부 귀인이 되려면 일관성, 독특성, 합의성 모두 긍정이 되어야 한다.

04
③ 형제 순위는 스트레스 평가와는 무관하다.

05
① 정신분석상담에서는 성격구조를 건강하게 변화시키기 위해 자유연상과 해석을 비롯해 다양한 분석방법을 사용한다.
② 아들러 상담에서는 건강한 생활양식 확립과 사회적 관심의 증진을 강조한다.
③ 행동주의 상담에서는 바람직하지 않은 행동을 줄이고 바람직한 행동을 증가시키기 위해 재학습 과정을 거쳐 행동을 변화시킨다.

06
① 성취동기가 높은 사람은 과거의 경험이나 현재 시점의 평가보다 미래상황을 예견한다.

07
② 융은 개성화(individuation)와 집단적 무의식 개념을 강조하였다.
③ 아들러는 열등감 극복과 우월 추구, 생활양식, 그리고 사회적 관심을 강조하였다.
④ 보울비는 애착이론을 제시한 학자이다.

08
① 뇌편재화는 대뇌피질을 구성하는 각 반구가 분리되어 각기 다른 기능을 담당하고 있는 것이다.
③ 분리뇌는 좌우반구를 연결하는 교량이 끊어지면 서로 정보를 주고 받지 못하는 상태의 뇌이다.
④ 양쪽 귀에 다양한 청각자극을 제시하여 반응을 통해 뇌의 편재화된 기능을 파악하는 방법이다.

09
① 수상돌기의 세포체에서 생성된 신경전달물질은 소낭에 담겨 축색을 따라 이동하다가 종말단추에 도달하면 소낭이 터지면서 시냅스 공간으로 방출된다.

10
③ 내성법은 인간만을 대상으로 사용된 방법이다.

11

② 상호억제원리란 긴장과 이완은 양립할 수 없음을 의미한다.
① 프리맥의 원리는 강화원리이다. 체계적 둔감법은 고전적 조건화의 원리가 적용된 기법이다.
③ 공변원리는 귀인과 관련된 원리로 원인과 효과가 같이 공변하면 그 효과를 그 원인에 귀인하게 된다.
④ 대인관계에서 상대가 우호적이면 나도 우호적으로 대응하고, 비우호적이면 나 역시 비우호적으로 대응하는 것이다.

12

감각운동기 발달단계의 특징

하위단계	연령	특성
반사 운동기	0~1개월	반사운동을 통한 환경접촉
일차순환 반응기	1~4개월	자신의 신체에 대한 반복
이차순환 반응기	4~8개월	외부대상에 대한 반복. 목표지향 행동의 시작
이차 도식의 협응기	8~12개월	인과개념. 진정한 의미의 지능 시작. 대상영속성 시작
심차순환 반응기	12~18개월	실험적 사고. 시행착오적 탐색
정신적 표상기	18~24개월	수단과 목적관계에 대한 정신적 조작이 가능

13

① 미시체계 – 중간체계 – 외체계 – 거시체계로 이어진다.

14

③ 그림단서는 단안단서이다. 시선수렴과 양안부등은 양안단서이다.

15

③ 신경증적 불안은 자아가 원초아를 통제하지 못할 경우 일어날 수 있는 일에 대해 위협을 느끼는 것이다.

16

① 사회적 태만은 같은 일을 하는 사람이 많을수록 한 사람이 수행하는 작업량이 감소하는 현상을 말한다.
③ 복종은 권위자의 명령과 같은 사회적 압력에 굴복하여 자신의 생각과 다른 방향으로 반응하는 것을 말한다.
④ 타인이나 집단의 기준, 가치관, 기대에 순응하여 행동하는 것이다.

17

① DSM 분류체계는 미국정신의학회에서 만든 것이다.

18

③ 기억은 기억자료가 부호화되고 회상되는 맥락의 영향을 받는다는 의미이다.
① 상태의존 인출은 기억 인출에서의 맥락효과라는 점에서는 부호화 특수성과 유사한 의미를 가지나 정서에 대한 것이다.
② 학습의 효과는 깊은 처리를 할 때, 그리고 부호화와 인출 수준이 맞아떨어질 때 더 크다.
④ 개념주도적 처리는 학습이나 정보처리를 하는 데 있어 기존의 경험이나 기대 등을 사용하여 처리하는 것이다.

19

③ 지연 조건화는 조건자극을 제시한 후에 약 0.5초 뒤 무조건자극을 제시하는 방법으로 조건반응의 획득효과가 가장 높은 방법이다. 반면, 흔적 조건화는 조건자극을 제시하고 종료한 후 일정 시간이 지나서 무조건자극을 제시하는 방법이다.

20

③ 지각적 갖춤새는 대상을 지각할 때 어떤 특정한 방식이나 틀에 맞추어 지각하려는 경향성을 의미한다.

21

④ 순환성 장애는 양극성 관련장애의 하위유형에 해당하며, 우울장애의 하위장애로는 주요우울장애가 대표적이다.

22

② 가드너는 다중지능이론을 제시한 학자이며, 지능을 일 반능력과 특수능력으로 구분한 사람은 스피어만이다.

③ 터먼은 스탠포드-비네 검사를 표준화한 사람이며, 웩슬러 검사를 개발한 사람은 웩슬러이다.

④ 유동성 지능은 생물학적으로 타고난 지능이며, 추론 을 이끌어내어 의미를 파악하는 능력으로 경험이나 학습과 무관하다. 환경과 사회문화적 영향을 받아 형 성된 지식체계는 결정성 지능이다.

23

④ 다중 접근-회피 갈등은 두 선택 대상이 각각 서로 다른 장점과 단점을 가지고 있는 경우에 하나의 대 상을 선택해야 할 때 일어난다.

24

질적 연구는 특정한 맥락이나 사례에 대한 깊이 있는 이 해를 추구하며, 일반화보다는 특정 상황에 대한 통찰을 제공한다. ②의 일반화는 양적연구에 더 적합하다.

25

② 신경전달물질은 축색을 따라 내려오던 소낭이 터지 면서 종말단추에서 시냅스 공간으로 방출된다.

제 3 회

01	02	03	04	05	06	07	08	09	10
④	③	③	②	④	①	④	③	②	①
11	12	13	14	15	16	17	18	19	20
①	④	②	②	①	②	③	①	①	④
21	22	23	24	25
②	③	④	②	①

01

④ 유인운동(유도운동)은 다른 대상의 움직임으로 인해 움직이지 않는 물체가 움직이는 것처럼 보이는 현상 이다.

① 스트로보스코픽 운동은 영화필름처럼 일련의 자극이 짧은 시간 간격을 두고 깜박이면 두 위치 사이에 움 직임이 있는 것처럼 지각되는 현상이다.

② 파이운동은 네온사인처럼 고정되어 있는 두 위치의 불빛이 시간차를 두고 점멸하면 두 위치 간에 움직 임이 있는 것처럼 지각되는 현상이다.

③ 자동운동은 빛이 없는 공간에서 하나의 빛을 바라보 면 그 빛이 움직이지 않아도 움직이는 것처럼 지각 되는 현상이다. 기타 가현운동으로는 폭포착시라 불 리는 운동잔상 현상도 있다.

02

③ 처벌은 강도가 적절해야 효과적이며, 지나친 처벌은 오히려 역효과를 가져온다.

03

① 주고받기는 상대방의 이야기가 끝날 때까지 기다렸 다가 표현하는 것으로 일종의 차례지키기이다.

② 공동 주의는 다른 사람과 경험을 공유하기 위해 사 물이나 현상에 주의를 함께 기울이는 것으로 시선 따라가기, 손가락으로 가리키기 등의 행동이 있다.

④ 몸짓은 의사소통을 할 때 자신의 상태나 의도를 알 리기 위해 비언어적인 자세, 즉 표정, 시선두기, 손 움직이기 등을 사용하는 것이다.

04

② 후광효과는 타인을 대할 때 그 사람의 긍정적 또는 부정적 특성이 논리적으로 연관이 없는 다른 특성에 대한 평가에 영향을 주는 것을 말한다.

① 베블런 효과는 가격이 올라갈수록 수요가 증가하는 현상을 말한다.

③ 최신효과는 가장 최근의 정보에 의해 인상이 결정되는 것을 말한다.

④ 로젠탈 효과는 무언가에 대한 사람의 믿음, 기대, 예측이 실제적으로 일어나는 경향을 말한다. 유사개념으로는 피그말리온 효과, 실험자 효과, 자기충족적 예언이 있다.

05

① 뇌 가소성은 유년기뿐만 아니라 성인기에도 지속적으로 나타나는 현상이다.

② 뇌 가소성은 뇌의 구조와 기능이 고정되어 있지 않고 변화할 수 있음을 의미한다.

③ 뇌 가소성은 학습이나 경험에 의해 영향을 받는다.

06

① 자기효능감이 반두라의 주요개념이긴 하나 보보인형 실험은 공격적 행동이 내면의 좌절이 아닌 단순한 타인관찰을 통해서도 학습이 된다는 결과를 보여준 실험으로 자기효능감과는 거리가 있다.

07

④ 에크만의 기본정서는 행복, 슬픔, 두려움, 분노, 놀람, 혐오이다.

08

① 무조건적 수용은 인간중심치료의 상담자 태도 중 하나이다.

② 체계적둔감법은 행동주의 상담과 인지행동주의 상담에서 사용하는 기법이다.

④ 과거를 강조하는 접근은 정신역동적 접근이다.

09

단계	특징
성장기(13세 이전)	환상기 – 흥미기 – 능력기
탐색기(14~24세)	결정화기 – 구체화기 – 실행기
확립기(25~45세)	정착기 – 공고화기 – 발전기
유지기(45~64세)	보유기 – 갱신기 – 혁신기
쇠퇴기(65세 이후)	

10

① 논리적 사고는 언어능력과 더불어 좌반구의 주요기능이다.

11

② 집단의 구성원이 늘어날수록 1인당 기여도가 감소하는 현상인 링겔만효과는 책임감 분산으로 발생될 수 있다.

③ 집단사고는 집단의 합의 과정에서 불합리하거나 비생산적이며 위험한 의사결정이 이루어지는 것을 의미한다.

④ 사회적 억제는 타인이 존재할 때 수행이 더 나빠지는 현상이다.

12

단계	특징
감각운동기 (출생~2세)	감각과 운동을 통한 개념형성, 대상영속성
전조작기 (2~7세)	상징적 사고, 자아중심성, 직관적 사고
구체적조작기 (7~12세)	보존, 분류, 서열개념 확립, 논리적 사고 기능
형식적조작기 (13세 이후)	추상적 사고, 가설연역적 사고, 조합적 사고

13

② 다중지능이론의 하위지능은 언어지능, 논리수학지능, 공간지능, 음악지능, 신체운동지능, 대인관계지능, 개인내적지능(성찰지능), 자연탐구지능, 실존지능, 초월지능이다.

14

② 동기와 정서 모두 내.외적 유발요인들이 있다.

15

① 스펄링은 3개의 열에 제시되는 각각의 4개의 문자들을 참가자들에게 제시한 후 방금 보았던 12개의 문자를 기억해보라고 하였다. 이 연구에서 스펄링은 부분보고법(partial – report procedure)과 전체보고 과제(whole – report procedure)를 사용하였다. 여기서 부분보고는 제시된 자극들 중 일부분만을 보고하게 하는 방식이며, 전체보고는 잠깐 동안 제시된 자극 또는 글자들 전부를 보고하는 방식이다.

16

단계		과업과 위기	덕목
1	영아기	신뢰감 대 불신	희망
2	유아초기	자율감 대 수치심	의지
3	유아후기	솔선(주도)성 대 죄책	목적
4	아동기	근면성 대 열등감	능력
5	청소년기	정체감 확립 대 역할혼미	충성심
6	성인기	친밀감 대 고립	사랑
7	중년기	생산성 대 침체	배려
8	노년기	자아통합 대 절망	지혜

17

① 명명척도는 측정대상을 질적으로 구분한다. 분류만을 위한 것으로 주민등록번호나 선수의 등번호 등이 있다.

② 서열척도는 순위관계를 나타내는 척도로 크고 작음, 높고 낮음만을 알려주며, 연산은 할 수 없다. 석차나 운동기록순위 등이 있다.

④ 비율척도는 앞의 세 가지 척도 특성을 모두 갖고 있으며, 사칙연산을 통한 비교가 가능하다.

18

① 투사적 검사의 하나인 로르샤(Rorschach) 검사는 개별검사이기 때문에 질문지 형태의 자기보고식 검사에 비해 시간과 비용 소모가 크다.

19

① 학습된 무기력감을 수정하기 위해서는 원인의 내재성, 안정성, 일반성의 속성에서 벗어나야 한다.

20

④ 있어야 할 것이 없다는 의미를 갖는 증상으로, 감정의 부재와 무욕증이 대표적인 음성증상이다. 반대로 양성증상은 없어야 할 것이 있다는 의미를 갖는 증상으로 앞의 네 가지 증상인 망상, 환각, 와해된 언어, 극도로 와해된 또는 긴장성 행동이 해당한다.

21

② Mf는 임상척도의 남성성 – 여성성 척도이다.

22

③ 병존할 수 없는 새로운 반응을 통해 부적응적인 반응을 억제하는 방법이다.

① 행동조형법은 연속적 접근법의 원리를 이용하여, 한 번에 습득하기 어려운 행동을 연속적인 단계들로 구분하여 각 단계에 접근하는 행동을 보이면 강화하여 최종행동을 습득할 수 있도록 하는 방법이다.

② 일종의 부적 처벌로서 문제 발생시 그 장소에서 벗어나 다른 장소에 머무르게 하여 문제행동을 감소시키는 방법이다.

④ 바람직한 행동을 하면 토큰을 얻고, 그 토큰을 다양한 강화물로 교환할 수 있게 하는 것이다.

23

④ 무조건적 자극과 조건자극의 연합은 고전적 조건형성의 원리이며, 강화를 강조하는 것은 조작적 조건형성의 원리에 입각한 것이다.

24

① 가중평균법칙은 특정 정보에 더 많은 비중을 두어 전체 인상을 결정하는 것이다.

③ 거짓 특이성 효과는 자신의 능력이나 바람직한 행동의 보편성을 과소평가하는 것이다. '나만 특별해.'의 개념이다.

④ 자기기여편파는 자신의 행동을 설명할 때 스스로를 좋게 지각하고 남에게도 좋게 보이려는 일종의 방어적 귀인편파이다.

25

① 실용적 사랑은 합리적이고 이성적인 면을 강조한다. 낭만적 사랑은 뜨거운 열정과 욕망을, 유희적 사랑은 재미와 쾌락을, 우애적 사랑은 친밀감과 우정을, 이타적 사랑은 자기희생을, 그리고 소유적 사랑은 소유욕과 집착을 중요한 요소로 한다.

제 4 회

01	02	03	04	05	06	07	08	09	10
①	④	②	①	②	③	①	②	④	③
11	12	13	14	15	16	17	18	19	20
①	③	④	①	③	③	①	②	②	③
21	22	23	24	25					
④	②	②	②	①					

01

① 설득에 있어서 반대 의견을 포함하는 것은, 피설득자에게 더 균형 잡힌 정보를 제공하고, 설득자가 더 신뢰성 있고 객관적으로 보이게 만들 수 있기 때문에 피설득자 스스로 결정을 내리도록 도와 설득의 효과를 높일 수 있다.

② 설득자가 매력적일 경우, 더 긍정적인 인상을 주기 때문에 그들의 메시지가 더 효과적으로 받아들여질 가능성이 높다.

③ 정교화 가능성 모델(elaboration likelihood model)에서는 피설득자가 설득 메시지를 이해할 수 있는 능력과 동기가 있는 경우는 중심경로처리를 하고, 그렇지 않은 경우는 주변경로처리를 한다고 설명한다.

④ 피설득자가 자신의 태도에 대해 공격받고 방어한 경험이 있다면, 그 경험으로 인해 자신의 견해에 더 깊이 뿌리내리게 되어 새로운 설득 시도에 대해 저항성이 높아질 수 있다. 이는 피설득자가 자신의 태도를 변화시키기 어렵게 만들어, 설득 과정에서 중요한 장애물이 될 수 있다.

02

④ 익명성은 보장되나 방어적인 태도로 반응하기 쉽다.

03

② MBTI는 성격유형검사이다.

04

① 신경전달물질은 뉴런 간 정보전달과 관련이 있는 화학물질이다.

② 유수축색이 무수축색보다 정보전달이 더 빠르고 정보손실도 적다.

③ 축색 내외의 전압차가 역치 수준을 넘으면 전기적 정보전달이 시작된다.

④ 활동전위의 크기는 자극이 일단 그 역치를 넘고 나면 자극의 크기에 따라 영향을 받는 것은 아니다.

05
② 데시가 제시한 내재적 동기의 구성요소는 자율성, 유능성, 관계성으로 이를 자기결정성이라 한다.
① 회피동기는 자신이 싫어하는 것으로부터 벗어나기 위해 애쓰는 것이며, 접근동기는 자신이 원하는 좋은 결과를 얻기 위해 노력하는 것이다.

06
③ 편도체는 정서와 관련되어 있으며, 해마가 새로운 학습과 기억에 관여한다.

07
②, ④ 단기기억은 감각기억으로부터 들어온 정보를 15~20초(또는 20~30초) 정도 지속할 수 있으며, 새로운 정보가 들어오면 오래된 정보는 사라진다. 또한, Miller에 따르면 단기기억의 용량은 7 ± 2개 항목으로 보았다.
③ 연합주의적 모델은 장기기억을 설명하는 모델이다.

08
② 헬름홀츠는 삼원색 이론을 주장한 사람이며, 삼원색 이론과 대립과정 이론 모두 주장한 사람은 제임슨과 허비츠(Jameson & Hurvich)이다.

09
④ 톨먼의 잠재학습에 대한 사례로, 강화를 받지 않아도 학습을 일으킬 수 있음을 보여준다. 강화는 학습한 것을 행동으로 옮기는 데 영향을 주는 요소이다.

10
③ 선형조망은 3차원 지각에서의 단안단서이다.

11
① 맛혐오학습은 고전적 조건화 원리가 적용된 것이다.

12
① 출생순위와 형제간의 경쟁이 성격형성에 큰 영향을 미친다고 보았다.

② 생활양식은 사회적 관심과 활동수준에 따라 사회적 유용형, 지배형, 회피형, 기생형(획득형)으로 구분된다.
④ 열등감을 인정하고 수용해야 우월로 나아갈 수 있다.

13
④ 각성이론은 추동이론을 수정한 것으로 추동을 해결하기 위해서가 아니라 적절한 각성을 유지하기 위해 무언가를 계속 추구하고 탐색한다고 주장한다.

14
② 상호성 규칙은 다른 사람들에게 받은 혜택에 대해서는 이익을 돌려주고, 손해에 대해서는 무관심이나 적대감으로 대응하는 것이다. 즉 누군가가 우리에게 호의를 베풀거나 무엇인가를 주었을 때, 그에 합당한 호의나 선물을 되돌려 주어야 한다는 불편한 마음이 일어나는데, 그렇기 때문에 누군가에게 무엇을 제공받은 입장이 되었을 때 무의식적으로 그 사람에게 빚을 졌다고 생각하고 그 사람의 부탁을 쉽사리 거절하지 못할 수 있다.
③ 카멜레온 효과는 한 사람이 영향을 받는 동시에 다른 사람이나 집단의 감정과 행동에 영향을 미치는 과정이다. 즉 인간은 자신이 관찰하는 것과 유사한 감정을 느끼면 그것을 내면화하는 경향이 있고, 이는 다른 사람의 감정에도 영향을 준다.
④ 공변원리는 일어난 사건의 원인을 추론하기 위해 관련 정보를 일관성, 특이성, 합치성 차원에서 여러 번 관찰하여 인과추론을 하는 것을 말한다.

15
③ 간상체는 약 1억 2천만 개이며 밤 시간에 작동한다.

16
물질관련 및 중독장애(Substance-Related and Addictive Disorders)의 유형
(1) **물질-관련장애**
　① 물질 사용 장애
　　• 물질의존: 내성, 금단증상, 강박적 사용
　　• 물질남용
　② 물질 유발성 장애
　　• 물질중독, 물질금단, 기타 물질유발성장애
(2) **비물질-관련 장애**: 도박행동을 통제하지 못해 심각한 부적응적 문제들이 초래되는 도박장애

17

① 주제통각검사(TAT)는 성격을 파악하기 위한 투사적 검사이며 나머지 검사들은 모두 지능검사이다.

18

② 미해결 과제(unfinished work)는 자신의 욕구나 감정을 게슈탈트로 형성하지 못했거나, 형성된 게슈탈트가 어떤 요소의 방해로 해소되지 못하여 배경으로 사라지지 못한 것을 의미한다. 이러한 미해결 과제는 해결되지 못한 욕구 때문에 계속해서 전경으로 떠오르려고 하여 또 다른 전경과 배경의 순환과정이 원활하지 못하게 만들고, 선명한 게슈탈트 형성을 방해하는 요인이 된다.

① 게슈탈트 심리학의 영향하에 과정적이고 종합적인 심리학 운동으로 나타났다. 그래서 개체를 여러 개의 심리적인 요소로 분할하여 분석하는 대신에, 전체 장(field)의 관점에서 통합적으로 이해하고자 하였다. 게슈탈트 심리치료는 카렌 호나이(Karen Horney)의 정신분석 치료이론을 비롯하여 골드슈타인(Goldstein)의 유기체 이론, 빌헬름 라이히(Wilhelm Reich)의 신체 이론, 레빈(Lewin)의 장이론, 베르트하이머(Wertheimer) 등의 게슈탈트 심리학, 모레노(Moreno)의 사이코드라마, 라인하르트(Reinhard)의 연극과 예술철학, 하이데거(Heidegger)와 마르틴 부버(Martin Buber), 파울 틸리히(Paul Tillich) 등의 실존철학, 그리고 동양사상 등의 광범위한 영향을 받으면서 탄생한 치료기법이다.

19

② 분석심리학은 융의 이론으로 정신역동적 접근에는 해당하나 정신분석과는 거리가 있다. 정신분석이론은 정통정신분석(프로이트 이론), 자아심리학, 대상관계이론, 자기심리학, 상호주관성 이론 등의 순서로 발전되어 왔다.

20

③ 체계적 둔감법은 고전적 조건형성의 원리에 입각한다.

21

① 자아이상과 양심은 초자아의 특징이다. 원초아는 본능이 주다.
② 욕구가 좌절되면 마치 충족하고 있는 것 같은 환상적 이미지를 떠올리는 일차적 사고과정을 한다. 이차적 사고과정은 현실에 기반한다.
③ 성격의 집행자는 자아이다.

22

[윌러스(Wallas, 1926)의 창조적 문제해결과정]
• **준비단계**: 문제 구성과 초기 해결시도
• **보존단계**: 목표 문제를 떠나 다른 문제에 전념
• **조명단계**: 성취하고자 하는 목표 문제를 해결
• **검증단계**: 해결된 문제를 검증하고 최종 해결이 결정

23

② AB오류는 보고 있는 동안 물건을 다른 곳으로 옮겨서 숨기면 옮긴 곳에서 찾는 것이 아니라 처음 숨겼던 곳을 먼저 찾아본 뒤 없음을 확인하고 나서야 진짜 숨겨진 곳을 찾는 현상을 말한다.

24

① 역기능적 사고는 핵심신념보다 자동적 사고를 먼저 찾아내고 탐색함으로써 점차 중간신념, 핵심신념 순으로 수정해나간다.
③ 비합리적 신념과 역기능적 사고 모두 삶에 도움이 되지 않지만 비합리적 신념은 논리적이지 않다는 의미를 갖고 있고 역기능적 사고는 논리성의 여부와는 상관없이 도움이 되지 않는 사고를 말한다.
④ 인지삼제는 자신, 세상, 미래에 대한 비관이다.

25

② 안정애착유형이다.
③과 ④는 불안정 저항유형이다.

01	02	03	04	05	06	07	08	09	10
④	③	③	③	②	②	②	①	①	④
11	12	13	14	15	16	17	18	19	20
②	④	①	②	③	④	③	③	②	③
21	22	23	24	25					
②	④	③	③	④					

01

④ 비고츠키는 인지발달이론가이다.

① 보울비는 발달과 동물행동학을 연결하여 영아의 애착행동은 생존을 위한 생득적 기제라고 주장하였다.

② 할로우는 원숭이 실험을 통해 음식보다는 신체접촉이 애착형성에 더 중요한 요인임을 밝혀내었다.

③ 로렌쯔는 동물행동학적 관점에서 동물의 애착행동을 연구하여 '결정적 시기'라는 개념을 제시하였다.

02

③ 여성의 도덕성을 배려의 도덕성, 남성의 도덕성을 정의의 도덕성이라고 본다.

길리건은 여성의 도덕발달단계를 아래와 같이 제시하였다.

• 1단계: 자기중심적 단계
• 1.5단계: (과도기) 이기심에서 책임감으로의 변화
• 2단계: 책임감과 자기희생의 단계
• 2.5단계: (과도기) 선에 대한 관심에서 진리에 대한 관심으로 변화
• 3단계: 자신과 타인에 대한 배려의 단계

03

① 일반화는 조건자극이 획득 시기 동안 사용된 것과 조금 달라져도 조건반응을 일으키는 것이다.

② 변별화는 조건자극이 아닌 자극에 대해서는 조건반응을 보이지 않는 것이다.

④ 소거가 일어난 후 조건자극만으로 다시 조건반응이 일어나는 것이다.

04

③ 현대심리학의 아버지는 분트이다.

05

② 양부모보다 친부모와 지능의 상관이 높다는 것은 유전적 영향력을 보여주는 것이다.

06

② ㉠ 자기개념(self – concept)은 개인이 가지고 있는 자신에 대한 견해로서, 스스로에 대하여 가지고 있는 생각을 의미한다.

㉡ 자존감(자아존중감, self – esteem)은 자신의 특성을 긍정적이나 부정적으로 평가하는 요소이다. 자아존중감은 자아 개념의 평가적인 측면으로 자신의 가치에 대한 판단과 그러한 판단과 관련된 감정을 말한다.

07

② 소음이 있을 때 버튼을 눌러 소음을 제거할 수 있는 것은 유기체에게 환경에서 오는 스트레스를 스스로 통제할 수 있다는 감을 주어 수행에 방해를 덜 받았기 때문이다. 탄력성과 자존감 역시 스트레스에 영향을 줄 수 있는 요인이 되나 질문에서 제시된 실험상황은 통제가능성 요인에 대한 것이다.

08

① 에릭슨의 심리사회적이론에서 발달은 1단계 신뢰 대 불신, 2단계 자율감 대 수치심, 3단계 주도성(솔선성) 대 죄의식, 4단계 근면성 대 열등감, 5단계 정체감확립 대 역할혼미, 6단계 친밀감 대 고립감, 7단계 생산성 대 침체, 8단계 자아통합 대 절망의 순서로 진행된다.

09

① 스트레스를 경험하게 되면 교감신경계가 활성화되어 아드레날린을 방출하여 도망거나 싸울 수 있도록 (fight or flight) 신체 에너지를 동원하는데 그 결과 다음의 현상이 일어난다.

구분	부교감신경(긴장완화)	교감신경(스트레스)
심장박동	억제	촉진
혈관	확장	수축
혈압	강하	상승
기관지	수축	확장

침분비	다량(연함)	소량(진함)
소화관	촉진	억제
동공	축소	확대
혈당량	감소	증가
생식선	촉진	억제
방광	수축	확장

10

④ 밴드웨건 효과(편승효과)는 특정한 신념을 받아들일 가능성은 그 신념을 따르는 사람이 많을수록 높아진다는 것이다. 집단사고의 형태이다.

① 사회적 바람직성은 타인과 사회가 바람직하다고 여기는 가치에 맞추어 자신의 행동이나 의견을 표현하려는 경향을 말한다.

② 호손효과는 관찰자 효과(observer effect)라고도 하는데, 자신의 행동이 관찰되고 있음을 인지하게 될 때 그에 대한 반응으로 자신들의 행동들을 조정, 순화시키는 경향이다.

③ 사회적 촉진은 타인이 존재할 때 수행이 더 좋아지는 현상을 설명하기 위해 사용한 개념이다. 이후 자이언스는 타인이 있으면 수행이 더 떨어지기도 한다고 하며 이때의 사회적 촉진은 타인의 존재가 우세반응을 더 강화하고 촉진하는 현상을 의미한다.

11

② 내재적으로 동기화된 과제에 외적 보상이 더해지면 내재적 동기는 낮아질 수 있다. 이를 과잉정당화 효과(Overjustification effect)라고 한다.

12

① 확증편향에 대한 설명이다.
② 사회적 태만에 대한 설명이다.
③ 사회적 침투이론에 대한 설명이다.

13

① 라자루스 등이 주장한 상호작용으로서의 스트레스 이론에서 주장하는 내용이다.
② 지나친 스트레스원은 면역력을 낮춘다.
③, ④ 로젠만과 프리드먼(Rosenman & Freidman)은 스트레스가 높은 사람들은 A유형 성격소유자로서 심장질환에 걸릴 가능성이 높다는 연구결과를 제시하였다.

14

② 자극-반응(S-R) 이론은 고전적 조건형성의 주요원리이다.
③ 보상과 처벌은 조작적 조건형성의 개념이다.

15

③ PET는 fMRI(기능자기공명영상법)처럼 뇌의 기능을 측정해주는 방법이다. 뇌구조를 파악하는 데 사용되는 방법으로는 컴퓨터 단층촬영법(CT), 자기공명영상법(MRI) 등이 있다.

16

④ 터먼은 비네-시몬 검사를 스탠퍼드 대학에서 수정 및 확대하여 재표준화한 '스탠퍼드-비네' 검사로 출간하였다. 지능검사의 결과는 비율지능지수를 사용하였다.
(비율지능지수IQ) = 정신연령 / 생활연령 × 100

17

③ 정서자극에 대해 생리적 반응이 먼저 나타나고 그 결과 정서를 경험한다는 이론이다.
① 캐논-바드 이론은 제임스-랑게 이론 이후에 나왔다.
② 자율신경계 활동이 먼저 일어나고 이것이 대뇌피질로 전달되어 정서경험을 일으킨다.
④ 캐논-바드의 이론이다.

18

③ 복잡한 행동은 얼마든지 조작적 조건형성 원리로 학습될 수 있다.
④ 동물들은 자신의 진화적 적응과 반대되는 행동을 학습하기가 어려운데, 조건반응을 습득한 후에도 시간이 지나면 학습된 행동이 본능적 행동을 향해 표류해가기 때문에 이를 본능표류라고 한다. 따라서 동물의 조작적 조건형성 시에는 자극이 본능적 행동과 연합이 되어야 한다.

19

① 정신분석에서는 수용되기 어려운 욕망이 가장되어 꿈의 형태로 나타난다고 보았다.
③ 인지적 무의식 모델은 인간이 인식하지 못한 경험들이 사고, 선택, 정서나 행동에 영향을 미치는 정신현상을 설명한다.

④ 융은 꿈은 개인 및 집단무의식의 에너지가 이미지화 된 것으로 본다.

20

③ 신체증상장애는 비록 의학적 근거는 찾을 수 없지만 질병을 꾸며내는 것이 아니라 실제로 통증을 느끼는 장애. 뮌하우젠 증후군은 허위성(인위성) 장애의 다른 용어이며, 이 장애는 자신부여와 타인부여의 두 가지가 모두 가능하다.

21

② 단기기억은 마지막 부분의 항목을 더 잘 회상하는 신근성 효과를 의미한다.

22

④ 로르샤흐(Rorschach Test)는 투사적 성격검사이다. 이 검사를 통해 개인의 내적 충동의 특성, 동기와 욕구, 통제능력, 문제의 접근방법 등 성격의 여러 특성을 파악할 수 있다.

23

A군 기이하고 괴상한 행동특성	편집성	다른 사람을 끝없이 불신하고 의심
	분열형 (조현형)	왜곡된 인식과 비정상적 행동
	분열성 (조현성)	감정을 표현하지 않고 관계에 무관심한 외톨이
B군 극적이고 감정적 변화가 많은 행동특성	반사회성	타인의 권리를 과도하게 무시하고 침해
	연극성	지나치게 감정적이고 시선을 끄는 행동
	경계선	대인관계와 정서가 불안정하고 매우 충동적
	자기애성	잘난 체하고 칭찬받기를 원하며, 공감능력이 부족
C군 불안과 두려움을 지속적으로 경험	회피성	억눌려 있고 자신감 부족, 부정적 평가에 민감
	의존성	스스로 판단하려 하지 않고 타인에게 지나치게 순응
	강박성	지나치게 엄격하고 인색, 쓸모없는 물건을 버리지 못함

24

아세틸콜린(ACH)	골격근 통제/ 심장기능/ 주의, 학습, 수면, 꿈과 기억 등 통제
도파민(DA)	집중력과 움직임, 동기, 쾌락과 정서적 각성에 관여
글루타메이트 (글루타민산)	학습과 기억(흥분성)
감마아미노산 (GABA)	수면촉진과 경련 완화(억제성)
노르에피네프린 (노르아드레날린)	경계상태, 의욕, 집중, 기억, 적극성 (흥분성)
세로토닌	침착성과 안정감 등 기분조절
엔도르핀	내인성 모르핀, 통증 완화와 기분을 돋우는 효과

25

④ 위치항등성에 대한 설명이다. 모양항등성은 사물을 보는 위치가 달라도 같은 모양의 사물로 인식하는 것이다.

제 6 회

01	02	03	04	05	06	07	08	09	10
①	①	③	②	④	①	②	④	②	④
11	12	13	14	15	16	17	18	19	20
①	③	④	③	③	②	①	①	④	①
21	22	23	24	25					
②	③	②	①	④					

01
① 공변모형은 여러 번의 관찰을 통해 합리적이고 객관적으로 원인을 추론하고 판단하는 접근법이다.

02
② 남성 내부의 여성성은 아니마, 여성 내부의 남성성은 아니무스이다.

03
③ 단순노출효과는 상대방과의 만남을 거듭할수록 익숙해져서 좋은 감정이 생긴다는 개념으로 노출효과라고도 한다.

04
② 방어기제는 인간 누구나 자신을 보호하기 위해 사용하게 되는 것으로, 사용 여부 자체보다는 어떤 방식으로 얼마나 사용하는가가 적절성을 알려주는 기준이 된다.

05
④ 연역추리의 문제점이다.

06
① PTSD의 주요증상기준은 침습증상, 지속적인 회피, 인지와 감정의 부정적 변화, 각성과 반응성의 뚜렷한 변화이다. 망상과 환각은 조현병의 주요 증상이다.

07
② 과학적 연구방법(scientific method)이란 경험적 증거를 사용하여 진실을 찾아내는 절차이다. 과학적 연구에서는 객관성의 추구를 강조하기에 연구자의 감각과 주관을 배제하는 것이 필요하다.

④ 반복가능성(repeatability)이란 실험결과의 일반화 가능성을 알아보기 위하여 특정 연구의 실험 절차를 다른 대상이나 환경에 반복해서 적용하더라도 처음의 관찰과 유사한 결과가 도출에 대한 가능성을 의미한다.

08
④ 상상속의 군중과 개인적 우화는 청소년들의 독특한 자아중심적 사고이다.

09

양육유형	설명
권위적	애정과 통제 모두 높음. 민주형
권위주의적	애정은 낮고 통제만 높음. 독재형
허용적	애정은 높고 통제는 낮음
방임적	애정과 통제 모두 낮음

10
① 머레이(H. Murray)가 개발한 검사는 주제통각검사이다.
② 집 – 나무 – 사람을 순서로 그리게 한다.
③ '사람' 그림의 경우, 수검자가 그리고 싶은 성을 먼저 그리도록 한다.

11
① 프리맥 원리는 빈도가 낮은 행동을 강화하기 위해 빈도가 높은 행동을 강화물로 사용하는 것이다. 게임을 좋아하는 사람에게 문제집을 어느 정도 풀면 게임을 할 수 있게 해주는 것이 예다.

12
③ 성장(growth)이란 신체의 크기나 근육의 세기와 같은 신체적 특성의 양적 증가를 의미하고, 성숙(maturation)은 타고난 유전적 특성에 의해 이루어지는 신체적, 심리적 변화를 의미한다. 태아가 모체의 뱃속에서 발달하는 것이나 사춘기에 가슴 발육, 체모 분포와 같은 이차적 성 특징이 나타나는 것은 성숙의 예라 할 수 있다. 반면, 학습이란 행동의 변화로, 연습·훈련, 또는 경험에 의한 변화를 의미한다.

13

④ 실존주의에서 존재론적 고독(existential isolation)은 타인이나 세계로부터의 근본적인 고립이다. 인간은 이러한 고립에 대한 자각과 보호받고 싶은 소망 사이에서 역동적인 갈등을 경험한다. 타인 혹은 더 큰 전체와 융화되면서 성장에 수반되는 고독감과 소외에 대한 두려움을 피하려는 경향을 보이기도 한다.

14

① 변연계는 편도체와 해마로 이루어져 있다.

② 피질구조가 아닌 피질하 구조로 대뇌피질과 뇌량 그리고 시상하부 사이에 위치하고 있는데 측두엽 안쪽에 있다.

15

③ 왼쪽 스크린의 글자는 우뇌가 처리하기 때문에 뇌량이 분리된 상태에서는 우뇌의 기능은 가능하여 시공간 감각과 관련하여 물건을 잡을 수는 있다. 그러나 우뇌에서 언어기능을 담당하는 좌뇌로 전달이 되지 않아 열쇠라는 글자를 읽을 수는 없다.

16

② 언어상대성이론은 사피어-워프의 연구에서 나온 가설로, 언어가 사고에 많은 영향을 준다고 본다. ③은 비고츠키의 개념이며, ④는 피아제의 개념이다.

17

② 메사돈은 아편계 약물로 중추신경억제제로 작용하지만, 코카인은 중추신경계 자극제로 작용한다.

③ LSD는 환각제이며, 코카인은 중추신경계 자극제이다.

④ 헤로인은 아편계 약물로 중추신경억제제로 작용하지만, 메테드린(메탐페타민)은 중추신경계 자극제이다.

18

② 기저막의 진동빈도로 파악하는 것은 주파수 이론이며, 장소이론은 기저막의 서로 다른 위치에 있는 세포들의 활성화를 통해 음의 고저를 알 수 있다고 주장한다.

③ 인간은 80 데시벨 이상의 소리에는 고통이 느낀다.

④ 가청범위는 20~10만Hz이다.

19

① 위협적이지 않은 자극에 대한 반복노출로 반응행동이 감소하는 것을 습관화라고 한다.

② 위협적인 자극에 노출되면서 행동반응이 증가하는 것을 민감화라고 한다.

③ 오랫동안 지속되는 자극에 대해 신경세포 시냅스의 활성 효율이 감소하는 것을 장기저하라고 한다.

20

홀랜드 이론의 주요 개념은 대부분의 사람들의 직업적 성격 특성을 6가지로 유형화하였다. 사람들의 직업성격은 현실형, 탐구형, 예술형, 사회형, 진취형, 관습형으로 구분하고 있으며 각 6가지 성격유형의 특징은 다음과 같다.

- **현실형(Realistic)**: 구체적이고 체계적이며 몸으로 부딪혀 문제를 해결하는 유형
- **탐구형(Investigative)**: 지적, 논리적이고 호기심이 많고 독립적인 유형
- **예술형(Artistic)**: 다양한 자원을 이용하여 새로운 것을 창작하는 활동을 하고 싶어하는 유형
- **사회형(Social)**: 다른 사람을 가르치거나 돌보거나 치유하고 돕는 일을 좋아하는 유형
- **진취형(Enterprising)**: 다른 사람을 이끌거나 설득하는 지도자의 역할에 관심이 많은 유형
- **관습형(Conventional)**: 자료를 정리하는 등의 체계적이고 조직적인 일을 좋아하는 유형

21

② 자존감의 욕구는 결핍동기이다.

22

③ 대립과정의 원리는 한 자극에 의해 어떤 반응이 만들어지고 이 반응이 끝나면 원래의 상태로 돌아가는 것이 아니라 상반되는 반응을 불러일으키는 현상을 말한다.

① 절감 원리는 어떤 행동에 대해 내부귀인과 외부귀인을 모두 할 수 있는 상황에서 내부귀인을 하는 경향이 줄어들고 외부귀인을 하는 경향이 늘어나는 경우로, 외부의 압력이 심한 상황에서의 행동, 강요된 행동, 이익을 추구하는 행동 등의 상황적 조건들이 명료할수록 절감원리의 효과는 커진다.

②, ④ 내적으로 동기화된 과제가 외적 보상을 받게 되면 외적 요인이 그 행동의 원인으로 보는 과정당화가 일어나 내적 동기가 절감되어 감소되는 것을 과잉정당화이론이라고 한다.

23

② 생활변화점수가 누적해서 300점 이상이면 다음 해에 문제가 생길 가능성이 매우 높다.

24

① 정서지능은 정서인식, 정서사고 촉진, 정서지식활용, 그리고 궁극적으로는 정서조절의 영역으로 이루어져 있다.

25

④ 성격연구를 위해 활용하는 자료는 LOTS로, 생활기록자료, 관찰자 평정, 객관적 검사, 그리고 자기보고 자료(self－report data)이다.

제 7 회

01	02	03	04	05	06	07	08	09	10
②	④	④	③	①	②	③	④	②	①
11	12	13	14	15	16	17	18	19	20
①	①	①	②	③	②	③	①	②	②
21	22	23	24	25					
①	③	④	①	②					

01

② 세 가지 심리욕구는 유능성, 자율성, 관계성이다.

02

④ 집단을 내외집단으로 구분하는 것 자체는 장단점으로 판단할 수 없다. 내외집단 구분은 장점으로는 소속감과 집단의 목표달성에 도움이 된다는 것이며, 단점으로는 내집단에 지나치게 우호적이고 외집단을 배척하는 편견을 가질 수 있다는 것이다.
① 집단극화에 대한 설명이다.
② 집단사고에 대한 설명이다.
③ 지나치게 응집력이 높아지면 개인적 정체감이 사라지고 극단적인 사회적 정체감으로 인해 몰개성화의 문제를 일으키기도 한다.

03

④ 행동주의적(Behavioral) 관점은 인간이 학습을 통해 '무엇을' 알게 되었는가에 초점을 맞추는 것이 아니라 '무엇이' 학습이 일어나도록 조건화되었는가에 초점을 둔다. 의식이나 정신과정에 대해서는 접근하지 않으며, 상황적 영향이나 학습과정에 포함된 강화 조건을 연구한다.
① 생물학적(Physiological) 관점은 신경계, 특히 뇌의 신경생물학적 접근을 통해 인간의 심리적 현상과 행동을 이해하고자 한다.
② 정신분석적(Psychoanalysis) 관점 인간의 행동에는 원인이 있으며(심리적 결정론) 이러한 원인은 억압된 무의식적 동기에서 비롯된다고 본다.
③ 인지적(Cognitive) 관점은 인간의 고차원적 정신과정을 대상으로 하며, 지각, 이해, 기억, 사고, 학습, 추론, 문제해결과 같은 인간의 인지과정을 연구한다.

04

③ 추리통계는 분석자료의 통계치를 근거로 모집단의 특성을 추정, 예측, 일반화하려는 목적을 갖고 있다.

05

① 운동뉴런은 뇌를 포함한 중추 신경계에서 만들어진 명령, 즉 자극에 대한 적절한 반응에 대한 정보를 우리 몸의 반응기로 전달하는 역할을 한다. 흔히 '뉴런' 하면 떠올리는 모습은 대부분 운동뉴런이다.

② 감각뉴런은 축색이 크게 발달해 있고 세포체의 크기가 작다. 감각뉴런은 몸의 감각 수용기에서 받아들인 자극정보를 중추신경계에 전달하는 역할을 하기 때문에 구심성 뉴런이라고도 한다.

④ 뇌와 척수 등 중추 신경계를 구성하는 연합뉴런은 감각뉴런으로부터 온 정보를 분석하고 통합하여 적절한 반응에 대한 명령을 생성하여 운동뉴런을 통해 내보내는 역할을 한다. 다른 말로 개재뉴런 또는 중간뉴런이라고도 한다.

06

① 매몰비용 오류는 이미 투자된 비용을 고려하여 현재 상황에 대한 결정을 내리는 것을 말한다.

③ 빈도형태 가설에서는 우리의 뇌는 숫자나 확률 형식이 아닌 빈도 형식으로 제시되는 정보를 더 잘 이해하고 처리한다고 주장한다.

④ 결합오류는 각각의 사건이 일어날 확률보다 두 개 이상의 사건이 함께 일어날 가능성이 높다고 생각하는 오류이다.

07

③ 의미기억은 일반적인 지식을 구성하는 개념으로 백과사전적 특성을 갖고 있다. 보기는 일화기억에 대한 것이다.

08

④ 인지부조화는 자신의 태도와 행동 등이 서로 대립함으로써 나타나는 심리적 긴장 상태로, 이러한 불균형 상태를 해소하기 위해 인지를 변화시켜 조화상태를 유지하려고 한다.

① 본인에게 유리한 쪽으로 원인을 돌리는 성향을 말한다.

② 기억 오귀인은 생각이나 회상을 잘못된 출처에 할당하는 것이다.

③ 동기화된 망각은 고통스럽거나 위협적인 기억으로부터 스스로를 보호하기 위해 일어나는 망각현상을 말한다.

09

② 횡단적 연구법은 한 번의 측정으로 자료를 수집하는 것이므로 수검자 이탈의 문제가 없다. 보기의 설명은 오랜 기간 여러 번에 걸쳐 측정을 하기 때문에 중도 탈락의 위험이 있는 종단연구법에 대한 것이다.

10

① 윌리엄 글래서는 인간에게는 누구나 다섯 가지 기본 욕구가 있으며, 욕구 간에 위계가 있는 것이 아니라, 욕구 강도의 차이가 있다고 하였다. 욕구위계론을 제시한 사람은 매슬로우이다.

11

② 과음과 과식은 구강기 고착 행동일 수 있다. 항문기에 고착되는 경우는 경직되거나 통제의 문제를 가질 수 있다.

③ 구강기는 대략 출생에서부터 18개월 경까지이다.

④ 양심과 자아이상의 발달은 남근기의 주요과업이며, 잠복기에는 능력개발과 대인관계에 초점이 맞춰진다.

12

① 심장은 수정 3,4주 경에 생긴다. 태내기는 크게 배종기(수정에서 2주간), 배아기(2~8주), 그리고 태아기(8주~출생)로 구분된다.

13

② 순환성 장애는 적어도 2년 동안 경조증과 우울증 기간이 있어야 한다.

③ 제I형 양극성 장애는 남녀의 발생비율 비슷하다.

④ 제II형 양극성 장애의 경조증 삽화는 최소 4일 이상 지속되어야 한다.

14

② 레빈슨 이론은 총 4단계(아동청소년기, 성인전기, 성인중기, 성인후기)로 나눈다.

15

③ 헐의 추동감소이론은 프로이트의 추동개념을 확장시켜 강화원리와 항상성 개념을 연결하였다.

① 본능이론은 제임스와 맥도걸(James & McDougall)의 이론으로, 행동은 학습이 아니라 생득적인 프로그램 즉 본능에 의해 일어난다고 주장한다.

② 추동이론은 프로이트의 개념으로, 리비도 해소를 위해 행동한다고 보는 쾌락주의 동기이론이다.

④ 각성이론은 결핍된 것을 충족하기보다는 긴장이나 각성을 추구하기 위해 행동한다고 본다.

16

② 타인으로부터 칭찬이나 비난을 받는 것을 기준으로 도덕성을 평가하는 단계이므로 인습수준 3단계이다.

17

② 1단계 생리적 욕구가 충족되어야 6단계 심미적 욕구가 충족된다는 위계적 특성을 보여준다.

③ 사랑과 소속의 욕구는 결핍동기이다.

④ 매슬로우는 자아실현한 사람들의 특징으로 절정감을 포함하여 현실에 대한 효율적 지각, 자신과 타인의 수용, 자발성, 문제중심적 태도, 자율성, 새로운 인식, 수단과 목적의 구별 등 여러 가지 특성을 제시하고 있다.

18

① 정서뇌는 위기상황에서 바로 대처할 수 있도록 하는 다소 거친 경로이며, 이성뇌는 정서뇌의 부적절함을 통제하는 기능을 한다.

19

② 신호를 탐지하는 최소한의 자극강도는 지각하는 사람의 민감도와 심리적 상태에 다라 달라질 수 있다.

20

② 선택적 주의는 외부의 수많은 자극정보들을 모두 지각할 수 없기 때문에 일부 자극에만 선택적으로 주의를 기울여 정보를 처리하게 된다는 개념이다.

① 지각적 조직화(체계화, 군집화)는 주어진 정보자료를 속성에 따라 의미 있는 단위로 묶어서 보고자 하는 유기체의 경향성을 말한다. 근접성, 유사성, 폐쇄성, 연속성, 연결성 등의 특징이 있다.

③ 지각항상성(지각항등성)은 대상 자극에 대한 감각 정보가 달라져도 불변의 대상으로 지각하는 것이다. 모양, 크기, 색, 밝기, 위치항등성이 있다.

④ 착시는 대상의 속성이 실제와는 다르게 지각되는 현상을 말한다.

21

① 촘스키는 언어발달의 생득적 요소를 강조했으며, 보기의 설명은 사회학습적 관점을 반영한다.

22

③ 폭주각과 시선수렴은 양안단서이다.

23

④ 빈도가 낮은 운동을 하도록 하기 위해 빈도가 높은 TV 시청이 강화가 될 수 있으나 강화는 항상 행동 후에 주어져야 하므로 공부를 하고 난 뒤 TV 시청을 할 수 있도록 해야 한다.

24

① S-R이론은 자극반응이론으로 고전적 조건형성의 기본 개념이다.

25

② 운동이나 기술은 반복적인 연습을 통해 몸으로 기억하는 체험적 기억이어서 언어적으로 설명하기 어렵다.

01	02	03	04	05	06	07	08	09	10
③	④	④	②	③	③	③	②	①	④
11	12	13	14	15	16	17	18	19	20
②	③	②	④	②	②	②	④	④	①
21	22	23	24	25					
③	③	①	②	②					

01

주파수 이론(frequency theory)은 저주파수를 처리하며, 달팽이관이 청신경에 들어가는 활동전위들의 발화율을 통해 저주파수들을 기록한다. 장소이론(place theroy)은 고주파수를 처리하며, 고진폭은 파가 기저막의 난원창에서 발견되며, 저진폭일수록 난원창에서 멀어진다.

02

④ 낯선상황절차는 일반 영아들(12~18개월)을 대상으로 안정애착과 불안정애착의 유형을 알아볼 수 있다. 애착장애는 DSM-5 진단기준에 입각하여 진단내린다.

03

④ 충분히 기능하는 자기는 로저스의 자아실현하는 사람의 특징이다.
① 아들러는 5세 이전에 생활양식이 결정된다는 주장을 하면서 건강한 성격을 위해서는 어릴 때부터 부모가 자녀를 잘 양육해야 한다고 보고 대중들을 대상으로 수많은 부모교육강의를 하였다.
② 아들러 심리상담의 중요한 목표이다.
③ 창조적 자기는 개인이 자신의 삶의 목표를 추구하는 방법을 결정하여 생활양식을 만들어간다는 의미이다.

04

② 에빙하우스는 최초로 망각연구를 하여 망각곡선을 제시한 학자이다. 단순노출효과는 자이언스(Zajonc)의 개념이다.

05

① 시냅스는 전후 뉴런이 백만분의 1mm 이하로 떨어져 있는 간격틈이다.
② 수초는 지방성의 절연물질(미엘린)로 에너지 효율성을 높여준다.

④ 축색 안팎의 전압차가 줄어들어 감분극이 되면서 일정 수준의 역치에 도달하면 활동전위가 일어난다.

06

③ 폐쇄성의 원리는 불완전한 형태의 빠진 부분을 채워 완결시켜 지각하고자 하는 경향성이다. 전체성 또는 완결성의 원리라고도 한다.

07

③ 잠재학습의 주요개념으로 인지도(cognitive map)를 설명한다.

08

② 당시 기분을 재연하면 회상이 더 높은 것은 정서의 존인출이다. 정서일치효과는 현재 기분과 일치하는 과거의 사건이 더 잘 회상된다는 것이다.
① 잠수부 실험에서 해변과 물속에서 각각 단어를 외우도록 한 뒤 다시 회상하도록 했을 때 해변에서 외운 사람은 해변에서 회상할 때, 그리고 물속에서 외운 사람은 물속에서 외울 때 회상률이 더 높았다.

09

② 공동주의는 다른 사람과 경험을 공유하기 위해 타인과 내가 하나의 사물이나 현상에 함께 주의를 기울이는 것으로 시선 따라가기, 손가락으로 가리키기, 고개 돌리기 등으로 표현될 수 있다.
③ 대화를 위해서는 차례를 기다려야 한다는 것으로 한 사람이 말하면 기다렸다가 말이 끝나면 내가 이야기하는 것이다.
④ 마음이론은 타인은 타인 나름의 믿음, 욕구, 의도, 관점 등이 있으며, 이러한 것들이 나와는 다를 수 있음을 이해할 수 있는 능력을 말한다.

10

④ 기본적 귀인오류는 타인의 행동을 설명할 때 외적 요인의 영향력을 과소평가하고 내적 요인의 영향력은 과대평가하는 오류를 말한다.
①, ②, ③ 적은 관찰 오류는 자신이 경험한 제한된 자료에 근거해 전체로 일반화시키는 판단오류로 이를 가용성 오류라고도 한다. 이 오류는 자신이 갖고 있는 정보만을 갖고 판단을 하기 때문에 확증편향을 일으킬 가능성이 높다.

11

② 현장 실험연구에 비해 외적 타당도가 낮은 편이다.

12

③ Z점수는 정상분포를 따르는 데이터의 표준화된 값으로, 평균이 0이고 표준편차가 1이다.

13

② 귀인은 자신과 타인의 행동을 이해하기 위해 그 행동의 원인을 추론하는 인지과정이다.

① 동조는 타인이나 집단의 기준이나 기대에 순응하여 행동하는 것이다.

③ 집단극화는 집단에서 토론 후 개인의 성향이나 의견이 동일 방향으로 더 치우치게 되는 현상을 말한다.

④ 사회적 촉진은 혼자일 때보다 타인이 있을 때 수행이 달라진다는 것을 의미한다. 일반적으로 수행이 더 나아지는 쪽으로 변하는 것을 의미하나, 자이언스는 우세반응이 더 강해진다는 의미로 사회적 촉진 개념을 사용하였다.

14

④ 유분증(encopresis)은 4세 이상의 아동이 적절치 않은 곳에 반복적으로 배설하는 경우(3개월 동안 매달 1회 이상)로 배설장애범주에 속한다.

15

② 복내측 시상하부(VMH, Ventromedial Hypothalamus)는 배고픔(기아) 동기를 억제하는 중추로 고혈당, 위 팽창, 뇌 온도 상승 등에 반응하여 먹기를 멈추게 한다. 이에 포만중추(Satietycenter)라고도 불리며, 손상 시 과식증이 발생된다. 반면, 외측 시상하부(LH, Lateral Hypothalamus)가 손상되면 쥐는 먹는 행동을 중단하게 된다.

16

② 비고츠키는 혼잣말은 외적 언어가 내적 사고로 바뀌는 과정에서 나타나는 현상으로 보았다. 혼잣말을 미숙한 발달 현상으로만 본 피아제와는 달리 비고츠키는 혼잣말이 많을수록 인지발달이 빠르다고 보았다.

17

① 긴즈버그는 자아가 욕구와 현실을 중재하여 절충하는 과정을 통해 진로선택이 이루어진다고 보고 18세 청소년기까지의 진로발달을 제시하였다.

③ 갓프레드슨의 제한타협이론은 발달적 관점에서 개인의 포부 수준이 어떻게 제한되고 타협하게 되는지에 초점을 둔다. 규모와 힘 지향(3~5세), 성역할 지향(6~8세), 사회적 가치 지향(9~13세), 내적이며 고유한 자기 지향(14세 이상)의 단계로 발달하게 된다.

④ 크롬볼츠의 사회학습이론은 반두라의 이론을 진로발달에 적용시켜 진로발달은 학습 과정의 결과라고 주장하였다. 주요개념인 '계획된 우연'은 인간의 진로가 철저하지 못하고 우발적이며 예측하지 못하는 사건에 의해 결정되는 경우가 대부분이므로 우연한 사건이 일어났을 때 대비할 수 있는 것을 강조하기 때문에 우연학습이론이라고도 한다.

18

④ 인간은 환경으로부터 영향을 받기도 하지만 환경에게 영향을 주기도 하여 서로 상호작용한다는 점을 강조한다.

19

④ 투사법은 정답이 없고 반응 그 자체가 해석의 대상이 되므로 방어가 쉽지 않다. 지필식이나 자기보고식 검사들은 상대적으로 방어가 쉽다.

20

① 공통특질은 한 집단 내에서 개개인들을 서로 비교해 줄 수 있는 소질로 집단의 모든 구성원들이 공통적으로 갖고 있는 성향을 말한다. 개별특성은 서로 비교할 수 없고 특정 개인만이 갖고 있는 독특한 특징이다. 올포트는 초기에는 기본특질, 중심특질, 이차특질로 구분하기도 하였다.

②, ④ 카텔의 성격분류이며 원천특성을 토대로 16PF를 개발하였다.

③ 아이젠크가 구분한 성격요인들로 PEN 모델이라고 한다.

21

③ 사회화 과정이 성공적으로 이루어지면 초자아는 양심과 자아 이상의 특성을 갖게 되는데 지나친 부정적 내사는 병적 죄책감으로 연결되기도 한다.

22

① 정체감 상실은 위기는 없고 전념만 하는 경우이다.

② 정체감 유예는 위기는 있지만 전념은 하지 못하고 있는 경우다.

④ 청소년기에 심리적 유예 기간을 잘 겪는 것이 정체감 확립에 도움이 된다. 위기란 자신의 가치관에 대해 재평가하고 고민하는 것을 의미하며, 전념이란 능동적인 의사결정을 내린 상태를 의미한다.

[마르시아의 정체성 지위]

정체성 지위	위기	전념
정체감 혼미	×	×
정체감 상실	×	○
정체감 유예	○	×
정체감 성취	○	○

23

② 매슬로우는 욕구의 위계이론을 제시했으며 사회적으로 저명한 성공한 사람들을 대상으로 자기실현의 특징을 연구하였다.

③ 켈리는 과학자로서의 인간을 전제하는데, 그에 의하면 건강한 인간은 자신의 삶을 이해하기 위해 가설을 세우고 검증하면서 세상을 지각하고 이해하는 능동적이고 미래지향적인 존재로 잘 기능하는 사람(well-functioning person)이다. 이렇게 만들어진 구성개념은 세상을 이해하는 일관된 양식으로 자신만의 세상을 반영하는 것으로 절대 진리가 아니며 현상학적이다.

④ 펄스는 게슈탈트 심리치료를 제창한 사람으로 알아차림과 접촉을 통해 미해결과제를 해결하면서 실존적 삶을 사는 것을 강조하였다.

24

② 스턴버그는 세 가지 요소의 조합에 따라 비사랑, 좋아함, 도취성 사랑, 공허한 사랑, 낭만적 사랑, 우애적 사랑, 얼빠진 사랑, 성숙한 사랑으로 구분하였다.

25

② 심리평가과정을 통해 평가자의 능력이 증진될 수는 있으나 주된 기능이나 목적은 아니다. 이 외에도 자기이해 증진, 심리학 이론 및 응용분야에서의 과학적 탐구도 주요 기능이다.

제 9 회

01	02	03	04	05	06	07	08	09	10
①	④	②	①	③	①	③	②	④	①
11	12	13	14	15	16	17	18	19	20
③	②	①	④	④	③	①	②	④	②
21	22	23	24	25					
④	①	④	②	②					

01

①은 해당하지 않는 내용이다.

그 외 진로상담의 목표로 정보탐색 및 활용능력의 함양, 일과 직업에 대한 올바른 가치관 및 태도 형성 등이 포함될 수 있다.

02

④ 전이는 과거의 중요한 사람에게 가졌던 감정이나 태도를 현재의 다른 사람에게 투사하는 것이다. 취소는 자신의 욕구나 행동으로 인해 피해를 주었다고 느낄 때 그 행동을 중지하고 원상복구시키려는 속죄행위이다.

03

② 기초심리학에 대한 설명이다. 기초심리학은 관찰, 실험, 조사 등의 방법을 활용하여 인간행동을 이해하는 일반법칙을 연구하는 심리학 분야이다. 학습, 발달, 성격, 생리, 지각, 인지심리 등의 분야가 있다. 응용심리학은 기초심리학에서 도출해낸 결과나 지식을 현실문제의 해결과 개선에 적용하는 심리학 분야이다. 여기에는 임상, 상담, 학교, 교육, 산업 및 조직, 범죄심리 등이 포함된다. 사회심리는 내용에 따라 양쪽 특성을 모두 갖는다.

04

① 신경계는 중추신경계와 말초신경계로 구분된다. 중추신경계는 뇌와 척수로 구분되며, 말초신경계는 다시 체성신경계와 자율신경계로 나누어진다.

05

③ 지각적 갖춤새는 지각이 이루어지는 과정에서 지각 대상을 특정한 방식이나 틀에 맞추어 지각하려는 준비성 또는 경향성을 말한다. 도식과 맥락에 따라 영향을 받는다.

① 스트룹 효과는 단어를 인지하는 과정에서 그 단어의 의미와 글자의 색상이 일치하지 않는 경우 색상을 명명하는 반응속도가 늦어지는 현상을 말한다.

② 기능적 고착은 문제해결과정에서 한 가지의 도구가 여러 가지 기능을 가지고 있지만, 가장 많이 쓰이는 용도로만 지각하는 경향성을 말한다.

④ 부화효과는 여러 번 시도 후에도 문제의 실마리를 찾지 못했던 것들을 일정 시간 제쳐두었다가 다시 그 문제를 바라보면 해결책을 발견하는 것이다.

06

① 노년기에는 의미기억이나 일화기억에 대한 회상은 비교적 안정적으로 유지되나 작업기억의 처리를 요하는 과제에서의 수행이 상대적으로 저하된다.

② 유동성 지능은 청년기 이후 점차 감퇴되는 반면 결정적 지능은 비교적 지속된다.

③ 직업적으로는 멈추었으나 진로는 전생애에 걸쳐 일과 관련하여 경험하고 거쳐가는 모든 체험이다.

④ 노년기 역시 다루어야 할 과제와 위기가 있는데, 과제는 자아통합이고 위기는 절망이다. 위기를 극복하고 과제를 잘 해내면 지혜라는 덕목을 갖게 된다.

07

③ 정직-겸손(진정성) 요인은 Big-5 모델을 확장시킨 HEXACO 모델의 요인이다. Big 5 모델은 신경과민성, 외향성, 개방성, 성실성, 우호성으로 구성되어 있다.

08

② 미신행동은 보상과 아무 관계가 없는 특정 행동이 우연히 그 보상에 선행한 경우 그 행동이 강화되어 계속 유지되는 것이다.

09

④ 인간의 기억은 시간에 반비례한다. 학습 후 20분이 지나면 58%를 기억, 1시간이 지나면 44%, 9시간이 지나면 36%, 6일이 지나면 25%, 한달이 지나면 21%를 기억한다.

10

① 원치 않는 것(전기충격)을 제거해 줌으로써 이후 지렛대를 누르는 행동을 증가시키게 되므로 부적 강화이다.

	행동의 발생확률 증가	행동의 발생확률 감소
자극물 제시	정적 강화 (선호자극 제시)	정적 처벌 (혐오자극 제시)
자극물 제거	부적 강화 (혐오자극 제거)	부적 처벌 (선호자극 제거)

11

③ 타인의 비난이나 인정이 판단의 기준이 되는 것은 인습수준 3단계인 착한 소년소녀지향 단계이다.

12

② 사례연구법은 관찰을 비롯한 다양한 자료수집을 통해 특수한 개인이나 집단 또는 현상에 대해 심층적으로 연구하는 방법으로, 실험의 인위성을 피할 수 있지만 주관적인 해석의 위험이 있다.

13

② 절차기억은 의식하지 않지만 운동이나 기술과 같이 표현할 수 있는 기억으로 암묵기억에 포함된다.

③ 외현기억은 기억하고 있다는 것을 자각할 수 있는 기억이다.

④ 일화기억은 특정 시간이나 장소에서 있었던 개인의 과거 경험들의 집합적 정보로 서술기억에 해당한다.

14

④ 타당도는 측정하고자 하는 속성을 정확하게 측정해 주는가에 대한 것이다. 나머지 보기들은 모두 신뢰도에 대한 설명이다.

15

④ 도식은 사람, 사물 및 사건들에 대한 조직화된 지식 구조로 세상을 이해하는 틀로 활용된다. 따라서 방대한 양의 사회적 자극들을 신속하게 처리하게 도와주며 불일치하는 정보는 여과시켜주며 모호한 자극에 대해서는 확신을 갖고 처리하게 도와준다. 그러나 과잉단순화로 인한 문제가 있어 도식에 불일치하는 사건에는 주의를 기울이지 않게 만드는 경향이 있다.

16

스트레스 강도에 영향을 주는 요인으로는 예측가능성, 통제가능성, 지속기간, 인지적평가, 자아개념 및 성격, 사회적지지 등이 있다. 이 중 자아개념 및 성격적 요인으로는 자아개념 및 자기효능감, 낙관성, 강인함, 자아탄력성, A 유형 성격 등이 속한다.
③ 우호성은 관련성이 없으며, 우호성은 성격 5요인 (OCEAN Model) 중 한 요인이다.

17

① 편집성 성격장애는 A군 성격장애이며, 나머지 장애들은 모두 B군 성격장애이다.

18

② 편도체가 포함된 측두엽 절제술을 받은 원숭이들은 공포와 공격성이 감소하였으며, 희귀병으로 편도체가 손상된 S.M.이라는 여성도 행복, 슬픔, 혐오에 대한 감정은 정상적으로 분류했지만, 화난 표정과 두려운 표정은 잘 분류하지 못하였다.

19

④ 스탠포드-비네 검사는 개별지능검사이다.

20

② 근면성은 아동기 특성이다.
① 지혜는 노년기의 특성이다.
③ 친밀감은 성인기 특성이다.
④ 생산성은 중년기 특성이다.

21

④ 부정적 편향은 한 사람에게 긍정적 측면과 부정적 측면이 둘 다 있을 때 부정적인 측면을 전체 인상으로 받아들이는 경향을 말한다.

22

① 표시 규칙은 사회적 환경에서 감정을 조절하는 학습된 방법이며 문화마다 다르게 표현될 수 있다.
② 보편성 가설(Universality hypothesis)에 대한 내용으로 정서 표현은 모든 사람에게 같은 의미를 지닐 수 있음을 내포하고 있다.
③ 안면 되먹임 가설(facial feedback hypothesis)에 대한 설명이다.
④ 정서 지능(EQ, Emotional Quotient)에 대한 설명이다.

23

④ 내성법은 구조주의 학파의 분석법이다.

24

② 단어우월성효과는 단어를 구성하는 문자에 대한 정확한 지각보다 단어전체의 이미지 지각을 통해 인지하게 되는 심리효과를 말한다.

25

② 왼쪽 스크린은 우뇌 영역이므로 시공간적 요소인 물건잡기는 가능하나 좌뇌의 기능인 언어표현은 불가능하다.

제 10 회

01	02	03	04	05	06	07	08	09	10
①	②	④	①	③	②	②	①	③	④
11	12	13	14	15	16	17	18	19	20
③	②	④	②	①	①	②	②	④	③
21	22	23	24	25					
①	③	③	④	②					

01

① 이미 타당성을 인정받은 기존의 검사와 새로 만든 검사 간의 상관을 통해 결정되는 타당도이다.

② 검사결과가 관련된 미래행동이나 특성을 얼마나 잘 예언하는가를 통해 알 수 있는 타당도이다.

③ 검사가 측정하고자 하는 이론변수인 구성개념을 얼마나 잘 측정하는지를 알려주는 타당도이다. 주로 요인분석과 상관분석을 사용한다.

④ 내용타당도는 검사가 측정하고자 하는 내용을 정확하게 대표하고 있는지 논리적으로 평가함으로써 타당도를 알아보는 방법이다.

02

② 개성화를 강조한 사람은 칼 융이다.

03

④ 반두라는 사회학습이론가로 관찰학습 개념을 제시하였다.

① 앨리스는 인지이론가로 합리정서행동치료(REBT)를 만든 사람이다.

② 쾰러는 인지학습이론가로 통찰학습을 연구하였다.

③ 톨먼 역시 인지학습이론가로 잠재학습을 연구하였다.

04

① 스턴버그는 지능의 삼요인 이론을 제안한 학자로, 지능의 세 가지 요인을 분석적(요소적, 성분적) 지능, 창의적(경험적) 지능, 실용적(상황적) 지능이라고 하였다.

05

③ 사례연구(case stydy)는 특정 개인, 집단 또는 상황에서 발생한 현상을 집중적으로 연구하며, 같은 조건의 여러 연구대상을 찾기 어려울 때 사용되는 연구 방법이다.

① 설문연구(survey)는 특정 집단의 사람들을 대상으로 그들의 행동, 믿음, 태도, 경험 등에 관한 정보를 면접(직접)이나 질문지(간접)를 사용하여 수집한다.

② 실험연구(experiment study)는 관찰하고자 하는 대상, 조건, 장면을 인위적으로 설정하고 통제하여 이에 따라 일어나는 변화를 측정하고 결론을 도출하는 방법이다.

④ 관찰연구(observational study)는 관찰 대상의 행동 특성을 직접 객관적, 계획적으로 관찰해서 분석하는 연구 방법이다.

06

① 인과소재(통제소재)는 원인을 외부에 두는지 내부에 두는지에 대한 것이다.

③ 안정성은 원인이 시간이나 상황에 따라 변화할 수 있는지에 대한 것이다.

④ 통제가능성은 내가 원인을 통제할 수 있는가에 대한 것이다.

07

② 단어우월효과는 동일한 문자가 단어 속에 나타날 때와 비단어 속에 나타날 때 이를 알아차리는 속도가 다르다는 현상을 설명해주는 것으로, 단어를 낱개의 문자로 지각하기보다는 단어 전체의 이미지로 지각한다는 것을 보여주는 것이다. 즉 단어라는 맥락 속에서 문자를 지각한다는 의미이므로 답은 맥락효과가 된다.

① 신속표상대응은 짧은 노출에도 단어의 의미를 습득하는 것을 말한다.

③ 언어가 인간의 사고에 막대한 영향을 미친다는 가설이다.

④ 계열위치효과는 단어목록을 암기할 때 전반부 기억이 높은 것은 초두효과로, 후반부 기억이 높은 것은 최신효과가 반영된 것으로 본다.

08

① 휴지전위(resting membrane potential)상태에서는 보통 세포 내부는 −70mv 정도의 음전하를 띠고 있으며, 세포 외부는 양전하를 띠고 있다.

09

③ 적어도 2개 이상의 증상이 있어야 한다.
① 5가지 증상 기준은 망상, 환각, 혼란스러운 언어, 극도로 혼란스러운 또는 긴장성 행동, 그리고 음성증상이다.

10

④ 기존 태도와 너무 많이 차이가 크면 저항이 생겨 설득 효과가 적다.

11

③ 죄수의 딜레마 게임은 협력할 경우 서로에게 가장 이익이 되는 상황일 때 개인적인 욕심으로 서로에게 불리한 상황을 선택하는 문제를 보여주는 사례이다.

		죄수 A	
		자백 안함	자백 함
죄수 B	자백 안함	둘 다 1년	A는 석방 B는 15년
	자백 함	B는 석방 A는 15년	둘 다 10년

① 사회적 촉진은 타인의 존재가 수행에 영향을 준다는 것이다.
② 몰개인화는 집단 내에서 개인적 정체감과 책임감을 상실하여 집단행동에 민감해지는 것이다.
④ 집단극화는 집단토론 후 개인이 취하고 있던 것보다 동일한 방향으로 더 생각이 극단화되는 것을 의미한다.

12

② 소거는 무조건자극이 제공되지 않음으로써 조건자극과 무조건자극의 연합이 상실되었기 때문에 더이상 조건자극만으로는 반응을 일으킬 수 없는 상태가 되는 것이다.
① 이차조건형성은 조건반응을 일으킨 첫 번째 조건자극과 새로운 두 번째 조건자극을 연합시켜 훈련한 뒤 두 번째 조건자극만으로도 조건반응을 일으키게 되는 것이다.
③ 조건자극과 유사한 자극에 대해서도 조건반응을 하는 현상이다.
④ 비슷하지만 다른 자극들을 구분하여 각 자극에 다르게 반응하는 현상이다.

13

④ 인간은 현실을 있는 그대로 객관적으로 기억하는 것이 아니라 갖고 있는 도식에 따라 기억을 재구성하는 오류를 범한다. 심지어 기억하지 않았던 사건도 있었던 사건으로 잘못 기억할 수 있다.
① 단어의 의미는 단독으로 제시될 때보다는 문장이나 글 속에 제시될 때 다른 단어나 문장의 맥락에 따라 어휘가 처리된다는 것이다.
② 인출단서가 달라짐으로써 회상이 되지 않고 망각이 된다는 것인데, 아동기 기억상실 현상을 설명해주는 개념이기도 하다.
③ 맥락효과는 처음 주어진 정보에 의해 나중에 수용되는 정보의 맥락이 구성되고 처리방식이 결정되는 것을 말한다. 초두효과와 지각적 갖춤새도 일종의 맥락효과가 반영되어 있는 개념이다.

14

② 의지와 통제감이 어느 정도 있지만 죄책감이나 책임감 도는 타인의 인정을 받기 위한 동기이므로 내사된 조절동기에 해당한다.

15

복종은 권위자의 명령에 굴복하는 것으로, 명령자와 거리가 멀수록, 저항하는 사람의 얼굴이 잘 보일 때, 그리고 실험자의 얼굴이 잘 보이지 않을 경우에는 오히려 상대적으로 명령에 거부하기 쉽다.

16

① 사회적 태만은 같은 일을 하는 사람의 수가 많을수록 한 사람이 수행하는 작업량이 감소하는 현상으로 링겔만 효과라고도 한다. 태만의 원인은 책임이 분산되고, 개인의 공헌도를 알기 어려우며, 개인의 노력이 인정받지 못할 가능성이 높고, 다른 사람들이 하는 정도에 맞추려는 경향이 있기 때문이다. 따라서 개인의 기여 정도가 드러나도록 하면 열심히 수행하게 된다.

17

① 이차사고과정은 자아의 정신활동으로 욕구충족을 위해 현실적이고 합리적인 사고를 하는 것이다. 원초아의 정신활동은 일차사고과정으로 현실을 전혀 고려하지 않고 욕구를 충족하고자 하기 때문에 충족이 되지 않을 때 환상을 떠올려 일시적으로 긴장을 완화한다.

② 방어기제는 갈등과 불안에 대처하는 자아를 사용한 심리적 기제라고 할 수 있다.

④ 집단무의식에 대한 설명으로 융의 개념이다.

18

② 일반적응증후군(GAS)는 스트레스를 외부 자극에 대한 신체반응으로 보는 생물학적 관점을 취한다.

단계	특성
1단계 경고기	교감신경계 활성화. fight or flight의 준비를 갖춤
2단계 저항기	표면적으로 잘 적응하나 신체증상들이 시작됨
3단계 소진기	적응능력의 고갈. 질병 발생

19

④ 폐쇄성의 원리는 빠져있는 부분을 채워서 지각하려는 경향성이다.

20

③ 제시된 세 가지 조건 외에 타인의 언어적 설득이 포함된다.

21

② 피그말리온 효과는 무언가에 대한 사람의 믿음, 기대, 예측이 실제적으로 일어나는 경향을 말한다. 자기충족적 예언, 자성예언, 로젠탈 효과, 실험자 효과, 교사기대효과라고도 불린다.

③ 상호주관성이론은 정신분석이론의 최신경향으로 내담자와 상담자의 두 주관적 경험 세계 사이의 상호작용을 중시한다. 두 사람이 개인적 의식이 아닌 공동체적 자아로서 현상을 만들어가기 때문에 상담자의 일방적이고 객관적인 분석은 의미가 없다고 본다.

④ 내적수행모델은 어린 시절에 경험한 부모와의 애착관계가 세상과 자신에 대한 틀로 작용하여 이후 성장한 후까지 계속 행동에 영향을 미친다는 것을 강조한다.

22

③ 베일란트의 성인기 적응이론에서는 성인기의 발달단계를 '정체감 확립의 단계 – 친밀감 형성의 단계 – 경력강화의 단계 – 생산성의 단계 – 50대의 평온한 시기(의미의 수호자, 통합)'로 제시하였다. 〈보기〉의 내용은 의미의 수호자 단계에 해당한다.

23

③ 이 시간은 배아기에 해당한다. 태내기는 발아기(배종기) – 배아기 – 태아기로 구분된다.

② 시각발달이 가장 느리긴 하지만 태내기 동안에도 인간의 오감은 발달하고 있다.

24

④ 주의는 감각기억에서 단기기억으로의 전이에 반드시 필요하다.

25

① ABCDE 모델에서 C는 결과이다.

③ 게임분석은 교류분석의 주요기법이다.

④ 역기능적인 자동적 사고의 수정을 강조하는 이론은 인지치료(CT)이다.

01	02	03	04	05	06	07	08	09	10
①	④	④	①	②	①	④	③	①	②
11	12	13	14	15	16	17	18	19	20
②	②	③	③	④	①	②	③	④	①
21	22	23	24	25					
②	②	②	④	①					

01

아들러는 성숙한 사람의 기준을 사회적 관심이라고 보고 다른 한편으로는 에너지를 얼마나 표출하는지의 활동수준으로 생활양식을 구분하였다. 생활양식은 어린 시절의 부모의 양육이 크게 영향을 미친다.

	사회적 관심 높음	사회적 관심 낮음
활동수준 높음	사회적 유용형	지배형
활동수준 낮음	기생형(획득형) (관심중간)	회피형

02

④ 순행성(전진성) 기억상실은 뇌손상 이전의 일은 기억할 수 있지만, 손상 이후의 새로운 사건들을 기억하지 못하는 것이다.

① 치매는 성장기에는 정상적인 인지기능을 보이다가 나이가 들어가면서 인지기능의 손상과 인격의 변화가 발생하는 질환이다.

② DSM – 5에서부터 치매를 신경인지장애라고 명명한다. 대표적인 장애로는 알츠하이머성과 혈관성 신경인지장애가 있다.

③ 역행성 기억상실은 뇌손상 시 의식상실이 일어난 이전의 사건들에 대해서 기억하지 못하는 것이다.

03

④ 단출노출효과는 친숙성의 원리, 반복효과, 자이언스 효과라고도 한다.

① 고전적 조건화는 무조건자극과 조건자극의 연합으로 조건반응을 일으키는 것이다.

② 정적 편향은 나와 관계가 없거나 경쟁상대가 될 가능성이 적은 사람을 평가할 때 부정적인 평가보다는 긍정적인 평가를 하려는 경향성을 말한다.

③ 사회교환이론은 인간의 상호작용을 시장원리에 접목시킨 것으로 자신의 이익이 충족되는지에 따라 태도와 행동을 결정하는 것이다. 즉 타인에게 행한 자신의 행동이 특정한 결과를 가져올 것이라는 기대 때문에 행동한다는 이론이다. give and take.

04

① '통계적으로 유의미하다'라는 말의 의미는 통계적으로 독립변인이 종속변인에 영향을 미친다는 내용과 같은 의미이다. 여기에서 독립변인은 실험처치와 같은 의미이므로 실험 결과(종속변인)가 우연이 아닌 실험처치(독립변인)에 의해서 나왔다는 의미로 이해하면 된다.

05

① 시상하부는 뇌 전체의 1%도 되지 않는 작은 구조이다.

③ 시상하부는 긍정적 정서에도 중요한 역할을 한다.

④ 호르몬 체계를 직접 조절하는 것은 뇌하수체이고, 시상하부는 뇌하수체를 조절한다. 시상하부는 항상성(homeostasis)을 유지하는 것으로 몸의 체온계로 묘사된다.

06

① 측두엽은 언어를 인식하는 데 중추적인 역할을 하며 정서적 경험이나 기억에 중요한 역할을 담당한다.

07

④ 고전적 조건화 원리로 설명이 되며, 자라(무조건자극)와 솥뚜껑(조건자극)이 연합되어 솥뚜껑만으로 놀라는 반응(조건반응)을 일으키는 것이다

08

③ 조작적 조건형성을 통해 미신행동이 학습된 경우이며, 나머지는 모두 고전적 조건형성을 통해 학습된 것이다.

09

① 하나의 사실적 지식에 해당하므로 외현기억이자 의미기억이다.

10

② 시간 간격을 두고 하나의 측정이 이후의 관련 특성을 예측해주는 것이므로 예언타당도가 된다. 예언타당도는 준거타당도의 하나이다.

11

② 언어발달의 결정적 시기는 촘스키의 제자였던 레네버그가 제시한 개념이다.

12

② 3단계와 4단계의 수면이다.
① REM 수면에서의 꿈은 약 80% 정도이다.
③ 수면 주기는 약 90~120분이다.
④ 이러한 수면 특징을 역설적 수면이라고 한다. 수면은 감각기능이나 의식 등의 기능이 저하되는 현상이지만 완전한 이완 상태가 아니라 매우 활동적인 상태이다.

13

③ 상관계수는 0에 가까울수록 관계성이 떨어지며 +1 또는 -1쪽으로 가까울수록 관계성이 높음을 의미한다. +쪽은 정적 상관을, -쪽은 부적 상관이다.

14

③ 심리검사는 인간 이해를 위한 심리평가의 한 부분으로, 면접이나 관찰 등과 같은 다차원적인 정보수집법들과 통합적으로 활용될 때 좀 더 총체적으로 인간을 이해할 수 있다.

15

④ ①, ②, ③은 가현운동에 대한 것인데 비해 이것은 단안단서인 상대적 운동에 대한 예시이다. 가현운동은 움직임이 없음에도 움직인다고 착각하는 현상이다.
① 파이운동에 대한 예시이다.
② 유인운동에 대한 예시이다.
③ 자동운동에 대한 예시이다.

16

① 내집단편향은 자신이 속한 집단(내집단)에는 좋은 평가를 내리고 자신이 속하지 않은 집단(외집단)에 대해서는 과소평가를 하거나 나쁘게 평가하는 현상을 말한다.

② 고정관념은 어떤 집단이나 사회적 범주 구성원들의 전형적 특징에 관한 신념으로 지나치게 일반화되고 고착된 사고방식이다.
③ 행위자-관찰자 편파는 동일한 행동에 대해 타인의 행동은 내적 원인으로, 자신의 행동은 외적 원인으로 판단하는 것이다.
④ 방관자 효과는 책임감 분산의 현상으로 다른 사람들이 많을수록 뒤로 물러나는 현상을 말한다.

17

② 정적 편향은 나와 관계가 없는 사람에 대해 보통 좋은 쪽으로 평가하는 경향이다. 나머지 보기들은 모두 자기충족적 예언과 관련된 것들이다.

18

③ 프로이트가 원초아를 강조한 것은 맞지만 에릭슨은 자아를 강조하였다.

19

④ 켈리의 구성개념은 자신의 개인적인 경험세계를 해석하고 구성하는 사고 범주로서 현실지각은 개개인의 구성개념에 따른 해석에 따라 달라진다고 보았다.
① 한 집단 내에서 비교가능한 일반적 성향은 공통특질(common trait)이다. 기본특질은 소수의 사람만이 갖고 있는 아주 두드러진 특질을 말한다.
② 생활양식은 5세 이전에 형성된다.
③ PEN 모델은 성격요인을 외향성, 신경과민성, 정신병질성으로 구분한 아이젠크의 모델이다.

20

① 몰입된 집중상태를 플로우(flow)라고 한다. 칙센미하이의 출현동기이론은 내재적 동기이론이다.
② 유기적 통합이론은 자기결정성 이론의 한 유형으로 개인행동의 가치와 조절을 얼마나 내재화하고 통합하느냐에 따라 다양한 외재동기가 존재한다고 본다. 따라서 내외적 동기가 상호작용하면서 공존할 수 있다.
③ 효능동기이론은 내재동기 이론 중 하나로, 인간은 자신의 삶과 환경에 영향을 주기 위해 행동을 하며, 그러한 행동을 통해 개인의 유능성을 개발한다고 보았다.
④ 기본심리욕구이론은 자기결정성 이론의 한 유형이며, 유능성, 자율성, 관계성의 욕구가 충족되는 것이 성장에 매우 중요하다고 본다.

21

② 양쪽 모두 원치 않지만 어느 한쪽을 선택해야 하는 갈등이다.

① 양쪽이 모두 긍정적인 유인가를 가지고 있지만 그 중 한 가지만 선택해야 할 때 일어나는 갈등이다.

③ 동일 대상이 긍정요소와 부정요소를 다 가지고 있어 그 대상을 선택해야 말지 갈등하는 것이다.

④ 두 선택 대상이 각각 서로 다른 장단점을 가지고 있어 선택하는 데 갈등이 일어나는 것이다.

22

② 혐오적 조건형성은 문제행동과 불쾌 경험을 짝지어 제시함으로써 문제행동을 감소시키는 방법이다.

23

② 전환적 추론은 인과관계가 없는 두 사건을 발생시간이 가까이 있다는 이유로 인과성을 부여하는 것이다.

① 물활론적 사고는 무생물이 살아있다고 생각하는 것이다.

③ 인공론적 사고는 자연을 비롯해 모든 생명체를 인간의 필요에 의해 만들었다고 생각하는 것이다.

④ 실재론적 사고는 환상 또는 꿈을 현실과 구분하지 못하는 것이다.

24

④ 품행장애의 진단기준은 타인의 기본권리를 침해하고 사회적 규범 및 규칙을 위반하는 지속적이고 반복적인 행동을 12개월 간 15개 목록 중 3개 이상 보일 때이다. 나머지 장애들은 부분적으로 타인의 권리침해와 규칙위반의 행위가 있을 수는 있지만 핵심기준은 아니다.

25

① 상향식 추리는 귀납적 추론, 자료주도적 처리로 개별적 사실로부터 일반적 법칙을 끌어내는 방식이다. 소수의 편향된 사례가 있을 경우 과잉일반화의 위험이 있는데 이것이 가용성의 오류의 개념과 유사하다. 가용성 오류는 자신의 갖고 있는 제한된 사례로 전체를 판단하는 오류이다.

② 많은 자극들 중 일부만 선택적으로 주의를 기울여 지각하게 되는데 이때 선택된 대상은 전경이 되고 주의를 받지 못한 대상은 배경이 된다. 루빈의 잔이 대표적 예이다.

③ 틀 효과(frame effect)의 한 종류로서 잠재적 손실을 평가할 때는 위험을 감수하는 선택을 하고 잠재적인 이익을 평가할 때는 위험을 피하는 선택하는 하는 경향을 말한다.

④ 과신오류는 자신의 경험이나 능력을 과신하여 합리적이지 못한 판단과 결정을 내리게 하는 오류이다. 다른 사람보다는 자신이 더 똑똑하고 능력도 뛰어나다고 믿는다. 따라서 현실을 객관적으로 보지 못하고 자신의 믿음이나 자신이 갖고 있는 정보에만 근거해 의사결정을 내려 실패할 위험이 있다.

01	02	03	04	05	06	07	08	09	10
④	②	①	③	②	④	②	③	①	④
11	12	13	14	15	16	17	18	19	20
①	②	②	④	①	②	②	①	④	②
21	22	23	24	25					
③	②	①	③	②					

01

④ 이차 강화물은 일차 강화물과 연합되어 강화 효과를 갖는 것으로 돈을 비롯해, 스티커, 칭찬 등이 있다. 조건 강화물이라고도 한다. 나머지 보기들은 모두 일차 강화물이다. 일차 강화물은 무조건 강화물이라고 하는데 학습을 하지 않아도 강화가 되는 음식, 물, 온기, 성적 접촉 등이 있다.

02

② 시상하부는 다양한 동기를 조절하는 역할을 하는 곳이기도 한다.
① 시상은 후각을 제외한 감각의 중개소이다.
③ 기저핵은 의도적 행동을 통제하는 구조이다.
④ 소뇌는 평형기능과 수의운동 조절 등 세밀하고 다양한 운동기능을 담당한다.

03

① 앳킨슨의 이론을 기대가치이론이라고 하는데, 성공 및 실패 각각의 가능성(기대)과 유인가(가치)를 다 고려하여 성취경향성이 결정된다고 본다.
② 맥클레랜드는 머레이의 성취욕구를 성취동기라는 용어로 바꾸어 성취동기를 탁월하고자 하고 우수함과 성공을 추구하는 욕망으로 보고, 국가발전 차원에서 성취동기를 증진시켜야 한다고 주장하였다.
③ 헐은 프로이트의 추동 개념을 일반적 맥락으로 확대하고 항상성 유지를 위해 욕구를 충족하는 행동을 강화를 통해 학습하게 된다고 보았다.
④ 디시와 라이언은 내재적 동기로서 자기결정성이론을 주장한 사람으로 사람은 외적 동기와 내적 동기 어느 한쪽의 동기로 행동하는 것이 아니라 자기결정성, 즉 자율성에 따라 다양한 내외적 동기를 갖는다고 보았다.

04

① 개방성에 대한 설명이다.
② 신경증에 대한 설명이다.
④ 성실성에 대한 설명이다.

[성격5요인]

요인	특징	하위요인
신경증 (neuroticism)	• 부정 정서를 잘 느끼는 성격특질 • 부정 정서성 또는 정서적 불안정성 • 부정성을 민감히 포착하여 예방	불안, 적대감, 우울, 자의식, 충동성, 스트레스 취약성
외향성 (extraversion)	• 다른 사람과 함께 교류하는 인간관계적 자극을 추구하는 성향 • 용기 있는 도전 vs. 무모한 도전	따뜻함, 활동성, 사교성, 긍정 정서, 자극추구, 주장성
개방성 (openness to experience)	• 호기심이 많고 새로운 체험을 좋아하며 다양한 경험과 가치에 대해 열린 자세를 지닌 개방적 성향 • 지성 또는 교양	상상력, 심미안, 다양한 행위, 감정 자각, 지적 호기심, 가치 개방성
성실성 (conscientiousness)	• 자기조절을 잘하고 책임감이 강한 성취지향적인 성향	유능성, 질서 정연, 책임의식, 성취추구, 자기절제, 신중성
우호성 (동의성) (agreeableness)	• 다른 사람에 대해 우호적이고 협동적인 성향 • 친화성	신뢰성, 솔직성, 이타성, 순응성, 겸손함, 온유함

05

② 프로이트의 심리성적(psychosexual) 발달단계는 아래의 순서로 진행된다.
• 구강기(oral s.): 출생~18개월
• 항문기(anal s.): 18개월~3세
• 남근기(phallic s.): 3~6세
• 잠복기(latency s.): 5~13세
• 성기기(genital s.): 13세 이후

06

④ 동작성 가족화 그림검사이다. 이 검사는 투사적 검사이다.
① 성인용 웩슬러 지능검사 4판이다.
② 미네소타 다면적 인성검사 개정판이다.
③ 기질 및 품성검사이다.

07

[지각적 조직화의 원리]

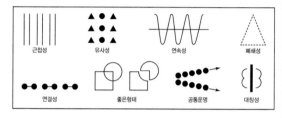

08

③ 르두의 정서뇌 이론은 정서를 신경계의 생물학적 기능으로 보고 파페즈 이론을 진전시킨 것이다.
  ※ 파페즈회로(papez circuit): 기억의 형성에 있어서 중요하다고 여겨지는 회로, 해마-유두체-시상-대상회-해마방회-해마로 이어지는 구조이다. 이 회로는 기억을 저장해서 전전두엽과 편도체, 시각연합, 청각 연합, 체감각 연합으로 보낸다. 필요한 정보는 이 회로로 들어가 장기기억으로 저장이 된다.
① 제임스-랑게 이론은 정서 자극이 생리적 반응을 일으키고 이 반응이 뇌로 전달되어 정서경험을 하게 된다는 이론이다.
② 캐넌-바드 이론은 정서 자극이 자율신경계와 중추신경계에 동시에 작용한다고 주장한다.
④ 샤흐터와 싱어의 이요인 이론은 생리적 반응에 주어지는 인지적 해석에 따라 정서 경험이 달라진다고 주장한다.

09

① 해리는 용납되지 않는 성격 일부가 주 인격의 지배를 벗어나 별도의 독립된 인격을 만들어 행동하는 것이다. 이중인격이나 다중인격이 그 예다. 치환은 용납될 수 없는 충동이나 욕망을 덜 위협적인 대상으로 바꾸어 충족하는 것이다.
② 반동형성은 위협적인 내적 욕망이나 환상을 정반대의 과장된 형태로 반응하는 것이다. 미운 놈 떡 하나 더 준다.

③ 분리는 자신이나 타인에 대한 이미지를 절대 선과 절대 악으로 구분지어 흑백논리식으로 반응하는 것이다. 합리화는 행동 이면의 동기나 감정을 숨기기 위해 그럴듯한 변명을 하는 것이다.

10

④ 모두 '예'는 외부 귀인을 의미하며, 내부 귀인이 되기 위해서는 일관성은 '예', 독특성과 합의성은 '아니오'의 반응이 있어야 한다.
①, ②, ③ 공변모형은 다양한 차원에서 여러 번에 걸쳐 이루어진 관찰 후 작용되는 귀인으로 다음의 세 가지 정보를 이용한다.

일관성	상황	다른 시간과 장소에서도 항상 동일한 반응을 보이는가?
독특성 (특이성)	대상 (자극)	그 대상에게만 그 반응을 보이는가?
합의성 (일치성)	행위자	다른 사람들도 그 대상에게 그 반응을 보이는가?

11

① 실현 경향성을 따르는 유기체의 가치화 과정과 조건을 얻으려는 자기존중의 욕구라는 두 가지 기제가 어떻게 조화를 이루고 간격을 좁히느냐가 심리적 적응과 부적응의 관건이 된다.
② 아들러의 개념으로, 인간은 선천적으로 미래지향적인 목적을 갖고 태어나며 이를 성취하기 위해 현재 처해 있는 열등감을 극복하고 우월을 추구한다.
③ 자아분화는 보웬의 다세대 가족치료의 목적이며, 자존감을 높이는 것은 사티어의 경험적 가족치료의 목적이다.
④ 게슈탈트 치료에서는 알아차림과 접촉과정을 통해 연결성을 회복하여 전체성을 이루는 것이 목적이다.

12

② 내현성격이론은 한두가지의 단서로 드러나지 않은 성격특성을 판단하는 틀로 이용하는 것이다.
① 고정관념은 어떤 집단이나 사회적 범주 구성원들의 전형적 특징에 관한 신념으로 지나치게 일반화되고 고착된 사고방식이다.
③ 기본귀인이론은 타인의 행동을 설명할 때 외부 상황의 영향력은 과소평가하고 내적 요인의 영향력은 과대평가하는 것을 말한다.

④ 공변원리는 특정 원인이 존재할 때만 어떤 효과가 나타나서 원인과 효과가 같이 공변하면 그 효과를 그 원인에 귀인하게 된다.

13
① 피질하구조(subcortical structures)는 대뇌피질 아래로 뇌의 가장 센터에 위치하는 전뇌의 구조들을 말한다.
③ 중뇌피개(tegmentum)는 운동과 각성에 관여한다.
④ 망상체(reticular formation)는 수면, 깸과 각성 수준을 통제한다.

14
④ 분류 및 진단의 목적 중 하나는 장애인을 사회로부터 배제하기 위해서가 아니라 환자들 간의 유사성과 차이점을 인식하는 데 있다.

15
① 외현기억은 개념주도적 처리방식을 사용하고 암묵기억은 자료주도적 처리방식을 사용한다.

구분	외현기억	암묵기억
용어	직접적, 의도적, 의식적, 수의적	간접적, 우연적, 무의식적, 불수의적
정보처리 방식	개념주도적 처리	자료주도적 처리
정보의 내용	의미적	지각적
정보의 인출	의식적	무의식적
기억 검사	직접기억 검사 자유회상, 단서회상, 재인	간접기억 검사 단어완성 검사, 단어식별 검사
측정치	정확률	점화점수, 절약점수
관련된 기억	서술기억	절차기억
연령의 영향	강함	약함
간섭의 영향	강함	약함
감각 양태	약함	강함

16
② 한 달에 한 번씩 10일마다 용돈을 주는 것이므로 고정간격강화이다.

17
② 빈발효과는 반복해서 제시되는 행동이나 태도가 첫인상을 바꾸는 것을 말한다.
① 맥락효과는 처음에 알게 된 정보가 나중에 알게 된 새로운 정보를 판단하는 지침과 전반적인 맥락을 제공하는 것을 말한다. 즉 사전에 노출된 단서에 의해 인식이 편향되는 것인데 맥락이 과정에 영향을 미치는 하향식 처리방식이다. 유인효과(미끼효과)는 맥락효과의 하위유형으로, 기존의 정보보다 열등한 새로운 정보를 제시함으로써 기존의 정보를 선택하게 되는 것을 말한다.
③ 처음 알게 된 정보가 나중에 알게 된 정보보다 인상형성에 큰 영향을 미치는 것을 말한다. 초두효과는 맥락효과와 유사한 개념이다.
④ 정박점 휴리스틱은 이미 정해진 기준점이 하나의 맥락이 되어 이후 판단에 영향을 준다는 것이다. 초두효과의 개념과 유사하다.

18
① 일화기억은 외현기억이다.

19
④ 펄스는 게슈탈트치료자이며, 나머지는 모두 정신역동이론과 관련된 인물들이다.

20
② 신속표상대응은 짧은 노출 동안에 빠르게 단어의 의미를 습득하는 것이다.

21
① 집단무의식을 강조한 것은 융의 분석심리학이다.
② 역기능적 사고기록지는 벡(A. Beck)의 인지치료의 기법이다.
④ 생활양식의 분석을 강조한 것은 아들러의 개인심리학이다.

22

② 개인과 환경 간의 복잡한 관계를 연구하기 어렵다. 이는 사례연구법의 특징이다.

23

[마르시아의 정체성 지위]

정체성 지위	위기	전념
정체감 혼미	×	×
정체감 상실	×	○
정체감 유예	○	×
정체감 성취	○	○

24

③ 고정관념이나 편견은 대부분 무의식적으로 작동한다.

25

② 차이역은 두 자극 간의 차이를 느낄 수 있는 최소한의 차이이다. 베버-페히너 법칙은 최소식별차이는 두 자극의 강도 비율에 따라 변한다는 법칙이다.
① 절대역은 감각을 일으키는 데 필요한 최소한의 자극의 양 또는 에너지이다.
③ 역하자극은 외부자극에 반응을 일으키는데 필요한 최소한의 자극강도인 역치 미만의 자극을 말한다.
④ 자극에 대한 반응, 즉 주어진 신호를 탐지하여 반응할 수 있는 정도는 사람의 심리상태나 민감도에 따라 달라질 수 있다는 의미이다.

제 13 회

01	02	03	04	05	06	07	08	09	10
①	②	④	④	③	①	②	①	④	①
11	12	13	14	15	16	17	18	19	20
③	①	②	②	④	②	②	①	④	③
21	22	23	24	25					
③	②	④	③	②					

01

① 아들러는 사회적 관심을 성숙한 사람의 기준이라고 보았다.
② 융은 인간의 궁극적 목표는 개성화(individuation)라고 하였다.
③ 머레이는 환경의 압력과 유기체의 욕구 간의 상호작용을 통해 성격이 발달한다고 보았다.
④ 로저스는 충분히 기능하는 사람(fully functioning person)이 자기를 실현하는 사람이라고 보았다.

02

[신체증상 및 관련장애]

종류	특징
신체증상 장애	고통스럽거나 일상에 중대한 지장을 일으키는 하나 이상의 신체증상
질병불안 장애 (건강염려증)	심각한 질병에 걸려 있거나 걸리는 것에 몰두 신체증상이 나타나지 않거나 있더라도 경미한 정도
전환장애	운동(신체균형과 협응 손상, 신체 마비 등)과 감각 기능의 문제(촉각이나 통각, 시청각 상실, 환각 등)
허위성장애	뮌하우젠 증후군, 자기부여 및 타인부여 인위성장애 명백한 외적 보상이 없어도 분명한 속임수를 써서 자신이나 타인에게 신체적이거나 심리적인 징후나 증상을 허위로 조작

03

④ 원초아, 자아, 초자아가 조화를 이루지 못해 불안이 생기면 자아가 방어기제를 작동하여 균형을 잡는다.

04

④ 피아노를 치는 것은 반복적 훈련을 통한 기술이므로 절차기억에 해당한다.

05

③ 삼원색은 빨강, 파랑, 초록이다.

06

① 항상성은 헐의 추동감소이론에서 주장한 개념이다.

07

② 발달은 동일한 순서로 진행되지만 발달의 속도는 개인차가 있으며, 같은 사람이라도 발달영역이나 시기에 따라 속도가 다르다.

08

① 부교감신경계는 수면, 이완, 휴식과 관련된 작용을 한다.

09

④ 세로토닌은 침착성과 안정감을 주며 적절히 행동을 억제하는 기능을 하는 물질이다.
① 엔돌핀은 통증 완화와 좋은 기분을 갖게 하는 내인성 신경전달물질이다.
② 도파민은 집중력이나 쾌감과 같은 정서적 각성과 연관된다.
③ 노아드레날린은 경계를 높이는 것 같은 흥분성 물질이다.

10

① 범주화는 다양성 속에서 유사성을 파악하는 능력으로, 경험하게 되는 사물이나 대상, 그리고 현상들을 단위를 통해 분류하거나 묶어 이해하는 방식을 말한다.

11

③ 편집성 성격장애의 주된 특징은 타인을 지속적으로 불신하고 의심하는 것이다.

A군 기이하고 과상한 행동특성	편집성	다른 사람을 끝없이 불신하고 의심
	분열형 (조현형)	왜곡된 인식과 비정상적 행동
	분열성 (조현성)	감정을 표현하지 않고 관계에 무관심한 외톨이
B군 극적이고 감정적 변화가 많은 행동특성	반사회성	타인의 권리를 과도하게 무시하고 침해
	연극성	지나치게 감정적이고 시선을 끄는 행동
	경계선	대인관계와 정서가 불안정하고 매우 충동적
	자기애성	잘난 체하고 칭찬받기를 원하며, 공감능력이 부족
C군 불안과 두려움을 지속적으로 경험	회피성	억눌려 있고 자신감 부족, 부정적 평가에 민감
	의존성	스스로 판단하려 하지 않고 타인에게 지나치게 순응
	강박성	지나치게 엄격하고 인색, 쓸모없는 물건을 버리지 못함

12

② 불편한 감정을 다른 사람들과 나누는 것은 정서중심적 대처방법이다.
③ 긍정적인 재해석은 스트레스 상황에 대한 사고방식을 바꾸는 재구성(reframing) 기법이다.
④ 스트레스가 일어나는 원인이나 그 상황을 통제할 수 없는 경우에는 그 요소들을 피하는 것도 정신건강에 도움이 될 수 있다.

13

① 일화기억은 의식할 수 있는 외현기억(서술기억)의 하위유형이다. 암묵기억은 절차기억, 점화, 조건화와 같은 유형이 있다.
③ 암묵기억은 의식적으로 떠올릴 수 없지만 사고와 행동, 정서 등에 영향을 주는 기억이다.
④ 외현기억은 의미기억과 일화기억으로 구분된다.

14

② 준거타당도가 미래를 나타낼 때는 예언타당도라고 한다.

① 타당도는 측정의 정확성을 의미하며, 일관성은 신뢰도에 대한 것이다.

③ 구인타당도는 추상적인 이론개념을 측정하는지를 평가하는 것으로 상관분석과 요인분석 방법 등을 다차원적으로 분석한다. 구성타당도라고도 한다.

④ 예언타당도와 동시(공인)타당도는 준거타당도이다.

15

① 제임스와 랑게는 생리적 변화가 있고 난 뒤 정서 경험이 뒤따른다고 보았다.

② 샤흐터와 싱어는 생리적 변화에 대한 인지적 해석 뒤에 정서 경험이 따른다고 보았다.

③ 자이언스는 자극에 대해 기존에 경험했던 정서를 무의식적으로 다시 경험하게 된다고 보았다.

16

② 사회적 태만은 같은 일을 하는 사람이 많을수록 한 사람의 수행량이 감소하는 현상을 말하는데, 일반적으로 자신이 노력하여 수행하고 있다는 점이 잘 드러나지 않아 열심히 하지 않게 되는 것이다.

17

② 내가 휴대폰을 확인하는 횟수에 따라 문자가 오는 것은 아니므로 비율계획은 아니다. 또한 친구가 정해진 시간에 문자를 보내는 것이 아니기 때문에 고정계획도 아니기 때문에 변동간격계획이 된다.

18

① 인지부조화는 대립되는 심리요소들이 심리적 불편감을 일으키는 것을 의미한다. 이럴 경우 이미 일어난 행동에 대해서 자신의 믿음을 수정하는 쪽으로 대응하기가 쉽다.

② 매몰비용 오류는 이미 투자된 비용을 고려하여 현재 상황에 대한 결정을 내리는 오류를 말한다.

③ 동조현상은 타인이나 집단의 기준이나 기대에 순응하는 것이다.

④ 확증편향은 기존의 마음과 반대되는 증거가 제시되어도 생각을 잘 바꾸지 않고 자신의 믿음을 지지해주는 정보만을 선택적으로 취하는 경향을 말한다.

19

④ 권위를 지닌 사람이 요청하는 압박에 응하는 경우는 복종이라고 한다.

20

③ 지각심리(형태심리)의 개념을 인간의 마음에 적용한 것으로, 특정 대상이나 상황에 대한 주의와 욕구가 해결되면 전경과 배경의 교체가 일어나 자연스럽게 다른 대상이나 상황으로 주의를 기울이게 되는데 해결이 되지 않고 미해결과제로 남아있게 되면 이를 해결하여 완결하고자 하는 욕구가 일어나 다른 일에 집중하기 어렵다는 점을 설명해준다.

21

③ 왓슨은 행동주의자이다.

① 촘스키는 언어학자이며 생득론자이다.

② 반두라는 사회학습이론가로, 실제 행동을 통한 학습보다는 관찰과 모방을 통한 간접학습에 초점을 두었다.

④ 베르트하이머는 형태심리학자로 시지각을 연구하였다.

22

[객관적 검사와 투사적 검사의 특징]

객관적 검사	투사적 검사
• 검사시행 절차와 채점 방식이 표준화되어 있어 실시 및 해석이 상대적으로 간편함 • 결과에 대한 신뢰성이 높음 • 수검자의 깊은 내적 경험 세계를 이해하는데 한계가 있음 • 검사결과가 단순화되는 경향이 있음 • 피험자의 방어가능성이 있을 수 있음(사회적 바람직성, 무선반응 등) • 지능검사, 지필식 성격검사, 학업성취도 검사, 진로적성검사 등	• 피검자가 자신의 내적 경험과 상태를 숨기거나 과장하기가 어려움 • 내면의 깊은 사고나 감정, 욕구, 즉 무의식적 세계의 경험이 반영될 수 있음 • 실시와 채점, 해석이 매우 어려워 전문성이 요구됨 • 검사의 타당도 등이 충분히 입증되지 않음 • 로샤, 주제통각검사(TAT), 그림검사 등

23

④ 구체적 조작기는 자아중심성에서 벗어나 직관적 사고보다는 객관적이고 논리적인 사고가 가능하다.
① 감각운동기와 전조작기 초기의 특징이다.
② 형식적 조작기의 특징이다.
③ 전조작기의 특징으로 상징적 사고가 가능해져서 역할놀이(소꿉놀이)를 할 수 있다. 이외에도 전조작기 사고의 특징은 자아중심적이고 직관적 사고로 분류, 서열, 보존 개념이 어렵다.

24

③ 가외변인은 독립변인을 제외한 모든 변인들을 말하는 것이며, 보기의 설명은 통제변인에 대한 것이다.

25

① 실존주의, ③ 자유연상기법, ④ 게슈탈트 상담이론에 대한 내용이다.

제 14 회

01	02	03	04	05	06	07	08	09	10
④	④	①	④	③	②	②	②	④	①
11	12	13	14	15	16	17	18	19	20
③	①	②	③	①	②	④	③	②	③
21	22	23	24	25					
③	④	②	①	②					

01

④ 심리학은 다양한 개개인들에 대한 객관적이고 보편적인 원리를 발견하여 인간을 이해하고자 하는 학문이다.

02

[프로이트와 에릭슨 발달단계 비교]

단계	프로이트	에릭슨
영아기	구강기	신뢰 대 불신
유아초기	항문기	자율 대 수치
유아후기	남근기	솔선 대 죄책
아동기	잠재기	근면 대 열등
청소년기	성기기	정체감 확립 대 역할 혼미
성인기		친밀감 대 고립
중년기		생산성 대 침체(자기몰입)
노년기		통합 대 절망

03

② 조작이 가해지는 원인 변수는 독립변인이다.
③ 실험설계 시 조작되는 두 개의 집단은 실험집단과 통제집단이다.
④ 실험집단과 통제집단은 모두 동일한 조건을 갖추고 시작되어야 독립변수의 고유한 영향력을 알아볼 수 있다.

04

④ 수초가 있는 축색은 유수축색이고 없는 축색이 무수축색이다. 수초는 지방 성분의 절연체 성질을 갖고 있어서 전기적 정보전달을 할 때 에너지 효율성을 높이고 속도를 빠르게 해준다.

05

③ 말초신경에서 입력된 자극을 분석하여 중추신경으로 올라가기 때문에 상향처리, 또는 자료주도적 처리라고 한다. 반면, 맥락의 파악은 대뇌에 저장되어 있는 기존의 개념을 토대로 감각 정보를 해석하기 때문에 하향식, 또는 개념주도적 처리라고 한다.

06

② 두정엽은 체감각적인 정보를 받아들여 처리하는 것뿐만 아니라 다양한 감각들을 연합하는 기능도 담당한다.

① 전두엽은 기억력, 사고력 등의 고등행동을 관장하고 추리, 계획, 운동, 감정, 문제해결에 관여한다.

③ 시상은 후각을 제외한 감각들의 최종 중계소로 이곳에 모인 감각 정보들이 해당 감각피질로 전달된다.

④ 후두엽은 시각정보를 처리하며 측두엽은 청각 정보를 처리한다.

07

② 항등성의 종류에는 모양, 크기, 밝기, 색, 위치 항등성이 있다. 이와는 대조되는 개념이 착시이다.

08

② 지연 조건화는 조건자극이 제시되고 0.5초 내에 조건자극이 끝나기 전에 무조건자극을 제시하는 것이다. 조건반응의 습득은 자극의 근접성과 시간적 관계성에 따라 달라진다. 가장 효과적인 자극 제시 순서는 지연, 흔적, 동시, 역행 조건화인데 역행 조건화는 거의 효과가 없다.

09

④ 현재 진행 중인 혐오 자극을 종료시키는 반응의 학습은 도피학습이고, 혐오적 사건이 시작되는 것 자체를 차단하는 반응을 학습하는 것은 회피학습이다. 따라서 도피학습이 회피학습에 선행한다. 효과적인 처벌이 되기 위해서는 처벌을 즉각적이고 일관성 있게 제시하고, 대안을 제시하고 처벌하며, 그리고 처벌의 강도가 효과가 있을 만큼만 제시해야 한다.

10

① 간섭은 부호화나 저장의 문제가 아니라 많은 정보가 서로 인출을 방해하고 억제하는 현상으로, 전후 학습이 내용이 유사할수록 간섭 효과는 더 커진다.

② 설단현상은 알고 있지만 의식화되지 않고 입에서만 맴도는 현상으로 이때 인출단서가 제시되면 쉽게 회상할 수 있다.

③ 소멸은 기억이 본질적으로 비영구적이기 때문에 시간이 지나면서 필연적으로 망각이 일어나는 것을 의미한다.

④ 인출실패는 장기기억에 저장된 정보를 다시 끄집어내지 못하는 것이다.

11

③ 저장에 대한 설명이 아니라 인출에 대한 설명이다.

12

① 대상영속성은 감각운동기의 4단계 이차순환반응의 협응기 때 나타나 6단계 정신적 조작기 말에 형성된다.

13

② 통합된 조절동기에 해당한다. 내재적 조절동기는 그 행위 자체가 즐거움과 만족을 주기 때문에 하는 것이다.

14

③ 미국인과 일본인을 대상으로 실험한 결과, 두 집단 모두 특정 정서체험은 특정 얼굴표정을 만들어낸다는 보편성을 보이지만 그것을 실제 드러내는 것은 사회문화적 환경에 따라 달라질 수 있다.

① 정서표현은 그것이 나타내는 정서 경험을 유발할 수 있다는 가설이다. 즉 특정 얼굴 표정을 지으면 그것이 생리적 각성을 일으켜서 관련 정서를 유발시킨다는 것이다.

② 자신의 정서 경험을 다루기 위해 사용하는 전략들을 통칭하는 용어이다.

④ 샐로비와 메이어에 의하면 정서지능은 정서 정보를 이성적으로 처리하고 조절할 수 있는 능력이다.

15

① 공통특질과 대비하여 비교할 수 없는 개인만의 특징을 설명한 것은 개별특질이다. 이차특질은 초기구분의 내용으로 개인의 두드러진 특성이 아니라 특정 상황에서만 성향을 말한다.

16

② 웩슬러 성인용 지능검사 4판(Wechsler Adult Intelligence Scale-IV)는 객관적 구조적 검사이다.

① 동작성 가족화(Kinetic Family Drawing)이다.

③ 주제통각검사(Thematic Apperception Test)이다.

④ 로르샤 검사이다.

17

④ 익명성이 높아지면 동조압력이 낮아진다.

18

③ 권위에 대한 복종 실험이다. 문제를 틀린 사람에게 전기충격을 주도록 명령을 받은 사람들의 반응에 대한 연구이다.

① 선분실험은 다수 사람들의 압력이 느껴지면 아닌 것을 알면서도 집단의 압력에 따르는 행동을 한다는 것을 보여준 실험이다.

② 몰개성화와 군중심리에 대한 실험이다. 죄수와 간수라는 집단으로 나누었을 때 개인의 정체감이 사라지고 각 집단의 특성에 매몰되는 것을 보여준 실험이다.

④ 인지부조화를 연구한 실험이다. 지루한 일을 하게 한 뒤 재미가 있었다고 말하도록 요청받을 때 1달러를 받은 사람은 인지부조화를 많이 겪었으며, 20달러를 받은 사람을 인지부조화를 덜 겪는 것으로 나타났다.

19

① 예언타당도에 대한 설명이다. 동시타당도는 두 자료의 측정을 동시에 하여 상관분석을 한다.

③ 공인, 동시, 공존 타당도라고 한다.

④ 내용타당도에 대한 설명이다.

20

③ 초두효과는 인상을 형성할 때 처음 제시된 정보들이 매우 큰 영향력이 주는 것이다. 첫인상의 중요성을 반영해준다.

① 후광효과는 하나의 특성에 대한 평가가 알 수 없는 다른 특성에 대한 평가에 영향을 주는 것이다.

② 유사성 가정효과는 상대방과 내가 어떤 면에서 비슷한 점이 있으면 다른 점에서도 나와 비슷할 것이라는 기대를 하는 것이다.

④ 최신효과는 마지막에 얻은 정보가 인상을 결정하는 데 영향을 주는 것이다.

21

[스트레스 이론]

반응 이론	생리적 접근	셀리에	일반적응증후군(GAS)
자극 이론	환경적 접근	홈스와 라헤	생활사건, 사회재적응평정척도
상호작용 이론	인지적 접근	라자루스	인지평가: 1차 및 2차 평가, 재평가

22

④ 무조건적 긍정적 존중, 공감적 이해, 그리고 진솔성(일치성, 진정성)은 인간중심 상담의 주요 세 가지 기법이자 상담자 태도이다.

① 인지치료나 행동치료의 경우 상담자는 교사나 교육자의 역할을 하기도 한다.

② 빈의자기법은 게슈탈트 치료의 주요 기법 중 하나이다.

③ 꿈은 모든 상담 접근에서 다루지만 꿈을 분석하고 해석하는 것은 주로 정신역동적 접근에서 하는 방법이다.

23

② 조현병이나 우울장애, 불안장애 등은 심리적 원인뿐만 아니라 신경학적 원인도 작용하기 때문에 약물복용이 매우 중요한 치료법이 된다.

④ 상담에서는 반드시 비밀보장이 지켜져야 하지만 법적으로 비밀을 드러내야 하는 경우와 의도치 않게 비밀이 드러나는 경우도 있기 때문에 그럴 가능성에 대해서도 내담자에게 안내를 해주어야 한다.

24

② 세타파는 1단계 수면 뇌파이다.

③ 델타파는 깊은 잠이 든 3,4 단계의 서파이다.

④ 베타파는 깨어있을 때의 뇌파이다.

25

① 연극성 성격장애는 지나치게 감정적으로 시선을 끄는 행동이 특징적이다.

③ 반사회성 성격장애는 타인의 권리를 과도하게 무시하고 침해하는 것이 특징적이다.

④ 자기애성 성격장애는 칭송을 받고 싶어고 잘난 체하며 착취적인 측면이 특징적이다.

제 15 회

01	02	03	04	05	06	07	08	09	10
①	③	①	②	③	②	②	③	④	②
11	12	13	14	15	16	17	18	19	20
②	①	③	④	③	②	①	④	③	②
21	22	23	24	25					
④	④	③	②	③					

01

① 구조주의는 마음을 구성하는 기본요소 자체를 규명하고자 했으며, 이를 위해 내관법을 통해 인간의 주관적 경험을 기록하여 분석하였다.

02

[가드너의 다중지능이론]

지능	특징
언어지능	단어의 의미와 소리에 대한 민감성. 문법의 숙달. 언어가 사용될 수 있는 방식에 대한 이해
논리수학지능	대상과 상징, 이들 간의 관계에 대한 이해. 추상화 능력. 문제를 확인하고 설명을 찾는 능력
공간지능	시각적 세상을 정확하게 지각하고, 지각에 따라 변형을 수행하며, 물리적 자극이 없이도 시각경험의 측면을 창조하는 능력. 비슷한 패턴을 탐지하는 능력
음악지능	음악의 개별 음과 악절에 대한 민감성. 음과 악절의 결합이 더 큰 음악리듬과 구조가 되는 방식의 이해. 음악의 정서적 측면의 인식
신체운동지능	표현 또는 목표지향적인 고숙련 방식으로 몸을 사용. 사물을 숙련되게 다루는 능력
대인관계지능	다른 사람의 기분, 기질, 동기, 의도에 주목하고 구별하며 이 지식에 근거해 잠재적으로 행동하는 능력
성찰지능	자기 자신의 삶의 느낌에 대한 접근. 자신의 능력과 장단점을 탁월하게 파악. 좋아하는 일에 대한 목표를 가지는 능력. 사람의 행동을 이끄는 정서를 묘사하고 이해하는 능력
자연탐구지능	식물, 동물, 자연의 다른 측면들에 대한 민감성과 이해
실존지능	삶의 근원적인 것(생노병사 등)을 추구

03

독립변인은 다른 변인에 영향을 주는 변인을 말하며, 종속변인은 영향을 받거나 의존하는 변인, 즉 독립변인에 의해 변화되는 변인을 말한다. 이 과정에서 독립변인이 종속변인에 미치는 효과가 다른 예측변인을 통해 발생할 때 그 예측변인을 매개변인(mediator)이라고 한다. 이러한 매개변인은 선행변인인 독립변인의 영향으로 발생되어, 독립변인과 종속변인을 연결시켜 주는 변인이다. 즉, 직장 내 우호적인 관계는 장기근속에 직접적으로 영향을 미치기도 하며, 직장 내 좋은 관계는 직무만족도를 높이면서 이러한 만족도가 장기근속이라는 결과를 이끌어 내기도 한다.
또한, 조절변인(moderator)이란 독립변인이 종속변인에 미치는 영향의 효과가 다른 예측변인의 수준에 의해 달라지는 변인을 뜻한다.

04

① 인간의 시냅스는 대략 100조 개에서 500조 개 정도가 있으며, 뉴런은 약 1,000억 개가 있다.
③ 전기적 신호는 다음 뉴런으로 전달될 때는 신경전달물질 등의 화학적 방식으로 전환되며, 시냅스후 뉴런으로 건너간 뒤에는 다시 전기적 신호로 바뀐다.
④ 하나의 뉴런은 수많은 뉴런들과 시냅스를 맺는다.

05

① 본능이론(Instinct Theory)에서는 공격성은 본능적으로 내재되어 있다가 적절한 상황에서 발현된다고 본다.
② 사회학습이론(Social Learning Theory)에서는 타인이 공격행동의 결과로 보상을 받는 것을 관찰하고 아동이 그 행동을 모방함으로써 공격성을 학습한다고 설명한다.
④ 공격성 일반 모형(General Aggression Model)에서는 공격행동을 개인과 상황의 투입, 인지, 정서, 각성 등 개인의 현재 내적상태와 평가, 의사결정에 따른 결과 등 세 단계로 설명한다.

06

리는 총 6가지의 사랑의 유형을 제시하였다.

유형	특징
낭만적 사랑	에로스(Eros). 열정과 욕망
유희적 사랑	루두스(Ludus). 재미와 쾌락
우애적 사랑	스트로게(Stroge). 친밀감과 우정
논리적 사랑	프래그마(Pragma). 실용성과 합리성
이타적 사랑	아가페(Agape). 헌신과 자기희생
소유적 사랑	마니아(Mania). 소유욕과 집착

07

② 운동잔상은 한 방향으로 움직이는 대상을 한참 보다가 정지된 사물을 보면 그 사물이 반대 방향으로 움직이는 것처럼 보이는 현상이다.
① 파이현상은 전구들이 고정된 상태에서 시간 차를 두고 점멸하면 움직이는 것처럼 보이는 현상이다.
③ 유인운동은 배경이 움직이는 것 때문에 전경이 움직이는 것처럼 보이는 현상이다.
④ 자동운동은 빛이 없는 공간에서 고정된 불빛을 볼 때 그 빛이 움직이는 것처럼 보이는 현상이다.

08

① 정적 처벌이다.
② 부적 처벌이다.
④ 부적 강화이다.

09

④ 20분 이후 절약율은 약 58%, 즉 망각율은 42%가 된다. 하루 뒤의 망각율은 약 70%이고 한달 뒤의 망각율은 약 80%이다.

10

② 작업기억은 단순히 단기기억이 주는 의미보다 더 많은 일이 일어난다는 것을 반영해주는 용어이다. 작업기억은 정보를 능동적이고 고차원적으로 처리하는 기억으로, 시공간적 정보와 청각적 정보를 부호화하고 유지, 조정하는 기능과 더불어 정보를 선택적으로 제한하고 추리와 의사결정에 관여하며 통제하는 기능을 하는 정교한 정보처리체계이다.

11

② 시선수렴과 양안부등은 양안단서를 사용하는 것이며, 나머지는 단안단서들이다.

12

② 다른 사람이 강화받는 것을 보면서 학습이 이루어지는 것은 관찰학습이다.
③ 조작적 조건형성에서는 강화가 반응을 증가시킨다.
④ 관찰학습에서 강화는 기대를 증가시킨다.

13

③ 주제통각검사는 머레이에 의해 만들어진 검사이다.
① 로르샤 검사는 10장의 잉크반점이 있는 도판으로 구성되었으며, 잉크반점이 무엇처럼 보이는지 그리고 무엇 때문에 그렇게 보이는지를 질문하여 그 반응을 분석한다.
② 다양한 대상들을 그리도록 하여 분석하는 것으로, 집－나무－사람 그림검사(H－T－P), 동작성 가족화 검사(KFD), 인물화 검사(DAP) 등이 있다.
④ BGT는 벤더 게슈탈트 검사로 기하학적 도형이 그려진 9개의 카드를 보여주고 그대로 모사하고 회상하도록 하는 시지각 및 운동의 이상 유무를 알려주는 검사이다.

14

④ 셀리그만이 개 전기충격 실험을 통해 제시한 개념이다. 상황을 통제할 수 없는 경험을 반복적으로 하다보면 이후 통제할 수 있는 상황에서도 이미 인지적으로 안될 것이라는 예측이 학습되어 행동상으로 아무것도 하지 못하게 된다는 개념이다.
① 효능동기이론은 내재동기이론의 하나이다. 개인이 자신과 환경에 영향력을 주고자 하는 욕구로 인해 행동을 하게 된다고 보고 그런 행동을 통해 유능감을 갖게 된다고 하였다. 자기효능감은 성취경험, 대리경험, 언어적 설득, 생리적 각성을 통해 판단된다.
② 반두라는 인간은 감정, 사고, 행동을 통제할 수 있다고 보았는데 가장 강력한 자기조절 과정의 하나로 자기효능감(Self－efficacy)을 들었다.

15

③ 타인 아닌 나 자아상은 해당되지 않는다.
① 설리반은 좋은 나 자아상은 만족스런 양육상황에서 형성되며, ② 나쁜 나 자아상은 불안과 긴장속에서 양육될 때 형성될 수 있으며, ④ 나 아닌 나 자아상은 강렬한 불안으로 현실접촉을 하지 못해 경험의 조직화가 이뤄지지 않을 때 형성된다고 설명한다.

16

[에릭슨의 심리사회적 발달단계]

단계	과업과 위기	특징	덕목
영아기	신뢰 대 불신	• 환경과 다가올 사건들을 믿음 • 다가올 사건에 대한 의혹과 두려움	희망
유아 초기	자율 대 수치	• 자기통제감과 자기효능감 • 수치심과 자기의혹	의지
유아 후기	솔선 대 죄책	• 자신의 활동에서의 자율감 • 죄책감과 부족감	목적
아동기	근면 대 열등	• 사물을 이해 조직하는 능력 • 이해 조직하는 데 열등감	능력
청소년기	정체감 확립 대 역할 혼미	• 자아정체성의 확립 • 자신이 누구이며 무엇인지 혼미	충성심
성인기	친밀감 대 고립	• 타인을 위해 봉사, 사랑하는 능력 • 애정 관계를 맺지 못함	사랑
중년기	생산성 대 침체 (자기몰입)	• 가정과 사회에 대한 기여와 책임감 • 자신의 복지와 번영에 관심	배려
노년기	통합 대 절망	• 통합과 성취감 속에서 기꺼이 죽음을 직면 • 생에 대한 불만과 죽음에 대한 두려움	지혜

17

① 분석적 지능에 대한 설명이다. 경험적 지능은 창의적 지능으로 새로운 문제에 직면했을 때 통찰력을 통해 새로운 생각을 형성하고 서로 관련되어 있지 않은 사실들을 조합하여 새로운 아이디어를 만드는 창의적 능력이다.

18

④ 합리화는 이유를 대거나 변명을 하는 것이고, 동일시는 상대방을 따라하거나 똑같이 한다는 것이고, 투사는 남 탓을 하는 것이다. 반면, 주지화는 불편한 정서를 배제하고 이성적으로 사고하고 추론하는 방어기제다.

19

③ 인지부조화는 불일치하는 두 개 이상의 태도와 행동으로 인해 일어나는 심리적 불편감이다. 술이 건강에 나쁘기 때문에 금주를 선언했지만 술을 마시는 행동이 일어남으로써 이 행동을 합리화하기 위해 인지를 바꾸어(적당한 술은 건강에 좋다) 불편감을 줄였다.
① 확증편향은 일단 마음을 정하면 새로운 증거가 나와도 생각을 잘 바꾸지 않는 경향이다. 자신의 믿음에 부합하는 방향으로 정보를 해석하고, 믿음에 부합하는 정보만 선택적으로 받아들이고 일치하지 않는 정보는 무시하는 인지방식이다.
② 사회적 정체감은 집단에 소속되어 그 집단과 동일시하는 것이다. 개인적 정체감이 나와 너를 구분하는 것이라면 사회적 정체감은 내집단과 외집단을 구분한다. 개인적 정체감과 책임감이 완전히 사라지고 사회적 정체감만 있으면 몰개성화 현상이 일어난다.
④ 무의식적 갈등은 정신분석이론에서 원초아, 자아, 초자아 간에 균형이 깨져 불안이 일어나는 것을 말한다.

20

② 일반적 태도보다는 행동에 대한 태도를 측정할 때 태도와 행동의 일관성이 높아진다.

21

④ 위기상황에서는 교감신경계가 활성화되는데 동공은 확대되고 기관지는 확장되며 혈관은 수축된다.

22

④ 독립심을 갖는 것은 다른 사람에게 의존하지 않고 무엇이든 스스로 하는 마음으로 스트레스 대처와는 무관하다. 특히 사회적 지지를 추구하고 얻는 것은 스트레스를 완화하는 데 큰 영향을 주기 때문에 대인관계에서 지나친 독립심은 스트레스 관리와는 무관하다.

23

③ 자동적 사고를 파악하는 것은 벡의 인지치료이며 자동적 사고를 통해 이면의 중간신념과 핵심신념인 역기능적 사고를 점차 다루도록 한다.

24

네 가지 예들 모두 무의식을 전제하고 있는 정신적 현상이다. 특히 프로이트는 꿈을 무의식에 이르는 왕도라고 하였다.

25

③ 강박장애는 강박사고와 강박행동이 주된 증상인 장애로, 강박적인 집착과 반복적 행동을 특징적으로 나타내는 강박 및 관련 장애의 하위유형이다. 또 다른 강박 및 관련 장애에는 신체변형장애, 저장장애, 털뽑기 장애, 피부뜯기 장애가 있다.
① PTSD는 충격적 외상이나 스트레스 사건을 경험한 후 침습증상, 회피, 인지 및 감정의 부정적 변화, 각성과 반응성의 변화를 보이는 장애다.
② 자폐스펙트럼장애는 사회적 의사소통과 상호작용에 지속적인 결함을 보이고 행동이나 활동에 있어 제한적이고 반복적인 패턴을 보이는 신경발달장애이다.
④ 조현병은 망각, 환각, 혼란스러운 언어, 극도로 와해된 또는 긴장성 행동, 그리고 음성증상을 보이는 장애이다. 조현병 스펙트럼장애에는 조현병 외에 분열정동장애, 정신분열형 장애, 단기정신증적 장애, 망상장애, 분열형 성격장애 등이 심각도 순으로 포함되어 있다.

01	02	03	04	05	06	07	08	09	10
②	③	②	①	①	①	④	③	③	③
11	12	13	14	15	16	17	18	19	20
②	②	①	②	③	③	④	③	④	②
21	22	23	24	25					
④	③	②	④	③					

01

① 자극추구는 성격5요인 이론과 클로닝거의 성격이론에 포함되어 있는 성격요인이다.

③ 클로닝거는 성격을 기질 차원과 품성 차원으로 구분하였는데, 기질 차원은 생물학적이고 선천적인 측면을 반영한다.

④ 성격5요인 이론의 외향성 하위 척도에 자극추구요인이 들어 있다.

02

① 연쇄법은 각 단계마다 성공했을 때 강화를 주는 것이 아니라 마지막 단계에서만 강화를 주는 것이다.

② 체계적 둔감법은 이완을 필수적으로 훈련하여 이완을 불안과 짝을 지워 단계적으로 불안을 감소시키는 방법이다.

④ 타인의 행동을 관찰하여 학습하는 대리학습방법이다. 주의 – 파지 – 운동재생 – 동기의 단계를 거친다.

03

② 부호화 특수성 원리는 부호화할 때와 인출할 때의 상황이 비슷할수록 인출이 더 잘되는 현상을 말한다. 상태의존인출은 부호화 특수성 원리의 한 유형이다.

① 상태의존인출은 부호화 과정의 정서와 인출할 때의 정서 상태가 동일하면 회상이 증가하는 것이다.

③ 정서일치효과는 자료가 기분과 일치할 때 기억이 더 잘 되는 것이다. 즉 현재 정서와 일치하는 정보를 더 잘 기억하는 것이다.

④ 전이적절성 처리는 자료에 대한 정보처리를 깊게 하거나 또는 자료에 대한 부호화와 인출시의 부호화가 일치하면 회상이 잘되는 것을 말한다.

04

[성격 5요인]

요인	하위요인
신경과민성 (neuroticism)	불안, 적대감, 우울, 자의식, 충동성, 스트레스 취약성
외향성 (extraversion)	따뜻함, 활동성, 사교성, 긍정 정서, 자극추구, 주장성
개방성 (openness to experience)	상상력, 심미안, 다양한 행위, 감정 자각, 지적 호기심, 가치 개방성
성실성 (conscientiousness)	유능성, 질서 정연, 책임의식, 성취 추구, 자기절제, 신중성
우호성(동의성) (agreeableness)	신뢰성, 솔직성, 이타성, 순응성, 겸손함, 온유함

05

① 형태주의는 주로 시공간적 지각 변인을 연구한다.

06

① 위기상황에서 도움 주는 행동에 대한 설명으로, 다른 사람들이 도와줄 것이라는 생각에 오히려 아무도 돕지 않는 결과가 되어버리는 현상을 말한다. 일종의 책임감 분산이다.

② 사회적 딜레마는 개인에게는 즉각적 보상을 주는 행위이지만 궁극적으로는 개인과 사회에 해로운 결과를 초래하는 상황을 말한다.

③ 공정한 세상 가설은 언젠가 노력하면 보상을 받는다는 것으로, 노력을 강조하고 있다. 따라서 문제가 되는 결과는 피해자가 잘하지 못해서라는 비난을 받기 쉽다.

④ 자기기여편파는 자신의 행위에 대해 좋게 지각하고 사람들에게도 좋게 보이려는 쪽으로 설명하려는 성향을 말한다.

07

④ 유인운동. 주변의 움직임으로 인해 움직이지 않은 대상이 움직이는 것처럼 느껴지는 현상이다.

08

③ 실험연구에서 독립변인은 원인변인으로 연구자의 관심 하에 있는 요소들이다. 연구자는 타당한 인과관계를 찾아내기 위해 독립변인 외에 종속변인에 영향을 줄 수 있는 나머지 변수들을 통제해야 하는데 이를 가외변인이라고 하며, 가외변인이 잘 통제가 되면 통제변인이 되나, 연구자도 인식하지 못한 채 종속변인에 영향을 주는 가외변인을 오염변인이라고 하고 이 오염변인으로 인해 제3변인의 문제가 생기게 된다.

09

계열위치곡선은 무의미 단어의 회상실험을 통해 목록의 앞부분과 마지막 부분의 회상이 상대적으로 높은 것에 대한 설명을 제시하고 있다. 앞부분의 높은 회상은 초두효과를 의미하며 장기기억을 반영하는 반면, 후반부의 높은 회상은 최신효과를 의미하고 단기기억을 의미한다.

10

③ 대립과정설(반대색설, opponent-process theory)은 잔상현상에 대한 색채지각을 설명한다.

11

② 카멜레온 효과는 상대방의 행동과 표정을 무의식적으로 따라 하거나 자신의 외모와 행동이 유사한 사람을 더 선호하는 현상을 말한다.
① 상호성 원리는 자기를 싫어하는 사람은 나도 싫어하고, 나를 좋아해 주는 사람은 나도 좋아하는 것으로, 받은 대로 돌려준다의 의미를 갖고 있다.
③ 공변원리는 특정 원인이 존재할 때마다 어떤 결과가 나타나고 존재하지 않을 때는 그 결과가 나타나지 않는다면 그 원인이 결과의 원인으로 볼 수 있다는 원리이다.
④ 내집단 편향은 내가 속해 있는 집단에 대해 더 우호적으로 평가하는 것을 의미한다.

12

② 절대영점이 있고 가감승제가 가능한 비율척도이다. 무게, 시간, 밀도 등이 있다.
① 대상을 구분하는 명명척도이다. 등번호, 주민번호, 전화번호, 대기표번호 등이 있다.
③ 상대영점이 있고 덧셈과 뺄셈만 가능한 등간척도이다. 시험점수, 지능지수, 달력의 날짜 등이 있다.
④ 상하, 대소 관계를 나타내면 연산은 할 수 없는 서열척도이다. 석차나 기록순위 등이 있다.

13

① 연극성 성격장애의 진단기준이다.

14

② 개에 대한 도식을 갖고 있는 유아가 비슷한 모양의 호랑이를 멍멍이라고 한 것을 자신이 갖고 있는 도식에 호랑이를 넣은 것이므로 동화에 해당한다.

15

③ 타인의 관점을 잘 이해하지 못하는 것은 자아중심적인 사고의 특징 때문이므로 전조작기 사고 특성을 보여주는 것이다.
① 대상영속성은 감각운동기 중반부에 나타나기 시작한다.
② 감각운동 도식을 통해 세상을 이해하는 것 역시 감각운동기에 해당한다.
④ 부분-전체 관계를 이해한다는 것은 상위개념과 분류 및 위계 개념을 안다는 것이므로 구체적 조작기의 특성이다.

16

① 암묵적 자기중심주의는 자신과 관련된 것에 호의적인 경향을 보이는 것을 의미한다.
② 자기애는 정신분석 용어로, 자신을 지나치게 뛰어나다고 믿거나 사랑하는 자기중심적 성격 또는 행동을 말한다.
④ 성명글자효과는 암묵적 자기중심주의의 한 유형으로 자신의 이름과 유사한 대상을 더 선호하는 것을 말한다.

17

① 측정하고자 하는 것을 측정하는 것은 타당도가 있는 것이다.

② 내용타당도는 검사가 측정하고자 하는 내용을 담고 있는지를 전문가가 논리적으로 분석하는 것이고, 예는 준거타당도에 대한 설명이다.

③ 검사－재검사 신뢰도는 동일한 집단에게 실시한다.

18

③ 슈팅(행동)은 골이나 팬들의 환호 또는 높은 연봉(결과)과 연합된 것이다. 즉 골, 환호, 높은 연봉은 강화물이 되어 슈팅행동을 증가시키기 때문에 조작적 조건형성의 원리가 적용된 것이다.

① 시험(조건자극)＋불합격(무조건자극) → 불안(조건반응)

② 제품(조건자극)＋국민배우(무조건자극) → 구매행동(조건반응)

④ 어두운 골목길(조건자극)＋범죄(무조건자극) → 공포(조건반응)

19

[WAIS－Ⅳ 소검사]

전체	일반지능	언어이해(VCI)	공통성, 어휘, 상식, 이해
		지각추론(PRI)	토막짜기, 행렬추론, 퍼즐, 무게비교, 빠진곳찾기
	인지효능	작업기억(WMI)	숫자, 산수, 순서화
		처리속도(PSI)	동형찾기, 기호쓰기, 지우기

20

② 독립변인에 조작과 통제를 가해 종속변인에 주는 영향을 측정하는 연구이다. 사례연구와 자연관찰연구는 모두 기술연구에 속한다.

① 사례연구는 개인 또는 집단 또는 상황에서 발생한 현상에 대해 심층적으로 연구하는 방법이다. 적은 수의 사람을 대상으로 하기 때문에 결과를 일반화하는 데 어려움이 있다.

③ 자연관찰법은 관찰연구에 속하는 방식으로 의도적 조작을 하지 않고 있는 그대로의 모습을 관찰하는 방식으로 사건이 일어날 때까지 기다려야 한다.

④ 질적연구는 현상학에 바탕을 둔 귀납적 방법으로 의미와 개념 구성의 과정과 가치, 맥락, 해석에 초점을 두고, 결과를 이야기체로 보고하는 연구이다. 반면 양적연구는 논리 실증주의에 바탕을 둔 연역적 방법으로 통계적 방법을 동원하여 주로 수치, 측정, 실험, 수량적 관계와 진술에 초점을 두는 연구이다.

21

④ 성격의 집행자는 자아이다.

22

③ 실존주의에서는 죽음, 외로움, 선택의 자유, 무의미성이라는 인간의 실존적 조건을 극복하고 자아를 실현하는 과정을 성격과 관련지었다.

① 정신분석에서는 자아방어기제의 작용이 성격이라고 본다.

② 인본주의에서는 유기체적 가치화 과정(경험적 자기)과 가치의 조건(이상적 자기) 간의 상호작용을 성격과 관련짓는다.

④ 행동주의에서는 조건화를 성격과 관련지었다.

23

② 좋지 않은 것(잔소리)를 제거함으로써 집 밖에 머무는 행동이 증가했으므로 부적강화이다.

24

① 집단크기를 2명에서 15명 범위로 실험했을 때 서너 명일 때 가장 동조율이 높았다.

② 과제가 어려울수록 동조하기 쉽다.

③ 응집력이 높을 때 동조가 쉽게 일어난다.

④ 이외에도 만장일치인 집단, 응집력이 높은 집단일 때도 동조 현상이 증가한다.

25

③ 해결중심상담에서는 내담자의 과거나 문제가 발생된 배경에 대한 분석보다는 현재에 초점을 둔다. 때문에 문제가 없으면 손대지 않는다는 원칙을 강조한다.

제 17 회

01	02	03	04	05	06	07	08	09	10
④	①	②	③	②	④	③	②	③	①
11	12	13	14	15	16	17	18	19	20
④	①	③	③	③	③	④	①	②	②
21	22	23	24	25
③	②	③	④	①

01

④ 로저스의 이론에 대한 설명이다. 융은 집단무의식 개념을 주장했고, 개성화를 삶의 궁극적 목표로 보았다.

02

① 표층구조와 심층구조로 구분된다.

03

② 언어능력은 좌반구의 기능이다.

04

③ 시각발달이 가장 느리지만 성인과 유사한 시력은 생후 1년경에 발달한다.

05

② 장기기억은 기억용량의 제한이 없다.

06

① REM 수면은 1단계 수면인 세타파와 유사하다.
② 이완되거나 졸린상태는 알파파이다.
③ 각성상태에서는 베타파가 관찰된다.

07

③ 상황의 대표성은 외적타당도를 위협하는 요소이다.

내적타당도 (internal validity)	외적타당도 (external validity)
독립변인과 종속변인 간의 인과관계에 관한 정확한 추론을 할 수 있게 해주는 특성	변인이 정상적이며, 전형적이고, 현실을 반영하는 방식으로 정의되어야 한다는 속성
[위협요소] 우연한 사건, 시간에 따른 성숙, 사전검사효과, 대상자 선정문제 등	[위협요소] 표본의 대표성, 실험조사에 의한 반응성의 문제

08

② 예언타당도를 알려준다.

09

③ 중심에서 말초로 발달한다(근원의 법칙).
① 신체는 위에서 아래로 발달한다(두미의 법칙).
② 신체발달은 순서는 같지만 속도는 다르다.
④ 대근육에서 소근육으로 발달한다(근원의 법칙).

10

① 프리맥의 원리는 물질적 자극이 아닌 스스로의 행동도 강화인이 될 수 있다는 것으로, 유기체가 자주 하는 행동은 잘 하지 않는 행동의 빈도를 증가시킬 수 있는 강화인이 된다.
② 가르시아 효과는 맛혐오와 관련된 고전적 조건형성의 사례 중 하나로, 대상이 어떤 음식의 맛을 독·변질·독성 물질에 의해 일어나는 증상과 연관시켜 특성 물질을 회피하는 현상이다
③ 하인츠 딜레마는 콜버그가 도덕적 판단을 연구하기 위해 제시된 갈등이야기이다.
④ 링겔만 효과는 집단구성원 개개인이 집단의 크기가 증가하면서 덜 생산적으로 변화되는 경향을 의미한다. 사회적 태만을 보여주는 용어이며, 반대개념은 시너지 효과가 있다.

11

④ 역기능적 인지도식은 생활 속에서 개개 자극에 의해 활성화되거나 촉발되기 전까지는 잠복상태에 있다.

12

① 다원론적 사고를 주장한 사람은 페리와 시노트(Perry & Sinnott)이다. 라보비비에프는 성인기에는 논리적 사고뿐만 아니라 현실적응능력이 함께 통합되는 실용적 사고 특징을 보인다고 주장하였다.
② 샤이에는 청소년기까지의 단계를 습득단계로 보고 이후 성취단계 – 실행단계 – 책임단계 – 재통합단계를 제시하였다.
③ 알린은 성인기는 문제 해결뿐 아니라 문제를 발견하기 위한 사고를 한다고 보았다.
④ 리겔의 변증법적 사고는 비일관성과 역설을 잘 감지하고 正(theses) 과 反(antitheses)으로부터 合(syntheses)을 이끌어내는 것을 의미한다.

13

③ 인출은 장기기억에 저장되어 있던 정보들을 현재의 문제해결을 위해 단기기억으로 옮겨와 활용하는 것이다.

14

[성격장애 분류]

A군 기이하고 괴상한 행동특성	편집성	다른 사람을 끝없이 불신하고 의심
	분열형 (조현형)	왜곡된 인식과 비정상적 행동
	분열성 (조현성)	감정을 표현하지 않고 관계에 무관심한 외톨이
B군 극적이고 감정적 변화가 많은 행동특성	반사회성	타인의 권리를 과도하게 무시하고 침해
	연극성	지나치게 감정적이고 시선을 끄는 행동
	경계선	대인관계와 정서가 불안정하고 매우 충동적
	자기애성	잘난 체하고 칭찬받기를 원하며, 공감능력이 부족
C군 불안과 두려움을 지속적으 로 경험	회피성	억눌려 있고 자신감 부족, 부정적 평가에 민감
	의존성	스스로 판단하려 하지 않고 타인에게 지나치게 순응
	강박성	지나치게 엄격하고 인색, 쓸모없는 물건을 버리지 못함

15

③ 전두엽에 대한 설명이다.
측두엽은 다양한 소리자극들을 인식하는 데 중추적인 역할을 한다.

16

③ 구강기 공격 성격에 대한 설명이다. 남근기에 고착되면 자기애적 특성을 보이며 지나치게 자부심을 갖거나 난잡한 성행위와 성정체감의 문제 등을 겪을 수 있다.

17

④ 법적 제재를 가함으로써 음주운전 행동이 감소하였으므로 정적처벌이다.

18

① 게젤은 영아의 신체운동발달 이정표를 만든 사람이다.
② 베일런트는 성인의 심리적 방어기제, 성공적인 노화, 인간의 행복에 대한 연구를 하였다.
③ 에릭슨은 전생애에 걸친 인간의 심리사회적 발달을 연구하였다.
④ 레빈슨은 융의 중년기 위기 개념에 동의하면서 삶의 과제인 젊음과 늙음, 파괴와 창조, 남성성과 여성성, 애착과 분리의 대극들을 어떻게 극복하느냐에 따라 성인기 발달에 영향을 준다고 하였다. 또한 일정 시기에 개인의 삶에 잠재되어 있는 양식과 설계인 생애구조(인생구조)가 진입, 전환, 절정의 단계들을 거치며 일생 동안 변화해 간다고 하였다.

19

방관자 효과(bystander Effect)의 연구배경인 키티 제노비스 사건이다. 사람들은 어떤 사건이 발생하고 있고 그것이 긴급하다고 인식하는 것만으로 도움 행동이 나타나지는 않는다. 상황에 대한 인식 다음에 이어져야 하는 단계는 도움 행동을 제공하기 위해 스스로 책임감을 느끼는 것이다. 이러한 단계에서 도움 행동이 나타나지 않게 만드는 장애물은 책임감 분산(diffusion of responsibility)이다. 만약 도움을 제공할 수 있는 잠재적 가능성을 가진 사람들이 주위에 많이 있다면, 개인 각각에게 부여되는 책임감은 감소한다.

20

① 표면특성과 원천특성은 카텔의 분류이다.
③ 기본특성은 극소수의 사람만이 보이는 특성이며, 일반 사람들은 중심특성(central trait)을 5, 6가지 정도 가지고 있다.
④ 외향성, 신경증적 경향성, 정신병적 경향성은 아이젠크의 PEN 모형이다.

21

③ 샤흐터와 싱어의 이요인이론이다.
① 캐논 – 바드의 정서이론이다.
④ 자이언스의 정서이론이다.

22

② 과학적 연구단계는 1단계 연구문제 설정, 2단계 가설 개발, 3단계 가설 검증, 4단계 가설에 대한 결론 과정을 거친다.

23

[에릭슨 심리사회적 발달단계]

단계	과업과 위기
영아기	신뢰 대 불신
유아초기	자율 대 수치
유아후기	솔선 대 죄책
아동기	근면 대 열등
청소년기	정체감 확립 대 역할 혼미
성인기	친밀감 대 고립
중년기	생산성 대 침체(자기몰입)
노년기	통합 대 절망

24

④ 공황장애는 불안장애의 하위유형 장애이다. 기타 외상 및 스트레스 장애에는 외상후 스트레스장애, 급성 스트레스 장애가 있다.

25

참새는 일반적으로 '새'의 전형적인 예(원형, prototype)로 인식된다. 전형적인 예는 더 쉽게 인식되고, 판단 시간이 짧아지는 경향이 있다. 따라서 '참새는 새이다.'라는 명제가 더 빠르게 진위 판단이 이뤄진다. 반면, 병아리는 새의 전형적인 이미지와는 다소 거리가 있을 수 있어 판단 시간이 더 길어질 수 있다.

제 18 회

01	02	03	04	05	06	07	08	09	10
①	③	③	②	④	③	①	②	①	①
11	12	13	14	15	16	17	18	19	20
②	③	①	③	④	③	①	④	④	②
21	22	23	24	25					
④	②	①	④	②					

01

① 추상체는 주간시에 작동하며 약한 빛에는 민감도가 낮다.

02

① 감각기억의 용량과 장기기억의 용량은 제한이 없고 단기기억의 용량은 7±2로 알려져 있다.
② 처리수준은 의미적 처리가 가장 깊은 처리이다.
④ 의미 있는 사건에 대한 기억은 일화기억이다.

03

③ 군집 B의 성격장애sms 반사회성, 경계선, 연극성, 그리고 자기애성 성격장애가 있다. 수동공격성 성격장애는 DSM 3판에 제시된 기타 성격장애 중 하나이다.

04

① 거짓 특이성 효과는 자신의 좋은 점이나 바람직한 행동의 보편성을 과소평가하는 현상이다.
③ 내현성격이론은 한두 가지의 단서로 드러나지 않은 성격특성을 판단하는 것을 말한다.
④ 가중평균법칙은 중요한 특정 정보는 더 비중을 두어 인상을 형성하는 것이다.

05

④ 은행원이면서 페미니스트일 확률은 은행원과 페미니스트의 교집합이기 때문에 은행원일 확률보다 무조건 낮지만, 페미니스트에 대한 대표성 도식을 발동하게 되면 잘못된 판단을 할 수 있다.

06

③ 두 집단이 불평등한 지위를 가지고 있을 때 편견이 발생한다.

07

① 음식에 관한 학습은 생존과 직결되기 때문에 자극들 간의 근접성이 떨어져도 연합이 잘 된다.

② 향본능 표류는 학습된 행동이 본능적 행동과 상충되면 학습행동이 쉽게 무너지고 다시 본능적 행동으로 돌아간다는 것을 의미한다.

④ 파블로브가 개를 대상으로 변별훈련을 할 때 과제가 어려워지자 이상행동을 보인 것으로, 과도한 스트레스가 건강에 해로운 결과를 줄 수 있음을 보여준다.

08

① 도약전도를 하는 것은 유수축색이다.

③ 유수축색은 지방성 절연체 기능을 하는 수초가 있어서 에너지 효율이 뛰어나고 도약전도를 하기에 속도도 빠르다.

④ 활동전위는 세포체에서 종말단추의 방향으로만 진행된다.

09

① 각인은 생존가능성을 증진시키는 행동패턴으로, 생후 초기 제한된 시간 내에서만 일어나기 때문에 결정적 시기에 형성된다.

10

② 설득내용이 내가 관심 있어 하는 것이거나 중요한 것이면 설득되기 쉽다.

③ 감성에 호소할 때 더 효과적이다.

④ 설득자를 좋게 평가하거나 설득자가 전문성을 갖추거나 매력적이면 설득되기 쉽다.

11

① 순행간섭은 먼저 학습한 기억이 나중에 학습한 기억을 손상시키는 것이다.

③ 변화맹은 선택적 주의를 보여주는 개념으로 눈앞에서 일어난 변화를 알아차리지 못하는 현상을 말한다.

④ 설단현상은 장기기억에 저장된 자료를 일시적으로 기억하지 못하거나 접근이 되지 않는 현상을 말한다.

12

③ 주변인이 아니라 환자 자신의 주관적 고통 호소를 근거로 판단한다.

13

① 흡입제는 본드, 부탄가스 등이며, 코카인 등은 자극제이다.

14

③ 암묵기억은 자료주도적 처리를, 서술기억은 개념주도적 처리를 한다.

① 암묵기억은 외현기억보다 간섭의 영향을 덜 받는다.

② 외현기억의 인출은 의식적이다. 언어적으로도 표현되기 때문에 서술기억이라고도 한다.

④ 암묵기억에는 절차기억, 점화, 조건화, 비연합적 습관이 있다.

15

④ 각성수준과 수행수준 간의 관계를 역U형 함수관계로 나타낼 수 있다.

① 과도한 스트레스나 불안 상태에서 각성 수준이 증가하여 정상적인 기능 수행에 영향을 미칠 수 있다.

② 과제 난이도에 따라 최적의 각성수준이 다를 수 있다는 설명은 Yerkes-Dodson Law에 근거한 것으로, 단순한 과제는 높은 각성수준에서 잘 수행되지만, 복잡한 과제는 낮은 각성수준에서 더 잘 수행된다.

③ 망상활성계(Reticular Activation System, RAS)는 각성 상태와 밀접한 관련이 있으며, 이 시스템의 활성화는 각성 상태를 유지하는 데 중요한 역할을 한다.

16

③ T점수＝(10 × Z점수＋50)이므로 Z점수가 2.0인 사람의 T점수는 '(10 × 2.0＋50)＝70'이다.

① 표준등급은 스테나인(Stanine, Standard Nine)이라고도 하며, 원점수를 1~9까지의 범주로 나누는 것으로 원점수를 백분율에 맞추어 표준등급을 매기는 것이다.

② 'Z점수＝(원점수－평균) ÷ 표준편차'이므로 평균이 80점이고 표준 편차가 5점인 집단에서 60점을 받은 사람의 Z점수는 '(60－80) ÷ 5＝－4.0'이다.

④ 백분위는 특정 개인의 점수를 그가 속한 집단에서 그 사람보다 점수가 낮은 사람들의 비율로 나타낸 것이다.

17

① 일란성 쌍둥이는 유전자가 동일하기 때문에 더 유사한 것이다.

18

① IQ 92는 평균(average) 수준이다.

② 성격검사는 투사적, 객관적 검사 모두 가능하다.

③ MMPI는 환자의 정신병리를 진단할 목적으로 개발되었으며, 일반인들의 경우에는 성격 이해를 돕는데 활용한다.

19

④ 부인은 불안을 줄이기 위해 명백한 사실을 외면하는 기제다.

① 용납할 수 없는 감정이나 충동을 마비나 경련과 같은 신체증상으로 표현하는 것이다.

② 반동형성은 자신의 욕구나 감정과 반대되는 식으로 과장되게 행동하는 것이다.

③ 주지화는 감정의 충동을 억제하기 위해 그것들을 받아들이는 대신, 이성적으로 생각하고 분석하는 식으로 다루는 기제이다.

20

② 길리건의 도덕발달단계

1단계	이기주의
1.5단계	이기심에서 책임감으로
2단계	책임감과 자기희생
2.5단계	선에서 진리로
3단계	자신과 타인에 대한 배려

① 몬테소리는 이탈리아의 의사이자 교육자이다.

③ 에인스워스는 영아의 애착을 측정하는 낯선상황 절차를 개발하였다.

④ 클라인은 프로이트의 제자로 대상관계이론가이다.

21

④ 기본적 귀인오류는 타인의 행동을 설명할 때 외부요소보다는 내적요소로 설명하는 경향을 말한다.

22

② 둘 다 특질이론가이며 올포트는 공통특질과 개별특질을, 카텔은 표면특질과 원천특질을 연구하였다.

① 사회적 관심은 아들러의 개념이다.

③ 로저스의 개념이다.

④ 켈리의 개념이다.

23

① 신경전달물질은 신경세포(뉴런)에서 만들어지며, 내분비선에서 만들어지는 것은 호르몬이다.

24

④ 통계적 회귀란 극단적인 측정값을 갖는 사례들을 재측정할 때, 평균값으로 회귀하여 처음과 같은 극단적 측정값을 나타낼 확률이 줄어드는 현상이다. 종속변수의 값이 극단적으로 높거나 낮은 경우 프로그램 실행 이후 검사에서는 독립변수의 효과가 없더라도 높은 집단은 낮아지고, 낮은 집단은 높아지는 현상을 의미한다.

25

① 구조주의는 실험적 접근의 내관법을 통해 피험자의 주관적 경험을 분석하여 의식의 구성요소를 분석하고자 하였으며, 분트가 대표학자이다.

③ 형태주의자인 베르트하이머는 의식을 내용을 요소의 조합이 아닌 전체로 인식하는 것을 강조하고 지각심리학을 연구하였다.

④ 행동주의는 객관적으로 관찰가능하고 측정가능한 행동을 대상으로 인간행동을 이해하고자 하였다.

01	02	03	04	05	06	07	08	09	10
②	④	③	②	①	①	③	④	④	①
11	12	13	14	15	16	17	18	19	20
①	③	②	④	①	③	①	③	④	②
21	22	23	24	25					
③	①	④	①	③					

01

② 안정성 차원은 원인이 되는 요소가 변화 가능한지 아닌지를 의미한다.

02

④ 아니마는 남성 속에 있는 여성성을 의미하며, 여성 속의 남성성은 아니무스이다.

03

③ 자신의 가치관과 행동이 불일치함으로써 불편하게 된 인지부조화 상태이다.
① 도움행동에서의 책임감 분산을 의미하는 방관자 효과이다.
② 만장일치의 집단행동이 무언의 압력이 되어 동조하게 된 것이다.
④ 확증편향에 대한 설명이다.

04

① 적대적 반항장애는 분노와 짜증, 논쟁과 반항행동, 그리고 보복심이 주된 증상이다.
③ 반사회적 성격장애 진단기준: 다른 사람들의 권리를 침해하고 무시하는 패턴이 15세 이후로 전반적으로 나타남(3개 이상). 18세 이후에 진단
- 법에서 정한 사회적 규범을 준수하지 않으며 구속 당할만한 행동을 반복함
- 개인의 이익이나 쾌락을 위한 반복적인 거짓말, 가명 사용 또는 타인을 속이는 사기 행동
- 충동적이거나 미리 계획을 세우지 못함
- 빈번한 육체적 싸움이나 폭력에서 드러나는 호전성과 공격성
- 자신이나 타인의 안전을 무시하는 무모성
- 꾸준하게 직업 활동을 수행하지 못하거나 채무를 이행하지 못하는 행동으로 나타나는 지속적인 무책임성
- 타인에게 상처를 입히거나 학대하거나 절도 행위를 하고도 무관심하거나 합리화하는 행동으로 나타나는 자책의 결여

④ 간헐적 폭발장애는 공격적 충동통제의 실패로 언어적 공격성과 물리적 공격성이 반복되는 장애이다.

05

① 편차지능은 연령별 규준을 만들어 각 연령군 내에서 비교를 통한 상대적 위치를 알 수 있는 웩슬러 검사의 특징이다.

06

① 형태소란 음절이 조합된 것(예 '해변', '요일', 'bat')으로, 언어의 의미가 나타나는 가장 작은 단위이다.
② 구는 단어들이 모여 이루어진, 단어보다 더 큰, 그러나 주어와 서술어의 구성이 아닌 언어 형식을 말한다. 흔히 명사구, 동사구, 부사구처럼 품사 이름을 붙여 부르는데, 이는 그 구가 하는 일이 궁극적으로 이들 품사와 같음에 근거한 것이다.
③ 통사는 어떤 언어에 있어서 명확한 표현이나 문장을 구성하는 데 필요한 일련의 규칙을 의미한다.
④ 음소(phoneme)는 말소리의 가장 작은 단위로 말의 의미를 구별하는 음성의 최소단위를 말한다.

07

③ 엄마가 보이지 않지만 엄마가 있다는 것을 알기 때문에 엄마를 찾는 것이다.
① 직관적 사고는 전조작기의 사고특성으로 한 가지 두드러진 속성에만 근거하여 사물을 인지하는 것이다.
② 전환적 추론은 전조작기 사고특성으로 인과관계가 없는 전후 두 사건을 인과적으로 연결하는 사고 특성이다.
④ 이차사고과정은 자아(ego)의 사고특성으로 현실을 토대로 합리적이고 이성적으로 이해하는 것을 말한다.

08

④ 이합법은 각 단어의 첫글자를 단서로 기억하는 방법이다.

① 장소법은 친숙한 공간이나 장소를 이미지로 떠올려 그 장소에 기억해야 할 항목들을 배치하면서 상상하는 방법이다.

② 핵심단어법은 구체적인 단어와 추상적인 단어를 연결하고 그 구체적인 단어에 대해 심상을 형성하는 방법이다.

③ 연결법은 기억해야 할 항목들이 서로 연결될 수 있도록 시각적 이미지를 형성하는 기억법이다.

09

④ 스키너는 손다이크의 효과의 법칙 실험결과를 통해 강화개념을 확립하였다.

10

① 기저핵은 수의 운동 및 절차 기억, 안구 운동, 인지, 감정 등의 기능을 수행하는 데 중요한 역할을 한다.

11

② 외부귀인이 되려면 세 가지 요소가 모두 긍정일 때이다.

③ 세가지 공변 요소는 일관성, 특이성(독특성), 합의성이다.

④ 거짓특이성이다. 거짓합의성은 자신의 바람직하지 않은 행동의 보편성을 과대평가하는 것이다.

12

① 행동주의는 인간의 정신이나 의식에 관심이 없으며 관찰가능하고 측정가능한 행동에 초점을 두었다.

② 구성주의는 인간의 정신을 요소로 구분하여 분석하고자 하였다.

④ 인본주의는 개인의 주관적 경험을 강조하고, 인간의 잠재력 실현의 동기에 초점을 두었다.

13

② 이전의 자극이 현재 특정 기억을 떠올리게 영향을 주는 것은 점화이다.

14

① 구성주의(구조주의)에 대한 설명이다.

② 분트의 구성주의에 반대하였다.

③ 티치너는 분트의 제자이다.

15

① 만장일치가 되는 경우 집단극화가 더 심해질 수 있다.

16

③ 신속표상대응은 18개월 이후의 영아가 아주 짧은 시간 노출에도 불구하고 단어의 의미를 빠르게 습득하는 것을 말한다.

① 의미점화효과는 단어가 단독 제시될 때보다 문장이나 글 속에 제시될 때 맥락에 따라 어휘 처리에 영향을 받는 현상을 말한다.

② 단어우월성 효과는 어휘를 구성하는 문자보다는 단어 전체의 이미지를 통해 인지하는 현상을 말한다. 즉 주변문자에 의해 다른 문자들에 대한 인지가 영향을 받음을 보여준다.

④ 친숙한 단어가 친숙하지 않은 단어에 비해 상대적으로 빨리 지각된다.

17

① 자동운동착시란 어두운 곳에서 하나의 빛을 응시하면 실제 그 빛이 움직이지 않음에도 불구하고 불규칙적으로 움직이는 것처럼 느껴지는 현상을 말한다.

18

③ 사람들의 평가나 인정이 도덕성의 기준이 되는 것은 3단계 착한 소년소녀 지향 단계이다.

19

④ 사람을 그릴 때는 수검자가 그리고 싶은 성을 먼저 그린다.

20

② 생활사건스트레스와 사회재적응평정척도는 홈스와 라헤의 자극으로서의 스트레스 개념을 보여주는 용어이다.

21

③ 질병불안장애는 신체증상 및 관련장애의 하위 유형이다. 불안장애의 하위유형에는 범불안장애, 광장공포증, 공황장애, 사회불안장애, 특정공포증, 선택적 함구증, 분리불안장애가 있다.

22

① 색맹은 간상세포(rod cell)의 문제가 아니라 원추세포(cone cell) 중에서 하나 이상이 없거나 기능장애가 있을 때 발생한다. 간상세포는 밝기를 인지하는 데 중요하며, 원추세포는 색상을 인지하는 데 필요하다.

23

④ 암묵기억은 간접기억검사를 사용하여 점화점수나 절약점수를 구한다. 자유회상검사는 단서회상검사와 재인검사와 함께 외현기억을 알아보는 데 사용하는 검사이다.

24

① 타인의 행동을 설명할 때 상황요인보다 성향요소에 귀인을 하는 것은 근본적(기본적) 귀인오류이다.
② 행위자-관찰자 편파는 타인의 행동은 성향요소로, 나의 행동은 성향요소로 귀인하는 성향을 말한다.
③ 가용성의 오류는 자신이 경험한 한정된 정보에 근거하여 전체상황을 판단하는 오류이다.
④ 도박사의 오류는 과거의 확률에 근거해 미래의 확률을 판단하는 오류다.

25

③ 다세대 가족상담, 경험적 가족상담, 구조적 가족상담, 그리고 전략적 가족상담은 모더니즘적 태도를 취하며, 해결중심치료나 이야기치료가 포스트모더니즘적 태도를 취한다. 포스트모더니즘적 접근은 절대적 진리를 인정하지 않으며, 따라서 치료자의 전문성을 강조하지 않고 '알지 못함의 자세'로 내담가족들이 스스로 자신의 문제를 발견하고 해결법을 찾아낼 수 있도록 돕는다.

제 20 회

01	02	03	04	05	06	07	08	09	10
①	①	④	③	④	②	③	④	①	②
11	**12**	**13**	**14**	**15**	**16**	**17**	**18**	**19**	**20**
①	③	②	③	④	②	④	①	④	③
21	**22**	**23**	**24**	**25**					
②	②	②	④	③					

01

① 바넘효과라고도 한다.
② 20세기 이후 세대가 반복될수록 지능이 높아지는 현상을 말하는데 IQ가 10년마다 약 3점씩 증가한다.
③ 맥락효과는 처음에 제시된 정보가 맥락을 형성하여 나중에 들어오는 정보를 해석하는 방식에 영향을 준다.
④ 자이가르닉 효과는 달성하지 못한 일이나 중단된 일이 해결되지 않아 긴장상태가 지속되어 머릿속에 오래 남는 현상을 말한다.

02

② 현실적 불안은 외부 현실에 객관적인 불안의 대상이 있을 때 느끼는 타당한 불안이다.
③ 도덕적 불안은 초자아가 지나치게 강력할 때 일어나는 불안이다

03

[MMPI-2 임상척도]

척도	높은 점수에 대한 설명
Hs (건강염려증)	신체기능에 대한 관심이 높고 지나치게 많은 신체적 불평을 호소
D(우울증)	우울한 기분, 자기비하, 흥미상실, 정신운동성 지체
Hy(히스테리)	미성숙, 자기중심적, 감정반응의 변화무쌍, 사회관계에서 의존적
Pd(반사회성)	널리 인정되는 관습이나 규범에 대해 거부
Mf (남성성 여성성)	여성: 진취적, 적극적, 공격적, 자기주장 강, 지배적, 경쟁적 남성: 수동적, 의존적, 민감, 문화적이고 심미적 추구
Pa(편집증)	예민함, 불신, 상당한 분노와 적대감

Pt(강박증)	융통성 없음, 작은 일에 지나치게 신경, 양심적, 지나치게 관념적
Sc(조현병)	소외감, 고립감, 스트레스 대처 혼란, 빈약한 판단력
Ma(경조증)	에너지가 넘치고 열광적, 참을성 없고 가만히 있지 못함
Si (사회적 내향성)	내향적, 사회적 미숙, 자신감 부족, 타인의 시선에 지나치게 민감

04

①, ④ 생리적 욕구, 안전의 욕구, 사랑과 소속의 욕구, 자존감의 욕구는 결핍욕구이며, 지식, 심미, 자아실현의 욕구는 성장욕구이다.

② 욕구는 가장 아랫 단계의 욕구가 충족되어야 다음 단계로 나아갈 수 있는 위계적 구조를 갖는다.

05

④ 동시조건화는 고전적 조건형성 조건자극과 무조건자극의 시간적 근접성 조건 중 하나로, 조건자극과 무조건자극을 동시에 제시하고 동시에 종료하는 방식이다.

06

② 집중경향치에는 평균, 최빈치, 중앙치가 있다. 표준편차는 변산도에 속한다.

07

③ 고정관념은 대부분 무의식적으로 처리된다.

08

④ 캥거루 케어는 미숙아로 태어난 신생아를 부모와 신체접촉을 하도록 하여 생존가능성을 높이는 프로그램이다. 할로우는 원숭이 실험을 통해 새끼의 생존에는 음식이나 위생 이상으로 신체접촉이 매우 중요함을 연구한 학자이다. 토마스와 체스, 조화의 적합성은 기질과 관련된 개념이다. 사회적 참조는 모호한 상황을 이해하기 위해 영아가 어머니의 표정이나 행동을 참고하는 것을 말한다.

09

① 목표, 신념 등은 인지적 측면이다.

10

② 자아의 정보처리는 이차적 사고과정으로 현실을 감안하여 객관적이고 이성적으로 접근하는 것이며, 일차적 사고과정은 원초아가 욕구가 좌절될 때 환상을 떠올려 마치 욕구가 충족되고 있는 것처럼 받아들이는 것을 말한다.

11

② 성격검사는 투사적 검사와 객관적 검사 모두를 측정할 수 있다. 대표적 투사적 성격검사에는 로르샤, 주제통각 검사, 그림검사가 있고, 객관적 성격검사에는 MMPI, MBTI, TCI 등이 있다.

③ 성과측정이 목적인 검사는 성취도 검사이다.

④ 심리검사를 통해 얻은 점수는 측정치이기에 심리측정의 모든 측정치는 진점수와 함께 어느 정도의 오차점수를 포함한다.

12

③ 결정성 지능은 나이가 들어도 쉽게 약화되지 않고 유지되는 지능이다.

13

② 유인효과는 맥락효과의 한 유형으로, 기존 제품에 비해 열등한 새로운 대안을 제시하면 기존 대안을 선택할 확률이 오히려 증가하는 현상을 말한다.

① 골렘효과는 부정적 의미의 자기충족적 예언 개념으로 스티그마 효과와 유사한 개념이다.

③ 스티그마 효과는 부정적인 낙인이 찍히면 실제로 부정적인 쪽으로 변화한다는 의미이다.

④ 로젠탈 효과는 자기충족적 예언과 유사한 개념이다.

14

③ 자료주도적 처리에 대한 설명으로 특정 사례로부터 일반적 법칙을 도출하는 경우이며, 귀납적 정보처리이다. 나머지 보기들은 모두 하향처리에 해당한다.

15

④ 행동주의 관점에서는 이상행동은 학습된 것이라고 본다.

16

② 이에 더해 우울한 기분 또는 흥미와 즐거움의 저하 두 가지 중 한 가지가 반드시 포함되어야 한다.

17

① 교류분석 – 에릭 번 / 실존주의상담 – 프랭클

② 정신분석치료 – 프로이트 외 / 엘리스 – 합리정서행동치료

③ 게슈탈트치료 – 펄스 / 로저스 – 인간중심상담

18

[홀랜드 직업성격유형]

실재형 (R, realistic)	기계, 도구, 동물에 관한 체계적인 조작 활동을 선호
탐구형 (I, investigative)	분석적이고 호기심이 많고 조직적이며 정확
예술형 (A, artistic)	표현이 풍부하고 독창적이며 비순응적
사회형 (S, social)	다른 사람과 함께 일하거나 다른 사람을 돕는 것을 즐김
설득형 (E, enterprising)	조직목표나 경제적 목표를 달성하기 위해 타인을 조작하는 활동을 즐김
관습형 (C, conventional)	자료를 체계적으로 잘 처리하고 기록을 정리하거나 자료를 재생산하는 것을 좋아함

19

④ 인지구조의 양적변화는 동화(assimilation)에 대한 설명이다. 기존 도식이 새로운 대상과 일치하지 않으면 조절(accommodation)을 통한 인지구조의 질적 변화가 일어난다.

20

③ 교류분석은 에릭 번이 창시한 정신분석학적 경험과 기술로부터 시작되었으며 학습이론을 내포하고 있다. 인간의 자아상태를 분석함으로써 자신을 이해하고 타인과의 관계를 이해함으로써 자율성을 추구한다.

① 제3세대 인지행동치료이다. 관계구성틀 이론에 기반을 두고 심리적 문제를 해결이 아닌 수용의 개념으로 접근한다.

② 변증법적 행동치료는 원래 경계선 성격장애 환자를 치료하기 위해 개발된 치료법이나 오늘날 다양한 어려움을 겪고 있는 사람들에게 적용되는 인지행동치료이다. 정서적 고통을 피하려는 노력이 오히려 고통을 증가시킨다고 보고, 고통을 받아들이고 정서를 조절하며 대인관계능력을 향상시키고자 한다.

④ 합리정서행동치료는 자기패배적인 비합리적 신념에서 벗어나 합리적 신념을 갖고 삶을 영위하는 것을 추구한다. 대표적 기법으로는 논박하기 등이 있다.

21

② 중첩에 대한 설명으로 중첩은 일부가 가려져 있으면 가려진 것이 가린 것보다 멀리 있다고 지각한다.

① 상대적 명확성에 대한 개념이다.

③ 결의 밀도 변화에 대한 개념이다.

④ 선형조망에 대한 개념이다.

22

② 나무는 무의식적인 자아상을 의미한다.

23

② 좌뇌보다 우뇌가 언어 정보를 처리하는 데 더 유리하다는 설명이 옳지 않다. 언어 정보처리는 좌뇌에서 담당하고, 우뇌는 비언어적인 정보 처리에 특화되어 있다.

① 무시증후군(neglect syndrome)은 치매 · 의식장애는 나타나지 않음에도 불구하고 손상을 입은 뇌와 반대쪽 시야에 제시된 시각 자극에 대한 반응을 하지 못하는 현상을 말한다. 편측공간무시(hemispatial neglect)나 시각 무시(visual neglect)라고도 불리며, 좌 · 우 반구 손상 시 나타날 수 있지만 좌반구 손상의 경우 우반구 손상 시 보다 심해지는 않다.

③ 편재화(lateralization)는 특정 정신 기능이 대뇌의 좌반구와 우반구 중 어느 한쪽에 치우쳐 있는 경향성을 말하며, 1960년대 말 스페리(Sperry)와 가자니가(Gazzaniga)는 뇌량이 절단된 간질 환자들의 뇌의 각 반구가 어떤 기능을 하는지 연구했다. 이들은 양 반구에서 주요 지적 기능이 분리된다는 사실을 발견했다.

24

① 정적 강화이다.

② 정적 강화이다.

③ 정적 처벌이다.

25

③ 50% 과잉학습이 가장 효과적이다.

① 깊은 처리를 하는 방식이다.

② 시각적 심상화 방법 중 장소법이다.

④ 간섭을 막기 위한 방법이다.

제 21 회

01	02	03	04	05	06	07	08	09	10
③	①	②	③	①	③	④	④	②	④
11	12	13	14	15	16	17	18	19	20
④	③	④	①	②	③	②	③	①	②
21	22	23	24	25
----	----	----	----	----
②	①	④	④	③

01

③ 무의식적 갈등은 정신분석적 관점에서 원초아, 자아, 초자아 간의 갈등을 말한다.

① 각인은 로렌쯔의 거위실험을 통해 나온 개념으로, 어린 동물이 생후 초기의 결정적 시기 동안 어떤 대상에 노출되어 그 뒤를 따르게 되면 그 대상에 애착하게 되는 것을 의미한다.

② 인간을 포함해 동물들은 환경을 통해 학습하기 전에 이미 본능적으로 특정 행동들을 하는데 이를 반사행동이라고 한다.

④ 결정적 시기란 유기체를 둘러싼 내적 외적 사건들이 발달에 최대한의 영향을 미치는 짧은 시기를 의미한다.

02

연역추리는 일반적이거나 보편적인 전제 사실에 근거하여 결론을 도출하는 사고로, 개념주도적 특성이 있으며, 대표적인 사고로는 조건추리와 삼단추리 등이 있다. 또한 개념주도적이라는 점에서 이미 갖고 있는 개념을 토대로 추리를 하기 때문에 확증편향적 특성도 있다고 볼 수 있다.

03

장기증강은 시냅스 연결을 강하게 하여 시냅스후 뉴런이 더 쉽게 활성화되도록 한다. 이는 세포수준에서 학습과 기억이 가능함을 지지해주는 개념이다.

04

Big Five 모델에 따른 성격하위요인은 신경과민성(정서안정성의 반대), 외향성, 개방성, 성실성, 우호성이다. Big Five 모델에 정식성 요인을 추가한 모델은 HEXACO 모델이다.

05

① 반동형성은 위협이 되는 내적 욕구나 환상을 정반대의 과장된 형태의 반응으로 바꾸는 것이다.

② 동일시는 더 좋아보이는 사람의 특성을 무의식적으로 자신의 것으로 채택함으로써 불안함을 처리하는 것이다.

③ 승화는 용납되지 않는 충동을 사회적으로 용인되고 가치를 높이는 활동을 하여 해소하는 것을 말한다.

④ 합리화는 동기나 감정을 숨기기 위해 자신이 보이는 납득하기 어려운 감정이나 행동에 대해 합당해 보이는 설명을 하는 것이다.

06

③ 표준정규분포의 평균은 0이고 표준편차는 1이다.

07

④ 크기항등성은 대상까지의 거리가 변화되어도 그 대상이 일정한 크기를 가지고 있는 것으로 지각하는 경향성이다.

① 망막에 맺히는 물체의 크기는 거리에 따라 다르다.

② 모양항등성에 대한 설명이다.

③ 단안단서 중 상대적 크기에 대한 설명이다.

08

④ CAT(Child Apperception Test)는 주제통각검사의 아동용 투사검사이다.

① WPPSI(Wechsler Preschool and Primary Scale of Intelligence)는 유아용 웩슬러 지능검사로 현재 4판까지 출판되어 있는 객관적 지능검사이다.

② MMPI(Minnesota Multiphasic Personality Inventory)는 수백개의 문항으로 구성된 예/아니오 반응방식의 객관적 성격검사이다.

③ Rorschach는 10장의 잉크반점카드에 대한 지각반응을 통해 다양한 무의식적 측면을 알아보는 투사적 성격검사이다.

09

[프로이트와 에릭슨 발달단계 비교]

단계	프로이트	에릭슨
영아기	구강기	신뢰 대 불신
유아초기	항문기	자율 대 수치
유아후기	남근기	솔선 대 죄책
아동기	잠재기(잠복기)	근면 대 열등
청소년기	성기기(생식기)	정체감 확립 대 역할 혼미
성인기		친밀감 대 고립
중년기		생산성 대 침체(자기몰입)
노년기		통합 대 절망

10

같은 일을 하는 사람이 많을수록 한 사람이 수행하는 양이 감소하는 현상으로, 사회적 태만의 원인으로는 책임이 분산될 때, 개인의 공헌도를 측정하기 어려울 때, 노력을 알아봐 주지 못하는 상황일 때, 타인에게 맞추려는 경향이 있을 때 등을 들 수 있다.

11

④ 인지 신연합 이론은 좌절-공격 가설을 수정한 이론으로, 좌절의 결과로 공격성이 표출되기 위해선 적절한 상황적 단서(타인의 도발, 높은 불쾌지수 등과 같은 혐오자극)가 필요하지만 인지과정(평가나 귀인)을 통해 분노나 공포는 강화되거나 억제될 수 있다고도 본다.
① 통제감 평가이론은 좌절, 고통, 불편감은 그것을 통제할 수 있다면, 즉 분노를 표현했을 때 예상되는 결과가 위협적이지 않다면 분노와 공격을 일으킬 수도 있지만, 결과가 통제할 수 없는 상황이라면 분노보다는 공포가 나타날 가능성이 높다고 본다.
② 대립과정이론은 외부자극에 대한 반응이 끝나면 곧바로 그와 반대되는 반응이 나타나는 원리를 의미한다. 약물중독과 스릴 추구 행동을 설명해준다.
③ 좌절-공격 가설은 기대하고 있는 만족을 얻으려는 사람의 능력을 방해하는 것이 공격적 행동을 일으킬 수 있다고 본다.

12

문제중심적 대처는 스트레스를 유발하는 문제의 발생원인을 직접 해결하고자 노력하는 접근법이고, 정서중심적 대처는 결과적으로 발생하는 부정적 정서를 줄이려는 접근법이다.

13

④ REM 수면은 각성과 1단계 수면 사이에서 일어난다.

14

사회딜레마와 죄수딜레마 현상은 모두 자신만 협조자가 되어 손해를 볼 것 같은 불안 때문에 협조대신 경쟁을 선택하는 현상이며, 그 기저에는 상대에 대한 불신이 깔려 있다.
① 몰개인화는 집단 내에서 개인이 자신의 개인적 정체감과 책임감을 상실하여 집단행위에 민감해지는 현상을 말한다.

15

신경증과 정신증은 현실판단력, 주요장애나 문제의 특징, 병식, 사회적 적응상태, 그리고 주요 치료방식에 따라 구분된다.

특성	신경증(neurosis)	정신증(psychosis)
현실판단력 주요장애나 문제 병식 (병에 대한 인식) 사회적 적응상태 주요 치료방식	정상 불안장애, 우울 있음 경미한 문제 외래 또는 방문치료	뚜렷한 손상 조현병 없음 심각한 문제 입원치료

16

③ 뇌교는 수면과 각성 수준을 통제하며, 소뇌로부터 오는 정보를 나머지 뇌 영역으로 전달한다. 보기의 설명은 소뇌의 기능이다.

17

② 파괴적 기분조절곤란장애는 우울관련장애이며, 반사회성 성격장애와 가장 관련이 높은 장애는 품행장애이다.

18

① 피아제는 전조작기 단계에서 아동이 자기중심적 사고를 가지고 있으며, 타인의 관점을 이해하는 데 시간이 걸린다고 보았다.
② 아동이 획득하는 특정 사고와 기술을 결정하는 데 문화가 중요하다고 강조한 사람은 비고츠키이다.

④ 학습자의 인지가 연령에 따라 단계적으로 발달 한다고 설명한 학자는 피아제이다.

19

내적		외적	
안정	불안정	안정	불안정
능력	노력	과제난이도	운

20

② 미국 범죄학자 제임스 윌슨과 조지 켈링이 1982년에 소개한 이론으로, 사소한 무질서를 방치하면 더 큰 문제로 이어질 가능성이 높다는 의미를 담고 있으며, 사회적 일탈이나 범죄현상에 있어 군중심리와 모방심리를 잘 보여준다.

21

② 세부 시간에 따라 짜여진 활동은 구조화 집단이다.

22

퀴블러 로스(Kubler-Ross)는 죽음에 직면한 임종환자들은 부정(자신의 죽음을 부인), 분노(왜 자신인지에 대해 절대자나 사랑하는 사람들에게 분노 표현), 타협(절대자와 협상), 우울(체념과 무기력), 그리고 수용(삶을 돌아보고 죽음을 받아들임)의 순으로 정서적 반응을 한다고 하였다.

23

④ 맛혐오 학습은 단 한번만으로도 조건형성이 이루어진다.

24

① 해서웨이(S. Hathaway): MMPI
② 카텔(J. Cattell): 16PF
③ 머레이(H. Murray): TAT

25

③ 장기기억과 단기기억의 구분은 전통적 중다기억모형의 견해이다. 작업기억모형에서는 짧고 유동적인 단기기억을 포함하여 장기기억의 일부라고 본다.

제 22 회

01	02	03	04	05	06	07	08	09	10
②	③	④	③	①	③	③	①	③	④
11	12	13	14	15	16	17	18	19	20
③	①	①	③	②	③	②	①	④	④
21	22	23	24	25					
④	②	②	④	③					

01

② 주어진 자극과 장기기억 속에 저장되어 있는 과거의 경험 및 지식을 근거로 하여 주어진 자극이 무엇인지를 파악하는 과정은 형태재인(pattern recognition)이다.

02

③ 스턴버그는 사랑의 유형을 8가지로 구분하였다.

유형	특징
사랑이 아닌 것	요소가 모두 결여된 상태
좋아함	친밀감만 강함
도취성 사랑	열정만 강함
공허한 사랑	헌신만 강함
낭만적 사랑	친밀감+열정
우애적 사랑	친밀감+헌신
허구적 사랑	열정+헌신
성숙한 사랑	세 요소가 똑같이 결합된 상태

03

① 임신 초기는 뇌 발달을 비롯해 모든 신체 부위가 급격하게 발달이 이루어지는 시기로 내외적 위험요인에 가장 취약한 시기이다.
② 배아기까지 가장 기형에 취약하나 이후 태아기에도 기형의 가능성이 있다.
③ 흡연은 직접, 간접 모두 태아에게 손상을 줄 수 있다

04

③ 유동성 지능은 유전적이고 신경생리적 영향에 의해 발달하는 만큼 선천적인 경향이 반영되어 있다.

05

② 내적 수행모델(internal working model)이다. 생활양식은 아들러가 제시한 개념이다.

③ 안정애착아들도 어머니가 떠날 때는 정서적 동요를 보인다.

④ 애착이론은 볼비(J. Bowlby)가 창시했다.

06

③ 자폐스펙트럼 장애의 진단기준에 해당한다.

07

① 해마는 새로운 학습과 기억에 관여한다. 해마가 손상되면 장기기억에 문제가 일어난다.

② 기저핵은 의도적 행동을 통제하는 데 관여한다.

④ 시상하부는 생명유지를 비롯해 인간의 기본동기의 활성화에 관여한다.

08

독립변인	의도된 결과를 얻기 위해 실험자가 조작, 통제하는 변인
종속변인	설정된 독립변인의 결과로서 달라지는 의존변인

09

③ MMPI는 객관적 검사로 실시, 채점, 해석방식이 매뉴얼화되어 있어 검사자의 주관적 판단이 들어갈 가능성이 낮다.

10

④ 질병불안장애는 건강염려증이라고도 하는데 신체증상 및 관련장애의 하위장애이다. 나머지 장애들은 모두 불안장애의 하위장애이다.

11

③ 프로이트에 따르면 3세 이후 남근기 동안 부모와의 동일시 과정을 통해 사회화 과정을 거치면서 초자아의 핵심특성인 양심과 자아이상이 발달한다.

12

① 상향적 사회비교를 하는 경우 긍정적인 기분을 주는 것은 아니다.

13

① 암묵기억은 자각이 어렵고 자신의 기술 습득에 대해 확인하기 어렵다.

14

③ 문장완성검사는 가족, 성, 대인관계, 자기개념 4가지 영역을 측정한다.

15

① 불쾌한 기분을 무의식 속으로 가두는 것은 억압이며, 부인은 감각, 감정, 사고를 심하게 왜곡하거나 인식하지 못함으로써 고통스러운 현실을 부정하는 것이다.

③ 승화에 대한 설명이며, 전이는 이전에 중요한 사람에게 가졌던 태도나 감정을 현재의 다른 사람에게 투사시키는 것이다.

④ 건강한 사람들도 상황에 따라 자신을 보호하기 위해 방어기제를 사용한다. 방어기제 사용이 문제가 되는 것은 융통성 없이 고집스럽게, 그리고 맥락에 무관하게 장기적으로 사용할 때이다.

16

③ 개인이 의식하면서 경험하지 않아도 사고, 선택, 정서, 행동에 영향을 미치는 모든 정신과정을 의미한다. 식역하 지각과 관련 있다.

17

② 학습은 시행착오가 아닌 통찰과정으로서, 학습자는 문제해결에 대한 모든 요소를 생각해 보고 문제를 해결할 때까지 여러 가지 방법을 생각하게 된다.

18

① 세상에는 절대적 진리가 존재하지 않으며, 현실에 대한 개인의 지각은 해석에 따라 가변적임을 의미한다. 사람마다 서로 다른 개인적 구성개념을 갖고 있어서 이 해석의 차이가 곧 성격의 차이라고도 볼 수 있다.

② 생활양식은 아들러의 개념으로, 개인이 지니는 독특한 삶의 방식이며 5세 경에 형성된다.

③ 내적 수행모델(내적 작동모델)은 보울비의 애착과 관련된 개념으로, 주양육자와의 경험을 통해 자기표상과 타인표상을 발달시켜 세상을 해석하고 새로운 환경에 접했을 때 기대, 감정, 사고에 대한 기대에 영향을 주는 것을 의미한다.

④ 가상론적 목적은 아들러의 개념으로, 인생에서 실현하고자 하는 궁극적 목표를 의미한다.

19

고정비율	변동비율	고정간격	변동간격
성과급	도박장 슬롯머신	월급	보너스

20

④ 길포드는 지능은 내용 5가지(시각, 청각, 상징, 언어, 행동), 조작 6가지(기억, 인지, 인지적 사고력, 수렴적 사고력, 확산적 사고력, 평가), 결과 6가지(단위, 유목, 관계, 체계, 변환, 함축)의 하위 요인들의 상호작용 능력이라고 보았다.

① 써스톤은 7가지 독립된 기초정신능력(PMA: 언어능력, 언어유창성, 수능력, 공간능력, 지각능력, 추리능력, 기억력)을 주장하였다.

② 스턴버그는 성공지능의 개념을 주장하였으며, 하위 유형으로 분석적(성분적, 요소적) 지능, 창의적(경험적) 지능, 실용적(상황적) 지능을 제시하였다.

③ 가드너는 교육을 통해 길러질 수 있는 다수의 지능 종류(언어, 논리수학, 공간, 음악, 신체운동, 대인관계, 자기이해, 자연탐구, 실존)를 제시하였다.

21

④ 실험연구에서 조작과 통제를 하는 변인이 독립변인(원인변인)이 되고 그에 따라 영향을 받게 되는 변인이 종속변인(결과변인)이 된다.

① 영향을 주는지 알아보기 위한 연구는 인과 연구이므로 단순한 상호 관련성만 보여주는 상관계수를 구해서는 인과성을 알 수 없다.

② 전국 4년제 대학교의 광역별 분포율은 지역마다 다르므로 표집을 할 때 지역에 따른 비율이 달라져야 한다. 다시 말해 지역마다 동일한 수를 표집하기보다는 다단계 무선표집과 같은 더 세부적인 표집방식을 사용하는 것이 더 적절하다.

③ 두 변인을 어떻게 관계 설정하고 연구설계를 하느냐에 따라 얼마든지 인과관계를 알아볼 수 있다.

22

② 개인화는 관련지을 근거가 없는데도 외적 사건과 자신을 관련 짓는 것이다.

① 자의적 추론은 임의적 추론이라고도 하는데, 충분하고 적절한 증거 없이 결론에 도달하는 인지적 오류이다.

③ 과잉일반화는 하나의 사건을 근거로 형성된 극단적 신념을 다른 상황이나 장면에 부적절하게 적용하는 것이다.

④ 선택적 추론은 경험의 일부를 근거로 결론을 내리는 것으로 선택적 여과라고도 한다.

23

② 특정한 얼굴표정을 지으면 이로 인해 생리적 각성상태가 유발되어 관련된 특정 정서를 경험하게 된다.

① 에크먼에 따르면 특정 정서와 안면근육 사이에 연결된 신경회로가 있어 특정 정서체험은 특정 얼굴표정을 만들어내는데, 이는 문화적 보편성이 있다.

③ 정서적 이요인이론은 샤흐터와 싱어의 이론으로, 생리적 반응에 대해 어떤 인지적 평가를 하느가에 따라 정서 경험이 달라진다는 이론이다.

④ 정서적 뇌 가설은 르두의 이론으로, 정서자극이 시상에 도달한 후 편도체로 바로 가는 정서 뇌와 피질을 거쳐 편도체로 가는 이성 뇌를 구분하여 정서경험을 설명한다.

24

④ 에빙하우스는 무의미 철자 학습 실험을 통해 처음에 가장 많이 망각이 일어나고 시간이 지나면서 망각이 점점 덜 일어나는 현상을 일시성(transience)라고 개념으로 설명하였다.

25

① 세 가지 요인에 모두 긍정일 때는 외부귀인이 일어난다.

01	02	03	04	05	06	07	08	09	10
③	②	④	②	④	④	④	②	④	③
11	12	13	14	15	16	17	18	19	20
③	④	①	②	④	④	③	④	③	①
21	22	23	24	25
②	①	④	④	③

01

① 내적타당도는 독립변인과 종속변인 간의 인과관계에 관한 정확한 추론을 할 수 있게 해주는 실험 특성으로, 실험 결과로 나타난 종속변인의 변화가 독립변인에 의한 것인지 아니면 다른 변인 때문인지 판별해준다. 이와 대비적으로 한 연구의 결과를 다른 집단에도 적용할 수 있는가를 알려주는 것은 외적타당도이다.

② 예언타당도는 측정 도구의 검사 결과가 수검자의 미래행동이나 특성을 예언해주는 정도를 알려준다. 공인타당도와 더불어 준거관련타당도라고 한다.

④ 변별타당도는 서로 다른 개념을 측정하는 두 가지 도구를 개발한 뒤 이 두 검사 점수 간의 상관관계에 따라 타당도를 판별하는 것으로, 상관이 낮을수록 타당도가 높다고 볼 수 있다. 판별타당도라고도 한다.

02

② 발달심리학은 기초심리학에 해당된다.

03

④ 사회적 내향성 척도(0번)와 여성성–남성성 척도(5번)는 비임상 척도이다.

04

② 집 그림은 가족과 가족생활 가족관계에 대한 무의식적 표상, 생각, 감정, 소망을 반영하며, 현실과 관계 맺는 정도와 양상, 개인만의 내적 공상 등에 대한 정보를 제공해준다. 보기의 설명은 KFD의 특징이다.

05

① 종속변인에 대한 설명이다.

② 독립변인에 대한 설명이다.

③ 통제변인에 대한 설명이다. 매개변인이란 독립변인의 결과인 동시에 종속변인의 원인이 되는 변인을 말한다.

06

④ 강화는 조작적 조건형성의 개념이다. 문제는 고전적 조건형성의 원리를 보여주는 예이다.

07

④ 취업률은 비율척도(Ratio Scale)로서 절대 영점 (Absolute Zero Point)이 존재하므로 사칙연산이 모두 가능하다.

08

② 생리적 반응과 정서경험이 동시에 일어난 경우이므로 캐논–바드 이론이며, 이 이론은 제임스–랑게이론에 대한 반박으로 나왔다.

① 샤흐터와 싱어의 이론에 해당하는데 생리적 반응에 대한 인지적 해석이 정서경험을 이끈다고 보는 관점이다.

③ 자이언스의 단순노출이론에 해당한다.

④ 생리적 반응이 있은 후 정서경험이 일어나는 것이므로 제임스–랑게 이론이다.

09

① 정보통합이론은 인상형성을 하는데 있어 정보들이 통합되어 하나의 경험으로 의식화된다고 본다. 가산법칙, 평균법칙, 가중평균법칙과 같은 원리에 근거해 인상정보를 통합한다.

② 후광효과는 타인을 내적으로 일관되게 평가하려는 경향으로, 하나의 특성에 대한 평가가 다른 특성에 대한 평가에도 영향을 주는 것이다.

③ 기본적 귀인오류는 타인의 행동에 대해 성향으로 내부귀인하는 것이다.

10

③ 고전적 조건형성의 형태로, 반응을 일으킨 첫 번째 조건자극과 새로운 두 번째 조건자극을 연합시켜 두 번째 조건자극 역시 조건반응을 일으키는 것이다.

① 매 5번째 운동한 날마다 강화를 제공하므로 고정비율 강화가 된다.

② 그 자체로는 유인가가 되지 않고 일차강화물가 연합되어 강화 효과를 가지는 것으로, 대표적으로 돈, 스티커, 칭찬 등의 사회적 강화물이 있다.

④ 강화하려는 행동을 하면 토큰(스티커)을 지급하여 그 행동의 빈도수를 늘리는 조작적 조건형성의 원리를 근거로 한 방법이다.

11

③ 장기기억은 용량이 무제한이다.

12

④ 자폐스펙트럼 장애의 주 증상기준은 첫째, 사회적 상호작용과 의사소통의 어려움, 둘째, 행동, 흥미 또는 활동에 있어 제한적이고 반복적인 패턴이다.
① ADHD의 증상이다.
② PTSD의 증상이다.
③ 남아가 여아보다 2배에서 많게는 십수배 더 많다.

13

① 와이너는 귀인에 대한 연구를 하였다.
② 애쉬는 집단에서 일어나는 동조 현상을 연구하였다.
③ 밀그램은 권위에 복종하는 인간심리를 연구하였다.
④ 짐바르도는 스탠포드 감옥실험을 통해 인간의 몰개성화 현상을 연구하였다.

14

② 전조작기에는 사물을 단어와 이미지로 표상하는 상징적 사고와 함께 언어사용이 급격하게 증가한다.
① 개인적 우화는 상상속의 청중과 함께 형식적 조작기의 자기중심적 사고이다.
③ 직관적 사고는 전조작기의 특징으로 현상의 두드러진 한 측면만을 고려하여 사고하는 것을 의미한다.
④ 깊이지각은 시각절벽실험을 통해서 생후 6개월 경에 가능하다는 것이 밝혀졌으며, 최근 연구에서는 생후 2, 3개월 경에도 깊이지각이 가능한 것으로 알려졌다.

15

① 자신이 취한 행동을 취소할 수 없을 때 부조화를 경험한다.
② 태도와 관련되는 행동이 상황적 압력이 아니라 스스로가 선택한 행동일 때 부조화를 경험한다.
③ 자신이 선택한 행동이 바람직하지 못한 결과를 가져올 것을 알거나 예견할 수 있었는데도 행동을 하면 부조화를 경험한다.

16

④ 할로우의 실험은 아기가 성장하는 데 있어 음식 제공보다 신체접촉이 더 중요하다는 것을 보여주었으며, 이는 이후 보울비의 애착이론이 마련되는 근거가 되었다. 각인은 로렌쯔의 거위실험에서 나온 용어로 '결정적 시기'라는 개념을 시사한다.

17

③ 일반적응증후군(GAS)은 과도한 스트레스를 겪으면 이에 대응하기 위해 일반적으로 일어날 수 있는 신체적 증후를 말하는데, 경고기, 저항기, 소진기의 세 단계로 나타난다.

18

④ 카텔은 지능을 유동적 지능과 결정적 지능으로 구분하였다. 유동적 지능은 유전적, 선천적으로 주어지는 능력으로 뇌와 중추신경계의 성숙에 비례하여 연령이 증가함에 따라 점차 쇠퇴하며, 웩슬러 지능검사 4판에서부터 검사의 이론적 토대가 되었다. 결정적 지능은 환경이나 경험, 문화적 영향에 의해 발달되는 지능으로, 유동적 지능을 바탕으로 후천적으로 발달한다.

19

③ 항본능표류 역시 학습에 있어서의 생물학적 소인을 강조하지만, 학습된 행동이 본능적 행동과 상충되어 와해된다는 점에서 학습이 빨리 이루어지는 맛혐오학습과 대비되는 개념이다.

20

① 암묵기억은 정보처리 방식이 자료주도적인데 비해 외현기억은 개념주도적 처리를 한다.
② 암묵기억은 절차기억이나 점화기억과 관련이 있다.
③ 암묵기억은 외현기억에 비해 간섭의 영향을 덜 받는다.
④ 외현기억에서의 정보인출은 의식적으로 일어나기 때문에 서술기억, 선언기억이라고도 한다.

21

② 선택적 함구증은 불안장애의 하위장애이다.

22

① 방어기제는 갈등 발생 시 불안으로부터 스스로를 보호하기 위해 누구나 사용하는 것이다. 방어기제의 주된 역할은 심리적 안정을 유지하고 자존감을 보호하는 것이므로 상황에 맞게 적절하게 사용하는 것은 일상에 적응하는데 도움을 줄 수 있다. 문제가 되는 것은 특정 방어기제를 융통성 없이 만성적으로 사용할 때이다.

23

④ 대표성 휴리스틱은 어떤 집단에 속하는 임의의 한 특성이 그 집단의 특성을 대표한다고 간주해 빈도와 확률을 판단하는 방법을 말한다.

① 가용성 휴리스틱은 최근 발생한 사례, 즉 기억에 잘 떠오르는 대상만을 가지고 어떤 사건이 벌어지는 빈도수나 확률을 판단하는 것을 말한다.

② 착각적 상관관계는 독특하고 흔치 않은 정보가 주어졌을 때 두 변인 간의 관계를 과대평가하는 경향으로, 변인들 간에 실제로 관계가 존재하지 않아도 관계가 있는 것처럼 지각하는 현상을 말한다.

③ 틀 효과는 동일한 사안이라고 해도 제시되는 방법에 따라 그에 관한 해석이나 의사결정이 달라지는 인식의 왜곡현상을 말한다.

24

④ 대상영속성은 특정 대상이 보이지 않아도 계속 존재한다는 것을 아는 것으로 인지적 특성을 내포하고 있다.

25

③ 구조적 가족상담은 역기능적인 가족 구조를 변화시켜 문제를 해결하고자 하는데, 특히 부부체계, 부모자녀체계, 형제자매체계 등 하위체계의 경계를 올바로 세우는 것을 강조한다.